ENVIRONMENTAL
AND
RESOURCES LAW
REVIEW

环境资源法论丛

第13卷

吕忠梅　主编

法律出版社
LAW PRESS·CHINA
北京

图书在版编目（CIP）数据

环境资源法论丛. 第13卷 / 吕忠梅主编. -- 北京 :
法律出版社, 2021
ISBN 978-7-5197-5921-6

Ⅰ. ①环… Ⅱ. ①吕… Ⅲ. ①环境保护法－文集②资
源法－文集 Ⅳ. ①D912.604-53

中国版本图书馆CIP数据核字(2021)第183079号

环境资源法论丛(第13卷)
HUANJING ZIYUANFA LUNCONG(DI-13 JUAN)

吕忠梅 主编

责任编辑 吴 昉 宋丽娜
装帧设计 李 瞻

出版发行 法律出版社
编辑统筹 教育出版分社
责任校对 王 丰
责任印制 胡晓雅
经　　销 新华书店

开本 710毫米×1000毫米 1/16
印张 20　**字数** 326千
版本 2021年11月第1版
印次 2021年11月第1次印刷
印刷 北京虎彩文化传播有限公司

地址:北京市丰台区莲花池西里7号(100073)
网址:www.lawpress.com.cn
投稿邮箱:info@lawpress.com.cn
举报盗版邮箱:jbwq@lawpress.com.cn

销售电话:010-83938349
客服电话:010-83938350
咨询电话:010-63939796

书号:ISBN 978-7-5197-5921-6
定价:48.00元

凡购买本社图书,如有印装错误,我社负责退换。电话:010-83938349

《环境资源法论丛》

编 委 会

环境法学研究的法典化转向时不我待
(代序)

2020年11月16日,我在中央全面依法治国工作会议的会场里,听到习近平总书记在讲话中明确提出:“民法典为其他领域立法法典化提供了很好的范例,要总结编纂民法典的经验,适时推动条件成熟的立法领域法典编纂工作。”我的心情十分激动:环境法典编纂的窗口期来了!

2021年1月29日,在全国人大常委会办公厅举行的专题新闻发布会上,全国人大常委会法工委副主任许安标表示:2021年将把生态环境保护作为立法的重点领域;同时,在条件成熟时,将积极推进生态环境立法领域法典编纂研究论证工作。

2021年3月18日,全国人大法工委主持召开了生态环境领域法典编纂座谈会,邀请全国人大相关委员会、国务院相关部门和部分专家学者共议环境法典编纂大事。各方面一致认为:当今中国,国家发展战略和经济社会发展现实对环境法典编纂提出了政治需求,提供了民意基础,丰富的法治资源和坚实的研究成果为环境法典编纂提供了规范基础和理论支撑,是目前各类立法中最有条件编纂法典的领域,应尽快启动法典编纂工作。会上,大家还对环境法典的基本定位、基本结构、主要内容进行了热烈的讨论。

立法机关频频“出招”,对环境法学者来说,既是动力,也是压力。中国法学会环境资源法学研究会于2017年启动《环境法立法法典化研究》大型研究项目,到目前进展顺利,有近200名来自不同学科领域的学者参与这项研究。已完成了9个国家的环境法典翻译、15项环境立法法典化基础研究课题,提出了《环境法典草案(专家建议稿)》及立法理由书,大型系列丛书——《绿典之路丛书》中的“各国环境法典译丛”“中国环境法典研究文丛”将在今年年底前出版,为环境法典编纂做了一些基础性、学术性工作。但是,我们是否能够抓住这个千载难逢的法典编纂机遇,实现几代环境法人孜孜追求的梦想?是否能够顺应时代需求,承担起当代环境法人的历史使命,展现出为国为民立良法促善治的责任担当?是每一位环境法人面临的学术之问、时代之问、灵魂之问。

环境法学研究实现法典化转向,已经不是一个问题,而是一个时代命题!

回顾近十几年来,环境法研究始终与民法典编纂过程相伴随。民法典的编纂过程,可以说为环境法典编纂提供了许多宝贵的经验;民法典的"绿色化",则从立法上建立了民法与环境法的联系,为环境法典编纂创造了条件。因此,不管从哪个方面看,环境法典与民法典都将"念念不忘"。

本卷文章即从环境法典编纂与民法典实施两个方面展开。一是选择对环境法基本制度深化研究的成果,以为环境法典的制度体系构建进行理论准备。二是选取民法绿色原则研究的一组文章,希望为民法典绿色原则的司法适用提供理论支撑。

一、环境法典的基本制度展开

本卷在第12卷已推出环境法典基本理论研究专题的基础上,着力在具体制度研究方面回应环境立法法典化的理论需求。

本卷重点专题"环境与健康专题"收录了四篇从不同角度探讨环境与健康问题的论文。《建立健全环境健康损害认定制度——环境健康风险评估策略的应用》重点研究环境健康风险评估作为先进的环境健康管理理念及工具对优化环境健康损害认定及赔偿制度的价值与应用。《环境与健康标准体系研究》在系统分析我国环境与健康标准的现状和问题基础上,提出了以"环境与健康监测、调查和风险评估"的国家环境健康管理工作任务为核心建立环境与健康标准体系的主张。《城市步行环境意外伤害法律责任分析》以文本分析方法提取裁判文书中出现的主要伤害类型和致害因素,研究意外伤害诉讼中可能存在的法律问题。《面向公共健康的人工繁育野生动物法律规制》提出从饲养的标准化与利用的规范化方面建立人工繁育野生动物监管机制的建议。

在"制度研究"栏目中,选择了五篇具体制度的文章。《"生态减灾法"的概念构成——兼论"生态保护法"与"自然灾害法"的协同法域》对"生态减灾法"的概念进行了论证。《论行政前置程序在预防性环境民事公益诉讼中的优位》《海洋环境民事公益诉讼制度的现实反思、理论因应与规则改进——以原告主体资格展开》两篇文章针对环境公益诉讼制度中的具体问题展开。《论环境犯罪被害预防机制之完善——以致害因素为视角》《矿产资源法律中越界开采法律责任的规范现状及完善》两篇文章主要针对环境法领域的可操作性制度。另外,“学位论文选粹”栏目刊登的《环境保护公私协作契约的法律性质研究》,对环境保护公私协作契约法律性质进行了深入分析。

二、民法典时代的环境权利保护

我国民法典已于2021年1月1日实施。众所周知,“绿色”是中国民法典体现21世纪时代特色的大“亮点”,民法典在保持市民社会一般私法的基本属性基础上,用18个条文专门规定“绿色原则”、确立“绿色制度”、衔接“绿色诉讼”,形成了系统完备的“绿色条款”体系,也为环境司法提供了坚实的民法依据。但由于“绿色规则”进入民法体系的时间不长、理论上尚存争议,司法过程中必将面临更多的理论困难和争议。

因为“绿色原则”在民法典总则通过后就开始实施,通过司法实践已积累了一些经验,也呈现出了一些问题。2020年10月,中国法学会环境资源法学研究会与最高人民法院环境资源审判庭、《法律适用》编辑部共同举办了“贯彻民法典绿色条款司法实践与理论研讨会”,会议重点讨论的就是“绿色原则”的司法适用问题。这次会议共收到来自司法实务界和环境法学者从不同角度研究“绿色原则”适用的论文200多篇,其中的部分论文在《法律适用》发表,部分论文收入本卷。

本卷“民法绿色原则研究”栏目选取了从不同角度对绿色原则的司法实践与理论问题进行研究的四篇文章。《绿色原则在民事审判中的司法适用图景——基于215份民事裁判文书的实证分析》提出了从规范绿色原则的适用、进行绿色原则适用标准具体化考量以及加强绿色原则说理论证等三方面推动绿色原则在民事审判中合理适用的观点。《论〈民法典〉中的生态环境损害责任条款》提出了司法适用过程中对该条款的解释、适用方法和路径。《恢复性司法理念在刑事附带环境民事公益诉讼中的运用》以环境刑事附带民事公益诉讼案件为视角,探讨了运用恢复性司法理念回应生态文明建设新要求的基本对策。《惩罚性赔偿在生态环境侵权中的司法适用——兼析〈民法典〉第1232条》一文中提出了司法适用中解释第1232条的基本思路和具体建议。

此外,“域外环境法理论”栏目选取了两篇译作。《动物法律权利理论:简单和基本的权利》探讨了三个与动物法律权利性质和基础有关的概念性、理论性和规范性问题。《通过刑法还是行政法保护环境——以西欧为例》一文主要是分析综合运用行政和刑事手段在制裁环境违法行为方面的成本效益。

中国进入法典时代,环境法学研究迎来的是机遇、也是挑战,更需要学者们有时不我待的担当和舍我其谁的勇气,以严肃的学术态度、坚毅的学术精神、科学的学术方法、理性的学术论证,提出能够让立法决策者接受、让社会接受的理论成果。我们期待,在大家的共同努力下,环境法典编纂工作能够尽快正式启动!

吕忠梅

2021年4月2日于太平桥大街23号

环境与健康专题

制度研究

域外环境法理论

民法绿色原则研究

学位论文选粹

环境与健康专题

《环境资源法论丛》
第13卷,第3~16页

建立健全环境健康损害认定制度
——环境健康风险评估策略的应用

樊境朴* 郭 群** 徐 建***

摘 要 随着经济快速发展,我国的环境健康问题日益突出,由于环境污染导致的人体健康损害的诉讼案件大量增加。环境污染致健康损害具有长期性、间接性、累积性、复合性等特点,与普通的侵权案件不同。目前我国对于环境健康损害案件的处理仍主要依照民法中的相关规定,不能满足环境健康损害案件的特殊需要。在此背景下,环境健康损害的处置制度亟须转型,包括建立环境污染致健康损害的因果认定制度及环境健康损害赔偿体系。环境健康风险评估作为先进的环境健康管理理念及工具,对优化环境健康损害认定及赔偿制度具有重要意义。在环境健康损害处置制度中纳入环境健康风险评估理念,可以实现健康损害定量及相关经济成本的计算。但目前我国环境健康风险评估制度尚不完善,环境健康风险评估在环境健康损害处置制度中的应用需要进一步思考和探究。

关键词 环境健康损害 环境健康风险评估 损害认定 因果关系 损害赔偿

近年来,随着我国经济快速发展,人民生活水平得到显著提高。然而,"求

---

* 樊境朴,中国环境科学研究院环境健康风险评估与研究中心,助理研究员。
** 郭群,中国环境科学研究院环境健康风险评估与研究中心,助理研究员。
*** 徐建,中国环境科学研究院环境健康风险评估与研究中心,研究员。

快不求精"的粗放型增长方式所导致的环境问题日益突出,这不仅成为制约社会可持续发展的重要因素,也是影响公众健康的重要危险因素之一。国际癌症研究机构自1994年起对775种化学物的生产过程或在环境中对人的致癌性作了综合评价,其中确定有致癌性的多达63种。[1] 2018年全球癌症年报统计显示,中国癌症发病率、死亡率为全球第一,全球共有1800万新增癌症病例及960万癌症死亡病例,我国分别占380.4万例和229.6万例。[2] 湖南衡阳儿童血铅超标事件、土壤重金属污染、大米镉超标等事件不断登上媒体头条,引发社会大众对环境污染造成公众健康损害问题的强烈关注。随之而来的,是关于环境污染导致人体健康损害的诉讼案件大量增加。

与普通的环境污染侵权相比,环境污染导致健康损害具有特殊性。首先,环境污染导致健康损害的受害对象为人体,人体健康损害的机制极为复杂;其次,环境污染对人体健康的损害还具有危害影响范围大、低剂量长时间累积、多途径多因素联合作用等特点;最后,环境污染导致的疾病通常潜伏期长、进展难察觉,且大都愈后不良,导致环境污染与健康损害之间的因果关系判定非常复杂。[3] 按照无过错原则,环境污染对人身损害的因果关系鉴定是解决环境纠纷、决定环境侵权案件胜负的必要环节,也是环境污染责任方认定和受害人得到损害赔偿的基础。科学地判定环境污染与健康损害的因果关系,不仅需要环境科学和医学领域的发展,也涉及环境污染背景下公民健康权保护的法律架构。

环境污染对健康损害的判定需要阐明两方面内容,即损害程度及污染因素与损害结果之间的因果关系,根据判定结果可以决定加害人是否承担相应责任。[4] 环境污染导致人身损害的司法鉴定,是指鉴定人按照法律规定的程序,依据相应标准,对环境污染引起的人身损害进行鉴定、判断的过程,包括确定环境污染是否致人身损害以及判断人身损害伤残程度,判定环境污染与人身损害间的因果关系两部分。[5] 完整的环境污染人身损害鉴定制度既应该包括明确鉴定工作机制的法律法规,也应该包括对断定标准、环境疾病目录等作出明确规

---

[1] 参见马艳蓉:《环境污染对人类健康的影响》,载《当代化工研究》2020年第17期。

[2] Bray F., Ferlay J., Soerjomataram I., et al., *Global Cancer Statistics* 2018: *GLOBOCAN Estimates of Incidence and Mortality Worldwide for* 36 *Cancers in* 185 *Countries*, 68(6) A Cancer Journal for Clinicians 394-424(2018).

[3] 参见胡向阳、栾兴良:《环境污染与健康损害因果关系认定研究》,载《湖北警官学院学报》2013年第10期。

[4] 参见张新宝:《人身损害鉴定制度的重构》,载《中国检察官》2011年第19期。

[5] 参见李恒:《环境污染人身损害鉴定制度:美日经验及启示》,载《学习与实践》2016年第6期。

定的配套技术规范。[6]

一、我国环境健康损害责任认定的管理和研究现状

环境健康损害责任的确定直接影响到社会大众的健康权益和生活质量，意义重大。我国在解决公众健康损害责任问题方面，存在现有政策法规单一、机构体系不完善的问题，特别是我国立法没有明确规定环境污染与健康损害因果关系的推定规则，因此环境健康损害认定在实施中存在诸多困难。我国现阶段在环境健康损害责任认定方面的具体情况如下。

（一）立法现状

近年来，我国逐步形成了由一般法和特别法组成的规范环境侵权责任的法律体系。中共中央办公厅、国务院办公厅于2017年发布了《生态环境损害赔偿制度改革方案》，其中明确要求，自2018年1月1日起，在全国试行生态环境损害赔偿制度，到2020年力争在全国范围内初步构建责任明确、途径畅通、技术规范、保障有力、赔偿到位、修复有效的生态环境损害赔偿制度。[7] 此项改革方案的颁布体现了我党对生态环境保护的决心与信心，对生态环境保护的制度性规制起到了良好的示范作用。

然而，当前我国环境损害相关立法的主要关注点仍与生态环境修复相关，较少涉及人身健康伤害。在环境健康损害鉴定及赔偿方面，我国现有的法律制度存在很大不足，主要体现在相关法律法规尚处于起步阶段，缺乏体系，效力层次普遍较低；相关制度供给严重不足，难以满足保障公众健康的迫切需要，还需要更完善的细则加以配合；各个鉴定赔偿案件审判意见不一，缺少具有代表性的指导案例；缺乏专业的鉴定机构辅助司法程序等。

我国目前在环境污染健康损害方面没有专门立法，有关责任及责任追究主要由民事法律以及环保基本法与单行法加以规定，[8] 如《民法典》《环境保护法》等基本法，以及《水污染防治法》《大气污染防治法》等单行法，其都仅对环境污染损害的责任进行了较为原则性的规定。但我国也在一些法条中加入了对弱势群体的保护条款，比如从《民法典》规定的违法原则到《环境保护法》规定的无

---

〔6〕 参见李恒：《环境污染人身损害鉴定制度：美日经验及启示》，载《学习与实践》2016年第6期。

〔7〕 参见闵锐：《生态损害赔偿制度改革的完善建议》，载《山西省政法管理干部学院学报》2019年第2期。

〔8〕 参见王红梅等：《我国环境污染导致健康损害的赔偿保障体系思考》，载《中国环境管理》2018年第1期。

过错原则,体现了我国在环境污染侵权的归责原则方面对污染受害者的保护倾斜。举证责任方面,采取由排污者承担举证责任的方法,降低了受害人的证明负担,保护了普通受害者的利益。但是我国的环境立法依然有很多空白,缺少明确的工作机制和配套的技术规范,使这些原则在现实应用中难以被实施。比如针对环境污染与健康损害的因果关系判定,尽管我国《民法典》、《水污染防治法》以及最高人民法院关于民事诉讼法、民事诉讼证据、环境污染侵权责任的司法解释已经明确规定:因污染环境发生纠纷,污染者应当就法律规定的不承担责任或者减轻责任的情形及其行为与损害之间不存在因果关系承担举证责任。但是,这项规定仅对因果关系的举证责任分配进行了划分,并不能有效解决如何进行因果关系认定的难题。

(二)方法学研究

环境污染导致健康损害的问题较早就受到不少学者的关注,学界对将因果关系推定理论引入环境污染与健康损害因果关系判定中广泛持支持态度,并且对引入方式进行了一些探索。为了定量地描述环境污染对人群健康的危害,张兆华在流行病学研究基础上,对健康风险评价和相应的经济损失估算进行了深入的探讨;〔9〕夏彬在研究中提出,环境污染健康损害的评估指标体系应包括环境污染源评价指标、环境污染健康损害指标、环境污染健康损害经济损失评价指标三个部分,并为每部分评价指标的评估过程编写了配套的操作规范;〔10〕吴瑞肖通过总结和分析国内外主要因果关系理论,广泛查阅相关文献,提出了一套基于统计分析的、具有可操作性的环境污染致健康损害因果关系判定依据和方法。〔11〕

(三)立法研究

结合我国当前环境与公众健康的现实保护需要以及立法现状,理论界作出了环境健康立法的有益探索,提出了制定一部系统的环境与健康法的设想。环境与健康立法的宗旨要突出对公众环境健康权的保护,受害者可以此作为诉讼

〔9〕 参见张兆华:《环境污染对人群健康影响评价及其经济损失估算》,载《江苏环境科技》1995年第4期。

〔10〕 参见夏彬:《环境污染人群健康损害评估体系研究》,华中科技大学2011年博士学位论文。

〔11〕 参见吴瑞肖:《环境污染致健康损害的因果关系判定研究》,华中科技大学2009年博士学位论文。

请求的依据。[12] 此外,牛秉儒提出环境与健康立法应确立健康优先原则、健康风险预防为主原则、政府主导下的公众参与原则等基本原则。[13] 徐永俊等通过分析韩国的《环境健康法》,提出我国应构建风险预防、风险管理及风险沟通的环境健康法律制度体系,这一法律体系应属于"风险管理型"法律规范,而不应局限于"事后救济"和"总量控制"等传统环境保护法立法理念。[14]

通过对我国环境污染健康损害相关立法现状与相关研究进展的分析可以发现,环境污染导致的健康损害与一般的健康侵权事件相比,在因果关系确定和损害认定等方面均有其特殊性,但是目前我国尚未构建专门的环境健康侵权损害认定及赔偿体系。在国家法律法规积极回应公众关注的环境问题,不断出台和修订有关环境法规的同时,也对完善我国环境健康损害认定体系,构建完整的鉴定赔偿制度提出了更为迫切的要求。

二、国外环境污染与健康损害认定体系的管理和研究现状

(一)美国

世界著名的"八大公害事件"中,多诺拉烟雾事件和洛杉矶光学烟雾事件均发生在美国。各种环境污染事件使公众产生了严重的"生存"危机,环境保护运动席卷全美。这些污染事件推动美国在20世纪60年代集中制定了大量应对环境污染的法律,促使美国形成了世界上最为完备的环境保护政策法规体系,使大多数类型的环境污染受到了法律条款的管制。[15] 同时,美国在制定这些环境保护政策法规体系时,充分考虑了环境污染对人体健康的影响,率先建立起相对完备的环境损害风险评估和赔偿制度。[16]

美国主要通过公关卫生服务部下设置的毒物与疾病登记署(Agency for Toxic Substances and Disease Registry, ATSDR)来进行环境污染人身损害鉴定相

---

〔12〕 参见牛秉儒:《环境与健康法立法的宗旨与原则问题探讨》,载《广西政法管理干部学院学报》2020年第2期;徐永俊等:《韩国〈环境健康法〉及对我国相关立法工作的启示》,载《环境与健康杂志》2016年第2期。

〔13〕 参见牛秉儒:《环境与健康法立法的宗旨与原则问题探讨》,载《广西政法管理干部学院学报》2020年第2期。

〔14〕 参见徐永俊等:《韩国〈环境健康法〉及对我国相关立法工作的启示》,载《环境与健康杂志》2016年第2期。

〔15〕 参见刘平等:《美国环境污染健康损害纠纷相关政策法规体系分析及思考》,载《中国环境科学学会2009年学术年会论文集》(第3卷);王明远:《日本环境公害民事赔偿法研究》,载《北大法律评论》2001年第1期。

〔16〕 参见李恒:《环境污染人身损害鉴定制度:美日经验及启示》,载《学习与实践》2016年第6期。

关工作。[17] 美国的环境污染人身损害鉴定可以总结为两种情形:第一种是针对环境污染事件的鉴定立法。当有环境污染事件发生并且该事件被认为可能具有健康风险时,则会对可能的暴露人群进行长期追踪。在此过程中,通过搜集各种证据来判定环境污染是否对人群健康造成损害,若能证明因果关系,则会提出方案并对相关人群进行救济。例如,2001年"9·11"世贸中心爆炸事件发生后,美国从2003年开始对可能暴露人群进行健康登记,直至2010年,美国国会通过了关于赔偿现场救援者的法案——《2010年詹姆斯·萨洛加"9·11"健康赔偿法案》。[18] 第二种是针对特殊疾病的鉴定立法。当发现群体性不明原因疾病时,利用流行病学调查等方法查清疾病病因,最后对健康损害进行救济。例如,美国2003年开始对石棉相关疾病进行登记,通过登记数据发现,在利比地区的暴露人群受到健康损害,因此在2010年的《患者保护和可负担医疗法案》中规定,居住在利比和蒙大拿地区的暴露人群中确诊为石棉相关疾病的患者,都可以享受医疗保险。[19]

(二)日本

日本《公害对策基本法》将公害定义为:由于事业活动和人类其他活动产生的相当范围内的大气污染、水质污染、土壤污染、噪声、振动、地面沉降以及恶臭,对人体健康和生活环境带来的损害。[20] 日本在应对环境公害事件的50多年历程中,针对健康损害建立并完善了其独特的行政救济制度。在鉴定主体方面,裁定机构主要为中央委员会和地方公害审查委员会。鉴定程序方面,主要采取受害者申请制度,接到申请后,相关工作人员对受害者进行流行病学调查和医院诊断调查。[21] 在伤残程度认定方面,日本在确定受害人及赔偿数额时,确定了"指定地区—疾病—暴露期限"三要件损害认定标准,并根据损害程度确定赔偿数额。[22]

---

[17] See Vinicius C. Antao, Oleg I. Mup ravov, et al., *Considerations Before Establishing an Environmental Health Registry*, 105(8) Am J Public Health 43-51(2015).

[18] See Cone J. E., Farfel M., *World Trade Center Health Registry—A Model for a Nanomaterials Exposure Registry*, 53(6). Journal of Occupational and Environmental Medicine 48-51(2011).

[19] See Cline R., Orom H., Chung J. E., et al., *The Role of Social Toxicity in Responses to a Slowly-Evolving Environmental Disaster: The Case of Amphibole Asbestos Exposure in Libby, Montana, USA*, 54(1-2) American Journal of Community Psychology 12-27(2016).

[20] 参见王明远:《日本环境公害民事赔偿法研究》,载《北大法律评论》2001年第1期。

[21] 参见[日]原田正纯:《水俣病没有结束》,清华大学公管学院水俣课题组编译,中信出版社2013年版,第25~38页。

[22] 参见杨素娟:《论环境侵权诉讼中的因果关系推定》,载《法学评论》2003年第4期。

值得注意的是,在鉴定内容方面,日本建立了简单易行的环境污染与人身损害因果关系认定理论。日本法院认为,法律应以迅速救济为目的,因此作为救济的前提,责任和赔偿认定必须及时而快速地完成。[23] 在环境污染侵权因果关系理论的发展上,日本呈现出不同理论相互融合、理论与实践交互影响的特点。根据不同地区采用不同的因果关系认定方式,总结来说形成了以下几种代表性学说。第一种是盖然性因果关系理论,即只要被害者能证明因果关系存在的盖然性就足够。该学说主要包括优势证据说和事实推定说两项内容,为日本首创并逐渐被学界接受和发展。第二种是疫病因果关系说,疫病因果关系的确定分为两个步骤:统计学关联和因果关联,即"通过统计的方法检验证明生活环境的某种因子与疾病的发生是否有关联,并记述该因子(如污染因子)和疾病间概率性的因果关系"。[24] 疫病因果关系说适用于群体性环境污染受损的因果关系认定,但当受害者为个体时,该学说则无法判断因果关系。为了解决这个难题,日本在"千叶川铁案"中使用了个别因果关系学说,即需要被告方举证证明污染和损害之间不存在因果关系。[25] 第三种是间接反证说,指原告基于间接事实进行证明时,被告负有反证责任,日本"新潟水俣病事件"中最早将这一理论用于环境污染损害因果关系评定。[26]

通过梳理美国和日本的环境损害鉴定制度,可以发现美国环境污染人身损害鉴定法律制度更多以环境因素的健康风险管理为基础,其特色是环境健康登记制度和环境疾病目录;日本环境损害鉴定制度特点主要体现为简单和快捷,如环境疾病认定制度和伤残等级认定标准。建议我国可参照美国和日本环境污染人身损害鉴定制度,结合我国技术发展的实际情况,构建符合我国国情的、科学的、具有可操作性的鉴定制度。

三、我国建立环境污染健康损害认定体系面临的问题

在理想情况下我们应该通过建立健全的环境监测体制来做到预防为主,防患于未然,然而多年来的粗放式发展已对我国环境造成了积累性的损害,目前出现的环境污染健康损害事件很可能只是"冰山一角",未来这类公害事件可能会

---

[23] 参见[日]原田正纯:《水俣病没有结束》,清华大学公管学院水俣课题组编译,中信出版社2013年版,第7~11页。

[24] 参见刘士国等著:《侵权责任法重大疑难问题研究》,中国法制出版社2009年版,第41~42页。

[25] 参见宋宗宇:《环境侵权民事责任研究》,重庆大学出版社2005年版,第116~118页。

[26] 参见[日]森泉章:《熊本水俣病事件第一次诉讼判例解说》,杨素娟译,载《私法》2001年第1期。

持续暴露出来。随着我国环境污染对人群健康的累积危害已经进入显现期,其给我们对环境污染导致健康损害事件的处理和应对能力提出了一系列挑战,建立一套完整的环境污染健康损害认定体系变得至关重要。目前,我国对于环境健康侵权损害的处理在很大程度上仍然参照普通侵权案件的损害认定及赔偿制度,导致在面对一些环境污染所特有的问题时应对能力不足。而为克服这一积弊,建立一套科学有效的环境污染健康损害认定体系还面临一系列的难题。

第一,我国对于环境污染致健康损害的认定目前还服从于民法的规定,导致受害人个体出现可见的非健康状态即发生疾病后才可被认为受到了"健康损害"。然而环境污染造成的健康损害并非仅有非黑即白的由健康到疾病的变化,还包含很多疾病前变化或亚健康状态改变。[27] 特别是致癌、致畸、致突变等慢性毒性作用往往会在暴露于环境污染物很长时间后才逐渐显现。仅以是否患病来识别非健康状态,导致现行环境健康损害的认定过于狭隘,无法应对各种情况的需要。如无法在致癌环境污染发生的早期即识别出其对人体造成的癌前病变,不能认定该环境污染情况对人体健康产生损害,也就不能采取相应的干预及赔偿措施,可能会使事态进一步严重,增加环境治理及健康损害赔偿的成本。反之,如果在没有一定规则规范的前提下将健康状态理想化,则会造成非健康状态的无限制扩展,增加管控成本和制度措施的制定难度。[28] 因此,环境污染健康损害认定体系的建立,首先需要将不同程度的健康损害进行量化规定。

第二,我国现行的环境标准对于环境污染物的健康损害考量不够,环境污染物标准往往与环境质量而非人体健康挂钩。如此一来,导致在污染企业未违法排污,且环境污染物浓度未超标的情况下,还是出现了环境污染物健康损害事件。这一方面反映出部分现行环境污染物标准过松,另一方面也可归咎于环境污染物的健康损害效应的复杂性。比如,一些环境污染物之间存在"协同"或联合作用,即在混合暴露时会产生比单独暴露研究中观测到的更强的健康损害效果。此外,环境污染物的化学形态和毒性也是动态变化的,部分污染物在环境中或进入人体后,经过降解代谢等过程,可能导致毒性变强或产生有毒的副产物。环境污染物的复杂性导致单纯依靠环境标准难以满足目前对环境健康管理的要求。我国在环境污染健康损害归责原则上,理论上适用无过失责任原则(民法、

〔27〕 参见窦海阳:《大规模环境污染下健康损害、权利表达及保护之道——兼论民法典应对大规模环境污染事件的"当为"与"不为"》,载《法治研究》2019年第1期。

〔28〕 参见黄奕祥:《健康管理:概念界定与模型构建》,载《武汉大学学报(哲学社会科学版)》2011年第6期。

环境基本法和环境单行法中均有明确规定)，[29]加上因果关系举证倒置制度的存在，在某种程度上绕开了环境标准的局限性。在这种理论条件下，受害者若要证明被告的排污行为构成侵权，仅需证明被告存在排污行为以及自己存在遭受损失的事实。[30] 这种制度虽然降低了原告起诉的门槛，但也提高了原告滥诉的风险，可能会导致国家司法资源的损耗和对被告正常经营活动的妨碍。[31] 但通过案件回顾分析不难发现，目前我国在相关领域的审判实践中并未完全遵循无过错责任原则和因果关系举证倒置制度，[32]主要还是基于因果关系推定的结果来解决环境污染导致健康侵权的构成要件问题，[33]这就要求原告和被告的其中一方证明或反证环境污染暴露与疾病间存在或不存在因果关系。然而由于环境污染导致的健康损害作用时间长且影响范围大，而人群中不同个体的易感性差异，使得观测到的健康损害效应差别很大。加上目前缺少标准化及规范化的因果推断举证操作程序和相关法规，导致鉴定范围难划定、鉴定机构难执行，且鉴定结果难以被采信。对环境污染受害者而言证明因果关系往往非常困难，同理，被告人对环境污染与受害人健康损害间的因果关系也缺乏反证能力。[34] 因此环境污染健康损害认定体系的建立需要一套完善规范的因果推断方法，从而使在现行环境标准参考价值有限的情况下，也可以从某种程度上证明或反证环境污染与健康损害间的关系。

第三，我国目前在环境健康损害中的责任认定服从民法中的同质赔偿原则，意味着环境污染造成的健康损害的赔偿只能对受害人已经蒙受的损失进行赔偿。[35] 而已产生的损失又局限于如因疾病而产生的治疗费和误工费等，对于尚未显现的及长期的损失，由于缺少定量评估预测的方法和手段，目前不予承认。体系上的这一缺陷，导致环境污染对健康造成持续损害的受害者需要通过多次

---

[29] 参见曹明德：《环境侵权法》，法律出版社 2000 年版，第 138~153 页。

[30] 参见胡学军：《环境侵权中的因果关系及其证明问题评析》，载《中国法学》2013 年第 5 期。

[31] 参见胡向阳、栾兴良：《环境污染与健康损害因果关系认定研究》，载《湖北警官学院学报》2013 年第 10 期。

[32] 参见李昱：《环境侵权民事责任比较研究》，大连海事大学 2015 年博士学位论文。

[33] 参见李善妹：《我国环境健康侵权损害赔偿制度的实证研究——基于 19 个典型案例的分析》，载《广西政法管理干部学院学报》2019 年第 3 期。

[34] 参见胡向阳、栾兴良：《环境污染与健康损害因果关系认定研究》，载《湖北警官学院学报》2013 年第 10 期。

[35] 参见唐红：《环境侵权诉讼中惩罚性赔偿制度之引入及其规制》，载《人民司法》2014 年第 21 期。

诉讼才可能获得疾病不同阶段治疗费用的赔偿。[36] 因此,未来的环境污染健康损害认定体系所用的健康经济损失计算方法应不光可以对已造成的健康损害进行估量,还需要对现有损害情况下未来可能产生的经济损失进行评估。

四、环境健康风险评估

环境健康风险,是指由自然原因(自发的)和人类活动引起的,通过环境介质传播,对人群健康造成危害或者累积性不良影响的概率及其后果。[37] 而环境健康风险评估是对有害环境因素造成人体不良影响发生概率的估算,评价暴露于该有害因素的个体健康受到影响的风险,主要包括危害识别、危害表征、暴露评估和风险表征4个步骤。[38] 环境健康风险评估理念于1983年美国国家科学院《联邦政府的风险评估管理》中提出,且于报告中建立了人群健康风险评估的"四步法"经典模型。[39] 随着环境健康风险评估方法和体系的不断完善,该理念被全世界广泛地接受与应用,并作为环境健康领域的先进管理策略及风险管理的重要工具应用于环境健康管理的方方面面。[40]

为了使环境健康工作更进一步,加强环境健康管理的科学性,我国也逐步在环境健康管理工作中纳入环境健康风险评估理念。例如,提出在《生态环境健康风险评估技术指南　总纲》,以及在许多法规和标准性文件,如《人体健康水质基准制定技术指南》《土壤污染防治法》等的制定过程中纳入环境健康风险评估的相关策略。虽然目前我国环境健康风险评估才刚刚起步,加上我国尚未发展出完整的环境健康风险评估体系,使得这些文件中的环境标准制定程序和一些细节性的步骤较为笼统且缺少规范化的规定。然而这些文件的制定和颁布为环境健康管理的发展做出了很有价值的尝试,也标志着我国对环境健康风险管理理念的认同。

环境健康风险评估擅于将环境污染所致的人体健康损害定量化。一方面可以对环境污染物可能对人体带来的健康风险进行评估,还能根据其分析流程反

[36] 参见李善妹:《我国环境健康侵权损害赔偿制度的实证研究——基于19个典型案例的分析》,载《广西政法管理干部学院学报》2019年第3期。

[37] 参见杨洁等:《区域环境风险区划理论与方法研究》,载《环境科学研究》2006年第4期。

[38] 参见李湉湉:《环境健康风险评估方法　第一讲　环境健康风险评估概述及其在我国应用的展望(待续)》,载《环境与健康杂志》2015年第3期。

[39] 参见孙佑海、朱炳成:《美国环境健康风险评估法律制度研究》,载《吉首大学学报(社会科学版)》2018年第1期。

[40] 参见李湉湉:《环境健康风险评估方法　第一讲　环境健康风险评估概述及其在我国应用的展望(待续)》,载《环境与健康杂志》2015年第3期。

推污染与健康损害间的因果关系。另一方面环境健康风险评估还可以对环境污染带来的健康风险的成本进行估算,[41]为环境污染损害的鉴定评估及相关赔偿工作提供依据。[42] 因此,环境健康风险评估对于我国环境污染健康损害认定体系的建立具有重要作用。

五、环境健康风险评估在环境污染健康损害认定体系建立中的作用

环境健康风险评估通过识别环境因素和评估暴露水平,根据既往研究发现的环境因素健康危害的发生发展规律和剂量—效应关系,对环境因素对人群健康的影响及这一风险发生的概率进行评估。环境健康风险评估的核心是环境污染物对健康影响的剂量—效应关系数据,即环境污染物每提升 1 单位浓度水平引发的健康效应变化水平。因此相对于量化的污染物浓度水平数据,环境健康风险评估也可对健康损害的程度进行相应的量化区分。在环境污染健康损害认定体系的建立中引入环境健康风险评估理念,可以摆脱目前我国在健康损害认定方面唯"疾病"判定的困境。

此外,环境健康风险评估策略还有望解决目前环境污染致健康损害责任认定中所面临的部分难题。就环境污染与健康损害因果关系而言,我国并未在法律规定的文义上对环境污染侵权的因果关系推定进行相关规定。环境污染造成的健康损害具有复杂性、持续性、长期性、潜伏性、广泛性等特点,[43]使涉事双方通常无法全面证得因果关系。[44] 如前所述,国际上常常应用盖然性因果关系和疫病因果关系来对此类因果关系进行推定。在盖然性因果关系规则下,原告对于环境污染与健康损害间的因果关系不需要完全证明,只要能论证出某种程度的盖然性(有一定的概率存在因果关系或关联),即可得出因果关系存在的结论。而因果关系的推定通常需要包含两方面的内容,即需要证明污染物暴露发生于健康损害之前,且污染物与健康损害间存在医学合理性(剂量—效应关系)。环境健康风险评估"四步法"可以很好地切合环境污染致健康损害的因果关系推定的需要。以暴露评估环节为例,其主要任务为定量估算暴露量,包括通过外暴露及内暴露两种方法来估算。外暴露指通过外暴露浓度、暴露时间、暴露

---

[41] 参见薛婕、罗宏:《流域环境风险管理探讨》,载《环境科技》2009 年第 S2 期。
[42] 参见金英子等:《经济发展进程中环境污染造成健康损失评价研究》,载《卫生软科学》2009 年第 2 期。
[43] 参见王盛航:《环境侵权因果关系证明的价值判断》,载《法学论坛》2020 年第 4 期。
[44] 参见王盛航:《环境侵权因果关系证明的价值判断》,载《法学论坛》2020 年第 4 期。

途径和暴露参数来估算外暴露量,包括点接触测量法和场景评价法。〔45〕 内暴露评估通常是暴露发生以后,抽样选取一定数量的代表性人群,通过采集和分析该人群的人体生物样本(如血样、尿样、头发、指甲等)中的生物标志物浓度水平,来估算环境污染物在人体内的暴露量(称为再现内在剂量法)。〔46〕 通过内外暴露综合测量可以获得一个相对准确的暴露水平表征。因此暴露评估环节不仅可以确认污染暴露的存在,还能从侧面证明污染暴露与健康损害发生的时序。同时,危害识别及危害表征步骤,通过对污染物引起的不良效果的固有能力的识别和其作用的剂量—反应关系的评估,可以对污染物与健康损害间的医学合理性进行判断。当按照不同健康损害效应进行剂量—反应关系评估时,若特征污染物对人群某种健康损害效应的剂量—反应关系呈统计学意义的正相关,则表明该类健康损害随着特征污染物暴露剂量增加,其损害、患病、发病、死亡风险也会显著增加;同时,通过比对不同污染物的剂量—反应关系及它们造成的健康损害效应,可以得到不同健康损害效应受到环境污染影响的差异。因此,由暴露水平评估结果和环境污染物对健康影响的剂量—效应关系测算而来的环境健康风险水平可作为环境污染与健康损害间因果推定的依据。也就是说,若某环境污染物在污染范围内特定人群中的环境健康风险评估显示具有显著患病风险,且污染范围内人群的健康损害效应出现的频率显著高于非相关人群,则或可认为污染行为与健康损害后果之间存在因果关系。

在环境污染健康损害认定体系的建立中引入环境健康风险评估理念,还可以改善目前我国对于环境污染致健康损害的经济损失计算方面面临的困境。健康损害赔偿是在人群健康受损后保障其利益的最基本途径,而环境健康风险评估能够厘清特征污染物所致的健康损害及其损害程度,因此能够为污染事故导致的人群健康损失提供科学客观的鉴定依据,使损害赔偿有据可依。目前基于环境健康风险评估结果估算环境污染所致人体健康经济损失,主要有疾病成本法与人力资本法等,〔47〕其基本步骤包括:识别环境中有害的特征污染物,特定污染物的剂量—反应关系评估,通过暴露评估评价处于风险之中的人口规模,估算

〔45〕 See US EPA. ,*Guidelines of Exposure Assessment*,Federal Register,1992,p. 5-8.

〔46〕 参见杜艳君、莫杨、李湉湉:《环境健康风险评估方法　第四讲　暴露评估(续三)》,载《环境与健康杂志》2015年第6期。

〔47〕 参见李惠娟、周德群、魏永杰:《空气污染的健康经济损失评价研究进展》,载《环境科学研究》2020年第10期。

由于疾病导致的医疗费用及缺勤所引起的收入损失，将健康损失货币化。[48] 目前世界范围内主要通过人力资本法来进行相关成本的计算。[49] 人力资本法通过估算污染物暴露剂量—人体健康效应间的关系、健康效应—经济价值间的关系、污染削减的成本效益比，来估计环境污染带来的环境损益。[50] 根据环境污染物所致健康效应的剂量—反应关系，计算由于健康损害、患病或死亡增加而造成的个人和社会的经济损失，包括劳动生产力损失和医疗费用的增加。[51] 因此，环境健康风险评估的结果能够为环境健康损害的经济成本鉴定及计算提供基础参数，从而实现环境健康损失的定量，这对于环境污染事故已经造成的健康损害赔偿，以及环境污染健康损害可能进一步造成的经济损失的预估都具有重要意义。

六、建立我国环境污染致健康损害认定体系的建议

环境污染致健康损害认定体系的建立不仅影响广大群众的生活质量，也能加强对环境污染行为的管控和惩罚，对环境健康管理具有重要意义。我国在解决环境污染致公众健康损害责任问题方面还处在一个较为初级的阶段，存在政策法规单一、机构体系不完善等问题。随着我国环境健康问题进入显现期，需要尽快在相关问题的处置方面进行改进：一方面，出台一套完善的环境健康损害认定体系，该体系需要解决目前我国环境污染健康损害认定过程中对于健康损害的量化及因果推断方面面临的问题；另一方面，革新我国的环境健康损害赔偿制度，优化对环境污染造成的健康经济损失的计算机制。

本文从环境污染健康损害认定体系的建设与发展角度对纳入环境健康风险评估策略的优势进行了分析，建议在以下几个方面开展相关工作。

首先，在《生态环境健康风险评估技术指南　总纲》的基础上，不断完善技术体系框架，尽快发展出一套完善的环境健康风险评估体系，以确保环境健康风险评估在环境健康政策体系中的应用规范有据。

---

〔48〕 参见过孝民、於方、赵越：《环境污染成本评估理论与方法》，中国环境科学出版社2009年版，第128~135页。

〔49〕 参见刘丙国：《人群环境健康调查评价与应用研究》，中国石油大学（华东）2013年博士学位论文。

〔50〕 参见班婕、李湉湉：《环境健康风险评估方法　第六讲　风险管理（续五）》，载《环境与健康杂志》2015年第8期。

〔51〕 参见金英子等：《经济发展进程中环境污染造成健康损失评价研究》，载《卫生软科学》2009年第2期。

其次,在制度安排上注重将环境健康风险评估策略融入现有环境健康管理手段,加强政策衔接,在环境污染致健康损害认定及赔偿体系内融入环境健康风险评估策略。

最后,在法律层面上积极回应环境健康问题,正视环境健康管理的特殊性,对环境污染健康损害方面进行专门立法,规定有关责任认定及赔偿方面的制度,承认环境健康风险评估的科学意义和法律地位。

《环境资源法论丛》
第 13 卷,第 17~60 页

环境与健康标准体系研究

段小丽*

摘　要　建立环境与健康标准体系是落实“环境保护法”“国家建立、健全环境与健康监测、调查和风险评估制度”的要求,也是环境与健康管理工作开展的必要支撑手段和科学依据。通过系统调研我国当前的环境与健康标准的现状和问题,针对我国环境管理需求和现行环境标准体系的不足,应当以“环境与健康监测、调查和风险评估”这一国家环境健康管理工作任务为核心建立环境与健康标准体系。相关研究结果对系统描绘环境与健康标准未来发展的蓝图、明确环境与健康标准在环境标准体系中的地位和作用具有重要意义,对进一步明确环境与健康管理工作的定位也具有一定的参考价值,可为环境保护法律法规的执行奠定良好的技术基础,有效避免标准之间的重复以及衔接性差等相关问题。同时,也可为国家环境与健康领域“十四五”相关标准和规划的制定提供参考和依据。

关键词　环境与健康　标准体系　风险评估

一、环境与健康标准的定位与需求

(一)环境与健康的定位

“环境与健康”实际上就是指“环境健康”(Environmental Health)。随着《国

* 段小丽,北京科技大学能源与环境工程学院教授,工学博士。

家环境与健康行动计划》的出台,“环境与健康”逐渐约定俗成,但是在该行动计划中并未对“环境与健康”进行界定。世界卫生组织(World Health Organization,WHO)将“环境与健康”定义为:关注物理性、化学性和生物性等外在环境因素以及其他相关行为影响因素,通过评估和控制影响人体健康的潜在环境危险因素,达到“预防疾病、创造有益健康的环境”的目的。该定义不包括与环境无关的行为,以及社会、文化环境和遗传因素等。[1] 这是迄今为止对“环境与健康”最权威的定义。

如图1所示,影响人体健康的因素包括环境因素、行为因素、个体生物因素和社会保障因素四大类。WHO“环境与健康”定义中所指的“环境”实际上包括两个方面:从图1中可以看出,环境因素可分为自然因素和社会环境两个方面。自然环境才是“环境与健康”中关注的“环境”,自然环境又可分为原生环境和次生环境。原生环境指未经人类活动影响的自然环境(包括大气圈、水圈、土壤岩石圈和生物圈),这类环境引发的健康问题往往是“地方病”(endemic disease),在我国属于水利、地质、卫生等领域关注的范畴。次生环境指人为活动影响下形成的环境,受人类生产生活活动的干预和影响,这类环境往往会产生环境污染问题,而由此引发的健康问题可称为“环境相关性疾病”(environmental related disease),应当是环境和卫生等部门共同关注的范畴。世界卫生组织的环境污染疾病负担中提到的“风险因子”包括:水(供水和水处理设施)、室内空气、室外空气等。图1中的“饮用水”划定为社会保障因素的范畴,主要是由于饮用水除与水源有关外,还与其供给方式等基础设施和社会保障设施有关。在我国,对饮用水源地的保护属于环保和水利等部门的职责,对城市饮用水的安全属于城建部门的职责,对农村饮用水安全问题则由水利、卫生等部门共同负责。在WHO“环境与健康”定义中,“饮用水”也是其所指“环境”中所包括的内容。

WHO定义中“环境与健康”之“环境”实际上还包括“暴露行为”,即人群对环境因素的暴露行为和特征。人作为环境中的重要组成部分,生活在环境中,无时无刻不在与外界环境进行物质和能量的交换。生活在环境中的人经过呼吸、饮食和皮肤等而接触到空气、水、食物、土壤中的这些环境污染物,而不同的暴露行为和模式会影响人接触环境污染物的时间、强度、范围等。环境污染对健康影响不仅与环境污染物的浓度和毒性相关,还与人的环境暴露行为模式密切相关,

[1] See World Health Organization, *Environmental Health*, http://www.who.int/topics/environ-mental_health/en/, March 4th, 2021.

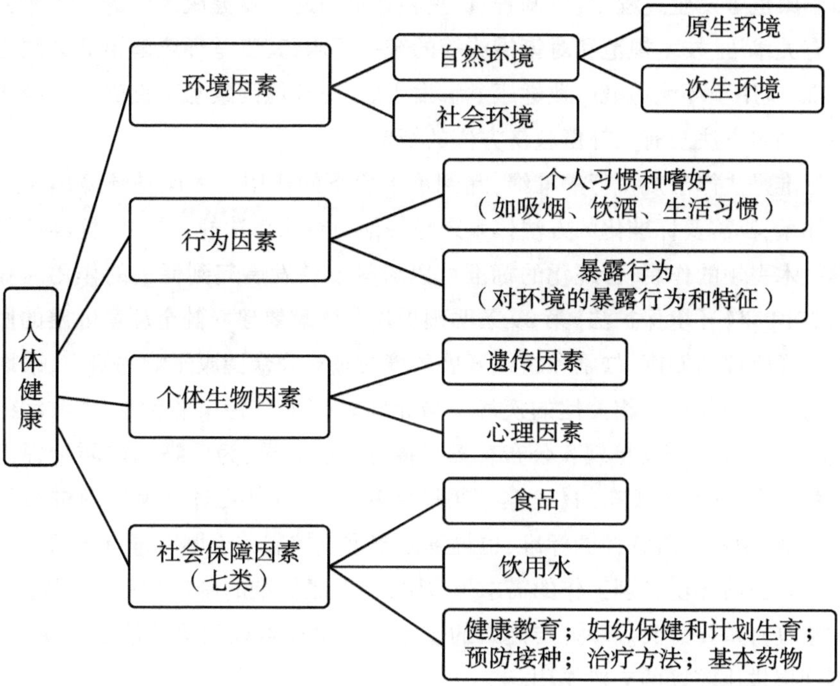

图1　影响人体健康的因素

环境暴露行为模式包括四个方面：一是人体生理特征，如身高、体重、呼吸量等；二是人接触空气、水等环境介质中污染物的时间、频率、途径和方式；三是人居环境中污染源分布情况；四是人对暴露风险的防范行为。原环境保护部于“十二五”期间组织开展“中国人群环境暴露行为模式研究”，并于2011~2012年完成了对18岁及以上人群的研究，编著了《中国人群环境暴露行为模式研究报告（成人卷）》和《中国人群暴露参数手册（成人卷）》。[2]

（二）环境与健康标准的定位

环境与健康标准的定位主要是评价环境污染所致的健康影响或风险，以及对控制环境暴露和防控风险的对策措施的统一规定。具体分为三个层面：其一主要是环境健康风险管理相关标准，应用于环境污染所致健康危害发生之前，对评价环境污染的人体健康风险的有关术语、技术规范，以及对防控环境风险的管理和技术措施的统一要求；其二是环境健康影响评价相关标准，应用于环境污染

---

〔2〕 参见环境保护部：《中国人群环境暴露行为模式研究报告（成人卷）》，中国环境出版社2013年版；环境保护部编著：《中国人群暴露参数手册（成人卷）》，中国环境出版社2013年版。

所致健康危害发生过程中,对调查、识别和评价引起不良健康效应的环境相关因素的有关术语、技术规范和对策措施等的统一要求;其三是环境健康危害判定相关标准,应用于环境污染所致健康危害发生后,对环境因素与不良健康效应之间的关系判定方法及有关补偿救济方法的规定。

标准是法律法规执行的准绳,起到承上启下的作用。无论是环境体系还是卫生体系,都需要标准化的方法体系来更好地执行法律法规。另外,标准还起到科学技术引领的作用,合理化的标准可以对科技的发展起到促进的作用。我们国家2014年《环境保护法》第39条明确提出了国家要建立健全环境健康的监测调查和风险评估制度,鼓励和组织开展环境质量对公众健康影响的研究,采取措施预防和控制与环境相关性的疾病。与此同时,《大气污染防治法》《水污染防治法》中,都提出需要梳理和公布有毒有害污染物名录,为污染物的防治提出优先次序。在2018年颁布的《土壤污染防治法》中,国家要对土壤污染进行风险管控,设定制定风险管控的标准,也提到公布重点控制的土壤有毒有害污染物的名录。在当前环境管理工作的需求下,环境与健康标准的制定和更新、体系框架的构建具有重要意义。环境与健康的技术规范手段可以为法律法规的执行、环境管理提供比较好的支撑作用。

二、国外环境与健康标准现状

(一)世界卫生组织

世界卫生组织是国际上最大的政府间卫生组织。世界卫生组织在环境健康方面主要有指南类、环境健康基准(Environmental Health Criteria,EHC)和风险评估技术体系三方面值得我们借鉴。

1. 环境与健康指南

世界卫生组织针对空气污染、HIV、营养、儿童环境与健康发布多项指南,下面以世界卫生组织关于空气污染发布的指南为例进行论述(见图2)。自1958年开始,WHO在发表《空气质量指南》(*Air Quality Guideline*)之前就发表了一系列空气污染与健康相关的出版物。《空气污染》[3]发表在《世界卫生组织技术报告丛刊》上,是处理空气污染及其对健康影响的第一篇。它是由环境卫生委员会代表专家的一组专家撰写的,26页的内容介绍了空气污染科学、空气

---

[3] See World Health Organization, *Air Pollution: Fifth Report of the Expert Committee on Environmental Sanitation*, Geneva: World Health Organization, http://apps.who.int/iris/handle/10665/40416, Jan. 17th, 2021.

污染物的来源、影响环境浓度的因素、测量污染物浓度的方法以及对健康的影响。《空气污染》的发表让人们清楚地意识到，暴露于异常高浓度的空气污染物中可能损害健康。之后，世界卫生组织又发表了《大气污染物》《城市空气质量标准和指南》《城市空气质量管理手册》《空气污染及环境卫生标准汇编辞汇》等指南性文件。

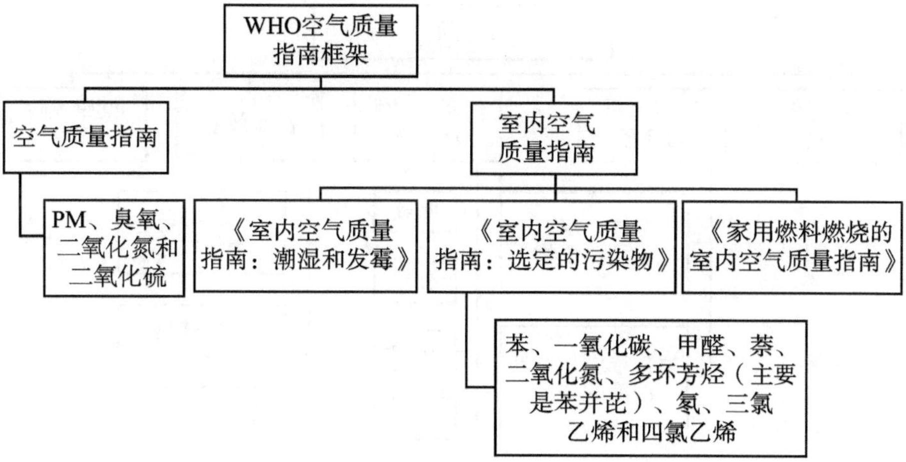

图 2　WHO 空气质量指南体系

自 2006 年以来，世界卫生组织一直致力于制定单独的室内空气质量指南，并发布了一系列室内特定空气质量指标《室内空气质量指南：潮湿和发霉》[4]、《室内空气质量指南：选定的污染物》[5]和《家用燃料燃烧的室内空气质量指南》[6]分别是针对生物制剂提供基于健康的建议（潮湿和发霉）、室内环境中常见的空气污染物和家用燃料的燃烧。

《室内空气质量指南：选定的污染物》介绍了世界卫生组织关于保护公共健康免受各种室内空气中常见化学物质危害的指南。综述具有室内来源且对人体

---

〔4〕 See World Health Organization, *WHO Guidelines for Indoor Air Quality: Dampness and Mould*, https://link.springer.com/chapter/10.3920/978-90-8686-722-6_10, March 4th, 2021.

〔5〕 See World Health Organization, *WHO Guidelines for Indoor Air Quality: Selected Pollutants*, https://theasthmafiles.org/content/who-guidelines-indoor-air-quality-selected-pollutants, March 4th, 2021.

〔6〕 See World Health Organization, *WHO Guidelines for Indoor Air Quality: Household Fuel Combustion*, https://www.who.int/airpollution/guidelines/household-fuel-combustion/en/, March 4th, 2021.

健康有害的物质:苯、一氧化碳、甲醛、萘、二氧化氮、多环芳烃(主要是苯并芘)、氡、三氯乙烯和四氯乙烯。该指南针对的是负责预防环境暴露对健康危害的公共卫生专业人员,以及参与设计和使用卫生保健的专家和主管部门,为法律上可执行的标准提供了科学依据。如图3该指南对物质的推荐值主要依据以下几个方面。

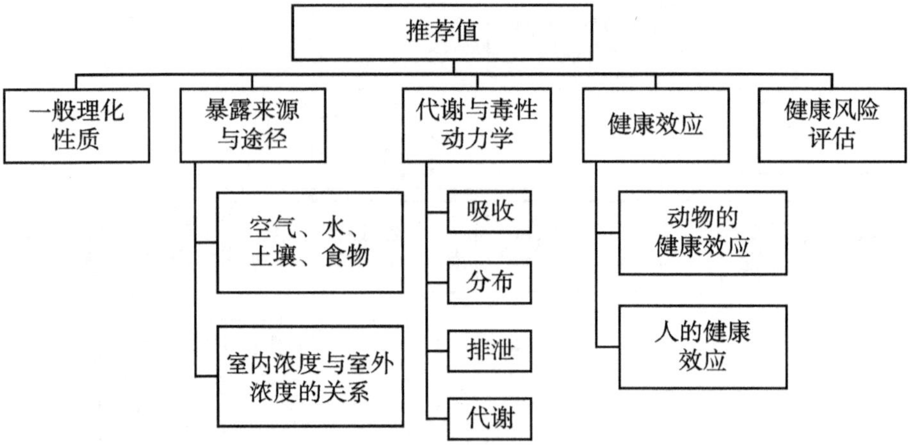

图3　WHO室内空气污染物指南框架

2. 环境健康基准

EHC提供了特定化学品或相关化学品组对人类健康和环境的影响的国际重要评论,它们专为负责风险评估的科学专家而设计,使政策制定者能够制定安全使用这些化学品的政策。WHO环境健康基准体系框架如图4所示,EHC对特定化学品或相关化学品组的评估从1976年开始更新至2013年,包括206种化学品和相关化学品组,其中无机类化学品40种,有机类142种,其他类24种。每个EHC都遵循标准的大纲或格式(见图5),每份文件的末尾都有关于保护人类健康和环境的总体评估和结论,以及进一步研究的需求以及国际机构评估的细节。

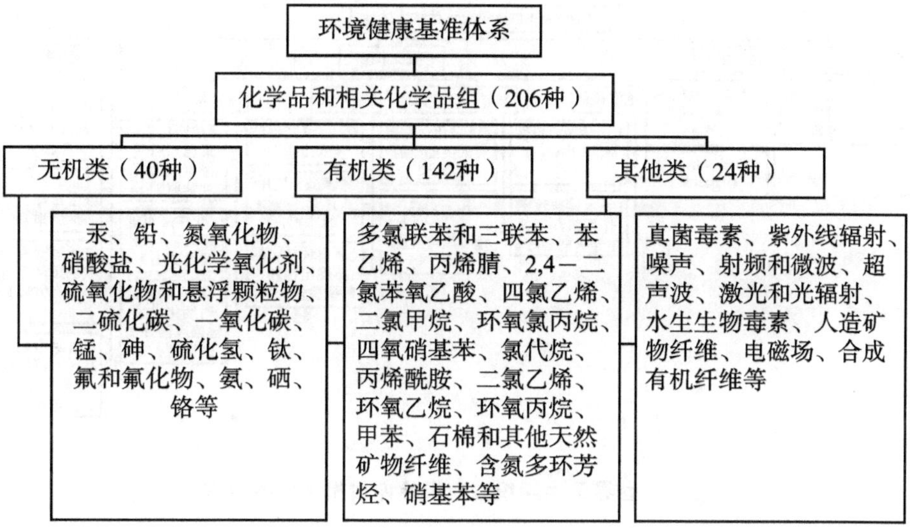

图 4　WHO 环境基准(EHC)体系框架

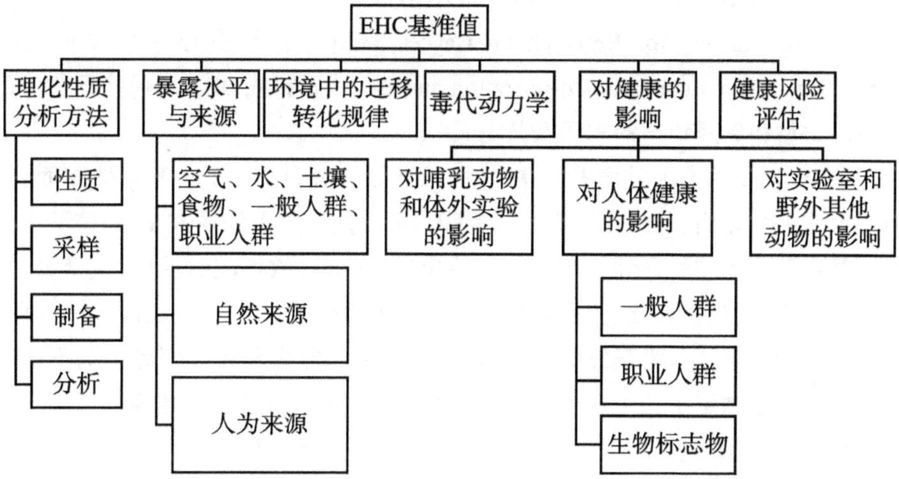

图 5　EHC 化学品基准值框架

3. 风险评价技术体系

世界卫生组织在风险评价领域开展了大量的工作。自 1978 年起发布了一系列人体健康风险评估相关的技术文件，目前涉及 53 条相关风险评估方法标准，逐步构建了系统完整的技术体系，如图 6 所示。WHO 关于人体健康风险评估技术体系包括框架性指南、术语及定义、专项技术指南和具体应用指南。

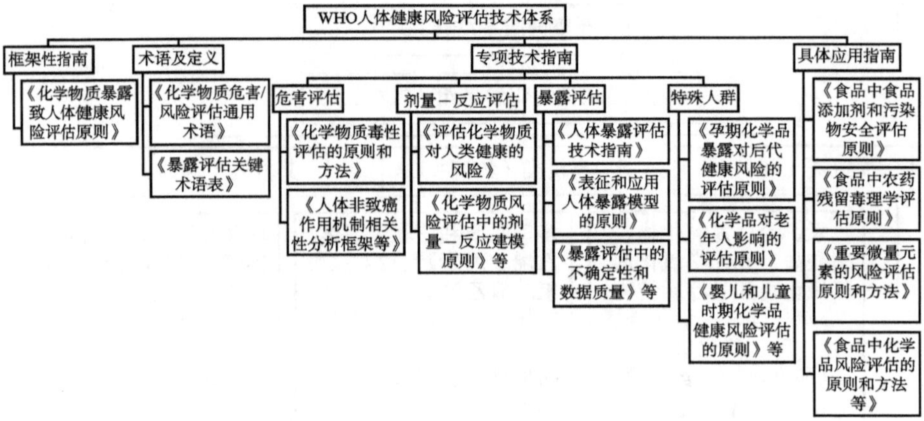

图6　世界卫生组织健康风险评估相关内容结构

框架性指南《化学物质暴露致人体健康风险评估原则》论述了化学物质健康风险评估的框架、评估内容、方法和要求。术语及定义指南《化学物质危害/风险评估通用术语》和《暴露评估关键术语表》,统一了国际化学品安全规划(Interational Agency for Research on Cancer,IARC)和经济合作与发展组织(Organization for Economic Co-operation and Development,OECD)风险评估项目中风险评估和暴露评估的术语及其定义。

WHO发布的专项技术指南有一系列指导性文件,包含危害评估方面、剂量—反应评估方面、暴露评估方面和特殊人群方面。危害评估方面,涵盖了化学物质暴露致人体神经毒性、肾毒性、直接免疫毒性、过敏性超敏反应、生殖毒性、自身免疫毒性、免疫毒性、皮肤过敏等评估原则和方法。剂量—反应评估方面,制定了基于健康的暴露限值的推导方法,并对种间差异和人群变异性的不确定性系数的确定制定了技术指南,另外,还发布了剂量—反应关系建模的原则。暴露评估方面,WHO发布了《人体暴露评估技术指南》《表征和应用人体暴露模型的原则》《暴露评估中的不确定性和数据质量》《皮肤暴露》等技术文件。针对儿童、孕妇和老人等特殊人群,WHO也发布了《孕期化学品暴露对后代健康风险的评估原则》《化学品对老年人影响的评估原则》《婴儿和儿童时期化学品健康风险评估的原则》《儿童化学品暴露健康风险评估原则》等技术文件。

具体应用指南关于人体健康风险评估技术方法主要应用在化学品管理和食品安全管理方面。在食品安全风险评估领域,WHO发布了《食品中食品添加剂和污染物安全评估原则》《食品中农药残留毒理学评估原则》《重要微量元素的风险评估原则和方法》《食品中化学品风险评估的原则和方法》等技术文件。

(二)欧盟国家

欧盟(European Union,EU)是欧洲国家的联合共同体,包括欧洲环境署(European Environment Agency, EEA)和欧洲化学品管理局(European Chemicals Agency,ECHA),此外,还建立了《化学物登记、评估、授权和限制条例》(Registration,Evaluation and Authorization of Chemicals,REACH)进行化学品的监管。

1. 确立优先控制战略

在欧盟环境政策中一个重要的优先性设定是主题战略,其中就包括《环境与健康战略》。为了确保《环境与健康战略》得到充分有效的实施,欧盟确立了相应的实施原则:(1)综合性原则。这一原则首先要求保障数据的完整性,使得环境与健康数据的收集和传递及时而有效;其次,进行综合研究,欧洲的众多研究机构将在形成共识的基础上,开发出框架内的新研究计划;最后,强调与其他政策活动的联系,尽管一些政策中已经体现出了对于环境与健康的考虑,但欧盟仍强调关注尚处于开发阶段的政策,避免《先污染后治理》的情况频繁出现。(2)渐进性原则。考虑到实施的复杂性和广泛性,欧盟认为应该在一个持续的周期中,渐进推进这一战略。第一周期(2004~2010年)主要是有效识别问题,为下一周期建立基础。在这一基础上,建立起一个公共系统,为评价环境对人体健康的影响、识别和监控由环境因素导致的健康威胁、筹备和总结环境与健康相关政策等提供必要的信息。(3)关注儿童。在所有的易感人群中,儿童特别容易受到环境的影响,高易感性决定了在评估和管理风险时,要为他们制定特别的政策措施。这种易感性以及由此产生的经济影响,促成了在欧盟环境与健康战略中对于儿童的特别关注,并在特定政策选择时形成了保护儿童的倾向。

2. 推行环境健康影响评价制度

健康影响评估(Health Impact Assessment,HIA)是美国城市开发建设实践中重要的决策辅助工具。HIA是通过识别潜在的健康风险、问题或优势,使用一系列的工具与方法分析、评估政策法规、开发项目、环境改变等社会行为对居民的健康影响,其结果用来引导和调整城市开发决策与规划。在欧洲国家的HIA制度性安排中,一种主要的政策制定方法需要政府的命令/要求,需要对一次健康影响评估提交计划,需要进行健康影响评估的专家(一般来自大学)、咨询团体或政府机构。健康影响评估已按中央或地方政府命令应用于一些政策及项目中。例如,伦敦市长就曾要求在城市的各种开发战略中进行健康影响评估,包括交通、专项开发、文化和经济开发。健康影响评估包含在这些战略的综合影响评估中,伦敦卫生观察局开发出了HIA方法和个人资格标准。荷兰政府要求在国家政策中进行健康影响评估,这一命令由国立公共卫生学院执行。

3. 欧盟化学物管理方法

欧洲化学品管理局是开展欧盟化学品管理的机构,通过颁布相关的法律来保护生态环境和人类健康。

通常情况下,欧盟化学品风险评估主要由四个基本步骤构成:数据采集、效应评估(危险评估)、暴露评估、风险表征。REACH法规框架下的化学品安全评估(CSA)是基于欧盟化学品风险评估技术建立的,主要包括数据采集、效应评估、PBT(持久性、生物蓄积性和毒性)和vPvB(高持久性和高生物蓄积)评估、暴露评估、风险表征等5个部分。人类健康危险评估的核心是剂量(浓度)—效应关系进行评估,即推导出物质对于某一种健康危害的剂量效应浓度——推导无效应水平(DNELs)。然而人类健康危险评估涉及的范围很广,并非所有的健康危害都能推导出DNELs,这主要存在于下列两种情况下:不能确定可靠的作用阈值,这可能发生在致敏性和刺激性上;物质通过非阈值模式发挥其效应因而不能确定无效剂量,这可能发生在致突变性和致癌性上。出现上述两种情况时,我们需要定性/半定量的安全评估,如果数据允许,可确定推导最小效应水平(DMEL)。DMEL表示低于此水平暴露可被控制,代表一个相当低的理论上可接受的风险。目前,推导DNELs的主要方法是评价因子法,用于DMEL推导的方法主要有线性方法(也称Linearized法)和大评估因子法(也称EFSA法)。由于暴露估算的步骤复杂,因此欧盟推出了大量的计算机工具用于计算暴露量,如欧盟物质评估系统(EUSES)、欧洲化学品生态毒理学和毒理学中心(ECETOC)的定向风险评估模型(TRA)等。

(三)美国

1. 环境与健康管理体制

美国为应对环境污染带来的公共健康灾难,建立了环保局与卫生部既分工又协作的体制,两个部门都关注环境污染对人类健康的危害。在职能上,环保局侧重于管制和“污染者”,卫生部侧重于服务和“潜在受害者”;联邦层面,环保局与卫生部在管制方面和研究(信息共享)方面紧密合作;地方层面,环保局的主要职能是监督各州执行联邦标准,卫生部的主要职能是提供健康和医疗服务,并在具体工作中密切配合。

在环境管制方面,环保局和卫生部的合作有效地划分了在共同的环境问题和对象上的管制权限。许多环境问题受多个国会法案管辖,且每个法案也授权多个部门进行管制,为了避免管辖权冲突,提高管理效率,环保局和卫生部对一些问题重新进行职责分工并建立合作机制。(见图7)在环保局管理的5种污染中,水和农药最容易影响食品药物监管局所管辖的食品和烹饪用水。由于环保局和卫生部(直接或间接)对水和农药都有管辖权,于是两部门通过备忘录的方式在容易冲突的管理问题上重新划分了职责。(见图8)在地方层面,环保局和卫生部的工作各有侧重、互相补充,共同执行环保法律,保护公众健康。环保局的主要职能是制定标准及监督各州执行。联邦环保局若要确保环境标准的实施并及时发现问题,必须要依赖地方政府,尤其是地方卫生部门的合作。相比之下,卫生部的主要职能是提供健康和医疗服务,也由于环境污染的危害后果通常反映为公众健康的异常,卫生部的基层人员通常能较早发现污染源,向当地政府报告,由其根据污染源的情况决定是否需要与环保局采取联合行动。

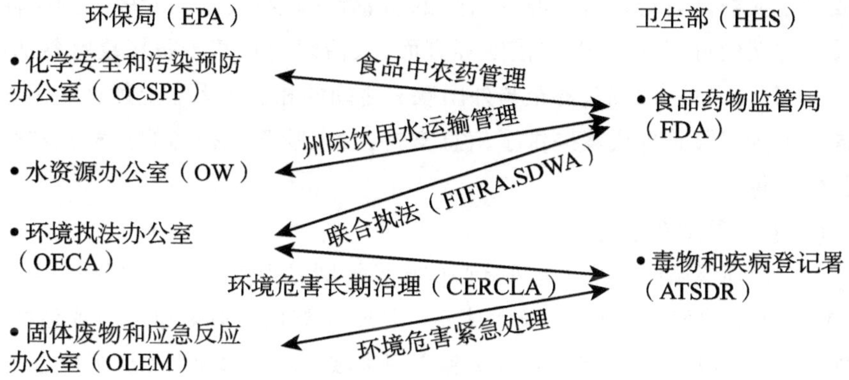

图7　美国环保局和卫生部合作管理机制

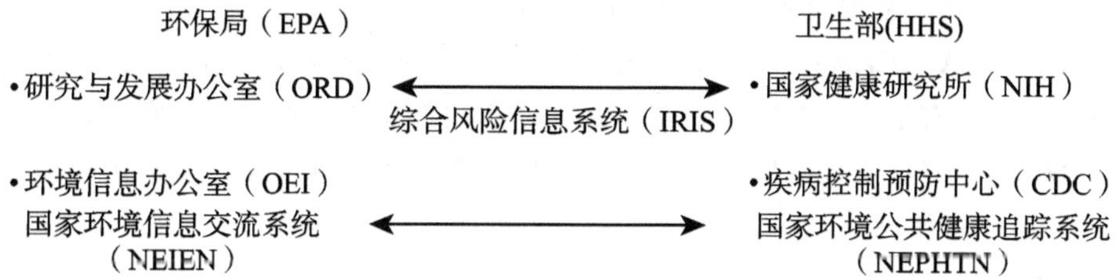

图8　环保局和卫生部在信息共享方面的合作

2. 环境健康风险评估体系

(1)风险评估与风险管理之关系

风险管理是评估如何保护公众健康的过程。具体而言,风险管理决定着是否以及如何管理风险,其中需要考虑法律、经济和行为的因素,以及每个决策或者备选方案对生态、人类健康和福利所产生的影响。风险管理除了基于风险评估为其提供的有关潜在健康或生态风险的信息外,同时需要考虑科学、经济、法律、社会等因素。具体而言,科学因素是风险评估的基础,是指从毒理学、化学、流行病学、生态学和统计学中提取的信息;经济因素是为了使风险管理者对风险成本和风险控制效益有着更加清晰的认知;法律和法院判决则在确定风险评估机构、制定管理决定以及在某些情况下确定降低风险的进度、级别或方法等方面发挥着基础性作用;社会因素是指包括收入水平、种族背景、社区价值、土地使用、生活方式和受影响人群的心理状况等在内的可能影响个体或可定义群体对特定压力源的风险的易感性因素;技术因素较多地关注风险管理方案的可行性、影响和范围等方面;政治因素是基于联邦政府各部门,以及联邦、州和地方政府,甚至与外国政府之间的相互关系。上述这些因素从不同角度为风险管理决策提供了信息支持,为风险管理行动的科学性和合理性提供了保障。

(2)技术导则及指南

对美国环保局现行的健康风险评估技术导则或指南进行归纳分析,可以发现,美国的人体健康风险评估技术体系[7][8]主要由人体健康风险评估框架、专项技术导则或指南、基础技术方法和应用领域专门技术导则4类组成,如图9所示。

(3)环境健康风险评估的应用

第一,大气环境标准。美国控制空气污染的主要法规是《清洁空气法》(Clean Air Act,CAA)[9],它也是美国第一部控制环境污染的主要法规,对其他环境法规有很大的影响。它创立了在联邦政府领导下的联邦政府和地方政府合作的空气污染控制体制,规定从源头上预防和控制空气污染是州和地方

---

〔7〕 参见孙佑海、朱炳成:《美国环境健康风险评估法律制度研究》,载《吉首大学学报(社会科学版)》2018年第1期。

〔8〕 参见班婕、杜宗豪、李湉湉:《美国国家环境健康风险追踪体系及其启示》,载《中华预防医学杂志》2016年第6期。

〔9〕 参见秦虎、张建宇:《以〈清洁空气法〉为例简析美国环境管理体系》,载《环境科学研究》2005年第4期。

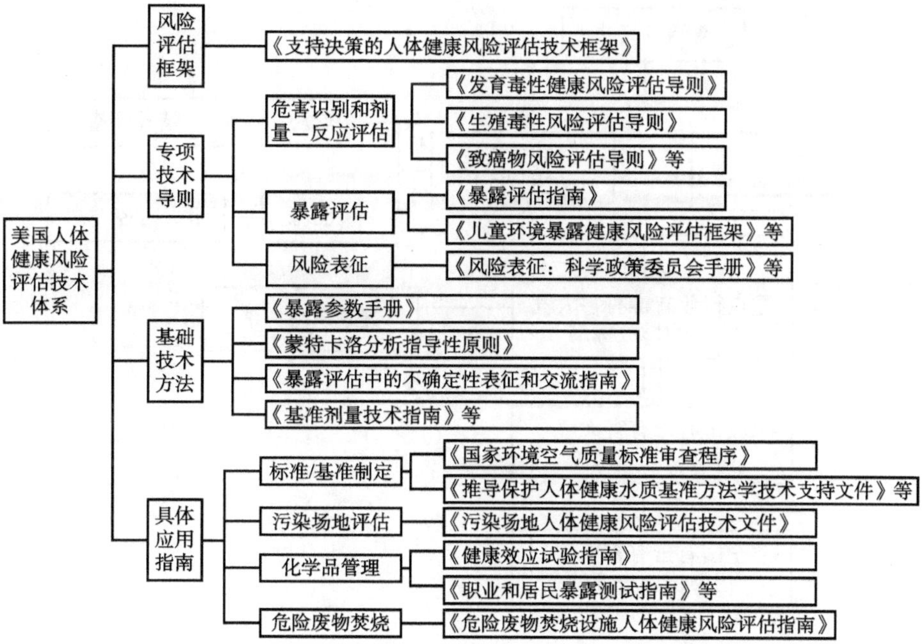

图 9　美国环保局人体健康风险评估技术导则体系

政府的主要责任。在这种体制之下,联邦政府建立标准,各州加以执行。美国空气污染物的控制最终目标是达到环境质量标准。其手段是根据《清洁空气法》的规定,对污染源排放实施技术强制,即制定、实施排放标准。另外,美国自《清洁空气法》修订在第 112 章中提出有毒有害大气污染物名录后,又结合现有的排污许可证制度、源分类控制和最大可控限值等制度进行联合使用,按照科学与实际相结合的方法筛选出 189 种有毒有害污染物,有针对性地对大气中有毒有害污染物进行防控以保障清洁的大气环境。美国作为最早遭遇环境与健康问题的国家,经过多年努力,形成了建立以保障公共健康为核心的环境标准制度和环境与健康风险评估框架,实现了对环境与健康风险的有效控制。(见图 10)

第二,水环境标准。美国在 1948 年制定了《联邦水污染控制法》,[10] 授权联邦公共卫生局对水污染状况进行调查,对公共污水处理厂提供贷款及咨询服务。1965 年通过《联邦水污染控制法》的修正案《水质法》,首次采用以州水质标

---

〔10〕 参见滕海键:《1972 年美国〈联邦水污染控制法〉立法焦点及历史地位评析》,载《郑州大学学报(哲学社会科学版)》2016 年第 5 期。

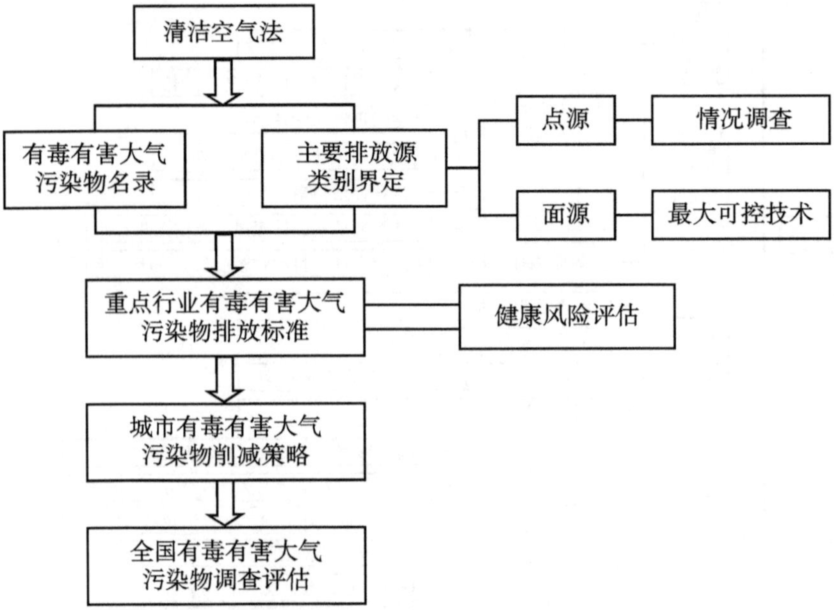

图10 美国大气污染物管理体系构架

准为依据的管理办法。1972年,美国国会再次对《联邦水污染控制法》进行了大幅度修正,通过了修正案即《清洁水法》。

标准和基准的制定在美国环境健康标准体系中占据着重要的位置。美国环保局从1980年开始发布水质基准值,截至2015年共发布120多种污染物质的基准值。美国环保署2000年发布的推导基于保护人体健康的水质基准值的方法学为人体健康水质基准的制定提供了技术指南和参考。美国水质基准推导体系较为完善,从暴露参数到毒理学参数、推导模型等均有成熟的标准和数据库系统支持。美国没有全国统一的水质标准。美国环保局只是负责建立各类水质基准,各州根据联邦环保局提供的水质基准并结合水体具体功能制定各州和流域的水质标准,即水环境质量标准。《清洁水法》要求各州根据水域现在和将来的用途,对州内水域进行分类并制定相应的环境水质标准,同时制定达到环境水质标准的计划。1965年《水质法》规定水质标准包括3个组成部分:水体现在和将来的用途;依水体用途建立的水质基准;达到水质标准的计划,包括预防措施、建设计划、监督和监测等。美国环保局定期发布有毒污染物的环境水质基准,水质基准是州制定或修订环境水质标准的依据。基准应能准确反映下列诸方面的最新科学知识:水体中存在的污染物对健康和福利所产生的可识别的影响的类型和程度；污染物或其二次产物的迁移转化；污染物对水生态系统的影响。

第三，土壤环境标准。美国土壤环境质量标准体系主要包括美国国家土壤质量标准体系、美国区系土壤环境质量标准体系和美国各州的土壤环境质量标准体系三个层面。国家土壤环境质量标准体系由以下部分组成：通用土壤筛选值（Generic SSLs）、生态土壤筛选值（Eco-SSLs）、人体健康土壤筛选值和土壤放射性核素筛选值。（见图 11）

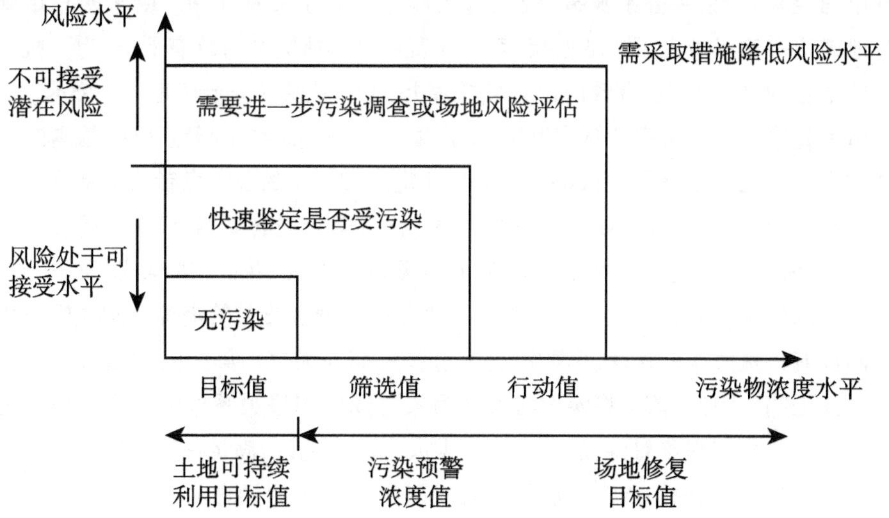

图 11　基于风险的污染土壤质量标准示意

基于人体健康的土壤筛选值主要包括居住区和商业区/工业区人通过皮肤、挥发性吸入和地下水摄入的污染物的量，包括砷、锑、钡、镉、铬、镍、锌等重金属。美国的区域筛选值针对的是超级基金场地，其场地土壤筛选值只是一个推荐值，目的是用于加速超级基金场地的调查和风险评估进程。超级基金法规定土壤筛选值可以用作在场地修复行动和去除行动时识别场地污染物和暴露区域的工具，但筛选方法的使用并不具有法律强制性，场地管理者和技术人员（如风险评估人员等）可以决定是否采用筛选值或者采用哪一种筛选值。

（四）日本

在经历了第二次世界大战的重创后，日本开始了大规模的工业化和重建项目。它很快就出现了所谓的“新兴工业化国家”今天都会面临的问题，即如何协调经济发展和环境保护之间的关系。同时，日本的环境健康建立起了危机管理体系。环境与健康事件的陆续发生引起了公众的广泛关注。迫于公害病和大众媒体的压力,政府官员不得不采取行动。日本随后对环境与健康管理制度的不断完善也是紧密围绕公害病的处理处置、损害赔偿和预防等方面来开展工作。[11]

1. 公害健康被害补偿法的制定

1973年制定的《公害健康被害补偿相关法律》[12](1987年改称为《公害健康被害补偿法》)对公害产生的健康损害认定及赔偿问题给予了法律支撑。四日市的经验对《公害健康被害补偿法》的制定起到了奠基作用。由于四日市矶津地区诸多渔民患上了哮喘性疾病,医疗费用又不能完全由政府承担,为了减轻这些患者的经济负担,市政府决定实施举措对公害患者进行认定。1965年,四日市率先建立了公害患者认定制度,认定委员会分别采纳了指定地区、暴露时间和指定疾病三个指标作为认定标准进行认定。四日市的公害患者认定制度开创了日本国内先河,也直接促进了全国性的《公害健康受害者救济法》和《公害健康被害补偿法》的制定。补偿法规定了两类指定地区,并设有特异性和非特异性疾病的区别。非特异性疾病是大气污染相关的慢性支气管炎等致病物质与疾病间没有特殊关系的疾病,多数情况下这些疾病与大气污染之间的因果关系不能单独证明。因此,该法将疾病与大气污染之间的因果关系作为以流行病学为基础的人口集团现象对待,规定在第一类大气污染地区,满足一定居住或通勤时间的暴露条件,罹患了指定疾病的患者其疾病与大气污染之间有因果关系。而水俣病、骨痛病等特异性疾病的原因物质与疾病间存在特殊的关系,即因为该污染物质致病,也可以说没有该物质就不会罹患这一疾病。对罹患这些疾病的患者来说,疾病与环境污染之间的因果关系的推定是可能的。补偿法规定,对疾病是该地区(第二类指定地区)的大气污染还是水污染所导致的单独进行判断,并进行认定。

2. 损害赔偿相关法律的制定

《公害健康被害补偿法》制定之前,公害诉讼大都围绕着此项法律依据进行。1967年颁布的《公害对策基本法》确立了健康被害的未然防治措施,使日本走在国际先列。1969年,日本出台了《公害健康受害者救济法》,首次全国性地明确规定了因公害健康损害而产生的医疗费用全部由国家政府来承担。20世纪60年代至70年代,日本开始了环境管理历程,制定了如《公害对策基本法》

---

[11] 参见陈威、郭新彪:《日本的环境健康安全体系》,载《环境与职业医学》2006年第4期。

[12] 参见罗丽:《日本公害健康被害行政救济制度的启示》,载《环境保护》2009年第20期。

《日本大气污染控制法》《水质污染防治法》《土壤污染防治法》。1970年日本制定了《关于污染导致的健康损害补偿(健康损害救助法)的特别措施法》,为公害病的受害者提供医疗补贴。1973年制定的《公害健康被害补偿相关法律》(1987年改称为《公害健康被害补偿法》)对公害产生的健康损害认定及赔偿问题给予了法律支撑,也给公害受害者们的医疗和生活保障带来了福音。1989年,采取了全国性行动来解决二氧化硫空气污染问题,在这一行动背景下,对《公害健康被害补偿法》进行的修订不只是为污染受害者提供补偿,还关注卫生和福利服务的重要性,目的是帮助污染受害者恢复健康和加强污染导致的损害预防。基于《公害健康被害补偿法》的污染所致健康损害赔偿制度与《环境污染控制基本法》(1993年以来的基本环境法)的精神相一致,目的是确保由于严重空气污染或来自商业活动的普遍水污染而健康遭到损害的受害者得到及时和公正的保护。在补偿机制上,日本建立了一套独有的模式。

(五)韩国

1.《环境健康法》概述

世界各国在环境与健康领域,单独立法较为少见。2008年3月,韩国颁布了《环境健康法》,[13]对环境健康管理的政府职责进行专门规范,并于2014年对该法进行了修订。韩国《环境健康法》规定了政府与企业在环境与健康风险管理上的主要义务,如某些相关性疾病或过敏性疾病、企业的赔偿责任等。同时韩国《环境健康法》还强调了对特殊人群与特殊地域的特别保护,并且设专章规定,在环境影响评价框架内实施健康风险评价,开展健康风险评价是环保部门的法定义务。这是世界上第一部,也是迄今为止唯一的一部环境与健康法。该法旨在建立一套通过评价、识别和监测由于生态退化和有毒有害化学品污染对公众健康和生态安全的影响和损害的制度,以预防和维护公众健康和生态安全。该法主要包括六部分:第一部分为概论,阐述了法的目的、范围、理论、政府职责及环境与健康规划委员会;第二部分为风险评价,包括风险评价和管理、新技术和物质的限制、健康影响评价等内容;第三部分是与环境相关的人体健康影响的预防和管理,包括国民环境健康基础调查、环境相关健康影响的流行病学调查、健康影响评价请愿、政府对环境相关疾病的职责分工、环境健康指标、环境健康信息和统计管理等;第四部分是儿童健康,包括风险评价、有毒物质使用、儿童风险信息等;第五部分是附则,包括环境健康中心、环境健康人员教育与支持等;第

[13] 参见徐永俊等:《韩国〈环境健康法〉及对我国相关立法工作的启示》,载《环境与健康杂志》2016年第2期。

六部分是处罚条例。随着《环境健康法》的颁布，环境健康风险评价成为政府的主要工作，该法规定了政府要对环境风险因子进行管理及认定，包括新技术和新物质的限制使用等。所以，制定系列技术规范成为环境与健康标准的主要构成。韩国是世界上第一个发布环境与健康标准的国家，韩国的经验表明，法律支持是环境与健康标准的依据。开展环境健康风险评估，控制影响健康的环境因子是环境与健康工作的重点。

2.《环境健康法》特点

(1)以民众健康为核心

韩国基于《环境健康法》，建立了环境健康风险全过程管理制度，主要包括环境风险因素的识别措施。法律要求，国家和地方政府应当随时识别环境风险因素对人体健康的影响，建立并实施必要的政策措施，保护公众免受风险因素影响。其中，公众环境健康基础性调查由环境部每3年开展一次，内容涉及环境污染物的人群体内负荷、健康损害状况以及环境相关性疾病的发病率。国民对环境有害因素对自己健康损害产生忧虑时可向环境部长官提出调查的请求。国民提出健康影响调查请求时，环境部长官确认其必要性，并经过委员会的审议，接受请求，实施调查。

(2)关注特殊敏感人群

在保护儿童等易感人群上，韩国《环境健康法》作出了详细规定，如儿童活动区域和儿童产品的环境健康风险管理，要求制定并公布玩具及儿童经常使用或接触的固定设施中，影响其健康的环境风险因素种类和毒性名单。

(3)加强新技术、新物质的环境健康管理

环境风险因素的评估及对新技术、新物质的环境健康审查程序，如按照法律要求，环境风险因素的评估由环境部主导实施，提出控制和管理超过风险标准限值的环境污染物应对措施。新技术与新物质被评估为有害的情形下，应在相关委员会审查下限制应用。

(4)制定有效的罚则

《环境健康法》第六章中，制定了较为详细的处罚条款，主要包括第31条处罚、第32条双罚制、第33条罚款。对于违规使用有害技术或物质者、没有遵守儿童活动空间设施改善命令或违反环境安全管理标准者、没有遵守禁止销售者、回收命令者，以及向他人泄露职务上得到的个人信息和秘密或者将其使用在职务以外者、将环境有害因子用于儿童或销售者均设立了相应的处罚。

三、我国环境与健康标准的现状和问题分析

(一)环境保护标准

我国现行“两级五类”的生态环境标准体系,是促进经济社会与生态环境保护协调发展的重要工具。截至目前,现行国家各类生态环境标准2140项,其中环境质量标准17项,污染物排放标准186项,环境监测标准1231项,环境基准标准42项,管理技术规范664项(含16项应对气候变化标准)。(见图12)

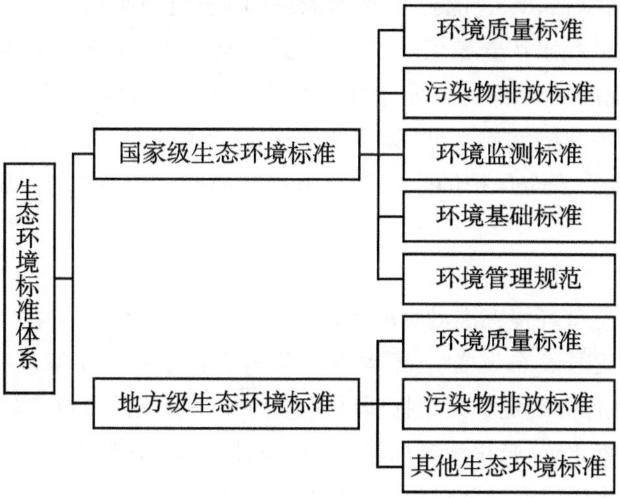

图12 我国现行环境标准体系

1. 水生态环境

我国当前的水环境标准体系多针对污染防治,在水生态系统,如河流、湖泊、湿地,以及海洋等的生态保护方面的环境标准极为薄弱,严重影响了我国在水生态保护领域的监督管理。水生生物是水生态系统的核心组成部分,保护水生生物多样性,是保障水生态安全的必然要求,但是在保护水生生物免受有毒有害污染物影响方面,我国尚缺乏科学系统的水质标准。我国现行水质标准相关文件中,没有专门为保护水生生物设立的水质标准,与水生生物保护相关的水质标准零散分布于《地表水环境质量标准》(GB 3838—2002)、《渔业水质标准》(GB 11607—1989)和《海水水质标准》(GB 3097—1997)等标准中。其中,作为综合性标准的《地表水环境质量标准》,从1983年颁布实施以来,迄今已经修订3次,已成为我国水环境监督管理的核心和尺度,在水环境保护执法和管理工作中占有不可替代的地位。标准中依据水域环境功能和保护目标,按功能高低划分为

五类水域功能,其中Ⅰ类和Ⅱ类水体的功能明确涵盖了针对水生态的保护,Ⅲ类水体则侧重渔业养殖功能,在不同功能类别的水体中分别执行相应类别的标准值,标准限值大多借鉴当时发达国家的研究成果,具有一定的科学性与客观性。《海水水质标准》于1982年发布实施,经过近15年于1997年12月重新修订发布,并于1998年实施,自此到目前为止仅修订过一次。标准中按照海域的不同使用功能和保护目标,将海水水质分为四类,其中第一类水体适用于海洋渔业水域,海上自然保护区和珍稀濒危海洋生物保护区,其他类水体则侧重于人类的工农业或娱乐用水需求。《渔业水质标准》适用于鱼虾类的产卵场、索饵场、越冬场、洄游通道和水产养殖区等海、淡水的渔业水域,自1989年制定以来尚未修订。尽管我国的水环境质量标准体系在过去几十年的发展中逐渐趋于完整,但与发达国家的水质基准、标准体系相比,还存在诸多不足,远远不能满足我国面向水生态安全保护的水污染总量控制战略实施的要求,亟须进一步发展和完善。

2. 大气环境

(1)中国空气环境标准的发展历程

1982年,我国发布了首个环境空气质量标准《大气环境质量标准》(GB 3095—82),该标准制定了污染物项目6项,分别为总悬浮微粒、飘尘、二氧化硫、氮氧化物、一氧化碳、光化学氧化剂。除此以外该标准还制定了空气质量功能区划分、功能区执行标准以及对应污染物检测方法。此后,我国的环境空气质量标准经历了四次修订。1996年进行了第一次修订,并将名称修改为《环境空气质量标准》(GB 3095—1996),代替了原《大气环境质量标准》(GB 3095—82),该标准在原有污染物标准的基础上新增了可吸入颗粒物(PM10)、铅、苯并[a]芘和氟化物四种空气污染物指标,同时对总悬浮微粒限值收紧为0.12mg/m^3。2000年颁布了《环境空气质量标准》(GB 3095—1996)修改单(环发〔2000〕1号),该单取消了氮氧化物的指标,并修改了二氧化氮的二级指标和臭氧的一级、二级指标。2012年发布了新修订的《环境空气质量标准》(GB 3095—2012),增加了大气细颗粒物(PM2.5)的限值,并收紧了PM10、二氧化氮、铅等污染物的限值。同时设置了PM2.5的平均浓度限制和臭氧8小时平均浓度限制。2018年8月13日,生态环境部发布了《环境空气质量标准》(GB 3095—2012)修改单(生态环境部公告2018年第29号),该修改单调整了气态污染物参比状态数值,大气温度调为298.15K,大气压力为1013.25hPa。(见图13)

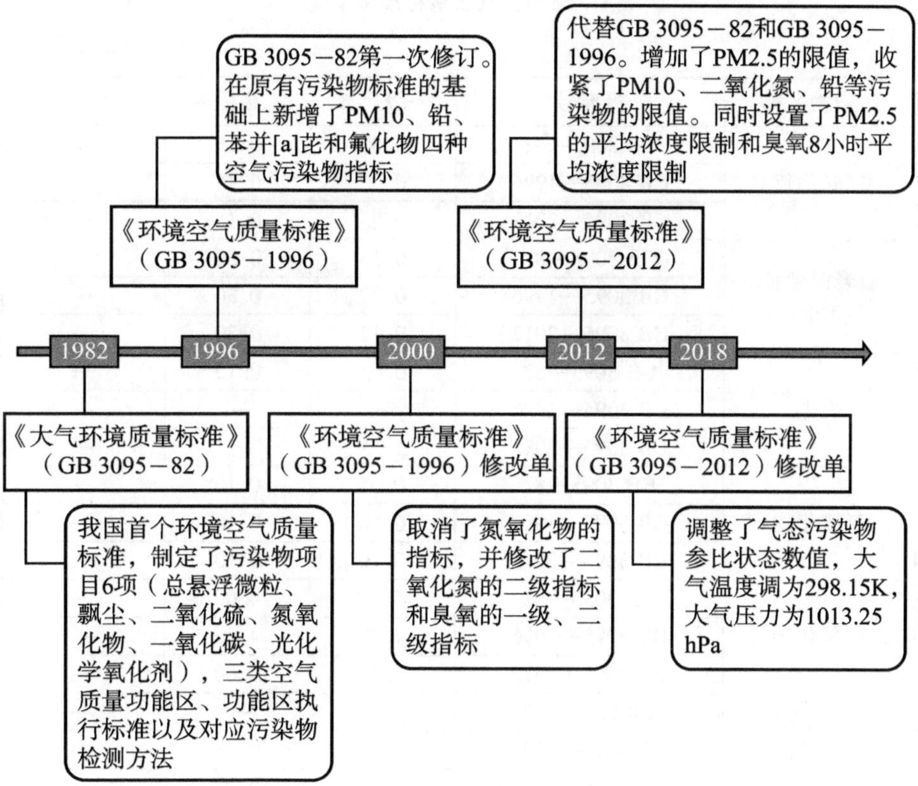

图 13　我国环境空气质量标准发展历程

从最开始的环境空气质量标准到现在相对成熟的现行标准经历了近 40 年的变化，标准更加严格更加科学，紧跟时代改变，与时俱进，并逐步实现与国际接轨。

(2) 中国主要大气污染物变化

我国大气主要污染物随着经济和社会的发展经历了一定的变化，相应的环境空气标准以及国家出台的应对政策也随着污染物的变化和大气质量的改变而改变。(见表 1) 我国的污染情况根据主要污染物变化可分为四个阶段。(见图 14)

表1 环境空气质量标准限值变化

单位:mg/m^3

污染物名称	标准号	一级标准	二级标准	三级标准
二氧化硫	GB 3095—82	0.05	0.15	0.25
	GB 3095—1996	0.05	0.15	0.25
	GB 3095—2012	0.05	0.15	—
总悬浮微粒(TSP)	GB 3095—82	0.15	0.30	—
	GB 3095—1996	0.12	0.30	—
	GB 3095—2012	0.12	0.30	—
飘尘	GB 3095—82	0.05	0.15	—
	GB 3095—1996	—	—	—
	GB 3095—2012	—	—	—
氮氧化物	GB 3095—82	0.05	0.10	—
	GB 3095—1996	0.10	0.10	—
	GB 3095—2012	0.10	0.10	—
一氧化碳	GB 3095—82	4.00	4.00	—
	GB 3095—1996	4.00	4.00	—
	GB 3095—2012	4.00	4.00	—
二氧化氮	GB 3095—82	—	—	—
	GB 3095—1996	0.08	0.08	—
	GB 3095—2012	0.08	0.08	—
颗粒物(PM10)	GB 3095—82	—	—	—
	GB 3095—1996	0.05	0.15	—
	GB 3095—2012	0.05	0.15	—
颗粒物(PM2.5)	GB 3095—82	—	—	—
	GB 3095—1996	—	—	—
	GB 3095—2012	0.035	0.075	—
臭氧	GB 3095—82	0.12	0.16	0.20
	GB 3095—1996	0.12	0.16	0.20
	GB 3095—2012	0.16	0.20	—
苯并[a]芘	GB 3095—82	—	—	—
	GB 3095—1996	0.01	—	—
	GB 3095—2012	0.0025	0.0025	—

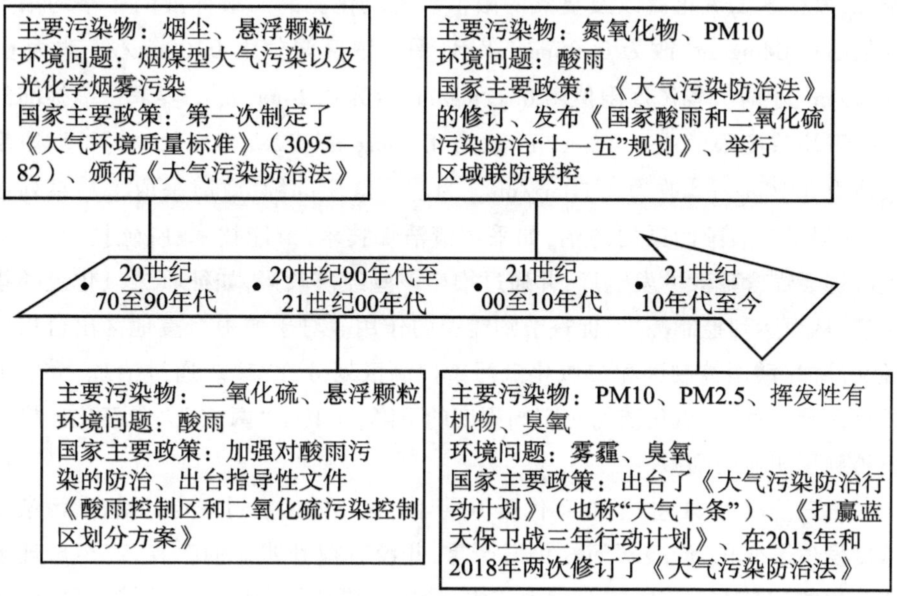

图 14 我国主要污染物变化情况

第一阶段为 20 世纪 70 至 90 年代，这一时期中国正处于工业起步和快速发展的阶段，人们不惜以牺牲环境的代价换取经济的快速发展，燃煤严重，大气环境的主要污染物对象以烟尘和悬浮颗粒为主，污染也是局部地区较为严重，在污染严重地区出现了一些煤烟型大气污染以及光化学烟雾污染。我国该期间意识到了大气污染问题的严重性，于 1982 年第一次制定了环境空气质量标准——《大气环境质量标准》(GB 3095—82)，涵盖了 6 种污染物限制，并进行了 3 类功能区的划分，使得空气质量评价有了标准化的统一。

第二阶段为 20 世纪 90 年代至 21 世纪前 10 年，由于 20 世纪 90 年代污染问题逐步显现，人们也开始注意到了大气环境问题，但是依旧存在大量的燃煤和工业污染物的排放现象，当时空气中的污染物以二氧化硫和悬浮颗粒为主，出现了较为严重的酸雨问题。据统计，20 世纪 90 年代初，我国酸雨面积达 280 万平方公里，酸雨问题已从局部污染转向区域性污染。由于悬浮颗粒污染较重，在《环境空气质量标准》(GB 3095—1996) 修订中，总悬浮颗粒的一级标准的日平均浓度由 0. 15mg/m^3 收紧为 0. 12mg/m^3，同时增设了二氧化氮、可吸入颗粒物、PM10 这 3 项检测物质，从而对改善空气质量有了一定的帮助。在 2000 年发布的《环境空气质量标准》(GB 3095—1996) 修改单中取消氮氧化物指标,放松了二氧化氮以及臭氧的限值。二氧化氮的二级标准的年平均浓度限值由0.04mg/m³改为0.08mg/m³;日平均浓度限值由0.08mg/m³改为0.12mg/m³;小时平均浓度限值由0.12mg/m³改为0.24mg/m³。臭氧一级标准的小时平均浓度限值由0.12mg/m³改为0.16mg/m³;二级标准的小时平均浓度限值由0.16mg/m³改为0.20mg/m³。为解决酸雨问题,政府采取了一系列措施,加强了对酸雨污染的防治,如采用清洁煤技术、节能技术、脱硫技术、新建或改进燃煤含硫大的发电厂,并通过推广一些经济政策,如征收二氧化硫的排污费,从而达到控制减排,促进节约能源的作用。对于酸雨严重地区出台指导性文件如《酸雨控制区和二氧化硫污染控制区划分方案》。通过治理,大气中的悬浮颗粒物、二氧化硫均有不同程度的下降,尤其是"两控区"二氧化硫排放量得到了明显的削减。

第三阶段为21世纪00年代至10年代,这一时期经过一定的治理,污染物浓度发生了变化,但酸雨问题仍旧严重,并没有得到明显的改善,甚至出现了氮氧化物和PM10这样的新污染物质,形成了更加复杂的大气环境,区域问题明显加深,尤其是工业和经济发达地区,如京津冀、长江三角洲、珠三角地区问题突出。2000年国家完成了车用汽油全部实现无铅化,并且在这10年间持续推进大气污染的防治措施,推进能源结构的改善,加大机动车尾气的控制。在政策方面发布《国家酸雨和二氧化硫污染防治"十一五"规划》,总体目标是显著削减二氧化硫总量工作,并严厉查处环境违法问题。针对出现的区域性污染问题,举行了区域污染联防联控工作,并对珠三角、长三角地区联防联控进行了全面的部署。

第四阶段为21世纪10年代至今,前期治理工作取得了一定的进展,酸雨问题得到了控制,但是PM2.5、PM10、挥发性有机物(VOCs)、臭氧问题显现出来,呈现明显的区域性大气污染,相邻地区相互影响严重。这一时间段,PM2.5和臭氧问题受到了强烈的关注,并较为严重,在《环境空气质量标准》(GB 3095—2012)中增设了PM2.5的浓度限值和臭氧8小时平均浓度限值。

这一时期的大气污染呈现区域性、复合型等特征。国家为应对这一复杂的情况,出台了一系列措施进行调控并逐步完善法律法规,如2013年出台了《大气污染防治行动计划》,在2015年和2018年两次修订了《大气污染防治法》,以及2018年的《打赢蓝天保卫战三年行动计划》等一系列政策。这些标准法规健全了区域协作机制,促进了绿色能源发展,特别是京津冀地区、珠三角地区、长三角地区。

3. 土壤环境

(1)我国土壤环境保护管理现状

国务院于2016年5月28日发布了《土壤污染防治行动计划》,其主要宗旨是保护人体健康和维护国家生态安全,总体要求是“以改善土壤环境质量为核心,以保障农产品质量和人居环境安全为出发点,坚持预防为主、保护优先、风险管控”。《土壤污染防治行动计划》明确指出,要“适时修订污染防治、城乡规划、土地管理、农产品质量安全相关法律法规”“系统构建标准体系”,并规定了部分标准的具体完成时间表,如“2017年底前,发布农用地、建设用地土壤环境质量标准;完成土壤环境监测、调查评估、风险管控、治理与修复等技术规范以及环境影响评价技术导则制修订工作……进一步严格污染物控制要求”。与此同时,还要求健全土壤污染防治相关标准和技术规范,如修订肥料、饲料、灌溉用水中有毒有害物质限量和农用污泥中污染物控制等标准,适时修订污染物排放标准,进一步明确污染物特别排放限值要求,完善相关配套标准,各地可制定严于国家标准的地方土壤环境质量标准。

2018年8月31日,第十三届全国人大常委会第五次会议全票通过了《土壤污染防治法》,该法自2019年1月1日起施行。《土壤污染防治法》中明确提出国务院生态环境主管部门根据土壤污染状况、公众健康风险、生态风险和科学技术水平,并按照土地用途,制定国家土壤污染风险管控标准,加强土壤污染防治标准体系建设;国务院生态环境主管部门应当会同国务院卫生健康等主管部门,根据对公众健康、生态环境的危害和影响程度,对土壤中有毒有害物质进行筛查评估,公布重点控制的土壤有毒有害物质名录,并适时更新。

(2)我国土壤环境标准现状和问题

我国现行的与土壤环境保护相关的标准有50项,按其作用可分为三大类。(见图15)其中,土壤环境质量与质量评价标准5项、污染场地系列标准5项、相关配套标准(土壤监测技术规范、土壤分析方法标准和标准样品标准)40项。从发布时间来看,2011年以来发布36项,占72%。这一方面说明近年来我国对相关工作的重视程度和投入力度显著加大,另一方面说明我国土壤污染形势日趋严峻和环境管理需求日益迫切。

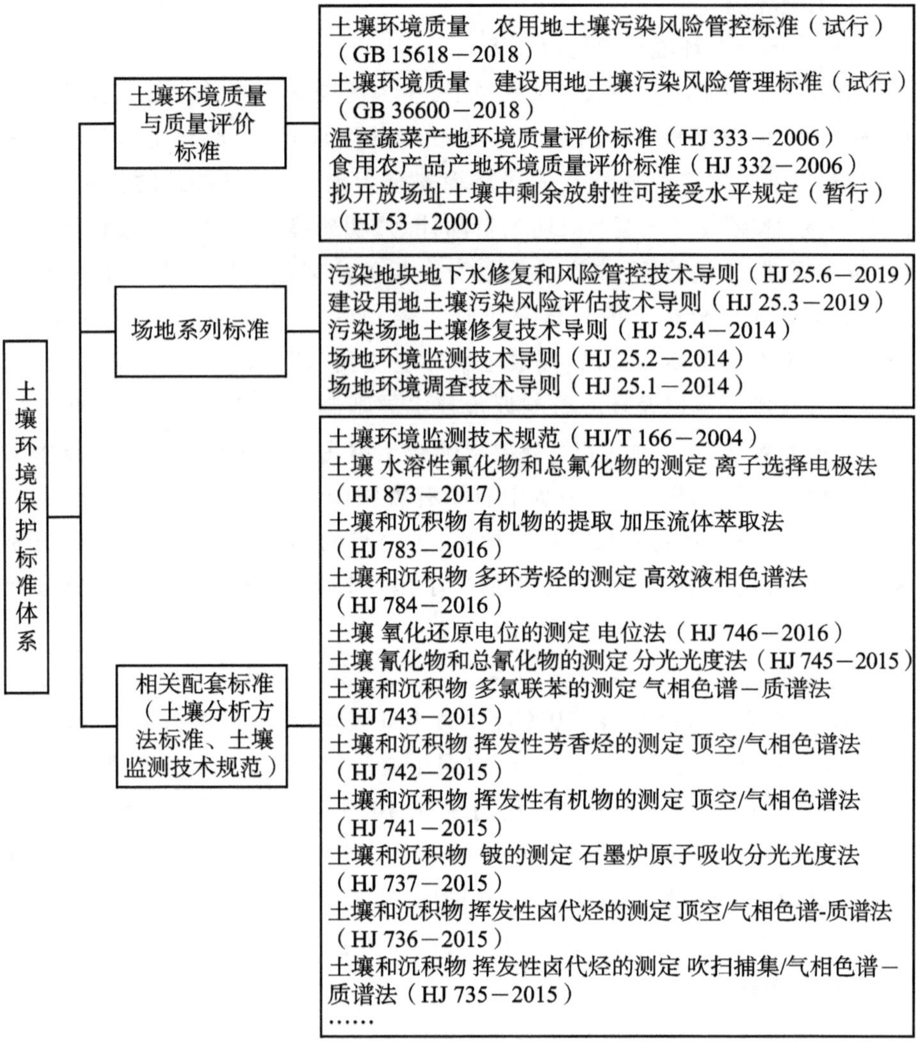

图 15　我国土壤环境保护标准体系

《土壤环境质量标准》(GB 15618—1995)。这一标准按土壤应用功能、保护目标和土壤主要性质,规定了土壤中污染物的最高允许浓度指标值及相应的监测方法,适用于农田、蔬菜地、茶园、果园、牧场、林地、自然保护区等的土壤。但同时存在一些问题:一是适用范围小,仅适用于农田、蔬菜地、茶园、果园、牧场、林地、自然保护区等土壤环境质量评价,缺少适用商业、服务业、工矿仓储、住宅、公共管理与公共服务等建设用地的土壤环境质量评价指标。二是项目指标少。仅规定了8项重金属指标和“六六六”“滴滴涕”两项农药指标。“而近年来土壤污染形势日益复杂，尤其是工业污染地块土壤环境管理需要评价的污染物种类繁多。”三是实施效果不理想。不能客观反映区域差异，二、三级标准规定的指标限值存在偏严（如镉）或偏宽（如铅）的争议，部分地区土壤环境质量评价与农产品质量评价结果差异较大。

生态环境部按照土壤污染防治行动计划要求和《土壤污染防治法》立法精神，结合现阶段实际条件，进行科学、系统性设计，立足于把标准制定如何服务于管理，立足当前国情等结合2018年发布的《土壤环境质量　农用地土壤污染风险管控标准（试行）》（GB 15618—2018）和《土壤环境质量　建设用地土壤污染风险管控标准（试行）》（GB 36600—2018）。按照土地利用类型和土壤环境功能，区分农用地和建设用地，根据风险管控的需要，制定土壤环境风险管控标准，进行土壤污染的风险筛查。而新通过的两项标准适应土壤风险管控的思路，不是简单的达标判定，而是进行风险筛查和分类，这更符合土壤环境管理的内在规律。同时，还更新了规范性引用文件，增加了标准的术语和定义；规定了农用地土壤中镉、汞、砷、铅、铬、铜、镍、锌等基本项目，以及“六六六”、“滴滴涕”、苯并[a]芘等其他项目的风险筛选值；规定了农用地土壤中镉、汞、砷、铅、铬的风险管制值；更新了监测、实施与监督要求。《土壤环境质量　建设用地土壤污染风险管控标准（试行）》取代了《展览会用地土壤环境质量评价标准（暂行）》（HJ 350—2007），规定了保护人体健康的建设用地土壤污染风险筛选值和管制值，以及监测、实施与监督要求。

4. 化学品管理类标准

《化学物质环境风险评估技术方法框架性指南》发布于2019年，化学物质环境风险评估是通过分析化学物质的固有危害属性及其在生产、加工、使用和废弃处置全生命周期过程中进入生态环境及向人体暴露等方面的信息，科学确定化学物质对生态环境和人体健康的风险程度，为有针对性地制定和实施风险控制措施提供决策依据。该指南规定了化学物质环境风险评估的基本框架，明确了化学物质环境风险评估的基本要点、技术要求和报告编制要求。适用于单一化学物质正常生产使用时不同暴露途径的环境风险评估，但不适用于事故泄漏状况下的风险评估。在“二、基本要点”中指出危害识别是确定化学物质具有的固有危害属性，主要包括生态毒理学和健康毒理学属性两部分。风险表征是在化学物质危害识别、剂量（浓度）—反应（效应）评估及暴露评估基础上，定性或定量分析判别化学物质对生态环境和人体健康造成风险的概率和程度。在"三、技术要求"中指出环境风险评估应评估化学物质对内陆环境和海洋环境的潜在风险,以及化学物质通过环境间接暴露的人体健康风险。通过环境间接暴露的人体健康风险评估通常评估人体通过吸入、摄入以及皮肤接触产生的健康风险。开展评估时,应关注化学物质对敏感人群(如孕妇、儿童、老人等)的影响。

《优先控制化学品名录(第一批)》发布于2017年,该名录重点识别和关注固有危害属性较大,环境中可能长期存在的并可能对环境和人体健康造成较大风险的化学品。其中包括1,2,4-三氯苯、1,3-丁二烯、5-叔丁基-2,4,6-三硝基间二甲苯(二甲苯麝香)、N,N'-二甲苯基-对苯二胺、短链氯化石蜡、二氯甲烷、镉及镉化物、汞及汞化物、甲醛、六价铬化物、六氯代-1,3-环戊二烯等22种化学物质。对列入该名录的化学品,应当针对其产生环境与健康风险的主要环节,依据相关政策法规,结合经济技术可行性,采取以下一种或几种风险管控措施,最大限度降低化学品的生产、使用对人类健康和环境的重大影响。

《新化学物质申报登记指南》(已失效)发布于2010年,该指南根据《新化学物质环境管理办法》(环境保护部第7号令)第11条规定,为规范新化学物质的申报行为,指导申报人完成新化学物质申报登记而编制。在"三、新化学物质申报登记程序"中指出准备申报程序中,"全部已知信息是指申报人当前掌握的关于申报物质危害特性的测试数据,估算结果,文献、论文资料和环境风险评估数据等所有信息,并符合如实性、可靠性、科学性、相关性的原则。若已知申报物质的类似物为高毒、致突变、致癌等对人体健康或生态环境明显有害的化学物质,应一并提交类似物信息"。在"(四)风险评估报告要求"中指出,"人体健康危害评估应包括急性毒性、刺激性和腐蚀性、致敏性、反复染毒毒性、致突变性、生殖/发育毒性、毒代动力学、慢性毒性以及致癌性评估等,以表格形式列出分类结果、依据。进行定性风险评估时,应列出新化学物质高、中、低的危害级别。进行(半)定量的风险评估时,应以表格形式列出新化学物质的无危害或者最小危害的剂量(浓度),并详细说明推导过程。对于无法推导无危害或者最小危害剂量(浓度)的毒性效应,应说明理由";"风险控制措施应与风险表征结论相匹配。当风险表征表明新化学物质环境风险或者人体健康风险可接受时,则无需增加现有的风险控制措施;当风险表征表明新化学物质环境风险或者人体健康风险不可接受时,应增加风险控制措施,通过进一步的风险评估和风险表征来判别调整后风险控制措施的适当性和有效性,直至环境风险或者人体健康风险可接受"。

《新化学物质监督管理检查规范》发布于2010年，该规范在“第一章　总则”中指出“为规范新化学物质监督管理检查工作，控制新化学物质的环境风险，保护生态环境，保障人体健康，依据《新化学物质环境管理办法》（环境保护部第7号令，以下简称《办法》）制定本规范”。

《新化学物质环境管理办法》（已失效）发布于2010年，该办法在“第一章　总则”中指出，为“控制新化学物质的环境风险，保障人体健康，保护生态环境，根据《国务院对确需保留的行政审批项目设定行政许可的决定》以及其他有关法律、行政法规，制定本办法”。在“第三章　登记管理”中指出“评审委员会由化学、化工、健康、安全、环保等方面专家组成”。在“第六章　附则”中指出“危险类新化学物质，是指具有物理化学、人体健康或者环境危害特性，且达到或者超过化学物质危害特性鉴别、分类标准规定值的新化学物质”。

综上可见，我国对化学品实行风险管理，环境化学品管理类标准中需要评估化学品对人体的健康危害，来控制化学品对人体健康的风险在可接受的范围内。由此可见，化学品管理也需要一套完整的环境健康风险评估方法标准作为技术支持。

5. 存在的问题分析

结合我国环境管理需求和环境与健康标准现状，我国环境与健康标准存在以下不足：

首先，现有环境质量标准中部分限值设定的目标是保护人体健康，但是这些限值的制定并没有以基于我国人群的环境健康基准（环境中污染物对人不产生不良或有害影响的最大剂量/无作用剂量或浓度）为科学依据，因此，在现有的环境质量标准下，往往存在“质量达标，健康超标”的现象，达不到保障人体健康的目的。目前我国尚未建立起自己完善的环境健康基准技术规范体系，因此在环境与健康标准体系中，应该制定以保护人体健康为目标的水环境基准、大气环境基准、土壤环境基准及其他基准制定方法技术规范，以此来为国家和地方环境质量标准的制修订提供方法学依据。

其次，现行的环境保护标准，如“环境影响评价技术导则”和化学品风险管理相关标准中均需要健康风险评估技术导则的支持。目前，生态环境部于2020年发布了《生态环境健康风险评估技术指南　总纲》，该标准规定了环境健康风险评估的一般性原则、评估程序、评估内容、方法和要求。但是，还缺乏在总纲的指导下，针对环境健康风险评估的各个技术环节（如危害鉴定、暴露评价、剂量—反应关系、危险表征）和特定健康风险管理要求而制定的一系列技术规范。

最后,国家《"健康中国2030"规划纲要》提出"建立健全环境与健康管理制度。开展重点区域、流域、行业环境与健康调查,建立覆盖污染源监测、环境质量监测、人群暴露监测和健康效应监测的环境与健康综合监测网络及风险评估体系"。但是目前,还缺乏相应的环境与健康监测、调查和评估的标准来科学指导以"环境与健康风险管理"为核心的环境健康工作。

(二)环境卫生标准

现有的环境卫生标准体系如图16所示。环境卫生标准工作在不断加强,环境卫生标准体系不断更新且日趋健全。目前环境卫生标准共有118项。

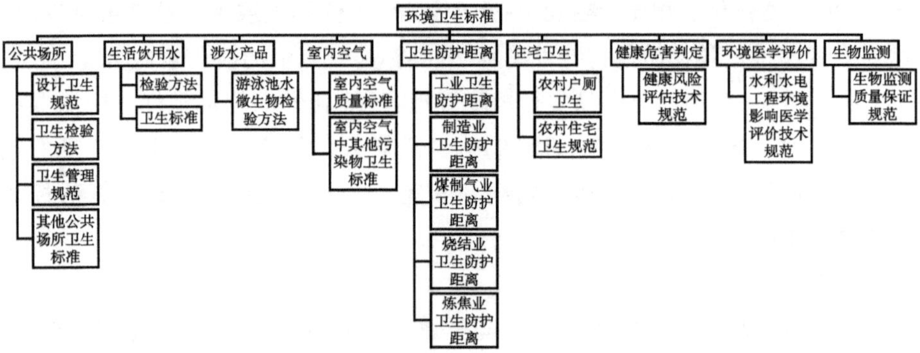

图16　我国现行环境卫生标准体系框架

1. 环境卫生专业标准

(1)公共场所卫生标准类

第一,公共场所卫生监督监测所使用的标准和规范。公共场所是人们进行社会交往、文化娱乐、商业活动等必不可少的重要地点,具有人群密集,流动性大;设备及物品易被污染;涉及面广等特点。因此其卫生状况的好坏与广大民众的健康状况有着紧密的联系,如中暑、过敏、呼吸道传染病等病害,极易通过公共场所而引发或流行,对人民群众的健康造成极大的危害。所以对公共场所的卫生状况进行监测与规范刻不容缓。

目前,我国现行公共场所卫生标准主要分为12类,涉及28种公共场所,具体情况如表2所示。

表 2 公共场所卫生标准分类情况

序列	类型	标准号	适用公共场所
1	旅店业卫生标准	GB 9663—1996	各类旅店
2	文化娱乐场所卫生标准	GB 9664—1996	影剧院(俱乐部)、音乐厅、录像厅(室)、游艺厅、舞厅(包括卡拉 OK 歌厅)、酒吧、茶座、咖啡厅及多功能文化娱乐场所
3	公共浴室卫生标准	GB 9665—1996	各类公共浴室
4	理发店、美容店卫生标准	GB 9666—1996	理发店、美容院(店)
5	游泳场所卫生标准	GB 9667—1996	人工和天然游泳场所
6	体育馆卫生标准	GB 9668—1996	观众座位在 1000 个以上的体育馆
7	图书馆、博物馆、美术馆、展览馆卫生标准	GB 9669—1996	图书馆、博物馆、美术馆、展览馆
8	商场(店)、书店卫生标准	GB 9670—1996	城市营业面积在 $300m^2$ 以上和县、乡、镇营业面积在 $200m^2$ 以上的室内场所、书店
9	医院候诊室卫生标准	GB 9671—1996	区、县级以上医院(含区、县级)的候诊室(包括挂号、取药等候室)
10	公共交通等候室卫生标准	GB 9672—1996	特等和一、二等站的火车候车室,二等以上的候船室,机场候机室,二等以上的长途汽车站候车室
11	公共交通工具卫生标准	GB 9673—1996	旅客列车车厢、轮船客舱、飞机客舱
12	饭馆(餐厅)卫生标准	GB 16153—1996	有空调装置的饭馆(餐厅)

公共场所涉及的卫生检验方法和卫生规范主要有六个方面的内容:物理因素、化学污染物、空气微生物、公共用品用具微生物、集中空调通风系统和卫生监测技术规范。相关情况如表3所示。

表3　公共场所常见的卫生检验方法和规范

序列	类型	标准号	适用范围
1	物理因素	GB/T 18204.1—2013	公共场所中物理因素的测定,其他场所、居室等室内环境可参照执行
2	化学污染物	GB/T 18204.2—2014	公共场所室内空气中化学污染物和池水尿素的测定。其他场所、居室等室内环境可参照执行
3	空气微生物	GB/T 18204.3—2013	公共场所空气中细菌总数、真菌总数、β-溶血性链球菌以及嗜肺军团菌的测定,其他场所可参照执行
4	公共用品用具微生物	GB/T 18204.3—2013	公共场所内公共用品用具细菌总数、真菌总数、大肠菌群、金色葡萄球菌以及溶血性链球菌的测定,其他场所可参照执行
5	集中空调通风系统	GB/T 18204.5—2013	公共场所集中空调通风系统的测定。其他场所、居室等使用的集中空调通风系统可参照执行
6	卫生监测技术规范	GB/T 18204.6—2013	公共场所空气质量监测与经常性卫生监测,其他场所可参照执行

第二,对公共场所进行卫生行政管理的主要法律依据。我国对公共场所进行卫生行政管理的首要法律依据是2004年12月1日起正式实施的修订后的《传染病防治法》,该法律赋予了各级卫生部门进行卫生监督监测的权利。1987年4月1日国务院颁布实施的《公共场所卫生管理条例》(以下简称《管理条例》)以及2011年3月10日原卫生部发布新版《公共场所卫生管理条例实施细则》(卫生部令第80号,以下简称《实施细则》),也明确了卫生部门的权利和义务,对公共场所的经营者提出了卫生要求。在《实施细则》中明确要求公共场所经营者在经营活动中,应当遵守有关卫生法律、卫生标准和规范等,预防传染病的传播,保障公众的身体健康,为顾客提供良好的卫生环境。

公共场所经营者应当保持公共场所空气流通，室内空气质量应当符合国家卫生标准和要求。公共场所采用集中空调通风系统的，应当符合公共场所集中空调通风系统卫生规范和规定的要求。因此，各地方卫生行政部门和检测部门的工作均按以上《管理条例》、《实施细则》以及前面所提的公共场所卫生标准及相关的检验方法和规范去执行。卫生监测工作的开展确实也对各地方卫生工作带来了进步，为保障给老百姓提供良好的卫生环境给予了有力的支持。

第三，公共场所新卫生标准。由国家卫生健康委组织环境健康标准专业委员会制定，国家标准委发布的《公共场所卫生指标及限值要求》(GB 37488—2019)、《公共场所设计卫生标准》(GB 37489—2019)和《公共场所卫生管理规范》(GB 37487—2019)3 项强制性国家标准已于 2019 年 11 月 1 日正式实施，《公共场所卫生学评价规范》(GB/T 37678—2019)于 2019 年 12 月 1 日正式实施。

《公共场所卫生指标与限值要求》(GB 37488—2019)重点对室内空气、游泳池水、集中空调通风系统和公共用品用具等风险较高的健康危害因素提出了卫生要求。《公共场所卫生管理规范》(GB 37487—2019)规定了公共场所基本卫生要求、卫生管理和从业人员卫生等管理环节的基本要求和准则。《公共场所设计卫生管理规范》(GB 37489—2019)包括总则、住宿场所、人工游泳场所、沐浴场所、美容美发场所 5 个部分。增加了公共场所选址的卫生要求，细化了总体布局与功能分区，还针对游泳场所、沐浴场所和美容美发场所增加了电器设计的要求。《公共场所卫生学评价规范》(GB/T 37678—2019)规定了新建、改建、扩建和已营业公共场所卫生学评价的技术要求和方法。上述 4 项国家标准将和 2014 年已经颁布实施的《公共场所卫生检验方法》(GB/T 18204)共同组成公共场所新的卫生标准体系，从公共场所设计、卫生学评价、卫生监测与卫生管理以及检验检测等多个方面进行全方位、全过程卫生管控，有效保障公共场所卫生安全和公众健康，为“健康中国 2030”战略实施，推进健康中国行动(2019—2030 年)保驾护航。

(2)日用品化学品卫生标准类

日用品化学品卫生标准类包括化妆品卫生标准及其他日用化学品如洗涤剂、防虫剂、室内装饰装修材料等的卫生标准。它是执行《化妆品卫生监督条例》的技术法规。

《一次性使用卫生用品卫生标准》(GB 15979—2002)规定了一次性使用卫

生用品的产品和生产环境卫生标准、消毒效果生物监测评价标准和相应检验方法,以及原材料与产品生产、消毒、贮存、运输过程卫生要求和产品标识要求。该标准中一次性使用卫生用品是指使用一次后即丢弃的、与人体直接或间接接触的、为达到人体生理卫生或卫生保健(抗菌或抑菌)目的而使用的各种日常生活用品,产品性状可以是固体也可以是液体。例如,一次性使用手套或指套(不包括医用手套或指套)、纸巾、湿巾、卫生湿巾、电话膜、帽子、口罩、内裤、妇女经期卫生用品(包括卫生护垫)、尿布等排泄物卫生用品(不包括皱纹卫生纸等厕所用纸)、避孕套等。其中卫生产品必须符合的微生物指标包括初始污染菌、细菌菌落总数、大肠菌群、致病性化脓菌和真菌菌落总数5项。

为向广大消费者提供符合卫生要求的化妆品,确保化妆品的卫生质量和使用安全,加强化妆品的卫生监督管理,保障人民身体健康,特制定《化妆品卫生标准》(GB 7916—1987)。其中包括一般要求、对原料的要求、对产品的要求、对化妆品包装材料的要求以及对化妆品标签要求。对于化妆产品中有毒物质限量要求共4项目(汞、铅、砷、甲醇)。化妆品包装材料必须无毒和清洁。化妆品标签上应用中文注明产地名称、生产企业、产地,包装上要注明批号。对含药物化妆品或者可能引起不良反应的化妆品尚需要注明使用方法和注意事项。

(3)生活饮用水水质标准类

主要有生活饮用水水源水质标准和生活饮用水水质标准。生活饮用水水质标准是保证水质适于直接饮用的一项标准同时又是水源选择和水源卫生防护的重要依据,因此,它与居民健康的关系十分密切。它是卫生部门开展饮水卫生工作和评价各类水质净化消毒效果的依据。

《农村生活饮用水量卫生标准》(GB 11730—1989)规定了农村生活饮用水量卫生标准。该标准适用于县镇以下的农村自来水的设计与建设。其中包括用水量标准与时变化系数。供水条件分为计量收费供水和免费供水。

《生活饮用水卫生标准》(GB 5749—2006)规定了生活饮用水水质卫生要求、生活饮用水水源水质卫生要求、集中式供水单位卫生要求、二次供水卫生要求、涉及生活饮用水卫生安全产品卫生要求、水质监测和水质检验方法。其中规定的水质指标有106项,包括:微生物指标6项;饮用水消毒剂4项;毒理指标中无机化合物21项;毒理指标中有机化合物53项;感官性状和一般理化指标20项;放射性指标2项。标准适用于城乡各类集中式供水的生活饮用水,也适用于分散式供水的生活饮用水。

《生活饮用水水源水质标准》(CJ 3020—1993)规定了生活饮用水水源的水质指标、水质分级、标准限值、水质检验以及标准的监督执行。本标准适用于城乡集中式生活饮用水的水源水质(包括各单位自备生活饮用水的水源)。生活饮用水水源水质分为二级,其中,一级水源水水质良好。地下水只需要消毒处理,地表水经简易净化处理(如过滤)、消毒后即可供生活饮用者。二级水源水水质受轻度污染,经常规净化处理(如絮凝、沉淀、过滤、消毒等),其水质即可达到《生活饮用水卫生标准》规定,可供生活饮用者。共包含 34 项项目(色、浑浊度、臭和味、总硬度、溶解铁、"滴滴涕"、"六六六"等)。

(4)涉及饮用水卫生安全的产品卫生标准类

涉及饮用水卫生安全的产品卫生标准包括饮用水输水管材及有关产品的卫生标准,饮用水供水系统防护材料卫生标准,饮用水化学处理剂卫生标准,净水设备卫生标准以及二次供水卫生要求等。它是执行《生活饮用水卫生监督管理办法》的技术法规。

为贯彻执行《生活饮用水卫生监督管理办法》,保障人群身体健康,制定了《生活饮用水输配水设备及防护材料的安全性评价标准》(GB/T 17219—1998)。该标准规范规定了生活饮用水输配水设备和防护材料的卫生安全评价。其中,浸泡试验基本项目的卫生要求 15 项项目(色、浑浊度、臭和味等);浸泡试验增测项目的卫生要求 21 项项目(铁、锰、铜等)。

《饮用水化学处理剂卫生安全性评价》(GB/T 17218—1998)规定了饮用水化学处理剂的卫生要求。该标准适用于混凝、絮凝、消毒、氧化、pH 调节、软化、灭藻、除氟、氟化等用途的饮用水化学处理剂。饮用水化学处理剂处理后的饮用水质,一般感官指标和卫生指标 12 项项目(色、浑浊度、臭和味等)。饮用水化学处理剂带入饮用水中的有毒物质分为 4 类,包括金属、无机物、有机物和放射性物质。

(5)医院污水排放标准类

医院污水排放标准是为防止医院污水污染环境以及介水性传染病的流行。它是执行《传染病防治法》的重要技术法规。

《医疗机构水污染物排放标准》(GB 18466—2005)规定了医疗机构污水及污水处理站产生的废气和污泥的污染物控制项目及其排放限值、处理工艺与消毒要求、取样与监测和标准的实施与监督等。该标准适用于医疗机构污水、污水处理站产生污泥及废气排放的控制,医疗机构建设项目的环境影响评价、环境保护设施设计、竣工验收及验收后的排放管理。当医疗机构的办公区、非医疗生活区等污水与病区污水合流收集时,其综合污水排放均执行该标准。污水排放要求包含传染病和结核病医疗机构污水排放控制项目25项[粪大肠菌群数(MPN/L)、肠道致病菌、肠道病毒、结核杆菌等],综合医疗机构和其他医疗机构水污染物控制项目24项[粪大肠菌群数(MPN/L)、肠道致病菌、肠道病毒、pH等]。废气排放要求控制项目5项(氨、硫化氢、臭氧、氯气、甲烷)。污泥清淘前应进行监测5项项目[粪大肠菌群数(MPN/g)、肠道致病菌、肠道病毒、结核杆菌、蛔虫卵死亡率(%)]。

(6)大气卫生标准类

大气卫生标准即大气中有害物质的最高容许浓度,它是从保护居民健康出发,并考虑到老、幼、病、弱等敏感人群及昼夜长时间接触等特点而制定的,是科学地评价室内外空气质量及其健康影响、防护措施效果的科学依据。

《室内空气质量标准》(GB/T 18883—2002)发布于2002年,为保护人体健康,预防和控制室内空气污染,制定该标准。该标准规定了室内空气质量与人体健康有关的物理、化学、生物和放射性参数及检验方法。其中物理性参数项目包括温度、相对湿度、空气流速和新风量4项参数。化学性参数包括二氧化硫、二氧化氮、一氧化碳、二氧化碳、氨、臭氧、甲醛、苯、甲苯、二甲苯、苯并[a]芘、可吸入颗粒(PM10)和总挥发性有机物13项参数。生物性参数为菌落总数1项。放射性参数为1项。该标准适用于住宅和办公建筑物,其他室内环境可参照该标准执行。

《居室空气中甲醛的卫生标准》(GB/T 16127—1995)规定了居室内空气中甲醛的最高容许浓度,适用于各类城乡住宅内的空气环境。其中包括居室内大气中甲醛卫生标准(最高容许浓度)规定为0.08mg/m^3,居住区大气中甲醛卫生检验标准方法为分光光度法。

(7)土壤及固体废弃物卫生标准类

土壤及固体废弃物卫生标准是指土壤中有害物质的最高容许浓度,其目的在于防止土壤污染物迁移到大气、水、植物等而危害人体健康,并且保证土壤自净作用能够正常进行。

《土壤环境质量　农用地土壤污染风险管控标准》(GB 15618—2018)规定了农用地土壤污染风险筛选值和管制值,以及监测、实施与监督要求。该标准规定了16项项目,包括11项农用地土壤污染风险筛选值和5项农用地土壤污染风险管制值项目。其中农用地土壤污染风险筛选值包括8项基本项目(镉、汞、砷、铅、铬、铜、镍、锌)和3项其他项目("六六六"、"滴滴涕"和苯并[a]

芘)。5 项农用地土壤污染风险管制值项目分别为镉、汞、砷、铅、铬。

(8)住宅卫生标准类

为贯彻“预防为主”的方针,改善农村居民的生活居住条件,保证人民身体健康,特制定《农村住宅卫生规范》(GB 9981—2012)。该标准适用于县以下统一规划设计,新建、改建的农村住宅。该标准规定了农村住宅建筑和居室微小气候的卫生标准及住宅用地选择,住宅卫生监督、监测的要求。其中,农村住宅建筑卫生标准规定了 7 项项目(日照时数、日照卫生间距、采光系数、室深系数、自然照度系数、居室净高、人均居室面积)。农村住宅微小气候卫生标准 5 项项目(冬季温度、夏季适宜温度、相对湿度、冬季适宜风速和夏季适宜风速)。

(9)环境污染物所致健康危害判定标准类

国家生态环境部在《“十三五”国家环境保护标准制修订项目清单》中写道,2018 年拟制定环境健康调查相关标准有关内容;2019 年拟发布环境污染物暴露评估技术指南、环境与健康元数据标准、环境健康风险评价总纲、环境与健康现场调查技术规划暴露参数调查、环境与健康现场调查技术规划颗粒物室内外渗透系数、环境与健康现场调查技术规划儿童土壤摄入率等。

其余健康类卫生标准还有《旅店业卫生标准》(GB 9663—1996)、《医院候诊室卫生标准》(GB 9671—1996)、《公共交通工具卫生标准》(GB 9673—1996)、《炼铁厂卫生防护距离标准》(GB 11660—1989)等。

《环境镉污染健康危害区判定标准》(GB/T 17221—1998)从环境医学观点规定了环境镉污染所致健康危害区的判定原则、观察对象、健康危害指标以及其联合反应率的判定值。该标准适用于环境受到含镉工业废弃物污染并以食物链为主要接触途径而可能导致镉对当地一定数量的定居人群产生靶器官肾脏慢性损害的污染危害区。判定标准值包括健康危害指标判定值和联合反应率判定值。健康危害指标判定值包括尿镉肌酐、尿 β2 微球蛋白肌酐、尿 NAG 酶肌酐。其中三项健康危害指标同时达到判定值的受检者,应确认为镉污染所致慢性早期健康危害的个体,并将该受检者列为追踪对象。群体健康危害是三项健康危害指标同时达到判定值的一群受检者例数占受检总人数的联合反应率达到判定值的,确认该污染区镉已构成对当地定居人群的慢性早期健康危害。

《水体污染慢性甲基汞中毒诊断标准及处理原则》(GB 6989—86)主要是为了对水体汞(甲基汞)污染所引起的健康危害进行科学评价,统一诊断标准,推动防治和污染治理工作而制定。水体污染慢性甲基汞中毒是长期食用被汞(甲基汞)污染水体的鱼贝类食物,造成体内甲基汞蓄积并超过一定阈值引起以神经系统损伤为主的中毒表现。该标准根据水体汞污染水平、食用被汞污染的鱼贝类食物的历史、体内汞蓄积状况以及临床表现和化验资料,进行综合分析,排除其他疾病而诊断。

(10)病媒生物控制标准类

《病媒生物应急监测与控制　通则》(GB/T 27774—2011)规定了在应急状态下病媒生物监测与控制的通用原则。该标准适用于病媒生物应急监测与控制协调机构和疾病预防控制专业技术部门,在突发事件发生、媒介生物性传染病暴发流行、新发传入性媒介生物性传染病及我国尚未发现的重要病媒生物传入或某些紧急状态时,对病媒生物应急监测和控制。

(11)其他技术规范类标准——《大气污染人群健康风险评估技术规范》(WS/T 666—2019)

《大气污染人群健康风险评估技术规范》发布于2019年,该标准规定了进行大气污染健康风险评估的基本原则、工作流程、评估方法和要求、评估结果的应用及评估报告框架。基于人群特征资料的健康风险评估方法适用于可获得人群监测数据及流行病学资料的情况下,开展基于人群暴露特征和流行病学资料的人群健康风险评估。基于大气污染物毒性资料的人群健康风险评估方法适用于缺乏人群监测数据及流行病学资料的情况下,开展基于大气污染物浓度和毒性资料的人群健康风险评估。该规范适用于地方、区域和国家层面开展大气污染人群健康风险评估。

2. 存在的问题分析

我国现行的环境卫生标准是从保护环境和人群健康出发,对生活环境(大气、水等)中各种有害因素以法律形式所规定的限量要求和为实现这些要求所提出的相应措施的技术规定。环境卫生标准按照内容分为生活饮用水卫生标准、公共场所卫生标准、环境空气卫生标准、村镇卫生标准、卫生防护距离标准、健康影响和损害判定等。

环境卫生标准虽然以保护人体健康为目标,但是主要聚焦于疾病预防和控制,未全面涉及污染源调查、暴露评价、风险评估(仅涉及大气)等内容,不能完全满足我国当前环境与健康工作实际需要。

(三)现行环境与健康标准

为贯彻《环境保护法》《"健康中国2030"规划纲要》《国家环境保护"十三

五”环境与健康工作规划》等有关精神和要求,保护环境和公众健康,自2017年起,生态环境部陆续发布了12项环境与健康标准。其中包括5项调查类标准、4项评估类标准和3项信息类标准。(具体见表4)这些标准的制定填补了我国环境与健康标准的空白,为评估我国人群环境健康风险提供了科学基础和技术保障,对完善我国环境标准体系具有重要意义。

表4 我国现行的环境与健康标准概况

编号	类别	标准名称	标准号	制定目标	内容
1	调查类	《环境与健康现场调查技术规范 横断面调查》	HJ 839—2017	为贯彻《环境保护法》,保护环境和公众健康,规范环境与健康现场调查工作,制定本标准	本标准规定了环境与健康现场调查横断面调查的一般性原则、工作程序、调查内容、方法和技术要求
2		《暴露参数调查技术规范》	HJ 877—2017	为贯彻《环境保护法》,提高环境健康风险评价的准确性,规范暴露参数调查工作,制定本标准	本标准规定了暴露参数调查的一般性原则、工作程序、调查内容、方法和技术要求
3		《环境与健康横断面调查数据统计分析技术指南》	公告2017年第63号	为贯彻《环境保护法》,科学分析环境污染与人群健康之间的关系,指导和规范环境与健康横断面调查数据统计分析工作,制定本指南	本指南规定了环境与健康横断面调查数据统计分析的工作流程、分析内容、分析方法和技术要求
4		《儿童土壤摄入量调查技术规范 示踪元素法》	HJ 876—2017	为贯彻《环境保护法》,推进环境健康风险管理,规范儿童土壤摄入量调查工作,制定本标准	本标准规定了儿童土壤摄入量调查的工作程序、调查内容、调查方法和技术要求
5		《民用建筑环境空气颗粒物(PM2.5)渗透系数调查技术规范》	HJ 949—2018	为贯彻《环境保护法》,推进环境健康风险管理,规范民用建筑环境空气颗粒物(PM2.5)渗透系数调查工作,制定本标准	本标准规定了民用建筑环境空气颗粒物(PM2.5)渗透系数调查的工作程序、调查内容、调查方法和技术要求

续表

编号	类别	标准名称	标准号	制定目标	内容
6	评估类	《环境污染物人群暴露评估技术指南》	HJ 875—2017	为贯彻《环境保护法》,推进环境健康风险管理工作,规范环境污染物人群暴露评估工作,制定本标准	本标准规定了环境污染物人群暴露评估的工作程序、评估内容、评估方法及技术要求
7	评估类	《公民环境与健康素养测评技术指南(试行)》	公告2017年第24号	为贯彻《环境保护法》,科学评估公民环境与健康素养水平,指导和规范公民环境与健康素养测评工作,制定本指南	本指南规定了公民环境与健康素养测评内容、工作程序和方法要求
8	评估类	《生态环境健康风险评估技术指南总纲》	HJ 1111—2020	为贯彻《环境保护法》,保障公众健康,指导和规范环境健康风险评估工作,制定本标准	本标准规定了环境健康风险评估的一般性原则、评估程序、评估内容、方法和要求
9	评估类	《人体健康水质基准制定技术指南》	HJ 837—2017	为贯彻《环境保护法》《水污染防治法》,科学、规范地制定人体健康水质基准,制定本标准	本标准规定了人体健康水质基准制定的程序、方法和技术要求
10	信息类	《生态环境信息基本数据集编制规范》	HJ 966—2018	为贯彻《环境保护法》,推进生态环境信息标准化,规范生态环境信息基本数据集编制工作,制定本标准	本标准规定了生态环境信息基本数据集的内容结构以及基本数据集的元数据和基本数据集相关数据元的元数据描述规则
11	信息类	《暴露参数调查基本数据集》	HJ 968—2019	为贯彻《环境保护法》,推进生态环境信息标准化,制定本标准	本标准规定了暴露参数调查基本数据集的元数据和相关数据元的元数据

续表

编号	类别	标准名称	标准号	制定目标	内容
12	信息类	《环境与健康数据字典(第一版)》	公告2018年第11号	指导数据采集者和使用者用相同的标准采集和分析数据,从源头保证对不同来源的环境与健康数据有准确、一致的理解和表达,为有效实现环境与健康信息共享和互联互通奠定基础	《环境与健康数据字典(第一版)》按照《环境信息元数据规范》(HJ 720—2017)中规定的数据元和术语的属性,对环境与健康领域常用数据元和术语进行标准化,同时注意与国家已经发布的数据标准保持一致,并注明引用标准

四、环境与健康标准体系构建

(一)标准体系构建以及体系之间的关系

围绕当前我国面临的环境健康问题、国家环境与健康管理工作的需求和我国标准现状的不足,同时借鉴国际经验,构建我国环境与健康标准体系。我国环境与健康标准体系应当包括五个层面。(见图 17)

1. 监测方法类标准

监测方法类标准主要是为了动态掌握我国人群的环境健康风险变化趋势,针对与健康风险密切相关的环境健康风险源、环境质量状况、人群暴露水平等持续系统开展的监测活动而制定的相关监测方法类标准。其应该包括环境与健康风险监测技术指南总纲,基础方法类技术指南和应用领域类技术指南。基础方法类技术指南是针对环境健康风险源、环境质量状况、人群环境暴露水平、公民环境与健康素养等监测制定的技术指南;应用领域类技术指南针对特定环境管理需要,如重点区域、流域和行业环境与健康监测而制定的技术指南。

2. 调查方法类标准

调查方法类标准是为了掌握当前或历史上环境污染与公众健康状况之间的关系,针对与健康风险密切相关的环境健康风险源、环境质量状况、人群环境暴露水平、健康状况和环境与健康素养等开展的调查活动而制定的相关调查方法类标准。其应该包括环境与健康风险调查技术指南总纲,基础方法类

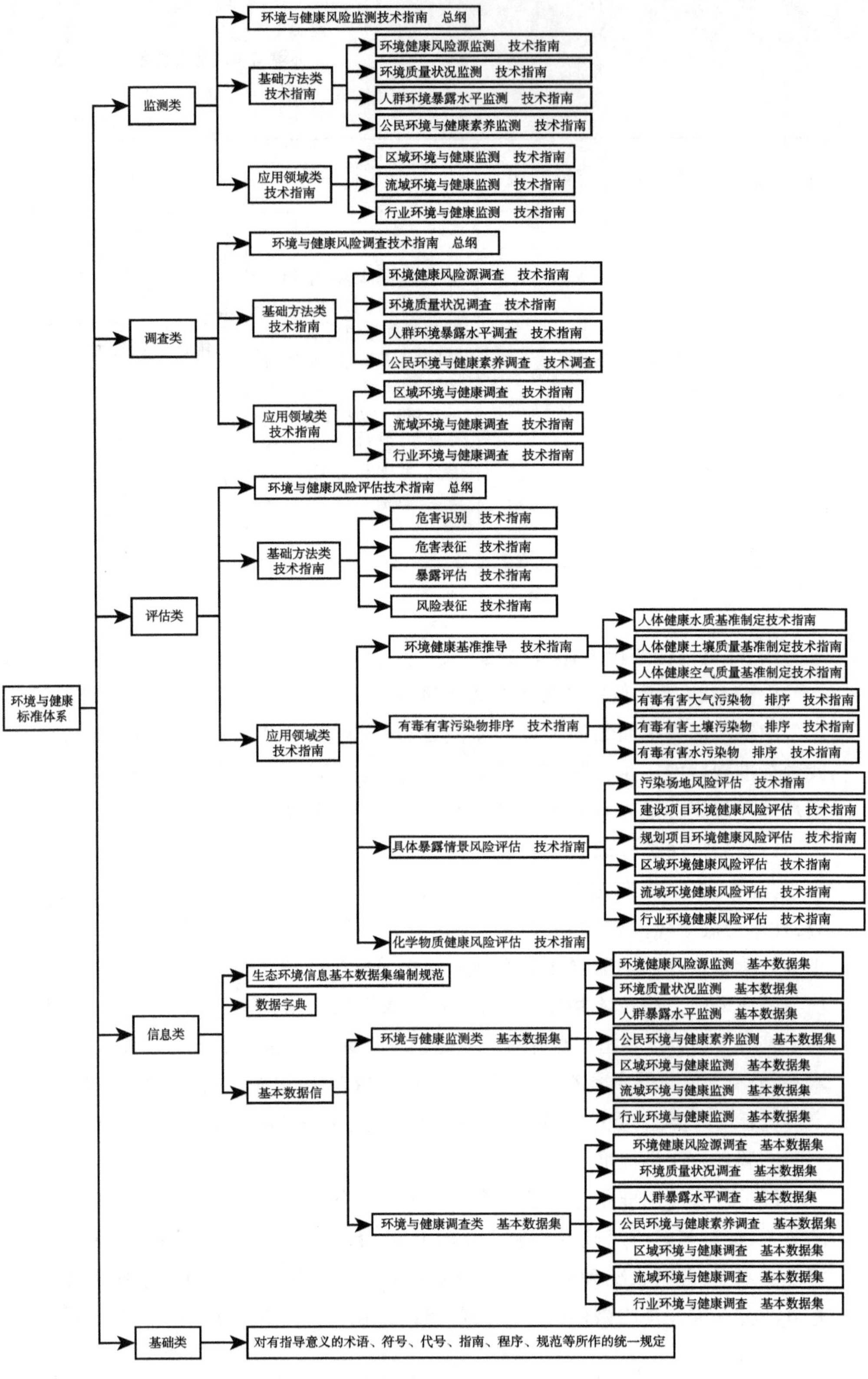

图 17 我国环境与健康标准体系

技术指南和应用领域类技术指南。基础方法类技术指南是针对环境健康风险源、环境质量状况、人群环境暴露水平和公民环境与健康素养等技术环节制定的技术指南;应用领域类技术指南针对特定环境管理需要,如重点区域、流域和行业环境与健康调查而制定的技术指南。

3. 评估方法类标准

评估方法类标准主要是根据特定环境管理需求,服务于在监测和调查所获基础数据的基础上对人群的环境与健康风险水平和环境与健康素养进行评估而制定的相关评估方法类标准。包括总纲、基础方法类技术指南和应用领域类技术指南。总纲规定环境与健康风险评估的一般性原则、内容、方法和技术要求;基础方法类技术指南是针对环境健康风险评估各环节的通用技术和方法而制定的技术指南(如危害识别、危害表征、暴露评估、风险表征等),在一定范围内可作为其他指南的依据和基础;应用领域类技术指南是针对特定环境管理需要而制定的专项技术指南,具体包括环境健康基准推导技术指南、有毒有害污染物排序技术指南、具体暴露情景风险评估技术指南以及化学物质健康风险评估技术指南。

4. 信息类标准

信息类标准包括生态环境信息基本数据集编制规范、环境与健康字典以及开展特定环境管理业务活动下的基本数据集规范。其中基本数据集又包括环境与健康监测类和环境与健康调查类基本数据集。通过环境信息标准来保证数据的互联互通和广泛共享,同时也为环境与健康储备基础数据,发挥大数据在支撑环境健康管理科学决策中的作用。

5. 基础类标准

基础类标准是指在环境与健康工作范围内,对有指导意义的术语、符号、代号、指南、程序、规范等所作的统一规定,它是制定其他标准的基础。

环境与健康标准体系之间的关系(见图 18):监测类和调查类标准规范的是环境与健康风险相关基础数据的监测和调查方法,信息类标准规范的是特定环境管理业务活动下必须采集的数据以及这些数据规范性的表达。因此,监测类和调查类标准可以为信息类标准中数据的采集方法提供方法学依据。通过评估类的标准将监测类、调查类和信息类标准有机结合起来。通过评估类标准产出的数据一方面可以掌握我国人群环境健康风险和环境健康素养的动态水平,另一方面可以评估并筛选出重点区域、流域和行业以及优先控制污染物,实行精准风险管理。

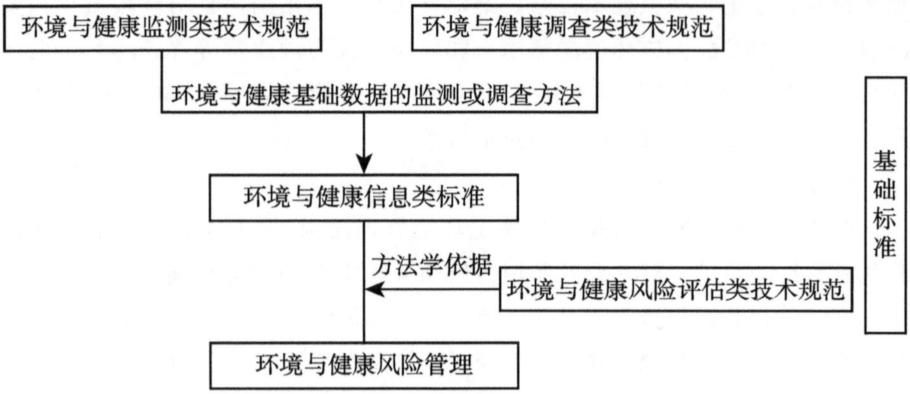

图18　环境与健康标准体系之间的关系

（二）与现行环境保护标准的衔接

生态环境部门环境与健康标准与现行环境保护标准的衔接体现在以下几个方面：

第一，为环境质量标准提供方法学和科学依据。评估类标准中的应用领域类标准中包含环境健康基准推导方法技术指南。环境健康基准指环境介质中的环境要素对人体健康不产生不良和有害效应的最高浓度限值，是环境质量标准制修订的重要科学依据。因此环境与健康标准可以为环境质量标准中限值的制定提供方法学和科学依据。同时，环境与健康标准体系可以通过环境总风险把各环境介质标准统筹起来，保证人对环境污染物的总体暴露水平在可接受的范围内，保证了各介质环境标准的兼容性。

第二，环境影响评价标准和化学品管理类标准的有力补充。通过前面国内标准的梳理发现现行环境影响评价标准和化学品管理标准中均涉及对有毒有害污染物或化学品评价其健康风险的需求，因此环境与健康标准可以为环境影响评价标准和化学品管理类标准提供方法学和科学依据。

第三，环境保护标准体系中优先控制污染物的识别。环境保护标准中的环境质量标准和污染物排放标准中均规定了部分污染物的限值。环境中存在成千上万的污染物，不同环境介质，不同行业究竟应该先控制哪些污染物？此外，我们国家的大气、水和土壤污染防治法中均提出了要公布各环境介质的有毒有害污染物名录。环境与健康标准体系可以为优先控制污染物的筛选提供方法学和科学依据。

《环境资源法论丛》
第13卷,第61~80页

城市步行环境意外伤害法律责任分析

李迪华* 杨 帆**

摘 要 以城市步行环境伤害诉讼案件为研究对象,通过文本分析方法提取裁判文书中出现的主要伤害类型和致害因素,以刻画步行环境意外伤害的特征及原因,并提取被告类型、责任认定状况和相关法律条文引用状况,分析意外伤害诉讼中可能存在的法律问题,探讨问题出现的原因及解决方案。主要结论包括:(1)意外伤害事故具有现实危害性,尤其以摔倒(包括跌倒、绊倒、滑倒)最为频繁,而致伤因素丰富多样,公共服务类设施居多;(2)现有法律无法囊括所有步行环境意外伤害侵权责任,建议进一步扩充和明确物件损害责任的范围;(3)政府承担的法律责任与其公共服务职能不匹配,呼吁将公共公有设施致害责任与一般私物侵权进行区分,畅通行政诉讼途径,政府应积极履行职能,提升其治理效能;(4)管理端责任较重,建设方承担责任较轻,特别是施工、设计方罕有承担责任的情形,建议司法实践重视施工方、设计方存在侵权行为的可能性和追究连带责任的必要性;(5)各种步行环境相关规范、标准未被纳入审理过程当中,应当制定和完善步行环境相关领域的行业规范和标准,并以之作为司法领域判断步行环境及其设施是否安全的主要依据。

关键词 步行环境 意外伤害 裁判文书 物件损害责任

---

* 李迪华,北京大学建筑与景观设计学院副教授、负责人(代理院长)。
** 杨帆,北京大学建筑与景观设计学院硕士研究生。

一、背景及研究意义

城市步行环境指的是连接城市中的开敞空间的步行网,[1]如人行道、街巷、桥梁、地下通道、公园、广场等。这些人工建造的空间串联起城市的角角落落,不仅是社会交往的通道,也对保持人的身心健康至关重要。过去几十年的快速城镇化浪潮为我们的城市留下了一些粗劣的步行环境和设施,其中大多仍停留在解决有无的层面,且不论美观、舒适等要求,仅就基本的安全性而言就存在一定的隐患。[2] 大量意外伤害事件表明,我们的步行环境中潜藏着各种各样的危险,让行人无法安全、自由而有尊严地行走于这些本该属于他们的环境之中。这些危险更威胁着社会中最需要照料的群体,尤其是在老龄化日趋严重的今天,[3]这些意外伤害正消耗着大量的医疗资源和公共财政资源。"社会经济发展水平"被广泛应用于对这些不合理状态的辩解中,对此一些法律文书亦有所探讨,如"市政设施的一般不完善,或其他基础设施的不完善是我国目前社会经济发展水平中常见状态"[4]、公共区域风险防范的管理应考虑"成本是否超过了现实社会经济条件足以满足的程度"。[5] 但所谓"社会经济发展水平"与基础设施的匹配程度难以科学衡量,只能依靠经验判断,而我们对于粗劣环境的"习以为常"往往会影响这种判断。城市承载了人们对于美好生活的向往,城市环境建设应当充分回应人们对于安全、舒适乃至自由和尊严的需求,相关的法律法规和行业规范亦应当更加丰富与精细化。[6]

意外伤害指的是偶然或意外情况导致的受伤,而非自残/自杀,也非受到别人的攻击/暴力的情况导致的受伤。[7] 根据全国伤害医院监测系统(NISS)2015年收集的43个监测点、126家监测医疗卫生机构的数据,[8]在步行活动

---

[1] 参见[美]M. 盖奇、[美]M. 凡登堡:《城市硬质景观设计》,张仲一译,中国建筑工业出版社1985年版,第5页。

[2] 参见张超:《城市街道步行环境安全隐患》,北京大学2014年硕士学位论文。

[3] 参见国家统计局网站(https://data.stats.gov.cn/easyquery.htm? cn = C01&zb = A0301&sj = 2019)统计数据,截至2019年年末,65岁以上老年人口接近1.76亿,占总人口12.57%。

[4] 重庆市第五中级人民法院(2019)渝05民终1751号民事判决书。

[5] 重庆市合川区人民法院(2019)渝0117民初3071号民事判决书。

[6] 参见胡杰:《城市权利的法理意蕴》,载《法学》2020年第5期。

[7] 参见中国疾病预防控制中心慢性非传染性疾病预防控制中心编著:《全国伤害医院监测数据集(2006)》,人民卫生出版社2007年版,第61~62页;World Health Organization, *Injury Surveillance Guidelines*, 6(2) Geneva World Health Organization 422-423(2001).

[8] 参见中国疾病预防控制中心慢性非传染性疾病预防控制中心编著:《全国伤害医院监测数据集(2015)》,人民卫生出版社2016年版,第3页。

中发生意外伤害事故总数超过25,000例,说明了该类伤害的普遍性。但考虑到伤害发生原因既可能是行人自身疏忽大意,也可能是环境本身存在设置或管理上的瑕疵,如果单纯只是前者,则无太大讨论必要,但环境确实是意外伤害发生的重要诱因之一。以最常见的老年人跌倒伤害为例,[9]与环境因素相关的案例占大多数,而"地面不平"又是其中最主要的原因。[10]正是因为大量由环境因素导致的意外伤害,才有进行归责、改进的必要性。因此本文所关注的步行环境意外伤害事件指的是在步行环境发生的、由环境瑕疵所致的意外伤害事件。这里的瑕疵指的是步行环境缺乏通常应该具有的安全性,致使使用者的人身和财产受到伤害,[11]而对是否存在瑕疵的判定则应当以其设置和管理是否符合国家法律、法规和行业规范、标准为主要依据。

目前,国内关于步行环境意外伤害缺乏较系统的研究,现有研究主要集中在公共卫生、城市规划设计等领域。公共卫生领域的研究主要是流行病学调查与统计(如前述NISS系统),特别是对伤害的描述和特征分析,其目的在于掌握伤害发生规律、对其进行预防和控制,[12]但鲜有针对步行环境进行专门统计和分析的研究,对于伤害发生的空间特征探讨较少。城市规划设计领域主要针对步行环境的物质层面展开研究,包括宏观层面的步行环境质量评价、步行友好性、安全性评价等,[13]以及微观层面的安全隐患梳理等,[14]并希望从规划设计层面给出改善措施和建议,但对步行环境瑕疵背后的原因、机理以及责任情况则较少涉及,无法得出更深层面治标治本的结论和建议,因此亟须借助司法视角作为切入点,探讨法制层面的解决途径。故本文选取司法案例作为研究此类问题的切入点,进入诉讼程序的案例一般以追责为目的,至少从受害者角度出发已经认定了来自环境的因素是造成伤害的重要原因,致伤因

---

[9] 参见段蕾蕾、邓晓、汪媛等:《2010年全国伤害监测病例分布特征分析》,载《中国健康教育》2012年第4期。

[10] 参见张健、伍爱婵、马方励等:《广州市3个城区老年人跌倒的原因分析》,载《疾病控制杂志》2001年第3期;于普林:《北京市社区老年人跌倒状况研究》,中南大学2010年博士学位论文。

[11] 参见马怀德、喻文光:《共有公共设施致害的国家赔偿责任》,载《法学研究》2000年第2期。

[12] 参见王萍等:《沈阳市城市居民意外伤害流行病学调查报告》,载《疾病控制杂志》2007年第3期;郑文龙等:《天津市城乡居民意外伤害医院就诊病例流行病学特征分析》,载《中国慢性病预防与控制》2018年第2期。

[13] 参见姚怡亭:《城市步行友好性评价》,载《城市交通》2019年第1期;梁思思等:《儿童友好视角下街道空间安全设计策略实证探索——以北京老城片区为例》,载《上海城市规划》2020年第3期。

[14] 参见张超:《城市街道步行环境安全隐患》,北京大学2014年硕士学位论文;徐见希、古新仁:《基于视障人群使用的城市步行空间安全性研究进展》,载《园林》2020年第10期。

素较为明确,具有典型性。同时法律文书对伤害发生过程以及归责过程记录详实,对研究来说可分析性较强。这些案例适用法律的情况、判案的归责倾向等亦可对更普遍范围的意外伤害的维权和预防提供借鉴和指导。

考虑到本文关注的意外伤害以环境瑕疵作为前置条件,而环境瑕疵除不可抗力之外,一般是人为导致,就责任而言属于侵权责任。在原《侵权责任法》中,步行环境属于“构筑物或者其他设施”类别,其设置和管理的主体多元,就产权而言,除公有道路人行道外,还有私有产权的步行空间(如小区内道路、市政退红区域的道路等);就管理责任而言,又有辖区街镇、城管部门、道路交通部门、物业公司、门前“三包”的商铺等主体。此外建设方、设计方、施工方也对步行环境的设计、建造等负有责任,其责任状况往往难以确定,合理解决纠纷困难重重。

本文希望通过对进入司法程序的意外伤害案例文书进行文本分析,发现城市步行环境中较突出的危险隐患类型和伤害情况,以及从相关诉讼案件的被告类型、责任认定状况和相关法律条文引用状况等中发现案件的特征,找出其中可能存在的法律问题,并探讨解决方案。希望司法领域的关注能够倒逼城市规划、设计和建设领域的自我革新,从而推动真正安全、友好的步行环境建设。

二、数据分析

(一)数据来源及分析方法

由于步行环境囊括了非常多样的城市空间,且在中文语境中并不常用,因此选择最为典型且常用的“人行道”作为关键词,在“北大法宝”网站以“人行道”“伤”两个关键词进行检索,时间选择2010年至2020年9月,案由选择“生命权、健康权、身体权纠纷”“物件损害责任纠纷”“违反安全保障义务责任纠纷”三类(考虑到“行政诉讼”案由下相关案例过少,未列入检索范围),利用网页采集软件提取网站公开的案名、案号、日期、法院、引用法条和文本等详细信息,共获得6661个司法案例。再筛选掉其中的刑事案件、机动车事故、非机动车事故、合同纠纷等无关案例,最终得到963例一审案例和503例二审、再审案例。对案例文书信息进行深入提取分析发现,其主要包括两方面内容。

一方面是利用正则表达式提取裁判文书中的结构化信息。正则表达式是利用特定字符串及其组合构成“规则字符串”,再与文本中的字符串进行匹配,从而匹配到目标信息。裁判文书一般包含固定的文本结构和表达方式,如当事人名称一般出现在文首且格式固定,“本案现已审查终结”“本院认为”等则往往是文本不同部分的分割标志。据此,可以较为有效地提取出被告名称、受害者年龄、责任比重分配、赔偿金额、是否驳回上诉等信息。

另一方面是利用文本分词库 Jieba 和词频统计方法对文本关键词进行识别和计数。Jieba 是一款优秀的中文分词函数库,能够将文本分割成常用的词语而非单个汉字,但是专有名词识别率欠佳,[15]因此需要建立额外的用户词库,创建或调高目标词汇组合的权重,以提高目标被告的识别精准度。同时将涉及被告类型、受伤类型、伤势、致伤因素、老年与否的词汇进行分类,以便统计同类词语出现的频次。

以上研究方法主要采用 Python 语言(3.6 版)完成。

(二)数据处理

1. 被告名称及类型

(1)利用正则表达式提取被告名称,并针对其中的专有名词创建用户词典,进行词频统计得到被告名称词频和词云。(见图 1)

图 1 被告名称词云

(2)根据被告的属性对被告主体进行人工分类(见表 1),便于接下来的分析。这些被告又可以分为所有者、使用者、管理者[16]、建设方、设计方和施工

〔15〕 如"公用基础设施管理中心"一词,Jieba 词库容易将其分割成"公用""基础设施""管理""中心"几个常用词汇。

〔16〕 关于所有者、使用者、管理者的详细分类依据,参见韩世远:《建筑物责任的解释论——以〈侵权责任法〉第 85 条为中心》,载《清华法学》2011 年第 1 期。

方。一是所有者,公共人行道所有者一般是“人民政府派出机构及自治组织”,另一些产权私有的场所也可以供行人通行,所有者包括个人和公共场所管理人。二是使用者,即步行环境的实际使用者,与所有者构成租赁或借用关系,可能是个人,也有可能是公共场所管理人,与所有者的情况类似,因此不作具体区分。三是管理者,即公共人行道一般由特定的机关和机构进行管理,将涉及这些相关部门统称为城市管理部门。一些存在于人行道但却不属于步行环境的设施如管线窨井则归由水电通信燃气部门。人行道以外的道路部分一般由交通运输部门进行管理,此外,政府部门会将一部分职责委托给企事业单位,在这里同样将其视为政府职能的履行者。非公有的步行环境除了自行管理的之外,一般会委托给物业公司进行管理。四是建设方,私有产权步行环境的建设方复杂多样,与所有者也存在重合,在此不进行详细区分。但步行环境的建设者主要是城市建设部门。五是设计方,案例中罕有设计方作为被告的情况出现。六是施工方,主要是工程建设公司。

表1　被告分类情况

被告分类	分类依据	分类内容
城市管理部门	城市管理部门是人行道等步行环境管理维护的主管部门,包括城管局、综合行政执法局及城市管理相关的各类企事业单位	城市管理(城管)、综合执法、综合行政执法、行政执法、市政、设施、园林、绿化、环境、卫生、公用、基础设施、照明
城市建设部门	城市建设部门是公共步行环境主要建设方,是责任主体之一	住房和城乡建设局(住建局)、建设局(城建局)、城乡建设局、建筑工程事务局、工程管理局、工程建设管理
施工单位	施工单位对于步行环境质量优劣负有重要责任,此外案例中有很多施工过程中发生的意外伤害,这使得施工单位被诉频次很高	建设工程有限公司、建筑工程有限公司、工程项目部、工程公司、建筑公司、建设有限公司、建筑有限公司、建工、中建
人民政府派出机构及自治组织	街道办事处、镇政府和管委会是政府的派出机构,对于辖区内的道路具有管理养护职责,居委会、村委会甚至业主委员会也会对特定步行环境负有管理责任	政府、街道办事处(街道办)、村民委员会(村委会)、居民委员会(居委会)、管理委员会(管委会)、综合服务中心
公共场所管理人	公共场所管理人是除政府机构以外的各种公共场所的所有者,即“业主”	医院、宾馆、影剧院(影院、剧院)、超市、学校、银行、餐厅、美食、公交、停车场、商业、商贸、置业、房地产

续表

被告分类	分类依据	分类内容
物业公司	接受业主的委托,对特定区域内的物业进行专业化管理的组织	物业服务、物业管理
水电通信燃气部门	这类市政公共设施经常出现在步行环境中,但其设置与步行功能无关,且产生伤害较多,故单独作为一类	电信、通信、电力、供电、供水、排水、水务、燃气
道路交通部门	道路交通部门负责对城市道路进行养护管理,一些道路的路沿同样是步行环境的一部分	交通运输局、交通管理局、公路管理局(公路局)、道路养护中心

2. 对伤害类型及致伤因素进行分类(见表2)

(1)伤害类型:根据中文使用习惯,有摔、绊、撞、碰、擦、刺、磕、刮、割、扎、划等多种表达方式,再加上每一例案件可能同时出现几种不一样的伤情,情况较复杂。因此需要进行如下处理:首先对伤害类型按照表2中的标准进行分类,其次针对同一案件出现多种伤情的情况,取该案件最高词频的伤害作为唯一值。

值得注意的是,"摔倒(跌倒)"在中文语境中包括"绊倒""坠落""滑倒",但三者致伤原因大相径庭,需要着重区分,因此分类中的"摔倒(跌倒)"指的是没有出现"绊倒""坠落""滑倒"有关词汇情况下的摔倒。

(2)伤势:由于伤势认定较为复杂,本文采取了较为简单的处理方式,即将是否"骨折""伤残"等作为较重的伤害类型处理,由此将伤势分为三类:①轻微伤;②骨折及以上伤害;③死亡。

(3)致伤因素主要包括:①路面坑洼破损或光滑;②难以发现的垂直高差;③通高范围内的障碍物;④尖锐物品等。结合案例中的实际情况,可以细分成以下类别:井、坑、沟渠;线状物;交通控制物;市政设施;道路缺陷;其他异物;路面光滑;电梯原因;其他原因等。

表2 致伤因素、伤害类型、伤势分类情况

分类因素	分类内容	
伤害类型	摔倒	摔、摔伤、摔倒、跌、跌倒
	绊倒	绊、绊倒
	滑倒	滑、滑倒、滑落

续表

分类因素	分类内容	
伤害类型	坠倒	坠、掉入、坠入、坠落、掉进、跌落、跌下
	钝器伤	撞伤、磕、磕绊、磕伤、碰撞、碰伤、夹伤、挫伤、挤伤
	锐器伤	刺伤、割伤、扎伤、扎、割、划伤、划
伤势	轻微伤	轻伤、轻微伤
	骨折及以上伤害	伤残、骨折、残疾
	死亡	死亡、死、抢救无效
致伤因素	井、坑、沟渠	窨井、电缆井、下水道口、检查井、天然气井、沟渠、排水沟、水沟、地沟、壕沟、深沟、深坑、大坑、坑洞、洞、孔洞、土坑、坑
	线状物	电线、绳子、绳、电缆、电缆线、网线、管线、绳索、铁丝、钢丝、拉线、铁链、锁链、钢索
	交通控制物	路障、隔离、障碍物、桩子、铁栏杆、栏杆、护栏、行车杆、墩子、石墩、石桩、水泥墩、墩、桩、柱、隔离墩、隔离桩、隔离杆、铁桩、铁柱、铁杆、栏杆、围栏、隔离栏、挡车桩、止车石、减速带、地锁
	市政设施	路灯、灯柱、树穴、标志、树坑、长椅、盖板、地砖、线杆、电线杆、斜拉线、构筑物、消防栓、树木
	道路缺陷	踏步、高差、落差、坡度、凹坑、凸出、凹陷、小坑、突起、斜坡、台阶、路牙
	其他异物	钢管、铁管、混凝土块、铁钉、钢板、铁棍、铁片、铁艺、玻璃窗、水管、砖块、砖石、铁锁链、纸箱、三角铁、钢筋、钉子、螺丝、铁钩、灭火器、螺栓、黄沙、沙子、泥土、石头、石块、垃圾、碎石、材料、铁架、地毯
	路面光滑	雪、雨、冰、积水、湿滑、瓷砖、油污、污水、废水、地板砖
	电梯原因	电梯、扶梯

此外,还可以根据受伤者年纪进行分类。由于裁判文书较少给出受害者的年龄,正则表达式只能提取出部分受害者的年龄,所以需要进行词频统计作为补充,重点提取未成年人、老人相关的词汇。与老年相关的词汇包括:年纪大、退休、离休、年事已高、老伴、上年纪、老年、老人、年老、高龄、岁数大等。未成年人则包括儿童、年纪小、幼儿、幼小、学生、未成年等词汇。

3. 被告责任占比提取

文书一般会提及被告责任，通常以"几比几""百分之几""几成"之类的形式出现，可以利用正则表达式进行提取，其中驳回案件被告责任计为0，被告承担全责时计为100%。对于多被告的案件，则需要针对每一被告提取出各自的责任比例。由于二审、再审案例中存在大量受害者被反诉的情况，并且驳回率达73%，因此在分析被告责任时，仅选取一审案例进行分析，以排除受害者被识别成被告的情况。最终选取了905个一审案例及所涉及的1400余名被告进行分析，经过正则提取和人工补充、校验之后，最终得到案件中每一被告所承担的责任占比和赔偿金额，同时也得到每一案件所有被告责任之和和赔偿总金额。

（三）结果分析

1. 伤害情况分析

在伤势中，近80%的案例出现了"骨折""伤残"等代表较重伤势的字眼，甚至还有6.3%的死亡案例，说明进入司法程序的一般是较为严重的伤害。伤害类型分析的结果也表明，身体大幅度的位移是造成伤害的主要原因。88%的案例出现了摔、跌、绊、滑、坠等字眼，其中以绊倒最为常见，占总案例的44%；钝器伤、锐器伤出现频次较少，锐器伤又远少于钝器伤，说明单纯以锐器伤形式出现的案例较少。

文书中较少提到一般成年人年纪，识别出来年龄的受伤者中老年人（≥60岁）占了绝大多数。识别出来的老年人案例已经超过总案例数的28.3%，印证了步行环境对弱势群体特别是老年人生命健康造成的威胁。（见表3）

表3　受害者年纪及对应的伤害类型

单位：人

年　纪	伤害类型							合计
	摔倒	绊倒	滑倒	坠倒	钝器伤	锐器伤	未知	
老年	76	174	46	37	39	4	22	398
未成年	6	29	12	14	11	5	20	97
未知或其他年龄	119	374	113	164	71	25	105	971
合计	201	577	171	215	121	34	147	1466

在致伤因素（见表4）中，可以发现交通控制物、市政设施和线状物占比较高，前两者大多具有公共服务性质，而线状物中包含很大一部分水电管线，也

属于公共服务设施。在不同致伤因素导致的伤害类型比较中可以发现,“井、坑、沟渠”主要对应“坠倒”;“线状物”、“交通控制物”和“其他异物”主要对应“绊倒”;“市政设施”造成的伤害类型分布较为均匀;“路面光滑”主要对应“滑倒”,与常识一致。

表4　致伤因素对应的不同伤害类型案件数量

单位:件

致伤因素	伤害类型							合计
	摔倒	绊倒	滑倒	坠倒	钝器伤	锐器伤	未知	
井、坑、沟渠	28	28	12	91	15	2	17	193
线状物	6	170	2	16	6	2	4	206
交通控制物	25	187	14	23	24	12	35	320
市政设施	55	80	30	63	28	7	40	303
道路缺陷	13	14	12	1	3	1	9	53
其他异物	27	82	22	13	15	4	28	191
路面光滑	11	6	60	4	6	4	1	92
电梯原因	33	5	18	4	19	1	6	86
动物原因	4	5	0	0	5	1	7	22
合计	202	577	170	215	121	34	147	1466

2.被告类型分析

被告类型当中,筛选的被告类别对应步行环境的建设方(城市建设部门),施工方(工程建设公司),维护管理方(交通部门、城市管理部门、物业单位)和相关业主(公共场所管理人)。在这些分类当中,城市建设部门和交通部门数量较少,其余几类被告类型分布较为均衡,业主、物业单位、城市管理部门稍高,说明在步行环境的规划设计—施工建设—维护管理的整个环节当中,靠近管理末端的环节更容易成为被告。

不同致伤因素对应的被告(见表5)中,井、坑、沟渠的被告主要是水电通信部门;“线状物”致伤案例的被告主要对应物业公司、公共场所负责组织和个人;交通控制物主要对应物业公司、城市管理部门、公共场所管理人和个人;市政设施主要对应城市管理部门和工程建设部门。其他异物则以个人和工程建设单位居多。路面光滑和道路缺陷被告以公共场所管理人、个人和城市管理部门居多。

表 5　致伤因素对应的不同被告类型数量

单位:个

致伤因素	被告类型									
	物业公司	城市建设部门	城市管理部门	工程建设部门	道路交通部门	街镇村委居委	公共场所管理人	水电通信燃气	个人	其他
井、坑、沟渠	12	15	33	20	5	21	15	61	13	12
线状物	38	0	9	9	0	7	42	29	27	26
交通控制物	61	7	44	24	9	20	54	2	48	30
市政设施	28	20	69	69	1	27	36	40	28	16
道路缺陷	1	3	11	3	1	6	7	1	12	6
其他异物	14	1	25	36	3	13	28	10	55	17
路面光滑	8	1	20	2	0	10	25	4	17	7
电梯原因	7	0	2	1	1	0	46	0	8	5
动物原因	1	0	0	0	0	0	0	0	15	0
合计	170	47	213	164	20	104	253	147	223	119

3. 被告责任分析(见表 6)

表 6　不同致伤因素、不同被告类型分别对应的被告责任承担状况

致伤因素	被告责任承担比例/%	赔偿金额平均/元	被告类型	被告责任承担比例/%	赔偿金额平均/元
井、坑、沟渠	68.70	96,557	物业公司	40.20	38,993
线状物	58.70	55,160	城市建设部门	22.30	28,445
交通控制物	56.35	49,468	城市管理部门	33.56	53,810
市政设施	63.30	77,652	工程建设部门	39.83	48,613
道路缺陷	41.25	90,995	道路交通部门	24.13	40,563
其他异物	53.70	58,662	街镇村委居委	25.16	23,143
路面光滑	46.94	54,298	公共场所管理人	38.81	45,801
电梯原因	46.74	92,548	水电通信燃气	36.28	39,402
动物原因	75.00	13,735	个人	35.14	26,939
平均	58.21	67,611	平均	35.53	40,308

不同致伤因素对应的被告承担责任比例指的是在某一致伤因素导致的案件中,一名或数名被告责任之和,即受害者之外的所有被告责任之和,体现的是不同类型伤害案件侵权责任划分的总体情况。其中动物原因和井、坑、沟渠造成的伤害案例被告承担责任占比最高;道路缺陷、路面光滑和电梯伤害事件被告承担责任比例较低。平均赔偿金额均在10万元以下,井、坑、沟渠,电梯原因和道路缺陷平均赔偿总额最高。

不同被告类型承担的责任比例体现的是不同被告承担侵权责任的风险情况。其中物业公司和工程建设部门、公共场所管理人在被诉案例中承担责任比例最高,而城市建设部门、交通部门、街镇村委居委承担的责任最低。在金额方面,城市管理部门和工程建设单位赔偿金额较高,个人、城市建设部门、街镇村委居委等赔偿金额较少。同样也说明,靠近维护管理端的环节所承担的责任风险更高。

4. 引用法律条文〔17〕分析

根据"北大法宝"网站每一案例标明的"本篇引用的法规"信息,配合正则表达式提取正文中提到的各类法律法规和技术规范、标准,可以看出,判决引用的主要是《民法通则》、《侵权责任法》、《民事诉讼法》和最高人民法院《关于审理人身损害赔偿案件适用法律若干问题的解释》(以下简称《人身损害赔偿司法解释》),筛去其中一般性、原则性的条文以及诉讼程序、赔偿计算方式相关条文,保留与责任确定相关的条文。结果如下:"物件损害责任纠纷"主要引用原《侵权责任法》第89条和第91条(第85~88条、第90条数量较少未列出),少量引用《民法通则》第126条及《人身损害赔偿司法解释》第16条;"公共场所管理人纠纷"主要引用《侵权责任法》第37条,少量引用《人身损害赔偿司法解释》第6条。

除判决引用法条之外,正文中也会提到作为诉讼依据的各类行政法规和技术规范、标准,利用正则表达式进行提取,发现步行环境相关专门领域的法律法规,如《公路法》《城市道路管理条例》《物业管理条例》等引用较少。至于标准、规范类文件,主要筛选出了被引用的规划、设计、建设、安装、维护类标准和规范,引用情况也不乐观。(见表7)

---

〔17〕 本部分引用法条为2020年9月之前,其中部分法律以及司法解释至本书出版时已经失效或更新,本文不再一一说明。

表 7 归责相关法律、法规、规范、标准引用状况

法律、法规、规范、标准名称	引用频率/次
《民法通则》第 126 条	20
《侵权责任法》第 37 条	258
《侵权责任法》第 89 条	116
《侵权责任法》第 91 条	288
《人身损害赔偿司法解释》第 6 条	20
《人身损害赔偿司法解释》第 16 条	32
《道路交通安全法》	35
《物权法》	10
《公路法》	9
《建筑工程安全生产管理条例》	7
市政设施管理条例/办法	8
城市道路管理条例/办法	22
城市市容和环境卫生管理条例/办法	20
《物业管理条例》	21
设计规范、技术规范类	19
标准类	8

三、讨论

(一)伤害情况概述

在所有案例当中,骨折以上及死亡案例合计超过 86.75%,说明案件受害者绝大部分受到了较重伤害。从年龄来看,老人受伤的伤害情况较为显著;伤害形式则以摔倒(包括跌倒、绊倒、滑倒)占多数,说明大幅度的身体位移是造成伤害最主要的原因,与各类调查相符;致伤因素丰富多样,在所有造成伤害的物件、设施当中,市政设施、交通控制物、管线等具有公共服务功能的设施占了多数,说明此类设施的设置应当尤其注意其合理性和安全性。

安全事故的海因里希法则认为,浮出水面的死亡、重伤事故背后往往存在

大量的轻微事故,[18]这些裁判文书案例只是步行环境意外伤害危险的“冰山一角”。我国自2006年起启动的NISS系统,收集了遍布全国的252家哨点医院急、门诊室就诊的伤害病例及其相关信息。以2015年为例,[19]在步行活动中发生的跌倒/坠落有22,967例、钝器伤为2772例、刀/锐器伤1263例,而其中绝大部分都是意外伤害,因此当年进入哨点医院就诊的步行环境意外伤害事故总数约27,000例。美国亦有电子伤害监测系统(NEISS),[20]统计项目与国内类似,同样以2015年数据为例,根据“街道”“公共场所”(street、public),“非交通事故”(non-traffic),“非故意”(unintentional),“跌倒”、“撞击”或“割伤”(fall、struck by/against、cut/pierce)4项进行筛选,得到24,310例,与国内相当。这只是哨点医院的情况,全国范围内此类事件应远多于此数目,而轻伤未进入医院统计范围的情况更是不可胜数。近10年来的1000多个司法案例或许只能代表其中较为严重的一部分,但关注这些“最坏的情况”,或许能够帮助我们找到改善整体环境的路径和方向。

(二)现有法律无法囊括所有步行环境伤害侵权责任

从现有案例来看,大部分案由为人格权纠纷下的生命权、健康权、身体权纠纷,而根据最高人民法院《关于印发修改后的〈民事案件案由规定〉的通知(2011)》(已被修改),确定侵权责任纠纷具体案由时应当先适用第九部分“侵权责任纠纷”项下根据侵权责任法相关规定列出的具体案由。没有相应案由的,再适用‘人格权纠纷’等项下其他案由,这或可说明侵权责任纠纷项下案由难以完整概括此类纠纷。其他案由主要有“违反安全保障义务责任纠纷”以及“物件损害责任纠纷”下的“公共道路妨碍通行纠纷”“地面施工、地下设施损害纠纷”,但数量不多。(见表8)

表8　各案由下案件数量

案由	案件数/件
生命权、健康权、身体权纠纷	997
公共场所管理人纠纷	61

[18] See Manuele, F. A., *Reviewing Heinrich: Dislodging Two Myths from the Practice of Safety*, 56 (10) Professional Safety52-61(2011).

[19] 参见中国疾病预防控制中心慢性非传染性疾病预防控制中心编著:《全国伤害医院监测数据集(2015)》,人民卫生出版社2016年版,第7~15页。

[20] 参见美国消费产品安全委员会网站(https://www.cpsc.gov/Research--Statistics/NEISS-Injury-Data)。

续表

案由	案件数/件
地面施工、地下设施损害纠纷	152
公共道路妨碍通行纠纷	71
建筑物、构筑物倒塌损害责任	10
其他物件损害责任纠纷	77
其他侵权责任纠纷	98
合计	1466

其中“公共场所管理人纠纷”可以适用于宾馆、商场、银行、车站、娱乐场所等公共空间中的步行意外伤害事故，但由于我国安全保障义务被限定在“具有接触要约邀请性质的开放性社会接触中，接触要约邀请一方应对他人人身、财产安全依法承担关心、照顾、保护等安全保障义务”〔21〕。不具备该属性的其他步行环境无法适用该案由。

“物件损害责任纠纷”同样无法适用于大部分案例。《民法通则》第126条“物件致人损害的民事责任”与《侵权责任法》第十一章“物件损害责任”，只包括了建筑物等脱落坠落倒塌、堆放物倒塌、妨害通行、林木折断、地面施工等致害责任类型；《民法典》第十章亦无法囊括所有的步行环境伤害情况。以案例中大量出现的“绊倒”为例，绊倒是以某物件出现在通行路径中为前提的，但是目前的“妨害通行”责任中只包括“堆放、倾倒或遗撒”物品，而大量的错误设置或有缺陷的市政设施、交通控制物以及道路本身的瑕疵等问题却无法归类，占致伤原因总数的约40%。这一问题在案例中也有体现，如敖某珍与重庆市政园林开发公司、重庆市渝中区市政园林管理局健康权纠纷案二审法院针对案件中透水砖不完善的状况明确指出“我国侵权责任法律没有将此类作为应当承当责任的情形予以规定”。〔22〕

《人身损害赔偿司法解释》第16条对于《民法通则》第126条列举的致害原因进行了扩充：将道路“维护、管理瑕疵”以及“设计、施工缺陷”列入赔偿责任范围。但是在实际执行过程中，这一扩张并没有得到普遍采纳，只有极少案例（33个）引用该条司法解释作为审判依据，而这些案例主要侧重于“维护、管

〔21〕 石一峰：《安全保障义务责任的实体与程序衔接》，载《中国应用法学》2018年第5期。
〔22〕 重庆市第五中级人民法院（2019）渝05民终1751号民事判决书。

理瑕疵”方面,对于“设计、施工缺陷”则未有涉及,也不会追问设置是否安全、合理这类专业性问题。

(三)公权力机关的法律责任与其职能不匹配

在致伤因素当中,市政设施、交通控制物以及管线等具有公共服务性质的设施和物件占了一半以上,但在一审案例 1498 个被告主体中,以“局、处、所、人民政府、委员会”等为名的公权力机关占 329 个,不到总数 1/4,考虑到政府是人行道等大多数步行环境的建设和管理主体,这一比例并不算高。而且在责任占比方面,除了城市管理部门担责稍高以外,其余如城市建设部门、街镇村委居委以及交通部门承担责任较低。而城市管理部门又包括一些下属或委托的企事业单位,代为履行城市管理职责并独立承担法律责任,城管局或行政执法局本身担责比例亦不高。因此,总体来说政府等公权力机关承担的责任比例较低。

检索过程中发现的所有案例均属于民事案由,并未发现行政案由之下的相关案例,在法律条文方面亦未发现有行政诉讼相关法条被引用的情况。但个案中经常有以行政单位“不是民事诉讼适格被告”为由驳回诉请的情况,〔23〕特别是行政单位作为管理单位时,其行政不作为的责任无法通过民事诉讼的途径进行追究,使受害者无法获得应有的法律救济。因此有学者,建议将由政府等公权力机关设置或管理的公共公有设施致害的情形纳入国家赔偿范畴,弥补民法适用上的局限性,减轻受害者举证负担,帮助受害者更公平地获得赔偿。〔24〕另外,公权力机构直接承担责任,也能够推动其积极履行职责、提升治理效能。仅就人行道而言,目前各部门职权交叉重叠、互相推诿管理责任,导致建设无序、管理混乱的状况,亟须城市管理相关部门对其进行整合,统一规划、建设和管理流程。〔25〕同时,步行环境建设和管理策略也应更加注重安全性,采取更加严格的风险管控措施,包括严格遵守法律法规和行业规范、制定详细的规章制度和工作流程、对建设管理等过程的信息进行详细记录等,既要确保步行环境安全又能够减少不必要的法律风险。

(四)维护管理端责任较重,建设、设计方承担责任较轻

从被告平均责任占比来看,建设方的责任远远小于管理、维护方,也小于

---

〔23〕 参见北京市石景山区人民法院(2013)石民初字第 4438 号民事判决书;湖南省邵东县人民法院(2015)邵东民初字第 2852 号民事判决书。

〔24〕 参见周密:《公物致害责任与建筑物危险责任比较研究》,载《财经法学》2020 年第 1 期;吕宁:《论公有公共设施致害的国家赔偿》,载《政治与法律》2014 年第 7 期。

〔25〕 参见张超:《城市街道步行环境安全隐患》,北京大学 2014 年硕士学位论文。

所有者和使用者，而排除在建工程施工方以后，已建成工程的施工方因为施工缺陷被追责的情形也很少，至于设计方则从未出现在被告名单当中。出现这种情况的原因，首先是使用、管理和占有是正在进行的持续状态，因此较容易找到较为确定的责任承担者，而设置属于已完成的状态，从其完成到伤害发生间隔时间长，物理环境变化乃至法规变更都有可能导致责任难以确定；特别是设计方处于辅助、配合的位置，离受害者较远，因而在意外伤害事件中，一般不作为第一顺位的责任承担人来承担责任，〔26〕受害者也难以直接追究设计方的责任。这也是《人身损害赔偿司法解释》第16条规定“设计、施工缺陷造成损害的，由所有人、管理人与设计、施工者承担连带责任”的原因。将所有人、管理人作为优先求偿的对象，施工者和设计者承担连带责任，这样的设计可以减轻受害者求偿的困难；由建设方来追究施工、设计方的责任，亦可以在建设过程中让建设方更加积极地督促施工、设计单位严格按照法律法规和行业规范进行设计施工，以保障工程的安全。〔27〕

但结合前述法条引用情况和被告责任占比可知，现实案例中很少出现施工方、设计方承担连带责任的情况。以顾某英与杭州振杰物业管理有限公司、杭州江干区城市建设综合开发有限公司生命权、健康权、身体权纠纷案为例，一审法院认为“人工建造的构筑物因设计、施工缺陷造成损害的，由所有人、管理人与设计、施工者承担连带责任”，但是却得出了由产权方小区业委会承担全部侵权责任的结论。〔28〕 业委会二审反诉受害人顾某，法院以上诉人“举证不力”的理由驳回了业委会要求道路管理者城管部门承担责任的诉请，并在原告提供总平面布置图的情况下仍认为其主张“建设单位和施工单位违反规划设计”的证据不足。〔29〕 由此可见，所有者或管理者承担赔偿责任之后，向设计、施工环节的连带责任人进行追偿也并非易事，而行业标准等技术上的困难则是其中较为重要的原因。

（五）各种步行环境相关规范、标准未被纳入审理过程当中

在903件已知责任比例的案例中，约80.5%的案件受害者都或多或少需要自担一部分责任，文书中一般会强调受害者“行走时未尽到合理的注意义务”。但所谓合理的注意义务并无标准可言，环境的缺陷、偶然出现的杂物、天

---

〔26〕 参见应建均：《道路设计建造缺陷致害责任研究》，载《四川文理学院学报》2014年第1期。
〔27〕 参见张新宝、吴婷芳：《物件致人损害责任的再法典化思考》，载《现代法学》2017年第2期。
〔28〕 参见杭州市上城区人民法院（2019）浙0102民初298号民事判决书。
〔29〕 参见浙江省杭州市中级人民法院（2019）浙01民终8938号民事判决书。

气、光线等都会影响到受害人对可能的危险因素进行预见和避免的能力,因此若要进行归责,必须首先明确客观风险是否存在,其次才需要判断该缺陷是否超出常人可预见和避免的能力范围。相较之下,前者更加依赖专业知识,后者则更需要诉诸常识。一些案件卡在前一步,导致受害者的诉请被驳回,或者错误评估了客观风险的严重程度,导致责任认定不当。同时,大部分案例都采用过错归责原则,而步行环境领域的复杂性和专业性无疑又抬高了举证门槛,受害者的举证责任较为沉重。例如,寇某芝与重庆市合川区人民政府合阳城街道办事处、重庆市合川区城乡建设委员会等身体权纠纷案,〔30〕法院以道路缺陷"从常理上讲并不足以形成公共区域通行的严重风险"为由驳回上诉,显然是以"常理"替代行业规范和标准,而受害人也未能举出人行道相关规范和标准作为诉讼依据。

步行环境涵盖的空间种类多样、涉及的责任主体交叉重叠现象严重,排除地面施工在建的情形(主要对应主体为"工程建设公司"),地面暂时堆放、倾倒、遗撒物品的情形(对应"其他异物"),以及"动物原因"致害的情形,余下大部分案例都是人工加以固定在步行环境中的地上工作物,都存在管理乃至设置瑕疵。但从法律条文分析结果可以看出,除了《民法通则》和《侵权责任法》等一般性法律以外,只有少量专门领域法规被引用,且主要集中在维护和管理领域,而对步行环境设置(包括建设、设计、施工)的安全性、合理性的规范和标准引用很少,但种类却丰富多样,包括《城市道路交通设施设计规范》(GB 50688—2011)、〔31〕《公路交通安全设施设计规范》(JTG D81—2017)、〔32〕《城市道路工程设计规范》(CJJ 37—2012)、〔33〕《城市道路和建筑物无障碍设计规范》(JGJ 50—2001)、〔34〕《公园设计规范》(GB 51192—2016)〔35〕等,而且法院对于该类诉讼依据认可度较高,说明此类依据有助于权利的主张和维护。

结合日常经验,标准和规范引用较少并不是因为步行环境普遍符合规范、标准要求,恰恰相反,"我国城市基础设施仍存在总量不足、标准不高、运行管理粗放等问题"〔36〕,大量的步行环境意外伤害事件恰好印证了这一点。造成

---

〔30〕 参见重庆市第五中级人民法院(2019)渝0117民初3071号民事判决书。

〔31〕 参见浙江省嵊州市人民法院(2018)浙0683民初8329号民事判决书。

〔32〕 参见重庆市第五中级人民法院(2014)渝五中法民终字第01788号民事判决书。

〔33〕 参见北京市朝阳区人民法院(2017)京0105民初18809号民事判决书。

〔34〕 参见江苏省南京市鼓楼区人民法院(2018)苏0106民初4415号民事判决书。

〔35〕 参见江西省赣州市中级人民法院(2019)赣07民终2268号民事判决书。

〔36〕 参见《国务院关于加强城市基础设施建设的意见》(国发〔2013〕36号)。

行业规范、标准适用率不高现象的原因，首先是历史遗留问题，较低层次的社会发展水平导致了社会长期以来对步行环境各种缺陷的容忍和忽视。尽管“城市让生活更美好”的口号已经提出多年，但粗放建设时代遗留下来的问题依然随处可见，大众也已经对此习以为常，这或许也导致了庭审过程中当事人、辩护律师对行业标准、规范缺乏关注和不够了解。此外，针对历史遗留问题，各类新制定的行业法规和规范不能溯及既往，也带来了一些适用的现实困难。

另外，行人路权一直以来受到车本位主义的压抑，步行环境长期作为车行道的附属物存在，空间受到挤压、侵蚀。[37] 各类道路交通规划、设计均侧重车行，步行环境仅占很小的篇幅，而步行环境本身内容过于混杂，包含的元素丰富，牵涉主体多元，涉及的行业标准和规范多，但每一个都无法涵盖步行环境的全部内容，这些都是行业标准、规范可适用性不够的重要原因。

“无障碍环境建设”被认为是打通不同空间、建设对于所有人特别是弱势群体更加友好的物质环境乃至社会环境的重要举措。[38] 但在目前的案例当中，仅有 2 例提及《无障碍设计规范》，其中一例被告银行竟以“无障碍轮椅通道仅用于残疾人士乘轮椅办理业务”为由，认为 71 岁的受害者步行使用该通道是错误行为，应自负摔伤责任。[39] 尽管最后法院认定该处为公共场所，受害者有通行权，银行应承担赔偿责任，但从中也能看出《无障碍设计规范》适用范围被局限于残疾人群体，甚至无法有效扩展到老年人群体当中，因此有必要拓展“无障碍环境建设”的外延，倡导“对所有人都安全”的通用设计理念，并整合和完善行业规范和标准体系，提高其在司法实践中的适用性。

四、结论和建议

1. 进一步扩充和明确物件损害责任的范围，在《民法典》和《人身损害赔偿司法解释》第 16 条的基础上，进一步对步行环境及设施的设置和管理瑕疵进行界定，其中设置应当包括设计、建造、安装等环节，管理则包括维护、修缮、保管、巡查等内容。从而将步行环境大部分的伤害事件纳入较明确的责任分类中，有助于更好地进行责任认定。

---

〔37〕 参见史桂芳、袁浩、曹玮：《步行交通安全问题的成因分析及对策研究》，中国城市规划年会 2011 年年会论文。

〔38〕 参见潘海啸、熊锦云、刘冰：《无障碍环境建设整体理念发展趋势分析》，载《城市规划学刊》2007 年第 2 期。

〔39〕 参见吉林省长春市中级人民法院(2020)吉 01 民终 3543 号民事判决书。

2. 呼吁将"公有公共设施致害责任"或"公物致害责任"与一般私物侵权责任区别开来,进一步清晰化步行环境责任设置和管理责任,解决民法适用上的困难,疏通此类意外伤害事件进入行政诉讼的渠道,减轻受害者的举证责任,帮助受害者更公平地获得相应赔偿。同时政府亦应积极履行职能,提升其城市治理的效能,在实际建设和管理过程中应当采取更加严格的风险管控措施,保证安全性的同时降低法律风险。

3. 司法实践应当重视设计方、施工方存在侵权行为的可能性和追究连带责任的必要性,这不仅是实现公平正义的需要,也有助于推动步行环境建设领域的良性发展。当侵权行为造成的代价和责任总是由他人来承担时,侵权行为就很容易发生,最初酿制侵权行为的个人和机构更没有改进的动力。要想真正告别粗制滥造的建设模式、管理方式,就必须对全过程中的侵权行为及其责任人进行追责,这样才可能会对未来的建设行为起到震慑与督促作用。

4. 制定和完善步行环境相关的行业规范和标准,并以之作为司法领域判断步行环境及其设施是否安全的主要依据。首先是要将步行环境作为一个整体和系统进行考量,整合原先过于分散的规范和标准;其次是要切实保障行人路权,以安全性为底线,严格管控规划、设计、建造、管理和执法等各个环节,建设行人能够自由而有尊严地通行和社会交往的城市步行环境。

5. 推动公共环境安全公益诉讼。推动公共环境公益和专业参与,全面推进公共环境安全的法制化管理途径和全民公共环境的法制与关怀意识,推动整体公共环境安全环境建设立法、标准和规范的科学与合理,做到防患于未然,整体提高公共环境的安全水平。

《环境资源法论丛》
第13卷，第81～94页

面向公共健康的人工繁育野生动物法律规制

宋丽容*

摘　要　人工繁育野生动物从饲养、利用、防疫等方面直接或间接地作用于公共健康。为此，有必要以公共健康为导向，促进人工繁育野生动物法律规制的完善，并通过完善的法律规制，降低人工繁育野生动物可能带来的公共健康风险。具体而言，应该从饲养的标准化方面与利用的规范化方面，促进规范的人工繁育野生动物饲养与利用，通过防疫范围、检疫程序与疫病用药健全防疫机制，并通过增强社会监管、健全监管体制和加强监管力度等措施强化监管机制。

关键词　公共健康　人工繁育　野生动物　动物防疫

人工繁育野生动物制度对增加野生动物数量、平衡野生动物的保护与利用，具有重要作用。但是由于人工繁育野生动物与人类的密切接触性，在饲养与利用过程中可能以动物为媒介造成人体健康影响，进而引发公共健康危机。因此，应该严格规制人工繁育野生动物的饲养与利用，并强化其防疫与监管环节的规定，构建完善的人工繁育野生动物法律规制体系，防控人工繁育野生动物带来的风险。

---

* 宋丽容，中国政法大学民商经济法学院博士研究生。

一、公共健康与野生动物人工繁育制度

考虑到野生动物具有生态和资源双重属性,其保护和利用之间存在张力,为了平衡保护与利用的关系,人工繁育野生动物制度应运而生。人工繁育野生动物作为野生动物利用的主要对象,与人类关系密切,因此,要充分遵循规范利用的原则,从饲养管理、利用、防疫和用药等方面降低其对公共健康的威胁。

(一)野生动物的法律内涵

从文义解释的角度看,"野生"与人工培育相对应,强调生物在自然中的生长。在此种意义上,野生动物是与人工饲养动物相对应的,这也是通常公众认知中的野生动物。然而在法律语境中的野生动物与公众认知并不相同。我国法律通过分级分类管理的方式,运用名录制度对所保护的野生动物范围进行了划定。根据野生动物种群的珍贵、濒危程度,我国法律所保护的野生动物分为重点保护野生动物和"三有动物",分别制定名录进行保护。其中重点保护野生动物又可以分为国家和地方两类。目前,《国家重点保护野生动物名录》以生物学中"纲目科属种"为划分,将野生动物分为一级和二级进行保护,各省的重点保护野生动物名录也以此为基础进行规定。而"三有动物"的范围仍参考《国家保护的有益的或者有重要经济、科学研究价值的陆生野生动物名录》。需要注意的是,我国《野生动物保护法》对野生动物的界定经历了一系列变迁,其集中体现在对"三有动物"的界定中,即由强调其有益性和经济性转变为对生态和社会价值的关注。[1] 这种转变体现了我国对生态环境的重视,有利于突破资源利用主导思维,[2]促进《野生动物保护法》从"保护"的角度展开。

《野生动物保护法》几经修订,却始终以名录作为野生动物保护的基本制度。然而,这一制度对于野生动物的保护并不周延,且具有相对滞后性。一方面,以名录界定野生动物,其保护范围有限。一个主要的表现是多数普通野生

[1] 1988年《野生动物保护法》所保护的野生动物均为"珍贵、濒危的陆生、水生野生动物和有益的或者有重要经济、科学研究价值的陆生野生动物"。而根据2016年修订的《野生动物保护法》第2条第2款的规定,野生动物是指"珍贵、濒危的陆生、水生野生动物和有重要生态、科学、社会价值的陆生野生动物"。

[2] 参见张丽荣等:《实施最严格的野生动物保护:中国现状与改革方向》,载《中国环境管理》2020年第2期。

动物无法得到保护,[3]造成保护的空白;对于省级重点保护野生动物,各地方名录并不一致,不利于管理的统一性;此外,目前的"三有动物"仅限于陆生野生动物,而水生野生动物的保护纳入了《渔业法》的管理范围,与野生动物的保护理念不相符。[4] 另一方面,名录的更新速度有限,无法满足快速的社会发展。《野生动物保护法》规定《国家重点保护野生动物名录》每5年进行一次调整,而对非国家重点保护野生动物名录的更新并未作出要求。目前,在"三有动物"判断标准修改的情况下,其具体的范围仍需要参考2000年的名录,不利于野生动物保护理念的转变。特别是在全国人大常委会发布《关于全面禁止非法野生动物交易、革除滥食野生动物陋习、切实保障人民群众生命健康安全的决定》(以下简称《决定》)后,其中体现的野生动物整体保护的思想,在一定程度上冲击了名录制度。为此,应从法律层面调整野生动物保护的范围,将野生动物的法律保护扩大至维护生物安全和生态安全、保障人民群众生命健康安全、公共卫生安全等相关法益的层面,[5]对野生动物进行普遍保护,而只在保护程度上区分"重点保护"和"一般保护",并通过建立名录的动态调整机制,以确保保护的时效性要求。

(二)人工繁育野生动物的范围

人工饲养野生动物的规定在我国由来已久,1988年《野生动物保护法》规定的驯养繁殖制度,即为其前身。2016年《野生动物保护法》对人工繁育野生动物又进行了细化规定。以繁育目的为界分,人工繁育野生动物分为以商业利用为目的的繁育和以公益利用为目的的繁育两种。其中,公益利用是指以保护为目的的利用,此种利用方式不受许可的约束,而以商业利用为目的的繁育则以获得许可证为基础。在繁育的具体要求方面,《野生动物保护法》要求:其一,人工繁育应当有利于物种保护及其科学研究;其二,人工繁育不能对野外种群资源造成破坏;其三,从事人工繁育行为的单位或个人,应当能够提供野生动物正常生息繁衍所必需的各种客观条件,并符合有关技术标准和防疫要求;其四,在进行该人工繁育时,不得虐待动物,包括但不限于对动物提供居

---

[3] 参见魏德红:《论公共健康视野下〈野生动物保护法〉的修改》,载《北京社会科学》2020年第8期。

[4] 参见于文轩、兰婕:《公共卫生安全视角下野生动物保护法制之完善》,载《环境保护》2020年第6期。

[5] 参见周珂、孙思嘉:《野生动物利用法律制度的嬗变与破局》,载《法学评论》2020年第6期。

住、食物和医疗保护,不拷打动物,不得以不人道的方式虐杀动物。[6]

需要注意的是,目前《野生动物保护法》对人工繁育野生动物制度的规定仅停留在国家重点保护野生动物层面,而对地方重点保护野生动物和“三有动物”缺少明确的规定。在地方实践中,各地对省级重点保护野生动物和“三有动物”的人工繁育多采取了分级申请、分级审批的方式进行管理。例如,江西、山西、重庆、安徽等地,对省级重点保护野生动物和“三有动物”人工繁育的许可与审批虽然各有其特色规定,但整体上均规定了分级管理的办法,将审批权限交给市、县级部门。此外,也有地方采取了放松管理,如广东省规定持有野生动物合法来源的,即可从事非国家重点保护野生动物的人工繁育。为此,可以在借鉴现行实践经验的基础上,由国家统一规定管理级别和审批程序,并授权各个地方根据管理实践制定具体规则。

(三)人工繁育野生动物法律规制对公共健康的意义

在野生动物普遍面临野外环境恶化和野生种群数量急剧下降的情况下,人工繁育野生动物制度的展开,对保护野生动物种群和生态安全具有重要作用。[7] 此外,考虑到野生动物利用的需要,在保护优先原则的基础上,平衡野生动物保护与利用的关系,通过增加合法来源的野生动物,与非法来源野生动物相竞争,减少野生动物野外种群的压力,并以此满足正常的市场需要,实现生态保护和经济发展的平衡。考虑到人工繁育野生动物的饲养过程可能存在以动物为媒介造成人体健康和公共健康的风险,因此有必要对人工繁育野生动物进行严格规制,以保障其利用的安全。

为确保公共健康而对人工繁育野生动物进行规制,需要在人工繁育野生动物的饲养管理、利用、防疫和用药方面予以特别注意。其中,人工繁育野生动物的饲养管理主要涉及养殖场的养殖环境和基础设施。养殖环境是动物食品质量的重要影响因素之一,其包括空气质量、土壤质量、水质等环境质量和饲料质量。如果动物繁育的环境不能得到保障,会提高其患病风险。此外,以动物疾病为媒介造成人体健康和公共健康的风险也会有所提高。而良好的基础设施,有助于安全繁育和规模管理的实现,能够形成有效的预防机制,降低人工繁育野生动物疾病发生率,进而降低由动物疾病引起公众健康的风险。

---

〔6〕 参见全国人大环资委法案室等编著:《中华人民共和国野生动物保护法解读》,中国法制出版社2016年版,第113页。

〔7〕 参见王文霞、陈绍志、胡延杰等:《中国森林认证新领域——野生动物饲养管理认证》,载《野生动物学报》2017年第4期。

人工繁育野生动物因利用方式的不同会对公共卫生安全造成不同的影响，其中食用野生动物对公共健康问题的影响尤其深刻，需要进一步进行规制。此外，人工繁育野生动物的防疫可以最为直接地预防动物疾病的发生，在动物饲养、生长、产出的全流程进行严格的防疫检查，可以确保动物的健康，并对患有疾病的动物及时进行治疗或处理，从而避免问题动物危害公共健康。

二、规范人工繁育野生动物的饲养与利用

人工繁育野生动物的饲养关系到的生长环境和条件，在很大程度上影响了人工繁育野生动物的健康，也间接作用于公共健康。因此，应从基础设施和人员技术的方面对人工繁育野生动物的饲养管理进行规制。此外，人工繁育野生动物作为利用的主要对象，对利用范围和目的的规定，则更为直接地影响着公众健康的实现。特别是在新冠肺炎疫情的背景下，应在扩大野生动物法律保护范围的基础上，规范其利用。

（一）饲养标准化

人工繁育野生动物对公共健康、生态安全等均具有重要意义。因此我国对人工繁育野生动物的条件进行了明确的规定。根据《野生动物保护法》第26条的解读，人工繁育野生动物需要满足的客观条件最主要的是具有适宜的基础设施和专业的人员技术。

《野生动物保护法》对人工繁育野生动物的条件进行了原则性的规定，但在现实操作中需要依靠具体的标准进行落实。从整体上看，我国对野生动物的繁育由行业标准主导，但是其不具有法律效力，在实践中拘束力较弱。此外，现行的行业标准通常对人工繁育野生动物进行整体上的规定，而缺少个体化或类型化的关注。目前只有黑熊、食蟹猴、鸵鸟、蟒蛇等野生动物饲养管理具有专门的技术规则。因此，在效力上，可以通过法律引用相关标准，使其具有拘束力；在范围上，对人工繁育野生动物的标准进行类型化规定，应成为一个重要的发展方向。因此可以将野生动物的相关名录作为依据，分别制定各个野生动物繁育的标准。

在人工繁育野生动物的基础设施规定方面，各个行业标准都关注了场址的选择和场区的布局，但是对于饲养规模、饲养面积等的规定较少，不利于动物活动空间的保障。例如，在食蟹猴的养殖技术标准中，对基础设施的关注只

限于场址选择和场区布局。[8] 此外,现行标准对于基础设施规定的科学性也有所欠缺。例如,在蟒蛇的繁育标准中,对饲养房舍建设和主要饲养设备设施的建设多采用具体化规定,欠缺灵活性。[9] 一方面,仅对基础设施采用标准化管理,而不对繁育规模进行规定,可能造成繁育密度较大,不利于动物健康和福利的保障;另一方面,对基础设施进行标准化规定,对规模较小的人工繁育企业来说,可能造成基础设施的浪费。因此,可以以繁育单位为标准规定养殖的基础设施标准。

在人工繁育野生动物的人员要求方面,大多数标准对从事相关行业的人员均有规定,但是其规定程度各不相同。例如,在黑熊的繁育标准中,对人员的要求只概括式地进行了人数、培训、考核和体检的规定。与之相比,从事蟒蛇繁育的人员要求更加详细,除了对上述信息的规定外,还要求相关人员具有从业经验和与从业相匹配的文化程度。对于食蟹猴的人工繁育,在人员技术的要求上规定得最为明确,其将人员分为兽医、技术员和饲养员三类,明确规定了各类人员应具备的资质和工作职责。此外,人工繁育与野生动物的人员要求方面,应包括对职业健康的规定,但是现行标准对从业人员健康的规定,往往是基于保护野生动物健康的视角,禁止相关病菌的携带者从事野生动物繁育工作。但是,其却忽略了职业健康安全的保障。因此,在从业要求上应对各类人员资质和职责进行明确规定,并充分关注从业人员的职业健康,通过提高饲养条件为从业人员的职业健康提供保障。

(二)利用规范化

人工繁育野生动物种群是野生动物及其制品利用的主要对象。对野生动物及其产品的利用主要涉及食用、科研、药用、展示等方面,[10] 分为食用用途和非食用用途两类。食用野生动物是对公众健康造成影响的最主要的方式。为规制野生动物的食用,《野生动物保护法》第30条要求严厉打击滥食野生动物的行为,并以排除的方式限定了野生动物的食用范围。虽然该条款禁止国家重点保护野生动物和没有合法来源证明的非国家重点保护野生动物的食

---

[8] 参见《中华人民共和国林业行业标准:野生动物饲养管理技术规程　食蟹猴》(LY/T 2018—2012　国家林业局2012年发布)。

[9] 参见《中华人民共和国林业行业标准:野生动物饲养管理技术规程　蟒蛇》(LY/T 2504—2015　国家林业局2015年发布)中要求饲养蟒蛇的笼箱长90cm,宽80cm,高50cm;箱门长80cm,高40cm。此外,对于饲养房舍、笼箱的制作材料和规格也有明确的统一规定。

[10] 参见万晓彤、马志龙等:《野生动物繁育与野外资源保护关系的研究进展》,载《野生动物学报》2018年第1期。

用,但其仍然为野生动物的食用留有了“空间”。[11] 而《决定》要求全面禁食野生动物,将“三有动物”、有合法来源证明的非国家重点保护野生动物等全部纳入了禁食的范围,对法律形成了有效补充。[12]

为确保人工繁育野生动物的规范利用,应该以《决定》精神为指导,在对野生动物进行普遍保护的基础上,对可利用的人工繁育野生动物进行规定,并对其用途和范围进行严格管理。一方面,在用途管理中,应该对不同用途的野生动物进行明确标记。为此,可以以“野生动物经营利用管理专用标识”制度为基础,扩大标记范围,将药用、实验、展示等非食用性用途纳入该标识制度之中,并通过对野生动物用途的标记实现野生动物的全面禁食。另一方面,在食用管理方面,应区别对待野生动物的滥食和正当食用,防止“一刀切”的规定。[13] 具体而言,可以以风险预防为原则,作出野生动物全面禁食的规定,并对可食用的野生动物进行特许,即许可经国家检验检疫合格的陆生家养动物、可人工繁育的特定的陆生野生动物及其制品和可食用的水产品的食用。[14]

三、健全人工繁育野生动物的防疫制度

人工繁育野生动物的防疫,可以从源头上对疫病进行控制,进而避免其对公众健康产生影响。其中,免疫与检疫的范围决定了疫病防控范围,而程序性规定又决定了人工繁育野生动物防疫的可操作性、效率性和安全性。而疫病用药则贯穿于人工繁育野生动物防疫的各个环节,其研发能力的强弱和使用的规范性都会对防疫效果产生影响。

(一)扩大防疫范围

动物免疫是预防动物疾病的重要措施,属于动物防疫范畴。[15] 我国实施强制性动物免疫,即通过免疫计划、免疫程序、效果监控等强制性预防控制措施,防控动物疫病。[16] 动物检疫则是经从事野生动物繁育的机构或人员申

---

〔11〕 参见于文轩:《新型冠状病毒疫情下野生动物管理法制之反思》,载《中国环境报》2020 年 2 月 7 日,第 2 版。

〔12〕 参见周训芳:《野生动物利用监管制度体系的完善路径》,载《环境保护》2020 年第 6 期。

〔13〕 参见李洪雷、戴杕:《我国野生动物立法的检视与完善》,载《浙江学刊》2020 年第 3 期。

〔14〕 参见常纪文、常杰中:《关于修改〈野生动物保护法〉、健全禁食野生动物名录制度的思考》,载《环境保护》2020 年第 6 期。

〔15〕 参见王兰平、李淑云主编:《动物免疫工作实用手册》,科学普及出版社 2011 年版,第 1 页。

〔16〕 参见全国人大常委会法制工作委员会经济法室编著:《〈中华人民共和国动物防疫法〉释义及实用指南》,中国民主法制出版社 2007 年版,第 86 页。

请,由法定机构依法对动物及其产品进行疫病检查、定性和处理的一项行政措施。[17] 人工繁育野生动物与人类生产活动接触密切,若发生人畜共患病会造成公共卫生安全隐患,因此,其疫病免疫与检疫也需参照动物免疫与检疫计划,并按照已有同科动物的免疫与检疫规程进行。根据强制免疫疾病的宿主和人工繁育野生动物免疫的参照规则判断,我国目前对牛科、雉科、鸭科、猪科、驼科和犬科的人工繁育野生动物进行强制免疫,[18]并对反刍动物、马、猪、家禽、犬、猫、兔、蜜蜂、鱼虾贝类9类动物进行检疫。[19]

我国对野生动物免疫与检疫的范围规定并不完善。以2020年1月1日生效的世界动物卫生组织(OIE)动物疫病名录为参考,[20]我国缺乏对部分疫病的防控规定,如我国缺乏对马属动物、兔形目动物等的强制免疫。此外,对鱼纲动物、软体动物、甲壳类动物、两栖动物的免疫与检疫均没有规定。而上述OIE动物疫病名录所规定的疫病,均已有可靠的检测、诊断方法和明确的病例定义,可以准确识别疾病,并能够与其他疾病相区别,具有进行检疫和免疫的可行性。此外,上述动物疫病或已经证实存在人畜间自然传播,且具有严重后果,或有科学证据证明其对野生动物卫生状况有严重影响,可能引起较高的患病率和死亡率,甚至对野生动物物种多样性造成威胁,具有进行免疫与检疫的必要性。[21] 为此,我国应逐步探索扩大人工繁育野生动物的免疫与检疫范围。首先,在检疫范围方面,应参照OIE动物疫病名录并结合我国实际,考虑将人工繁育的鱼纲动物、软体动物、甲壳类动物、两栖类动物纳入检疫的范围。其次,在免疫范围方面,对马属动物、兔形目动物和鱼纲动物、软体动物、甲壳类动物、两栖类动物应采取不同的免疫计划。一方面,对马属动物和兔形目动物的免疫,应予以规定。因为马属动物和兔形目动物的免疫在我国已经有所实践,特别是在马属动物的免疫方面,我国形成了《马传染性贫血防治技术规

---

[17] 参见李春和、倪泽成等主编:《动物检疫理论与实务》,宁夏人民出版社2008年版,第1页。

[18] 根据《2020年国家动物疫病强制免疫计划》,进行动物疫病强制免疫的病种包括:高致病性禽流感、口蹄疫、小反刍兽疫、布鲁氏菌病和包虫病5类,这些疾病的宿主即为牛科、雉科、鸭科、猪科、驼科和犬科动物。

[19] 参见刘辉、郑利莎等:《关于野生动物防疫检疫管理的思考》,载《中国动物检疫》2016年第12期。

[20] OIE-Listed Diseases, *Infections and Infestations in Force in* 2020, https://www.oie.int/en/animal-health-in-the-world/oie-listed-diseases-2020/, Jan. 16th, 2021.

[21] 参见世界动物卫生组织(OIE)编著:《OIE陆生动物卫生法典》(第21版),农业部兽医局组译,中国农业出版社2015年版,第5~6页。

范》,对特殊时期、特殊地点的马属动物也要求进行强制免疫。[22] 另一方面,对鱼纲动物、软体动物、甲壳类动物、两栖类动物我国的免疫实践较少,疫苗种类也较少。因此应鼓励相关疫苗的研发,并以试点的形式逐步开展成熟疫苗的接种,将其逐步纳入强制性免疫计划。

(二)明晰检疫程序

人工繁育野生动物的免疫按照相应的免疫计划进行,由县级以上地方人民政府兽医主管部门组织实施,饲养单位和个人承担免疫义务,而免疫程序的制定,需要综合考虑生物学知识、地域环境、种源等不同因素,具有强烈的专业性和科学性,不宜进行强制性程序规定。人工繁育野生动物的检疫虽然也具备专业性和科学性,但是检疫程序的实施又具有行政管制色彩,因此应当对检疫程序的启动主体和检疫方式的确定予以关注。

在检疫程序的启动方面,我国动物和动物产品的检疫是行政许可事项,应当以当事人提出申请作为检疫的启动程序。《动物防疫法》(2015 年修正)第 42 条及相关规定明确了货主的申报义务,即货主在屠宰出售或运输动物,以及出售或者运输动物产品以前应当申报检疫。而货主作为检疫申请主体的规定并不周延。例如,通过"预定""认养"等方式销售的人工繁育野生动物,"货主"应为消费者,但是要求其申请检疫可能会造成行政资源的浪费,并不利于检疫的高效进行。为此应扩大检疫申报的主体,将饲养者纳入检疫申报的主体之中,并明确代为申报制度,将不同情况下的申报主体进行明确。例如,对于现实中通过"预定""认养"等方式销售的人工繁育野生动物,其所有和占有相分离,为避免行政资源的浪费,可以规定饲养者申报检疫义务。

在检疫方式的确定方面,我国有当场检疫和隔离检疫两种方式。其中,隔离检疫主要针对进出境动物。但是考虑到部分人工繁育野生动物种源仍然依赖野生种源,而野生动物即使没有疫病症状也可能携带病菌,造成人工繁育种源感染,甚至造成公共健康风险,[23] 为此我国对部分合法捕获的野生动物也要求进行隔离检疫。《动物防疫法》第 47 条从整体上要求加强对人工捕获的野生动物的检疫管理,但是对合法捕获的野生动物的检疫方式并没有明确规

---

〔22〕 例如,为保障 2022 年杭州亚运会马术比赛顺利进行,对杭州市行政区域范围内的马、驴、骡等马属动物开展马流行性感冒、日本脑炎的强制免疫。参见浙江省人民政府办公厅《关于增加马属动物强制免疫病种和范围的复函》(浙政办函〔2019〕60 号)。

〔23〕 参见全国人大常委会法制工作委员会经济法室编著:《〈中华人民共和国动物防疫法〉释义及实用指南》,中国民主法制出版社 2007 年版,第 201~202 页。

定,而《动物检疫管理办法》对于合法捕获的陆生野生动物和水生野生动物的检疫,采取了不同的规定。其中,合法捕获的水生野生生物应该先隔离再检验,而对陆生野生动物则无隔离要求。但是,陆生野生动物疫病传染在我国也十分普遍,如野猪、黄羊等可以传染口蹄疫,鸟类可以传染禽流感等。为此应扩大进行隔离检疫的范围,要求对合法捕获的陆生野生动物进行检疫前的隔离,并根据实际需要制定临时检疫场地的条件。

(三)规范疫病用药

为预防、治疗、诊断动物疾病或者有目的地调节动物生理机能,应有针对性地使用专用兽药。区别于人用药物,我国对兽药的管理已经形成了较为完备的体系,涉及兽药的研制、生产、经营、进出口、使用、监管、法律责任等各个方面。但在目前的实践中,我国仍面临着兽药研制水平和生产的质量落后、兽药使用不规范等问题,不利于人工繁育野生动物疫病的防治。

在兽药的研究与开发方面,我国的研究开发能力比较弱,兽药质量有待加强。目前我国的有关科研单位、高等院校均是研究开发新兽药的主要力量,并取得了一定成果,但总体上讲,我国兽药的研究开发能力比较弱。[24] 究其原因,主要是我国不能有效建立以企业为主体的研究平台。首先,企业对创新理念认知不足,有调研显示兽药公司的企业竞争力认知要素中,技术创新因素的排名较为落后。其次,兽药研发的实用性不足。目前在兽药研究方面,高校和科研院是研究主体,但其不受考核、激励机制影响,往往从事基础研究,研究新产品的偏少。[25] 最后,兽药研发质量落后。受制于生产工艺与技术水平等因素,我国兽药产品还存在药物含量偏低、非法添加等情况。[26] 为此应提高兽药企业对技术和创新重要性的认识,运用税收、补贴等激励机制调动企业进行新药研制的积极性,鼓励企业引进新工艺、新技术,提高兽药研制水平。此外,还应鼓励高校和科研机构与实践相结合进行科学研究,鼓励兽药企业与科研院所相结合的兽药开发模式,促进科研成果与现实生产之间的转化。同时,还应加大力度查处兽药生产中的违规行为,保障兽药质量。

在兽药使用方面,我国的兽药使用规范仍有待加强。目前我国实践中仍存在诸多兽药滥用的情况,究其原因主要有两个方面:第一是在兽药使用质量

---

〔24〕 参见赵晓松:《我国兽药企业为何难成新药研发主干线》,载《中国动物保健》2016年第7期。

〔25〕 《兽药供给侧改革》,载中国兽药信息网,http://www.ivdc.org.cn/zxck/201708/t20170823_47048.htm。

〔26〕 参见《农业农村部关于公布2019年第四期兽药质量监督抽检情况的通知》,载农业农村部网,http://www.moa.gov.cn/govpublic/xmsyj/202001/t20200107_6334432.htm。

管理体系方面,《兽药管理条例》对兽药使用的规定并不具体,其多偏向于禁止性和原则性规定,欠缺实践指导性,这也导致了我国兽药使用的不规范,如在饲料中违规添加药物;在疾病治疗过程中,不按规定剂量、范围和配伍使用兽药等现象。第二是在从事人工繁育的人员用药知识方面,我国在人工繁育野生动物的饲养中以中小规模养殖为主,受制于资金、技术等条件,很难实施兽医处方制度,其整体上用药水平较低,凭经验,按兽药生产企业或经营门店指导用药情况较为常见;同时在兽药储存方面,质量评估意识和能力欠缺,对于药品的保存和管理较为随意。[27] 为此,首先应加快建立我国兽药使用质量管理体系。可以以我国目前地方的管理实践为基础,从"机构与人员""采购与验收""兽药的储存与养护""兽药的调配和使用""制度与管理"等多方面出台统一的国家兽药使用管理规范。[28] 此外,应加强人工繁育野生动物从业人员的管理和培训,提高其兽药使用知识,确保其规范使用兽药。

四、强化人工繁育野生动物的监管

人工繁育野生动物的监管在饲养、利用与防疫中均有所体现。其中,监管主体分为行政主体和社会公众两类,从监管强度和广度方面互为补充。在以行政为主要方式的监管中,行政机构之间的协调、监管人员的专业素质和监管资金的保障为健全的管理体制提供了保障。而法律责任的规定,则以其威慑力影响了监管力度的强弱。

(一)增强社会监管

对人工繁育野生动物和动物防疫工作的社会监督可以提高监督的广泛性,确保公民的知情权、监督权。同时,社会监督的进行还可以促进公众对野生动物保护和动物福利理念的认识,从而改变传统饮食文化的影响,从根本上革除滥食野生动物恶习,确保野生动物的规范利用。此外在实践中,社会组织的监督一直是野生动物保护不可或缺的力量,社会组织具有广泛的群众基础,可以与行政机关监管形成补充;同时社会组织具有提起公益诉讼的实践经验,可以以此为基础探索对野生动物的人工繁育提起诉讼。但是,我国现行人工繁育野生动物的监管以行政机关为主,社会监管在实践中并不常见。

---

〔27〕 参见向朝阳、冯华兵等:《关于综合治理兽药使用问题的分析与思考》,载《中国兽药杂志》2017年第1期。

〔28〕 目前我国江西省、山东省、内蒙古自治区等多个地区均出台了兽药使用质量管理规范,对兽药规范使用进行明确。

为此应从规范和实践两个层面分别促进人工繁育野生动物的社会监管。从规范层面促进社会监管主要是针对人工繁育野生动物的防疫,因为现行《动物防疫法》缺乏对野生动物防疫进行社会监管的规定,无法从法律层面上为社会监管的实施提供保障。因此,应在《动物防疫法》中加入公众参与条款,将公众参与作为法律原则之一进行规定,鼓励公众和社会组织对违反《动物防疫法》的行为进行举报和控告。同时,应对人工繁育野生动物的防疫信息进行公开,为公众参与提供保障。从实践层面促进社会监管主要是针对野生动物的人工繁育管理。《野生动物保护法》第6条虽然规定了任何组织和个人都有权对违反《野生动物保护法》的行为进行举报或者控告;第39条也规定了"有关许可证书、专用标识、批准文件的发放情况,应当依法公开",但在实践中社会监督的运用并不多见。因此在人工繁育野生动物的监管中,为了促进公众参与,应通过宣传教育的方式增强公众意识,使其认识到人工繁育野生动物管理对公众健康的影响,引导公众积极参与到对人工繁育野生动物的监管之中。

(二)健全监管体制

《野生动物保护法》对野生动物的监管进行了整体规定,即由林业主管部门和渔业主管部门分别负责陆生野生动物和水生野生动物的保护工作,兽医主管部门负责动物防疫工作。此外,根据人工繁育野生动物饲养和利用环节的不同,生态环境、市场监管、海关、公安等部门也会参与其管理。这些部门的职责规定存在一定程度的不科学之处。首先,对野生动物监管采用二分法的规定方式,不利于职责的明晰,如对两栖动物的监管可能造成主体不明的情况。其次,对于陆生野生动物的监管和水生野生动物的监管在规定程度方面有着明显区别,忽视水生野生动物的监管。最后,陆生野生动物的疫源疫病监测由国家林业和草原局负责,而其防疫检疫工作由畜牧兽医局进行,将陆生野生动物防疫的组织、监督工作与对疫源疫病监测工作相分割,防疫工作的展开依赖两个部门的协同配合,不利于防疫工作的高效展开。为此,应理顺野生动物的管理体制,对各部门职责进行科学规定,并可以通过信息沟通与分享机制增强各部门之间的相互配合,增强监管的效率性。

此外,对人工繁育野生动物饲养和防疫的监管,还面临着人员不专业和资金短缺的问题,影响了监管的效率。人工繁育野生动物的饲养和防疫均具有强烈的专业性。其中人工繁育野生动物的场所,根据各个野生动物的习性不同,有着不同的标准,对监管人员的业务水平提出了较高的要求,而人工繁育野生动物的防疫又要求执法人员具备相关的生物学、药学等知识。同时,因为野生动物防疫的专业性,对其监管需要有特定的设备设施予以保障,而执法中资金不足的情况使得部分监管机构存在检疫设备与配套设施陈旧、损坏的问题,[29]不利于监管效能的实现。因此应重视对执法人员进行业务培训,通过定期的培训,提高执法人员的业务水平,使其掌握人工繁育野生动物管理和防疫的新标准和规定,促进其执法能力和执法效率的提升。此外,相关部门还可以提高技术人员的福利待遇、工作条件,以吸引更多的技术人才。在监管资金方面,要加大对动物卫生监督执法工作的资金投入,并确保相关资金的专款专用,以此来提高监督检查技术水平,更新相关的设备设施,确保人工繁育野生动物管理和防疫的有效进行。

(三)加强监管力度

我国人工繁育野生动物的饲养、利用、防疫和用药虽然都有明确的义务性规定,但是对于部分违法行为的法律责任还面临着规定不明确和处罚较弱的情形,无法对人工繁育野生动物的从业人员形成威慑力,监管力度较薄弱。例如,《野生动物保护法》第26条要求"不得虐待野生动物",但是在相关的法律责任中却缺乏对虐待野生动物责任的规定。此外,《野生动物保护法》对连续违法行为的法律责任缺乏规定。[30] 而《动物防疫法》在处罚方式上,对动物饲养的相关从业单位的处罚方式一般为责令改正和罚款,处罚手段较为简单。在罚款数额规定上,对未进行强制免疫计划的处1000元以下罚款,对未按照规定处置染疫动物等行为处3000元以下罚款等规定罚款数额较低。

为此应强化对人工繁育野生动物的法律责任规定。首先,要确保法律规定的义务在法律责任中有对应的违法处罚措施。对此可以结合我国实践,对《野生动物保护法》、《动物防疫法》及其相关规范中的义务规定与法律责任进行一一对应,对欠缺的法律责任的规定予以补充。其次,在处罚力度上,可以从处罚方式和罚款数额两方面入手,加强处罚力度。在处罚方式上,可以增加"按日连续计罚"和资格罚的规定。对人工繁育野生动物的饲养和防疫中的违法行为,以实践为导向适当增加"按日连续计罚"的规定。对未按标准新建饲养场所、未取得动物防疫条件合格证而从事相关活动的单位应责令改正,对拒不改正的,可以要求其停产停业,并采取资格罚的措施,限制其在一定时间范

[29] 参见才仁卓玛:《浅谈动物检疫工作中存在的问题及对策》,载《中国畜禽种业》2019年第12期。

[30] 参见常纪文、吴平等:《〈野生动物保护法〉修改的热点问题与建议》,载《中国环境管理》2016年第1期。

围内从事相关行业的资质。在罚款数额上,应适当提高罚款限额,加大对违法行为的处罚力度。最后,应增加刑事责任的规定,以增加违法行为的处罚力度。特别是在全面禁止野生动物食用的背景下,仅规定"为食用而非法购买国家重点保护野生动物及其制品"的行为已经不能满足现实的需要,应在对野生动物进行全面保护的基础上,将猎捕、出售、进出口等行为也列入刑法的规范中。

五、结论

人工繁育野生动物制度对于野生动物保护具有重要意义,然而,因其与人类密切接触性而愈发深刻地影响着公共健康的实现,因此应对人工繁育野生动物的饲养、利用、防疫等各个环节进行充分规制,以避免公共健康危机。具体而言,应加强对人工繁育野生动物饲养的标准化管理,从基础设施规范和人员技术规范两方面确保人工繁育野生动物的健康,并以此为公共健康的实现提供保障。此外,应在对野生动物全面保护的基础上,将利用目的纳入标识管理中,对食用野生动物进行特许管理。在人工繁育野生动物的防疫方面,应扩大免疫和检疫的范围,从更广泛的层面上预防人工繁育野生动物疾病。此外,应结合我国实践,扩大检疫的启动主体范围和隔离检疫方式的应用范围,以增进检疫程序的实践性、安全性,并对疫病用药的研发和使用规范进行进一步规范,以确保人工繁育野生动物疫病药物的可用性和用药的规范性。为了更为广泛、高效地实现人工繁育野生动物的监管,应扩大并落实社会监管方式,理顺行政管理体制,确保人员和资金的配套完善,并通过强化法律责任的方式提高监管的力度。

制 度 研 究

《环境资源法论丛》
第13卷,第97~108页

“生态减灾法”的概念构成
——兼论“生态保护法”与“自然灾害法”的协同法域

杜　群*

摘　要　基于从“生态减灾”——灾害科学迈向可持续发展科学的理论路径寻源,从“应急”减灾防灾迈向“生态”减灾防灾的管理路径考证,以及法律科学逻辑性解释,“生态保护法”与“自然灾害法”能够协同构建新型的法域——“生态减灾法”。“生态减灾法”是一个以生态保护和灾害减防为同生目标,以生态保护法和自然灾害法两个领域性实体法规范互为指引,功能性建构而成的概念性法律体系。生态减灾法的概念建立将有助于可持续发展指引下的生态减灾战略的实施和制度建设。

关键词　可持续发展　生态减灾法　生态保护法　自然灾害法

一、我国“以生态保护减防自然灾害”战略思想的形成及其研究意义

人类是当今地球万物之主宰,其天敌恐非自然灾害莫可以属也。自然灾害是主要由自然因素造成人类生命、财产、社会和生态环境功能等损害的事件和现象。它既有地震、火山爆发、泥石流、海啸、台风、洪水等突发性灾害;也有地面沉降、土地沙漠化、干旱、海岸线变化等长期逐渐形成的渐变性灾害;还有

---

* 杜群,北京航空航天大学法学院教授、博士生导师、法学博士,2011国家司法文明协同创新中心研究员。本文系教育部人文社会科学重点研究基地重大项目“生态文明语境下环境法体系化发展”的阶段性成果。

臭氧层变化、水体污染、水土流失、酸雨等人类活动引致的生态环境性灾害。我国原本就是世界上自然灾害最严重的国家之一,加上自新千年以后我国生态事故和环境灾难进入频发期,自然灾害减防工作成为国家能否实现可持续发展战略和生态文明建设的重要环节,党中央、国务院对此高度重视。1998年的长江特大洪水和2000年左右的北方沙尘暴灾害成为开启我国生态保护和生态建设的契机。2000年国务院颁布了《全国生态环境保护纲要》,开始了将生态保护作为自然灾害预防的战略性实践。即便如此,在新千年初的国家战略规划和实践中,灾害减防和生态保护仍然未被作为独立的发展目标进行部署。

2010年《关于制定国民经济和社会发展第十二个五年规划建议》提出了加快建设"资源节约型、环境友好型社会",提高"生态文明"水平的规划目标,并部署了五个方面的工作任务,其中之一就是"加强生态保护和防灾减灾体系建设"。这是国家首次在国民经济和社会发展五年规划中将"生态保护"和"防灾和减灾"作为一个整合的规划目标提出。"十二五"规划中对生态保护与防灾减灾战略目标的关联设定,不仅是词组的整合,而且是国家在充分认识到综合灾害治理的必要性和重要性之后的一种战略选择。对此,时任国务院总理温家宝特别说明,我国接连遭受的汶川、玉树地震和舟曲山洪泥石流等重大自然灾害,给人民生命财产和经济社会发展造成重大损失,必须加强生态保护,坚持保护优先和自然恢复为主,从源头上扭转生态环境恶化趋势,减轻和防治自然灾害的影响。[1] 2012年国家哲学社会科学规划项目将"促进生态保护与减灾防灾法律体系建设"纳入重点理论研究选题。这些都表明了以生态保护预防和减轻灾害的必要性和紧迫性,以及探讨"生态保护法"与"灾害减防法"同构的学科建设意义。

新时代以来逐步形成的习近平生态文明思想中,生态保护与自然灾害减防的辩证观和发展观是其重要含义。2015年5月习近平总书记在中共中央政治局第二十三次集体学习时指出,增强抵御和应对自然灾害能力必须坚持"以防为主、防抗救相结合"的方针,必须坚持"常态减灾和非常态救灾"相统一,全面提高全社会抵御自然灾害的综合防范能力。"以防为主"和"常态减灾"就蕴含着以生态保护减防自然灾害的战略思想。2016年7月28日,习近平就实施"十三五"规划、促进经济社会发展、加强防灾减灾救灾能力建设专程调研考察河北省唐山市并发表重要讲话。习近平指出,自然灾害和生态环境破坏之间

[1] 参见温家宝:《关于制定国民经济和社会发展第十二个五年规划建议的说明》,载中国共产党新闻网2010年10月29日,http://cpc.people.com.cn/GB/64093/64094/13074798.html。

有着复杂的相互联系，防灾减灾救灾有助于生态可持续发展；要将减灾与人们日常的生产、生活行为相联结，通过人与自然的和谐关系来降低人类自身及社会经济财产之于灾害防御的脆弱性，实现减灾效益最大化。习近平重申坚持常态减灾和非常态救灾相统一的方针，进一步提出全社会抵御自然灾害的综合防范能力建设的方向，即必须实现三个转变——从注重灾后救助向注重灾前预防转变、从应对单一灾种向综合减灾转变、从减少灾害损失向减轻灾害风险转变。[2] 习近平还指出，防灾减灾救灾能力建设是政治和法治能力建设的重要内容，是"衡量执政党领导力、检验政府执行力、评判国家动员力、体现民族凝聚力"的国家重要治理能力，"当前和今后一个时期，要着力从加强组织领导、健全体制、完善法律法规、推进重大防灾减灾工程建设、加强灾害监测预警和风险防范能力建设……"[3]2019年党的十九届四中全会审议通过的中共中央《关于坚持和完善中国特色社会主义制度　推进国家治理体系和治理能力现代化若干重大问题的决定》中提出，"优化国家应急管理能力体系建设，提高防灾减灾救灾能力"。

综上，我国"以生态保护减防自然灾害"的战略思想已经形成。那么，生态保护减防自然灾害战略思想中有哪些生态保护法的意蕴，如何理解"生态保护法"与"自然灾害法"的关系，如何协同"生态保护法"与"自然灾害法"的法治力量实施"以生态保护减防自然灾害"战略、提高防灾减灾能力？这不仅是实践应用问题，也是环境与资源法学的基本范畴问题，值得法律学人关注和研究。

二、生态减灾——"生态保护法"与"自然灾害法"的协同治理基础

我国以生态保护减防自然灾害的战略思想在当代灾害学上的映射性概念是"生态减灾"。灾害是指"由于自然变异、人为因素或自然变异与人为因素相结合所引发的对人类生命、财产和人类生存发展环境造成破坏损失的现象或过程"[4]。自然灾害是灾害的一个类型，主要包括水旱灾害、气象灾害、地震灾害、地质灾害、海洋灾害、生物灾害和森林草原火灾等。[5] 在日益变化的自

[2] 《习近平在河北唐山考察》，载央广网，http://china.cnr.cn/news/20160729/t20160729_522820234.shtml。

[3] 习近平：《同自然灾害抗争是人类生存发展的永恒课题》，载光明网，http://politics.gmw.cn/2016-08/06/content_21344556.htm。

[4] 马宗晋：《灾害学导论》，湖南人民出版社1998年版，第57页。

[5] 参见《国家突发公共事件总体应急预案》（国务院发布，2006年1月实施）总则部分第3条。

然环境中,自然灾害已经不是纯粹自然因素促成的环境灾难,而是与人为活动紧密相关的自然与社会系统交互作用的过程及灾难性结果——对人类生命、财产和人类赖以生存发展的环境造成的破坏和损失。

美国在某种程度上可以作为国外灾害研究的范例。20世纪70年代美国灾害研究以地球科学、军事科学与工程为主,直到地理学家、人文生态学派代表Gilbert White(其被誉为"灾害管理之父")和社会学家J. Haas在1975年开启了灾害在经济—社会—政治等领域的跨学科研究。20世纪80年代科学技术的发达伴生着灾害的频发更加快了跨学科研究灾害的趋势。灾害学研究大致分为工程学科学派、人文生态学派、社区研究学派、行政学派和整合性灾害研究学派。工程学科学派认为灾害仅仅是自然灾害,将观点建立在数据收集和分析上而不应用于实际中,是典型的理论派。人文生态学派关注人与自然的互动所产生的风险,和灾害过程自然与社会力量互动关系。社区研究学派研究灾害行为的社会心理、"集体行为"和"社会组织理论",关注受灾害影响的社区的作用、存续和重建。行政学派,发端自公共行政学传统,关心政府的角色以及如何通过立法、政策、行政协调对灾害过程进行管理。整合性灾害研究学派是当代灾害研究的主流,在前述地理学的天然风险研究和社会学的灾害研究的基础上形成。该学派从地理学、生态学、社会学、行政学和法律政策学等综合性的角度出发,对灾害进行跨学科和领域的研究,开启了灾害研究的新范畴。[6]

随着1992年可持续发展概念引入社会、经济和环境管理,在可持续发展的架构下综合研究灾害问题,成为当代灾害学发展的前沿走向。[7] 例如,Kates等认为,灾害是社会与自然相互作用的产物,是影响区域可持续发展过程的因子,灾害形成常常表现为突变或渐变两种过程,以此影响不同时空尺度的可持续发展。[8] 当代灾害学认为,在自然系统的脆弱性之外,资源的开发利用是产生灾害的一个重要的驱动因素,人类的土地利用对自然地理系统的改变,工业化进程中对化石能源的开发利用以及其他人类开发资源过程中所产生的温室气体(稻田甲烷的释放、大面积森林砍伐、草场转为农田),都会导致和加强自然系统的脆弱性和不稳定性(如气候变暖和全球性的沙尘暴灾害),使地质

〔6〕 参见马士元:《整合性灾害防救体系构架之探讨》,台湾大学建筑与城乡研究所2002年硕士学位论文;转引自朱晓宇:《我国灾害防治法律对策研究》,西南政法大学2008年硕士学位论文。

〔7〕 参见史培军:《三论灾害研究的理论与实践》,载《自然灾害学报》2002年第3期。

〔8〕 See Kates R. W. ,et al. ,*Sustainability Science*,292*Science*641-642(2001)。转引自马士元:《整合性灾害防救体系构架之探讨》,台湾大学建筑与城乡研究所2002年硕士学位论文。

灾害、气象灾害等自然灾害频发或加剧。〔9〕概言之，灾害科学是一门综合而交叉的科学体系，其中生态学派以减少灾害损失为行动目标，社会学派则以灾害响应与应急准备为行动要点。灾害科学是可持续发展科学的一个新领域，其所提倡的"生态减灾"，包含以下内容：环境质量、生活质量、社会对灾害的承受力、经济活力、代际和代内的资源和环境的公平分享、社会攻势下的社会行为公平参与。〔10〕这些主题和目标无疑将生态保护法和自然灾害法的调整视阈予以交汇和聚合，为"生态减灾法"概念性法域的形成奠定法理基础。

三、"生态减灾法"概念的萌发和形成

(一)国外溯源和考察

可持续发展战略不仅影响着自然灾害减防理论向生态减灾和综合减灾转变，还直接推助着自然灾害减防的管理和法律实践，从单纯的灾害管理、应急型的灾害管理，向综合灾害管理和与生态保护管理相衔接的灾害管理发展。

从20世纪三四十年代开始，日本、美国等自然灾害频发的国家就开始建设专门的减灾防灾法律体系和行政管理体系。日本先后在1947年、1961年制定了《灾害援助法》《灾害对策基本法》，其单项灾害防治法的范围几乎覆盖了日本经常遭受的所有灾种，形成了与灾害管理各个阶段(备灾、应急、恢复重建系统)相对应的法律法规。日本比较完备的灾害管理法律体系，为良好的防灾减灾运行机制提供了有效的法律保障和依据。〔11〕美国第一个综合性灾害法律始于1950年，数次修改后形成了《灾害救助法》(1970年)，之后制定了《灾害救济法》(1974年)。美国的单因子灾害防治法也比较完善，防御洪水灾害的立法就有《防洪法》(1936年)、《洪水保险法》(1986年)、《洪水、灾害、防御法》(1973年)和《国家大坝监测法》(1972年)。美国于1979年4月成立的联邦应急管理署(FEMA)，是联邦政府应急管理的核心协调决策机构，领导全国开展防灾、减灾、备灾、救灾和灾后恢复工作。〔12〕从20世纪70年代后期，美国灾害立法开始兼顾生态保护的要求。例如，1977年《地震法》要求采用完善的建筑规范和土地利用准则防御地震灾害，1976年颁布的以减轻沿海自然灾害

〔9〕参见马士元：《整合性灾害防救体系构架之探讨》，台湾大学建筑与城乡研究所2002年硕士学位论文。

〔10〕参见[美]丹尼斯·S.米勒蒂主编：《人为的灾害》，谭徐明等译，湖北人民出版社2004年版。

〔11〕参见袁艺：《日本的灾害管理(之一)日本灾害管理的法律体系》，载《中国减灾》2004年第11期。

〔12〕参见唐立红、高帆：《日美德政府自然灾害危机管理经验与启示》，载《求索》2010年第2期。

为目标的《海岸带管理法》要求海岸带管理计划应当加入防洪、海岸侵蚀、土壤稳定性、气候和气象学等方面的内容。[13] 概观美日两国灾害管理法制,其共同特征首先是"综合性",具体表现为:均有自己的灾害管理综合法,且覆盖面较广,操作性较强;实行中央到地方的分级管理体制,有相应的综合灾害管理机构,实行一元化领导;注重防灾减灾教育,强调以社区为本的灾害管理,在社区水平上普及推广综合减灾实用技术,发挥社区在灾害管理中的作用;注重灾前的防灾与备灾工作;国家对减灾工作有可靠的资金保证。[14]

灾害管理的第二个特征"生态性",则可归因于20世纪末综合生态系统管理理念的盛兴,"生态"减灾、防灾在欧美成为主流。美国的"反坝运动"、欧洲的"环境水利",就是利用自然生态规律,减少人为的工程性影响,通过合理设计水土蓄洪涵养能力、土地利用规划和生态恢复和建设措施进行防洪减灾的实践,以生态保护减防自然灾害的法律治理取得了良好的可持续发展效益。

(二)中国溯源和理论考察

1.灾害管理中理念与实践的脱离

我国的灾害防治研究起步比较晚。解放初期,为尽快从战争中恢复崩溃的国民经济,我国把灾害防治的重点区域和对象部署在交通路线的周边区域和基础设施建设上。20世纪70年代的研究者已经意识到灾害的地区分布性,除了对川藏等重要铁路和长江航道进行交通防灾,还在国土整治、自然保护区建设、环境保护领域开始探索灾害治理。这是我国灾害防治管理探索和摸索规律的阶段。目前,我国灾害防治也在进行管理转型:从过去的事中救灾和事后治理转向预防性治理,注重研究灾害致灾因子的形成、运动机理和重灾示范工程;从以前单一机制的灾害治理转变为综合的灾害防治,强调综合效益;从过去的灾害抢险救灾转变为灾前的主动防范避难。总体上,我国灾害科学研究与国外研究方向上日趋一致,倡导以生态学、系统论等综合角度研究灾害问题,注重揭示灾害形成过程的机理与机制、建立将灾害形成机理与过程耦合的灾害动力学模型。这种研究有时存在学院派弊端,研究成果与管理推广存在断带。而在灾害管理学研究方面,减灾防灾与生态保护合力研究较少,灾害管

---

[13] 参见李翔:《美国的自然灾害管理体制与政策体系》,载《今日浙江》2008年第3期。

[14] 参见唐立红、高帆:《日美德政府自然灾害危机管理经验与启示》,载《求索》2010年第2期;丁文广等:《我国与发达国家灾害管理体制比较研究》,载《安徽农业科学》2008年第9期。

理研究主要以抗灾、救灾为主体,管理机制研究也以应急管理体系为重。[15]

在人类活动与灾害的成因问题上,灾害学理论提出了三类具有因果关联并具规范学意义的灾害分类:(1)突发性灾害(如地震、风暴、火山活动等纯自然现象形成过程),表现为地球物理动力过程范式。(2)渐发性灾害(气候异常、资源匮乏、生物物种锐减、环境污染、土地沙化、水土流失等生态灾难),表现为人类与自然的生态过程范式。(3)灾难事故,由工程活动及无节制的开发资源活动直接诱发或营造,对生态环境有着不可逆转的影响,如矿产资源的乱采滥开,完全改变了地形与地质构造,导致崩塌、滑坡、泥石流、地面塌陷、沉降、海水倒灌等地质灾害。对人类活动与灾害成因的客观把握,是构建自然灾害法与生态保护法耦合、共生和合力关系的逻辑起点。不难发现,上述渐发性灾害的防治与常态性减灾直接有关联,且与生态保护具有自然客体和行为内容上的同质性因而具有法律规范形式的同构性,而突发性灾害和灾难性事故的灾害防治则与生态保护有着交叉和渗透的关系。

2. 法学研究中的共识与差异

"生态保护"与"减灾防灾"整合性法学研究,或在环境资源法与灾害法交叉视阈下对生态保护和自然灾害防治的综合研究,已经开展工作,但是论著不多。[16] 不少法律学人从环境资源法角度研究自然灾害减防问题及自然资源法与环境资源法的部门法关系问题。例如,《环境资源法教程》提出的环境资源法体系,在内容上包含了污染防治法、自然资源利用和管理法、国土开发整治法、灾害防治法、自然保护法、生态环境建设法、能源法等子法律体系;其中生态保护建设法则就是有关灾害防治、自然保护、环境整治和生态建设的法律规范的统称。[17] 有学者认为,环境法的功能包括防御和减轻自然灾害,灾害主要表现为生态外部空间环境的灾难性恶化,即所谓原生环境问题或第一环境问题,而对维护外部生态空间安全即人类与生态外部空间关系的法律调整

---

〔15〕 参见马宗晋:《中国自然灾害与减灾对策(之四)——开拓"综合减灾"新理念》,载《防灾科技学院学报》2007年第3期;赵玉光、肖林萍:《防灾减灾建设在我国可持续发展战略中的地位和作用》,载《西南交通大学学报(社会科学版)》2000年第12期;邹铭等:《自然灾害风险管理与预警体系》,科学出版社2010年版,目录部分。

〔16〕 所称成果不多是指以生态保护视角研究灾害减防的成果不多。一般自然灾害法研究成果仍然是建立在灾害应急管理、灾后管理基础上,如王建平著《减轻自然灾害的法律问题研究》(法律出版社2008年版)、杨立新著《意外灾害应急民法救济》(人民法院出版社2008年版)。

〔17〕 参见蔡守秋主编:《环境资源法教程》,高等教育出版社2004年版,第32~33页、第323页。

只能归属于环境法而非其他法律。[18] 有学者指出,现代生态环境法体系应包括污染防治法、自然资源保护法、灾害防治法三大基本构成。[19] 还有学者认为(也是笔者颇为认同的),灾害防治法属于环境法在我国理论界已形成主流共识,但在我国现行相关立法与执法方面并没有协调处理好传统环境法律体系与自然资源法律体系、自然灾害防治法律体系三者的关系问题。例如,就防治荒漠化而言,现有的《森林法》《水土保持法》《草原法》等的目标功能一致,但缺乏相互协调一致的系统性规范机制,进而导致执法领域的混乱与困难;又如《气象法》,兼有气象灾害防治、气象气候资源开发利用和保护的相关零星规定,但未系统化;再如在生态保护领域具有里程碑意义的《全国生态环境保护纲要》虽已注意到了灾害防治是我国生态安全建设即加强环境保护的重要目标,但其还仅仅是一个政策性纲领,有待于相关立法加以贯彻落实。[20] 相反观点则认为,灾害法与环境法有着不同的调整对象,简单地将灾害防治法纳入环境法的范畴是机械的、不符合法律调整规律的。[21]

可见,法律人已经自觉或模糊意识地将环境法中的自然资源保护,生态恢复、保护和建设的法规政策纳入灾害防治法律政策体系的研究范围。但现有研究仍有不足,表现在:第一,在探讨生态保护法律体系与灾害防治法律体系在什么维度上具有统一性和协调性的理论问题上论证上不充分,缺乏对两个子部门法(法群)的法理论证和范畴划定的深入探讨。第二,主要采用灾害应急管理的研究视角。这种研究视角的理论基石不是完全建立在灾害学和环境科学的前沿理论(如灾害学的生态学派和社会学派)之上。学者关于生态减灾法律体系的关注还不够全面,从生态保护和全面防范的预防控制模式解读自然灾害的方法学还没有建立。环境法学界对"生态保护法"与"自然灾害法"的范畴关系和定位等学术问题尚无理论成果。在2019年3月中国法学会环境资源法学研究会教学研究专业委员会举办的"青年环境法教师培训与教学指南大纲"研讨会上,"自然灾害防控等新议题是否以及如何纳入环境法教学"是环境法基础理论教研讨论的基本问题之一。

---

[18] 参见周珂:《生态安全应纳入环境资源法学的调整对象》,2001年环境资源法学国际研讨会论文。

[19] 参见张善信:《中国环境保护治理若干问题》,载《中国软科学》1999年第2期。

[20] 参见王权典:《论环境安全视角下的我国灾害防治法制建设》,载《华南农业大学学报(社会科学版)》2003年第1期。

[21] 参见陈海嵩:《自然灾害防治中的环境法律问题》,载《时代法学》2008年第4期。

3. 立法体系和管理实践中的法域封闭性

1998年4月在联合国开发计划署的协助下，我国政府在总结灾害管理中的经验与教训基础上制定了第一部减灾规划——《减灾规划》（1998—2010）（已失效）。该减灾规划明确要求加强减灾法制建设、积极开展减灾立法的研究工作、健全和完善减灾法律法规体系。如前所述，生态保护减防自然灾害是2015年以后逐渐形成的，我国现有生态保护与减灾防灾综合防治的法律体系建设尚未能及时回应这一战略思想，因而存在诸多法域封闭性问题，主要表现有：（1）缺少综合性的自然灾害基本法，现有灾害立法与生态保护法互不关联。综观我国灾害防治专门立法，虽然数量不少，但是都属于单项灾害立法，如《突发事件应对法》《气象法》《防御与减轻地震灾害法》《防洪法》《矿山安全法》等，都不是综合性灾害基本法。《突发事件应对法》的突发事件的定义范围大于灾害的定义范围，适用于灾害但是不仅仅针对灾害。该法在2008年的雪灾治理中暴露出可操作性差的缺点，〔22〕难以承担灾害防治基本法的功能。（2）灾害立法偏重突发性自然灾害防治，对渐进型、预防性灾害重视不够，而后者恰恰是生态保护法律体系能够发挥减防自然灾害功能之场域。（3）生态保护法减防自然灾害的立法意图和功能不明。如《环境保护法》《水土保持法》《水污染防治法》《森林法》《水法》《草原法》等环境保护法虽然在调整范围上都有防灾减灾的考虑，但是在立法意图、管理目标和功能作用上都还没有自觉地贯彻我国灾害管理的"预防为主，防御与救助相结合"的总方针。今后应当充分考虑到生态保护与渐进型自然灾害预防的同质性，能动地同构生态保护与渐进型自然灾害预防的法律体系。

在灾害管理方面，相比灾前的防灾减灾，我国更注重灾后的救灾与恢复工作。〔23〕我国灾害管理体制，目前基本处于单项灾害治理自成系统、分部门管理的局面，尚未设立自然灾害综合管理部门，这也是灾害管理部门之间以及它们与生态保护部门之间管理衔接性差、融贯性弱的体制性根源。〔24〕

四、"生态减灾法"概念的倡导和规范意义

生态减灾法是一个概念性法域，其实证法构建在路径上需要依循生态保

〔22〕参见马怀德：《修改〈突发事件应对法〉的几点建议》，载《理论视野》2009年第4期。
〔23〕参见丁文广等：《我国与发达国家灾害管理体制比较研究》，载《安徽农业科学》2008年第9期。
〔24〕参见韩晋、夏志勇：《我国防灾、抗灾、救灾综合能力建设体系构建研究》，载《理论探讨》2010年第2期。

护法和自然灾害法的形式架构,即应加强两个实体法体系在立法理念、集成目标认知、制度和规则建立等内核上的协同呼应,在概念法学意义上共同构建"生态减灾法"的整合性调整面相,形成特定的生态减灾调整功能。换言之,单凭生态保护法和自然灾害法不能达到生态减灾或以生态保护实现灾害减防的功能。就自然灾害法而言,应急管理为主导的灾害管理理念,将无法促成整体灾害法体系在横向上将其调整轴拉长覆盖灾前生态系统的保护和灾后生态环境建设。同时,建立在纯自然动力学基础上的自然灾害概念及其自然灾害法,往往忽略人为动力对灾害成因和发展过程的影响,大大降低了灾害的可减防度。自然灾害法对生态减灾的排斥态度既受制于其自身理念和建构基础的局限,也受到现实部门利益博弈和成本效益衡量的束缚。反观环境法,生态保护法律规范对生态减灾内容的确认也面临困境,如环境法尚未贯彻综合生态系统管理理念,环境法仅将人为动力机制的环境问题作为调整对象,都影响着环境法的生态减灾功能面向的设立。因此,生态减灾法律调整尚不能仅依赖自然灾害法或生态保护法的实体法体系独立完成,而必须实现两者在法域概念、法律规范、法律调整功能的融合,共同构建"生态减灾法"概念。"生态减灾法"概念的倡导,是要求自然灾害法和生态保护法的协同发展而不是法律规范的简单交织或交集,更不是要求制定独立的"生态减灾法"实体性法律和法规,而是要求两者在部门法学科发展的方法论和本体论上互为指引,实现协同和融贯。在"生态减灾法"概念视镜下,生态保护法是具有以生态保护促进自然灾害减防的立法意图和法律保护目标的,是能够将生态系统管理拓展至灾害风险控制领域的部门法体系。在"生态减灾法"概念之下,游离于生态保护法调整的渐发性灾害(包括自然动力系统和人为动力系统交互作用下的环境影响和灾害风险)将被纳入法律控制之中,从而使自然灾害法和生态保护法两个法域之间基本不留法律调整空白。

由此,生态减灾法作为生态保护法与自然灾害法的协同法域,具有概念法学上的规范建构意义:(1)"生态减灾法"概念的法理基础是生态减灾理念和特有的行为模式。自然灾害是自然事件与社会因素的综合产物,随着社会、经济和科技的发展,形成了包括应急管理、风险管理和适应性管理等多元共存的灾害管理理念和方式。生态减灾是新型的减灾理念和方式,具有风险管理和适应性管理的特点,它通过生态系统方式减少灾害风险的发生,利用生态系统服务功能的完整性与健康性来增强社会生态系统在自然灾害面前的恢复力和适应力。从行为上分析,生态减灾是指人类通过保护、维护、修复和建设的方式保障生态系统服务功能以防止、减少或转换灾害风险，提高社会—生态系统抵御自然灾害冲击的活动。(2)“生态减灾法”是“生态保护法”与“自然灾害法”同构之法域。生态减灾法是指调整人类对生态系统的保护、建设和修复(统称生态系统管理)以实施减少灾害风险行为而形成的社会关系的法律规范总称。生态减灾法的调整对象是以促进灾害减灾为目的而调整人类使用、保护、建设和修复生态系统服务功能(生态系统管理)的社会关系，具体分为通过生态系统管理实施灾害预防的行为、灾害应急行为、灾后恢复重建的行为。生态减灾法的基本特征包括多元化的法律目的、融合性的法律体系和适应性的法律方法。生态减灾法的基本原则包括生态弹性原则、风险预防原则和混合责任原则。(3)“生态减灾法”具有双重功能的法律制度。生态减灾制度应包括减少灾害危险的法律制度、控制灾害暴露的法律制度、降低社会脆弱性的法律制度与提高灾害恢复力的法律制度。[25] 生态减灾法律制度可以借由具体的生态保护法律制度，承载可持续发展、生态保护与减少灾害风险的管理目标，明确这些制度中生态减灾的主体、权利、义务和责任，以此指引和规范生态减灾的行为，保障生态减灾的有效、有序实施。生态减灾法律制度要求，灾害行政管理制度应平衡灾害应急救助与灾害预防和减缓，环境法调整机制则应转变过去单一的污染控制、资源经济价值的开发利用以及单个物种保护的现状，而应注重生态系统的整体管理与功能性保护。(4)“生态减灾法”能够创生独特的法律责任形式。“生态减灾法”概念对形成生态破坏和自然灾害追责原则具有特殊的意义，尤其是基于自然灾害是自然事件与社会因素的综合产物的认知，能够使人们重新反思自然灾害作为不可抗力之法定事由的效力问题。随着人类对自然灾害的影响范围和深度的加深，自然灾害的“非自然性”行为范式逐渐纳入法律调整领域将成为社会共识，即自然灾害的预防与损害填补将同等重要，自然灾害不再是一种纯粹的、“不幸”的不可抗力“天灾”，而是带有社会分配不正义、环境利益分配不公平意义的“人为”，进而能够在特定法律条件下促进自然灾害的生态性防御转变为一项基本权利，未履行生态型防御义务的主体(包括国家、社会和个人)便需承担相应的法律责任和义务。这种“从灾害共同体走向责任共同体”的生态减灾法概念，将变革传统的自然灾害法律责任归责原则，即摒弃机械性适用不可抗力为基础的责任豁免原则，创建“全民负

---

〔25〕 参见黄智宇:《生态减灾的法律调整:以环境法为进路》，法律出版社2018年版，第128页以下。

担为主、功能破坏者负担为辅”的责任原则。[26]

五、结语

“生态减灾法”是一个以“生态保护减防自然灾害”为目标,以“生态保护法”和“自然灾害法”两个领域法互为进路而构建的概念性法域。无论从“生态减灾”——灾害科学迈向可持续发展科学的理论路径寻源,从“应急”减灾防灾迈向“生态”减灾防灾的管理路径考证,还是从法律调整范式和规范特征分析,“生态减灾法”都具有理论构建的合理性,具有固有的法律原则意蕴和制度创新内涵。“生态减灾法”的概念构成是对我国生态保护法律体系和法学体系的丰富和完善,它对增强我国生态保护和自然灾害减灾的协同治理法律机制,增进我国生态减灾国家治理能力,促进我国生态文明建设和可持续发展具有理论意义。

---

〔26〕 参见杜群、黄智宇:《论自然灾害管理不作为的国家侵权责任》,载《中国地质大学学报(社会科学版)》2015年第6期。

《环境资源法论丛》
第 13 卷,第 109~118 页

论行政前置程序在预防性环境民事公益诉讼中的优位

鄢 斌* 杨 樑**

摘 要 现有的法律与司法解释关于环境民事公益诉讼的规定关注于生态损害的事后救济,对尚未造成实质损害的环境危险仅有原则性的规定。预防原则在环境民事公益诉讼领域没有得到体现。规范层面的缺失,使司法实践领域的预防性诉讼进展缓慢。无论从理论层面还是从规范层面看,环境损害的预防均属于行政机关的行政职责。相较于司法手段,行政手段具备高效性、经济性、专业性等优势。相较于司法机关,行政机关可以更好地协调各方利益主体之间的冲突。从行政权与司法权的关系及其各自的运行逻辑看,预防性环境民事公益诉讼也有必要设置行政前置程序。

关键词 预防性责任 环境诉讼 公益诉讼 诉前程序

2012 年《民事诉讼法》的修改标志着我国在国家立法层面初步建立了公益诉讼制度,两年后《环境保护法》的修改以及最高人民法院《关于审理环境民事公益诉讼案件适用法律若干问题的解释》(2015 年发布、2020 年修正,以下简称《公益诉讼解释》)的颁布使环境民事公益诉讼制度更为丰满。《环境保护

---

* 鄢斌,华中科技大学法学院副教授,法学博士。
** 杨樑,浙江省衢州市中级人民法院法官助理。

法》明确规定了预防原则,环境民事公益诉讼的预防功能也得到诸多学者的承认,但是司法实践中的环境民事公益诉讼却呈现明显的事后救济的属性,关注于环境破坏后的生态修复与损害赔偿责任。在学术理论研究中,关于预防性责任的研究也甚少,而其中大多数学者研究的对象为预防性责任的构成要件、归责原则等实体内容,对程序性内容的研究更是了了。

环境损害的最大特点是不可逆性,环境损害一旦真实发生往往会造成难以挽回的损失,修复环境的代价可能远远超过破坏环境所获得的收益。因而预防原则也成为环境法的基本原则,体现在具体环境法规范的方方面面。然而社会经济的发展特别是工业生产不可避免地会对生态环境产生影响,其中部分的负面影响应当为环境法所容忍。环境法以环境保护为基本目标,须坚持预防原则,但对风险进行提前预防并不意味着无条件地对所有风险进行管制,甚至达到“零风险”状态。从风险规制的特征而言,普遍存在“最后一公里”问题,即针对某可能造成危害的风险因素,规制机构采取的措施可以有效降低至某个水平,但如果要完全加以清除,会带来高昂的成本却无法取得预期的收益。试图将风险完全清除所面临的困难,包括有限的技术选择、高昂的成本、投入相当的规制资源、高昂的诉讼费用、无尽的争论等。[1]《环境保护法》第1条明确规定“促进经济社会可持续发展”是其立法目的之一。在预防性环境民事公益诉讼中,环境损害尚未实际发生,潜在的破坏人的行为完全可能是经过行政机关行政许可的,在行政法上属于合法行为,其中存在的信赖利益不能被当然忽视。因而预防性诉讼的提起需要必要的限制,这种限制不仅体现在实体层面,也应当体现在程序层面。笔者认为在提起预防性环境民事公益诉讼前设置行政前置程序即为程序法上的合理限制。所谓的行政前置程序,即环保组织与检察机关在发现可能损害生态环境的情形下,在提起预防性环境民事公益诉讼前,应当将已知的事实、证据向环境保护机关汇报,要求行政机关介入调查,预防环境损害实际发生,在行政机关不介入调查或者对行政机关的处理结果不满意时,方能提起诉讼。

一、环境治理中行政管理权的优先性

环境保护本就是行政机关的基本行政职责之一。在预防性环境民事公益诉讼中,生态环境损害尚未实际发生,其所规制的是潜在的可能污染环境、破

---

〔1〕 参见[美]斯蒂芬·布雷耶:《打破恶性循环:政府如何有效规制风险》,宋华琳译,法律出版社2009年版,第11页。

坏生态的行为,是生态破坏的预防问题而非损害赔偿的问题。环境法奉行预防原则,生态环境损害的预防本就是环境保护的重中之重,也当然是行政机关的应尽职责。

(一)行政机关的环境保护责任

1. 履行国家环境保护义务的要求

国家负有环境保护的义务,这一点不仅为环境法学者所认可,也得国内外立法所承认。从法律文本看,国家环境保护义务在宪法上的直接表现是,各国宪法中普遍存在的环境基本国策条款。目前,已有105个国家在宪法中纳入环境基本国策条款,明确国家在环境保护上的责任。[2] 2018年《宪法》修改时,生态文明被正式写入宪法序言,成为我国国家目标的一部分。《宪法》第9条第2款和第26条确认了我国环境保护的基本国策。从宪法生态文明的国家目标到保护环境的基本国策,结合我国的国家性质,不难推导出国家负有环境保护的义务。国家作为一个抽象的主体并不能自己履行环境保护的义务,只能通过立法、行政、司法等机关履行职责而实现。在我国,行政机关是国家权力机关的执行机关,当然也负有执行具体的环境保护法律法规的义务,也就是说行政机关具备履行环境保护的职能。

2. 实现公众环境利益的要求

公众环境利益,是指社会成员对环境所具有的共同的、基本的利益要求,又可简称为"环境公益"。公众环境利益是政府环境事务管理权的正当性来源,也是政府对环境承担责任的道义基础。[3] 尽管环境权在我国仍处在学理讨论的范畴,但是不可否认的是,生态环境作为一个整体所蕴含的环境利益应当归全体国民共同享有,这与具体的环境要素在民法上的所有权并无直接的联系。一片水田的土地所有权可能归属于某集体经济组织,但水田作为整个生态系统的一部分,其蕴含的生态价值无法为集体经济组织所独占,而是由全体的国民无差别的共同享有。

国家环境资源就其自然属性和对人类社会的重要性来说,应是全体公民的共享资源,是全体公民的公共财产,任何人不能任意对其占有、支配和损害。为了合理支配、利用和保护这一公共财产,全体公民应作为共有人委托国家对

---

[2] 参见蔡守秋:《从环境权到国家环境保护义务和环境公益诉讼》,载《现代法学》2013年第6期。

[3] 参见巩固:《政府环境责任理论基础探析》,载《中国地质大学学报(社会科学版)》2008年第2期。

环境资源进行管理,但政府不得滥用该委托权。[4]“环境公共财产论”与“公众环境利益说”是一体两面,公众环境利益不是抽象存在的,它也要通过具体的环境要素即“环境公共财产”体现。源于美国的“环境公共财产与公共信托理论”一开始为了证明“公众对环境享有权益,政府应当为环境的破坏承担责任”,而从另一个角度来看,要求政府承担环境破坏的责任的前提是政府享有环境管理的行政职权。

(二)行政机关履行环境保护职责的规范基础

在国家立法层面,行政机关履行环境保护职权的法律条文主要分布在《宪法》《环境保护法》以及其他的环境保护单行法中。在宪法层面,《宪法》第89条规定,“国务院行使下列职权:……(六)领导和管理经济工作和城乡建设、生态文明建设;……”《宪法》并没有明确赋予地方人民政府环境保护职权,但是《宪法》第107条对地方人民政府的授权应当认为是“概括+列举”式授权,并不排斥地方政府的环境保护职权。在普通法律层面,《环境保护法》在总则第6条规定了各级政府对行政区域内的环境质量负责,第8条要求各级政府加大环保投入,第9条要求各级政府加强环保宣传,第10条赋予环保主管部门监督管理职权,第11条要求政府进行环保行政奖励。上述条款对行政机关的环境保护职责作出了总体规定,《环境保护法》在具体的章节中还对行政机关行使环境保护的职权,承担责任作出了具体规定。在其他环境保护单行法中大多也有类似规定。由此不难看出,在国家立法层面,行政机关负有履行环境保护的职责。

(三)环境保护应坚持行政权优先

在宪法层面,环境保护是我国的基本国策,建设生态文明是我国的国家目标。行政机关与司法机关固然都应当为实现这一国家目标而努力,但两者的实现路径不同。在逻辑上,实现国家环境保护义务的路径集合包括:(1)立法路径,即通过不断制定新法或修订旧法,突出政府的环境责任,应对环境监管的“政府失灵”;(2)行政路径,即不断完善环境管理体制机制,提升政府在生态环境领域的规制能力;(3)司法路径,即通过司法审查权的行使,对政府权力形成有效监督。[5]

管理生态环境的具体事务当然属于行政权的范围,而司法权应当充分发挥相应的作用,通过检察机关提出检察建议、提起环境行政公益诉讼,审判机

---

[4] 参见闫鲁宁、戚道孟:《浅论国家环境权》,载《中国人口·资源与环境》2006年第3期。

[5] 参见陈海嵩:《国家环境保护义务的溯源与展开》,载《法学研究》2014年第3期。

关依法公正判决实现环境保护的国家目标,行政权与司法权两者的侧重点是分明的。现代国家治理体系强调立法、司法、执法的三权分工。从行政法治发展的一般经验来看,从“夜警国家模式”到“福利国家模式”再到“风险社会模式”的过程中,行政权不断扩张以实现对公共利益的充分保护,而司法权则关注对行政权的有效控制,确保其不偏离维护公共利益的轨道,即大体上遵循“相互尊重专长”和“行政权优先”等原则。

在环境行政公益诉讼领域,相关的司法解释明确规定检察机关在提起行政公益诉讼之前,应当先向负有监管职责的环保机关发出督促履职的检察建议,只有当环保机关违法履职或者不履职,致使国家利益或者社会公共利益持续处于受侵害的状态时,检察机关才能提起环境行政公益诉讼。这种诉前检察建议制度正是尊重行政机关行政管理权的体现。在环境保护领域,如果过分强调司法的能动性,极有可能使得法院的职能从法律裁判超越到行政执行,有违司法权与行政权分立的理念。

二、行政前置——环保领域利益冲突的最优解

在一般环境民事公益诉讼中,环境损害事实已经发生,诉讼目的在于救济损害,使环境尽可能恢复至未受破坏前的状态。根据“污染者负担”的原则,其责任的分配通常并不会有太大的利益冲突,即使存在利益冲突,相关的归责原则体系也较为完善。而在预防性责任中,首先要面对的是经济效益与环境效益之间的冲突,即因经济建设产生的环境损害危险是否应当被容忍。在危险行为人不存在行政违法的情形下,还存在环境利益与行为人信赖利益保护的问题。存在第三人的情形中,相关的损失分担还会更为复杂。

(一)预防性责任下的利益冲突

1. 经济效益与生态效益的冲突

2013 年,习近平总书记在海南省考察工作时提出,经济发展不应是对资源和生态环境的竭泽而渔,生态环境保护也不应是舍弃经济发展的缘木求鱼,而是要坚持在发展中保护、在保护中发展。我们在经济建设的过程中不可避免地向环境索取,排放污染物,从而改变自然环境原有的状态,影响其他物种的生存。如果认为凡是对生态环境有负面影响的行为都应该被禁止,这会陷入“环保绝对主义”中。人类发展的过程,就是认识自然、改造自然的过程,因而经济效益与生态效益的冲突与对立始终存在,如 2015 年,中国生物多样性保护与绿色发展基金会就五小叶槭保护起诉雅砻江水电开发有限公司案件。五

小叶槭属于极微物种,全球野外生存仅存500余株,主要分布在雅砻江沿岸,而雅砻江阶梯水电站的库区将淹没五小叶槭的主要生存区,使五小叶槭面临灭顶之灾。[6] 五小叶槭案并非个例,此类的情形在很多大型工程建设中都会出现,本质上就是经济效益与生态效益之间的冲突。

2. 生态利益与信赖利益之间的冲突

我国《环境保护法》明确规定了环境影响评价制度与排污收费(税)制度,还颁布了专门的《环境影响评价法》与《环境保护税法》加以具体规定。应当认为,生产、建设项目在通过环境影响评价,依法取得排污许可后,即对行政机关享有信赖利益。环境影响评价毕竟是给予评价作出时的客观条件,事实上一种对未来的环境影响估计。但是生态环境并非一成不变,而是一个动态的、时刻变化的系统。生态系统的承载力受到多种因素共同作用。这种估计不可避免的可能与事后的现实情况有所偏差。更何况,出于人类认知水平的局限性,作出环境影响评价时对环境承载力的估计可能就是不甚准确,环境标准也未必是完全科学、合理的。这种种的因素,使得既往作出的行政许可可能变得非常不合时宜。即使生产企业在行政许可的范围内排放污染物,也可能对生态环境产生严重损害的危险。此时,若"一刀切"地要求生产企业停止排放污染物,可能会严重影响其正常生产经营,造成其信赖利益严重受损;若放任不管,任由其继续排放污染物,这可能会使环境损害从危险变为事实,有违预防优于治理的环境法理念。即使可以通过相关环境诉讼要求企业承担生态损害赔偿责任,但是由此产生的环境损害可能是不可挽回的。这种情况下,生态利益与信赖利益之间产生激烈冲突。

3. 因第三人原因产生的利益冲突

可能存在一种情形,位于长江上游的钢铁厂违规向长江排放了含重金属的废水1万吨,使长江中的重金属含量迅速上升,若继续向长江排放含重金属废水,则会使长江中的重金属含量超过国家标准,对长江的水生态系统及沿岸的生态环境产生破坏。而此时位于长江下游的化工厂刚刚建成准备投产,化工厂依法通过环境影响评价并取得向长江排放废水500吨的排污许可。此时,如果允许化工厂按期投入生产,依法向长江排放废水,势必会使长江及沿岸的环境遭到破坏,有违环境法的预防原则。但若"一刀切"地禁止化工厂排放,势必会影响化工厂的正常生产。化工厂在建设过程中可能不仅投入了大量的资

[6] 参见中国青年报:《雅砻江水电开发或破坏濒危植物　被绿发会递交诉状》,载新浪四川,http://sc.sina.com.cn/news/m/2015-09-18/detail-ifxhytwr2166720.shtml。

金，还可能负有大量的银行贷款，或者已经签订了商业合同，强制停工除了造成化工厂直接的经济损失外，还可能会使其承担大量的合同违约责任。倘若化工厂是大型工程，其停工与否甚至可能会对当地的产业规划、经济发展与社会稳定产生影响。化工厂是否应当停工？这之间存在利益博弈。化工厂的损失应当如何分担？这之间同样存在利益冲突。现实中的情况可能比我们想象的更为复杂，利益主体更为多元。可能区域内的任意一家企业均没有环境行政违法行为，但是其行为共同产生了环境损害的危险。也有可能部分企业有行政违法，部分企业没有行政违法，其行为共同产生了损害的危险。这种情况下，各方之间产生激烈的利益冲突。

（二）行政前置程序的优越性

在环境损害预防性领域，行政手段优越于司法手段，这是由行政与司法的本质属性决定的。司法权以判断为本质内容，是判断权，而行政权以管理为本质内容，是管理权。[7] 环境损害预防本就属于行政机关而非司法机关的固有职责。

行政手段更具经济性、高效性。公益诉讼作为一种新型社会管理手段，周期长、成本高，通过行政前置对环境公共利益加以救济，时间短、成本低、高效便捷，能够有效为法院诉讼程序分流，起到节约司法资源的作用。环境损害的危险通常存在一个不断增加的过程，环境损害往往是一个不断积累，从量变走向质变的过程。因而损害危险一旦被发现，外部的介入越早，越有可能避免损害事实的发生。在这一方面，行政手段显然具备优越性。司法程序纷繁复杂，即使可以通过诉讼保全程序或者创设禁止令制度在案件最终判决之前对危险行为加以限制，在效率上也无法与行政手段相媲美。

更为重要的是，行政手段具备更大的灵活性、主动性，更能全面地解决环境损害预防过程中的利益冲突。司法手段具有被动性，处分性原则是民事诉讼的基本原则。通常情况下，法院的裁判范围不会超过当事人诉讼请求的范围。尽管环境民事公益诉讼对处分原则加以更多的限制，但没有根本上改变法院在裁判过程中的中立地位。或许通过司法手段能够很好地达到保护环境的效果，但它无法解决背后更深层、更广泛的矛盾。如前文所述，当经济利益与生态利益发生冲突，当生产者的信赖利益与生态利益发生冲突时，法院自身的定位使其无法站在更高的层面上全面地看待问题。环境保护的问题从来不

---

[7] 参见孙笑侠：《司法权的本质是判断权——司法权与行政权的十大区别》，载《法学》1998年第8期。

是单纯的法律问题,而是综合的社会治理的问题,环境保护的难点就在于利益的协调。在这一个问题上,司法手段显得无力。当工厂关停、项目停工后,环境危险或许解除了,但背后可能存在行政赔偿、民事赔偿等一连串问题。而行政机关同时负有发展经济与保护环境的义务,这种双重属性使得其在环境保护中处于主体而非中立的第三人地位。当环境损害危险是因为行政违法行为产生时,行政机关可以立即采取行政措施,纠正违法行为,避免环境损害实际发生。当行政法上合法行为产生了环境损害危险时,行政机关可以游走在各方主体之间,通过行政磋商、谈判等方式与其他主体共同讨论制定环境损害预防措施,合理确定因采取环境预防措施而产生的损失的分担方案。当环境损害危险是由行政法上的合法行为与违法行为共同造成时,行政机关可以综合行政强制、行政处罚与行政协商等多种手段,一方面制止、处罚违法行为,另一方面指定环境损害预防方案。例如,在上文的钢铁厂与化工厂一案中,若直接提起预防性公益诉讼,法院可能直接判决化工厂停产停业。若由行政机关先行解决,行政机关可以即刻要求钢铁厂停止违法排污,同时分析长江及沿岸的水质状况,考虑环境自净能力,确定化工厂的停工时间、停工范围,就化工厂的损失,可以通过协商在钢铁厂、化工厂与政府之间合理分配,行政机关还可以通过其他手段解决化工厂的现实困难。

同时行政机关还具备专业性。环保部门负责环境保护工作,掌握着较为全面的环境数据,能够对环境承载力与现实的环境风险作出更为科学合理的判断。尽管我国正在推行环境司法专门化,但法官毕竟是法律工作人员而非环境科学工作人员,在如何解决环境损害危险上,环境行政机关显然也比司法机关更为专业。倘若不经行政机关的先行处理,法院在审理预防性公益诉讼案件时,也离不开行政机关的协助。将本该由行政机关解决的事项交由司法机关解决,然后司法机关再寻求行政机关的协助,这样的做法无疑造成程序上的复杂与公权力资源的浪费。

三、行政前置程序的法律效果

在程序法层面,行政前置程序是环境损害预防案件进入司法解决通道的必要前提。经过行政前置程序,环保组织和有关机关获得了提起预防性环境民事公益诉讼的诉权,人民法院取得了对环境损害预防案件的管辖权。

在实体法层面,预防性环境民事公益诉讼的行政前置程序兼具监督与赋权的双重效果。当环境损害危险是因行政违法行为而产生时,行政机关本就有纠正、制裁行政违法行为的义务,此时行政前置程序即构成了对行政机关的监督。行政机关必须在法定期限内介入调查,查明环境损害危险是否真实存在,查处环境违法行为,否则即构成行政失职。在这一点上,行政前置程序与检察机关提起环境行政公益诉讼前的检察建议程序具有相似性,两者均构成了对行政机关的负面评价。

倘若环境损害危险是因依法排污等行政法上的合法行为时,行政前置程序与检察机关的诉前检察建议程序在实体法效果上截然不同。行政机关是法律、法规的执行机关,法无授权皆禁止。此时,并不存在超标排污等行政违法行为,自然也不存在行政法上的法律责任,行政机关采取行政措施缺乏明确的法律依据。但环境损害的危险现实存在,行政机关又具有保护环境的固有职责,不采取措施消除危险也将使得环境法的目标落空。这种情况下,行政前置程序即起到了赋权的作用。环保组织或者有关机关要求行政机关介入调查,采取措施消除环境危险,并不代表着对行政机关的负面评价。通过行政前置程序,行政机关保护环境的义务由抽象变为具体,获得了对特定的环境损害危险进行管理的权力。这体现了行政前置程序的赋权效果,同时这种权力对行政机关而言也是明确、具体的环境保护职责。行政机关同样必须介入调查,查明环境损害危险是否真实存在,若存在则需要采取必要措施加以解决。行政机关不得以环境违法行为不存在为由拒绝采取措施,否则构成行政失职。因而此种情形下,行政前置程序同样展现出监督的一面。

四、结论

在环境损害预防领域,行政机关处于毋庸置疑的主导地位,司法机关应当处于相对次要的地位。行政机关同时对环境保护和经济发展负责,这种地位使行政机关能够更好地权衡多方利益,但行政机关同样有可能为了片面的经济发展牺牲环境利益。特别是某些大型项目工程对地方上的经济、就业等产生重要的影响,从而促使地方政府对这部分项目在环保上“开绿灯”。从理论上而言,通过立法机关完善立法,行政机关严格执法,环境损害的危险即可以得到圆满的解决。但现实中,立法机关的立法不可能尽善尽美,行政机关奉行“法无授权皆禁止”的原则在处理具体环境损害危险时可能会陷入无法可依的境地。

以上的情况均可以成为环境保护领域的“行政失灵”。“行政失灵”既是环境问题产生的原因,也是解决环境问题必须克服的苦难。应当明确的是环境损害预防并非简单的是非对错、定分止争的问题,其核心在于管理而非裁判。司法手段并非解决环境危险问题的良药,甚至可以说是在"行政失灵"的情况下不得已的做法。

在环境损害预防领域,我们应当首先考虑的是如何克服行政机关的"行政失灵",而非通过司法诉讼直接干预环境保护的具体思想。这种思想在环境行政公益诉讼领域得到落实,检察机关在提起环境行政公益诉讼前必须向行政机关提出检察建议,要求行政机关按期、认真履职,唯有在行政机关拒不依法履职的情形下,检察机关才能提起环境行政公益诉讼。这样的制度设计充分尊重了行政机关的环境管理权,对行政机关产生了强有力的监督,在实践中取得了较为良好的效果。

环境行政公益诉讼在制度设计上是为了监督行政机关,它可以解决行政机关不作为、乱作为而产生的环境问题。但是倘若行为人合法排污、建设,不存在违反环境行政法律规范,即使出现了环境损害危险,也难以对行政机关过分苛责,环境行政公益诉讼也就难以使用。而通过预防性环境民事公益诉讼的诉前程序,赋予行政机关介入环境保护的权力与职责,可以在一定程度上弥补环境行政公益诉讼的不足,全方位解决环境损害预防领域的"行政失灵"问题。这样的做法同样尊重了行政权与司法权各自的权力运行逻辑,发挥了行政机关的管理长处与司法机关的监督长处,优化了公权力资源的配置。

《环境资源法论丛》
第 13 卷,第 119~130 页

海洋环境民事公益诉讼制度的现实反思、理论因应与规则改进
——以原告主体资格展开

肖 韵*

摘 要 针对海洋环境资源问题,基于《海洋环境保护法》等相关规定,社会组织能否提起海洋环境民事公益诉讼,在司法实务中均存在较大争议。这种争议产生的根本原因在于实务界往往将海洋环境民事公益诉讼与海洋生态环境损害赔偿诉讼予以混淆,甚至等同。事实上,无论是诉讼请求之目的还是诉讼适用之范围,上述两种诉讼均存在本质区别,应从理论上加以厘清。从制度功能角度来看,以保护社会公共利益为目的,具有风险防范作用的海洋环境民事公益诉讼与维护国家利益,侧重于赔偿填补的海洋生态环境损害赔偿诉讼既彼此独立又相互补充。建议通过立法方式明确两者的功能定位,并构建相互之间的衔接机制,减少诉讼制度差异性带来的负面效应,以便从多维度对海洋生态环境进行较为全面的保护。

关键词 原告主体资格 海洋民事公益诉讼 海洋生态环境损害赔偿诉讼 功能差别 诉讼衔接

一、引言

包括环境侵权私益诉讼、环境公益诉讼和生态环境损害赔偿诉讼等在内

---

* 肖韵,西南民族大学法学院讲师,法学博士。

的各种环境民事诉讼是当下环境法、诉讼法领域的关注热点。诉讼制度作为解决社会问题的终局性和强制性手段,使上述环境诉讼制度在解决因生态环境问题导致的各类社会问题时发挥了重要的作用。海洋环境资源作为自然环境重要组成部分,既具有与其他环境要素的共性,又存在自身个性。在解决海洋环境资源问题时,涉及人身和精神损害、个人和集体财产损失,相关利益受损当事人为了维护自己的利益,可以根据《民法典》侵权责任编提起侵权诉讼;涉及国家利益受到损害,可以根据《海洋环境保护法》、最高人民法院《关于审理海洋自然资源与生态环境损害赔偿纠纷案件若干问题的规定》的规定,由行使海洋环境监督管理权的部门代表国家对责任者提出损害赔偿要求。在实践中,社会组织根据《环境保护法》第58条、《民事诉讼法》第55条之规定,针对已经损害社会公共利益或者具有损害社会公共利益重大风险的污染海洋环境、破坏海洋生态的行为提起的环境民事公益诉讼,基于"特别法优于一般法"的法律适用原则,因违反《海洋环境保护法》等特殊规定,绝大多数情况下被法院认定为不具有海洋环境民事公益诉讼的原告主体资格。因此,社会组织是否具有海洋环境民事公益诉讼原告主体资格成为实务界极具争议的问题。这不仅涉及海洋环境民事公益诉讼原告主体资格问题,还关系到海洋环境民事公益诉讼的本质属性与功能定位,以及各类环境诉讼之间的边界与衔接。这些问题对于构建多元化的环境诉讼体系有着重要的意义,因此亟待厘清。以下通过实证分析的方式将这一问题进行呈现。

二、现实之问:社会组织是否具有海洋环境民事公益诉讼原告主体资格?

在"北大法宝"司法案例数据库中以"海洋环境公益诉讼""《海洋环境保护法》第90条第2款""海洋自然资源与生态环境损害赔偿纠纷案件"等关键词进行全文搜索,检索出22份裁判文书。通过对这些文书内容进行梳理,上述海洋环境诉讼原告主体资格呈现相似案件不同裁判的问题。

从目前相关裁判文书的内容来看,不同法院对于社会组织是否能够提起海洋环境民事公益诉讼的态度是存在明显差异的。以"康菲溢油事件"和"大连7·16溢油事件"的相关诉讼为例进行分析,上述两起事故均为石油原油泄漏导致海洋污染事件,事后均有相关适格的社会组织向法院提起了海洋环境民事公益诉讼,然而两起诉讼的审理结果却截然相反。2015年6月,大连环保志愿者协会就"大连7·16溢油事件"依据《环境保护法》第58条之规定提起海洋环境民事公益诉讼,大连海事法院裁定因其不符合起诉资格而不予受理,理由在于："海洋环境保护法赋予行使海洋环境监管权的部门代表国家就海洋资源包括海洋环境损害提起损害赔偿诉讼主体地位。海洋环境保护法是针对海洋这一特殊资源的特别规定，根据《立法法》第92条的规定，本案应适用海洋环境保护法。社会组织不具有提起海洋环境公益诉讼的主体资格。"同年7月，中国生物多样性保护与绿色发展基金会（以下简称绿发会）诉康菲石油公司、中海油公司的海洋环境民事公益诉讼由青岛海事法院予以立案。通过上述裁判内容，可以看出青岛海事法院"予以立案"的处理态度是肯定了绿发会的海洋环境公益诉讼的原告主体资格，而大连海事法院则以"依照特别法优于一般法"的法律适用原则，否定了大连环保志愿者协会提起海洋环境公益诉讼的主体资格。由此可见，在司法实践中，对适格的社会组织是否能够提起海洋环境公益诉讼呈现出上述两种截然不同的做法。

与"大连7·16溢油事件"海洋环境民事公益诉讼案中大连海事法院的观点一致，自然之友环境研究所（以下简称自然之友）诉荣成伟伯渔业有限公司环境公益诉讼案、绿发会诉福建省平潭县流水镇人民政府、福建省平潭县龙翔房地产有限公司环境公益诉讼案中一审、二审法院均以案件适用《海洋环境保护法》的特殊规定，只有海洋环境监管行政部门享有案件的诉权为由，驳回了社会组织的诉讼请求。需要特别指出的是，自然之友诉荣成伟伯渔业有限公司环境公益诉讼案中，自然之友二审被驳回后，其向最高人民法院申请再审，最高人民法院作出民事裁定，驳回自然之友的再审申请，表明了最高人民法院认为社会组织不具备海洋环境公益诉讼原告的主体资格的司法态度。

当然，司法实践中也有持不同观点的情形。例如，在重庆两江志愿服务发展中心、广东省环境保护基金会诉广东世纪青山镍业有限公司海洋环境公益诉讼案中，一审法院以《海洋环境保护法》相关规定为由，否定了两原告的主体资格。不过，二审法院裁定撤销一审的裁定，认为上诉人（一审原告）具有诉讼主体资格。此外，在镇江市渔政监督支队诉韩国开发银行投资公司海洋环境民事公益诉讼案中，审理该案的武汉海事法院认为："起诉人镇江市渔政监督支队的工作业务范围虽然包括为渔业可持续发展提供渔政监管保障、渔业资源保护和水生动植物环境保护，但性质是事业法人单位，既不是法律规定有海洋环境监督管理权的部门，也不是法律规定的有关社会组织，向人民法院提起环境民事公益诉讼没有法律依据。"由此也可以看出这一判决并未否定社会组织的海洋环境民事公益诉讼的原告主体地位。

从上述涉及的社会组织提起的海洋环境公益诉讼案件的处理结果来看，

存在“同案不同判”的问题,这对通过诉讼机制来保护海洋生态环境会产生负面影响。通过对裁判文书的分析可见,作出“不予立案”“驳回上诉”“驳回再审”处理结果的理由均为《海洋环境保护法》和最高人民法院《关于审理海洋自然资源与生态环境损害赔偿纠纷案件若干问题的规定》中明确将海洋自然资源与生态环境损害索赔的权利专门赋予依法行使海洋环境监督管理权的部门。与《环境保护法》相比较而言,《海洋环境保护法》属于专门对海洋自然资源与生态环境损害赔偿纠纷案件的特别规定。基于“特别法优于一般法”的法律适用原则,社会组织固然不具备此类诉讼的原告主体资格。包括在重庆两江志愿服务发展中心(以下简称重庆两江中心)、广东省环境保护基金会(以下简称广东环保基金会)诉广东世纪青山镍业有限公司海洋环境公益诉讼案中,尽管二审肯定了相关社会组织的原告主体资格,但其原因是:世纪青山、阳江翌川、广青科技倾倒涉案炉渣堆填滨海滩涂、湿地、红树林的行为,并不单纯破坏了海洋生态环境,同样破坏了陆地生态环境,故依据《环境保护法》第58条的规定,重庆两江中心、广东环保基金会具有作为提起本案公益诉讼的主体资格。可见,尽管二审赋予了重庆两江中心、广东环保基金会原告主体地位,但是原因并非认为上述两者具有海洋环境公益诉讼的主体资格,而是因为此案涉及陆地生态环境的破坏,二者是因为陆地环境遭受损害而获得主体资格的。故二审法院其实也认同两者不具有海洋环境公益诉讼的主体资格的观点。

三、理论之问:海洋环境民事公益诉讼是海洋生态环境损害赔偿诉讼吗?

从上述实证分析可知,实践中相关法院否定社会组织的海洋生态环境损害赔偿诉讼原告主体资格的理由均是因为“特别法优于一般法”的法律适用原则。然而,“特别法优于一般法”的法律适用原则的应用前提是针对同一事项出现了不同的法律规范,也就是说同一机关制定的不同的规范性文件针对同一调整对象作出了不同的规定时,遵从“特别法优于一般法”的法律适用原则。如果是针对不同的事项有着不同的法律规定,那么就缺乏使用“特别法优于一般法”的逻辑基础。具体到上述案件审理中的法律适用问题,如果《环境保护法》《民事诉讼法》《海洋环境保护法》是针对的同一事项作出了不同的规定,它们同为全国人大常委会制定的法律,那么使用“特别法优于一般法”原则固然正确。但如果它们本身就是针对不同的事项进行相应规范,那么就不具备“特别法优于一般法”的适用空间。因此,厘清海洋环境民事公益诉讼的原告主体与海洋生态环境损害赔偿诉讼的原告主体是否属于同一事项，是采用“特别法优于一般法”原则的前提条件。换言之，如果可以把海洋环境民事公益诉讼与海洋生态环境损害赔偿诉讼同等看待，或者说海洋生态环境损害赔偿诉讼是特殊的环境民事公益诉讼的话，那么上述法院依照“特别法优于一般法”的法律适用原则而否定社会组织的原告主体资格并无不当之处；但如果二者不能等同或者不具备包含关系的话，那么上述法律适用原则的运用就存在问题，以此否定社会组织的海洋环境民事公益诉讼原告主体资格也就存在逻辑错误。

海洋环境民事公益诉讼是否就是海洋生态环境损害赔偿诉讼，或者海洋生态环境损害赔偿诉讼是不是环境民事公益诉讼适用于海洋环境领域呢？这是厘清上述问题的关键所在。从我国当前的环境民事诉讼体系构造来看，其由环境侵权诉讼、环境民事公益诉讼、海洋生态环境损害赔偿诉讼和生态环境损害赔偿诉讼所构成，这一体系中并没有专门的海洋环境民事公益诉讼。那么在前述相关裁判文书中所称的海洋环境民事公益诉讼到底是环境民事公益诉讼适用于海洋环境而产生的子分类，还是其就是海洋生态环境损害赔偿诉讼的另一种称谓？回答这一问题需要从诉讼请求目的和诉讼适用范围两个维度进行分析。

（一）诉讼请求目的之区别

“目的是全部法律的创造者，每条法律规则的产生都源于一种目的，即一种实际的动机”〔1〕，诉讼请求的背后则是当事人提起诉讼的目的之体现。诉讼请求指向原告所主张的利益实现的期待，因此诉讼请求所期待维护的利益成了甄别诉讼类型的主要依据。〔2〕 例如，公益诉讼和私益诉讼的根本区别在于这两类诉讼保护的利益存在显著差别。私益诉讼保护的是私人利益，比如环境侵权诉讼是指因污染环境、破坏生态造成人身和精神损害、个人和集体财产损失，上述相关利益受到损害的当事人为了维护自身利益而依法提起的诉讼。这与法律规定的社会组织或检察机关为了维护社会公共利益而提起的环境民事公益诉讼有着本质的区别。

从我国《环境保护法》《民事诉讼法》《海洋环境保护法》对环境民事公益诉讼和海洋生态环境损害赔偿诉讼的概念界定可以看出，环境民事公益诉讼

---

〔1〕 [美]E. 博登海默：《法理学——法哲学与法律方法》，中国政法大学出版社 1998 年版，第 105 页。

〔2〕 参见陈杭平、周晗隽：《公益诉讼“国家化”的反思》，载《北方法学》2019 年第 6 期。

保护的是因环境污染、生态破坏而损害的或者具有受损风险的社会公共利益；而海洋生态环境损害赔偿诉讼保护的是因破坏海洋生态、海洋水产资源、海洋保护区而受到损害的国家利益。根据前面的假设，如果海洋环境民事公益诉讼可以等同于海洋生态环境损害赔偿诉讼的话，或者认为海洋生态环境损害赔偿诉讼是一种特殊的环境民事公益诉讼，那么二者所保护的利益应该是相同的，或者是后者包含前者。那么，问题的关键便是，涉及海洋生态环境问题的社会公共利益是否就是国家利益，或者是否国家利益包含在这种社会公共利益之中？

在法理学层面，何谓社会公共利益，一直是理论界一个难解的问题，尚无统一的观点。根据庞德的利益观，其将利益分为个人利益、社会利益和公共利益（相当于国家利益）。耶林则将利益分为个人利益、国家利益、社会利益。可见不同的标准，对于社会利益的理解也存在不同，但是至少可以看出，将国家利益与社会利益加以区分是学界的共识。有学者认为公共利益与私人利益相对，是抽象的、价值层面的形态，属于上位概念，而个人利益、国家利益与社会利益，是具象的、工具层面的形态，属于下位概念。私人利益对应个人利益，公共利益对应社会利益、国家利益。故而，国家利益和社会利益都同属公共利益的下位概念，是平行关系。[3] 从这一角度来看，国家利益和社会公共利益并非包含关系，更不能画等号。

从具体表现层面出发，国家利益的主体为国家，其将具体的权利行使授权给相关行政主体。国家利益一般存在三种情况：一是国家政权的稳定与安全，这是政治统治的利益需要；二是国际法上的国家主权意义上的利益；三是在民事法律上的国家财产所有权的利益。[4] 具体到生态环境领域，国家利益主要表现为国家对于环境资源所有权的享有所带来的财产价值和生态价值。[5] 当然这种所有权有别于传统的私人所有权，环境资源作为国家财产具有维护国家运行、存续和公共服务的功能，国家行使该项权利时要受制于公共目的的约束。[6] 也就是说，国家对自然资源的经济价值享有所有权，同时对自然资

---

〔3〕 参见刘光华、张广浩：《祛魅公共利益：基于“价值—工具”法律利益分类范式》，载《兰州大学学报（社会科学版）》2018年第4期。

〔4〕 参见孙笑侠：《论法律与社会利益——对市场经济中公平问题的另一种思考》，载《中国法学》1995年第4期。

〔5〕 参见焦艳鹏：《自然资源的多元价值与国家所有的法律实现——对宪法第9条的体系性解读》，载《法制与社会发展》2017年第1期。

〔6〕 参见崔建远：《自然资源物权法律制度研究》，法律出版社2012年版，第42页。

源的生态价值拥有管理权,[7]国家在行使对自然资源的所有权时应当保障实现社会公共福利、保障国计民生、促进社会进化。[8]

在环境资源层面,社会公共利益主要表现为公众作为生态环境中的要素成员所应当享有的生态价值,如清洁的空气、水源,安全、无污染的空间环境等。生态价值辐射范围惠及全体社会成员,但同时由于社会公众的多数性和不特定性,生态价值以个人利益出现容易存在不同个人利益之间的冲突,因此将其纳入社会公共利益范畴。由于国家具有公共服务的功能设定与目标约束,国家利益能代表和反映部分社会公共利益。例如,在个人和社会组织均不能够有效维护或者怠于维护生态环境利益之时,国家可以通过行使生态价值的管理权来填补个人或社会组织权利行使的不足。并且,国家在维护社会公共利益时具有正当性和优越性,如其作为原告时在完成举证责任、承担诉讼费用等方面就比个人和社会组织更具优势。但这并不表示可以将国家利益与社会公共利益等同或混用,因为尽管在很多情况下很难找出二者的区别,但是它们之间并非没有矛盾。在有的情况下,如果从国家利益出发就会妨碍社会公共利益,如国家基于财产价值的考量对自然资源进行过度开发,可能暂时对国家有利,但是却损害了作为社会公共利益的环境资源的生态价值,导致环境问题侵害不特定多数人群。此外,实践中海洋环境监管部门怠于行使职责并非罕见,[9]故对于作为社会公共利益的生态环境利益更不能仅仅依靠作为国家利益行使主体的监管部门来维护。

综上而言,尽管国家利益与社会公共利益有着紧密的联系,但是却也有着本质的区别,二者既不能等同,也并非包含关系。因此,从诉讼请求目的论角度来看,保护国家利益的海洋生态环境损害赔偿诉讼与保护社会公共利益的海洋环境民事公益诉讼存在较大区别,前者也并不是环境民事公益诉讼在海洋环境范围适用时的特殊称谓。

(二)诉讼适用范围之差异

除诉讼请求之外,诉讼适用范围也可以作为识别诉讼类型的一种标准。从《环境保护法》、《民事诉讼法》、《海洋环境保护法》以及相关司法解释规定

---

[7] 参见刘卫先:《自然资源权体系及实施机制研究——基于生态整体主义视角》,法律出版社2016年版,第98页。

[8] 参见叶榅平:《自然资源国家所有权的双重权能结构》,载《法学研究》2016年第3期。

[9] 参见黄成:《环境民事公益诉讼十年回顾,反思与建议——基于2008—2017年典型案例的实证分析》,载秦天宝主编:《环境法评论》(第2辑),中国社会科学出版社2019年版,第280页。

来看,海洋生态环境损害赔偿诉讼的适用范围为“破坏海洋生态、海洋水产资源、海洋保护区,给国家造成重大损失的”,而环境民事公益诉讼的适用范围为“对已经损害社会公共利益或者具有损害社会公共利益重大风险的”。可见,海洋生态环境损害赔偿诉讼提起的前提条件是海洋生态环境、自然资源遭到了污染或破坏,国家利益已经遭到实际损害,在这种情况下可以由相应机关提起。海洋环境民事公益诉讼,则在海洋生态环境以及资源遭到污染或破坏,遭受实际损害或者没有遭到实际损害但存在重大风险的情况下可以提起。两者最大的不同便是,海洋生态环境损害赔偿诉讼,只能针对海洋生态环境、自然资源实际已经遭受损害的情况,而海洋环境民事公益诉讼,不仅可以对实际遭受损害的行为提起诉讼,也能针对尚未造成实际损害后果但存在重大风险的行为提起诉讼。所以,二者虽然在适用范围上存在重合,但是海洋环境民事公益诉讼的适用范围要大于海洋生态环境损害赔偿诉讼。同时,这种诉讼适用范围上的区别也折射出两者在制度功能上的差异性。

环境问题本身具有滞后性、间接性以及不可逆转性等特征,众多环境事件从隐患产生到实际损害显现存在时间与空间的阻隔,并且损害不能通过事后救济得到完全的恢复。例如,在著名的“水俣病事件”中,从日本氮肥化工公司向水俣湾排放含汞的工业废水到水俣村居民出现汞中毒的症状,时间跨度长达 24 年之久,尽管部分受害者最后通过诉讼得到了一定的赔偿,但是无法完全弥补该事件给受害者带来的侵害。这意味着如果所有的环境问题都采用事后救济的方式进行处理的话,结果往往达不到保护生态环境,维护社会公共利益的预期效果。而且,在事后救济的过程中,时空的间隔,导致在证据收集、因果关系判定等方面的难度都有所增大。因此,对于环境风险的事先预防,是环境法追求环境安全价值的前提条件,风险防范成为环境法的基本原则之一。环境法制度的构建与发展也一直遵循着这一核心原则的要求。在实体法方面,环境影响评价、环境资源规划等制度,充分体现了环境法针对环境问题的事前防范的制度安排。在程序法层面,尽管诉讼作为一种纠纷解决机制,通常具有典型的“事后性”特征,但将“预防性”纳入诉讼机制,不仅是面对日益严峻的生态环境问题在程序法层面采取的因应措施,还体现了风险预防原则适用领域的延展。[10] 环境民事公益诉讼制度的设立充分证明了这一点,可以说环境民事公益诉讼设立的目的之一便是通过诉讼制度对环境风险进行有效防

---

〔10〕 参见于文轩:《生态文明语境下风险预防原则的变迁与适用》,载《吉林大学社会科学学报》2019 年第 5 期。

范。最高人民法院《关于审理环境民事公益诉讼案件适用法律若干问题的解释》第1条、第8条之规定都充分体现了环境法上的风险防范原则在我国程序法上的实现。在司法实践中，自然之友诉中国水电顾问集团新平开发有限公司等环境民事公益诉讼案、绿发会诉雅砻江流域水电开发有限公司环境民事公益诉讼案和自然之友诉云南华润电力(西双版纳)有限公司等环境公益诉讼案均是原告针对被告具有损害社会公共利益重大风险的破坏生态行为而提起的诉讼。例如，绿发会诉雅砻江流域水电开发有限公司一案，原告即针对被告建设项目建成运行之后可能对分布在库区中的五小叶槭的生存构成严重威胁的行为提起环境民事公益诉讼，要求被告立即采取相应措施消除五小叶槭的生存危机。

可见，如果海洋生态环境损害赔偿诉讼如果能够与海洋环境民事公益诉讼等同，或者认为海洋生态环境损害赔偿诉讼是特殊的环境民事公益诉讼，那么其也应当具备风险防范的制度功能。然而，从当前的相关规定来看，以海洋行政监管部门提起的海洋生态环境损害赔偿诉讼，只能针对已经造成实际损害的环境污染、生态破坏的行为提起诉讼，显然不具备风险防范的作用。也就是说，对于海洋生态环境面临的风险问题，不能通过海洋生态环境损害赔偿诉讼加以救济，其缺乏环境公益诉讼的重要构成要件。因此，二者在作用上存在明显的差别，如果相互排斥的话，那么诸如预防重大环境风险等诸多海洋环境问题将无法通过诉讼制度加以解决。

综上所述，无论是诉讼请求的目的还是诉讼适用的范围，海洋环境民事公益诉讼与海洋生态环境损害赔偿诉讼之间都存在较大的差异，二者之间并不能画等号，彼此也不是包含关系，而是相互独立的两种诉讼形态。所以不能运用"特别法优于一般法"的法律适用原则将海洋环境损害赔偿诉讼的主体规定运用于海洋环境民事公益诉讼中，从而否定社会组织的海洋环境民事公益诉讼的原告主体资格。

四、规则改进：海洋环境民事公益诉讼的功能定位与诉讼衔接

根据上述分析，既然海洋环境民事公益诉讼与海洋生态环境损害赔偿诉讼有着本质区别，那么司法实践中对于这两种诉讼的认识混同、使用混淆等问题就需要通过相关制度重塑与规则重构来加以改进。主要改进方向体现在两方面：其一，通过立法明确二者在海洋环境民事诉讼体系中的功能与关系；其二，确立两种诉讼之间的衔接制度，避免诉讼制度冲突带来的负面效应。

(一)海洋环境民事公益诉讼与海洋生态环境损害赔偿诉讼的功能定位

目前,海洋环境所涉及的民事诉讼制度,包括环境民事侵权诉讼、海洋环境民事公益诉讼和海洋生态环境损害赔偿诉讼。就维护利益而言,环境侵权诉讼旨在解决因污染海洋环境、破坏海洋生态而导致的个人人身、财产以及集体财产受到损害的问题,维护私人利益,是典型的私益诉讼。海洋环境民事公益诉讼则是针对损害社会公共利益或者具有损害社会公共利益重大风险的污染海洋环境、破坏海洋生态的行为提起诉讼,维护的是社会公共利益。海洋生态环境损害赔偿诉讼是对破坏海洋生态、海洋水产资源、海洋保护区,给国家造成重大损失的,由行使海洋环境监督管理权的部门根据其职能分工,代表国家对责任者提起的诉讼,其保护的是国家利益,为表明其特殊性,有学者将其称为国家利益诉讼。〔11〕就介入时间而言,环境侵权诉讼和海洋生态环境损害赔偿诉讼均针对已经造成实际损害的污染破坏行为提起诉讼,具有诉讼典型的"事后补救"特征。而海洋环境民事公益诉讼,还可以对可能造成不可扭转的重大风险的污染破坏行为提起,其介入的时间节点提前到了"事中"甚至"事前"。就功能作用而言,海洋环境民事公益诉讼兼具救济、干预和防范的三重功能,有效地弥补了环境侵权诉讼和海洋生态环境损害赔偿诉讼"风险防范"的不足,而海洋生态环境损害赔偿诉讼就功能内容来看属于生态损害填补诉讼,是海洋环境保护法在传统执法手段之外针对海洋环境严重受损的特殊情形所创立的一种具有损害填补功能的新型手段,〔12〕在海洋环境生态价值不能通过环境侵权诉讼和环境民事公益诉讼得到有效保护的情况下,海洋监管部门通过对海洋生态价值所拥有的管理权和海洋资源的财产所有权而提起的生态损害赔偿诉讼成为维护海洋生态环境的制度后盾,从而填补私益诉讼和公益诉讼的功能缺陷,三者有机地构成了我国多元化的海洋环境民事诉讼体系。建议通过立法的方式,明确三者在诉讼体系中的利益本位、启动条件和功能作用,防止由于定位不明导致在适用过程中带来的制度混同。

(二)海洋环境民事诉讼衔接制度的建构

三类诉讼在功能定位上存在不同的侧重点,相关制度设计、规则形成都可能存在不一致的情况,可以有效地消解彼此之间的冲突,实现诉讼体系的效用最大化的诉讼衔接制度就尤为重要。较之海洋环境民事公益诉讼和海洋生态环境损害赔偿诉讼而言,目前环境侵权诉讼与前二者之间的关系较为泾渭分

〔11〕 参见肖建国:《利益交错中的环境公益诉讼原理》,载《中国人民大学学报》2016年第2期。
〔12〕 参见巩固:《环境民事公益诉讼性质定位省思》,载《法学研究》2019年第3期。

明，诉讼之间的衔接也有着明确规定。因而，在此主要针对海洋环境民事公益诉讼和海洋生态损害赔偿诉讼之间的衔接制度提出可行性方案。

1. 明确诉讼之间的非替代性与非排斥性。考虑到两种诉讼的功能差异，各自在海洋生态环境维护中的作用各不相同，彼此都不能替代，更不能排斥。应当通过立法明确就同一海洋生态环境损害事实，既可以由海洋监管部门提起海洋生态环境赔偿诉讼，又可以由社会组织或检察机关提起海洋环境民事公益诉讼。

2. 确定"分别受理、同一审理"原则。考虑到节约司法资源和避免"同案不同判"，建议就同一损害事实提起的环境民事公益诉讼和海洋生态环境损害赔偿诉讼应由同一法院受理并由同一审判组织进行审理。鉴于目前两类诉讼的管辖法院规定存在一定的差异性，考虑到海洋环境问题审理的特殊性与专业性，建议由损害行为发生地、损害结果地或者采取预防措施地海事法院进行管辖。具体来说，如果在海洋生态环境损害赔偿诉讼案件审理过程中，如果有适格的社会组织或检察机关就同一损害海洋生态环境的行为提起环境民事公益诉讼的，应当由受理该海洋生态环境损害赔偿诉讼的海事法院受理并由同一审判组织审理。如果在海洋环境民事公益诉讼案件审理过程中，海洋监督管理部门又对同一损害生态环境行为提起海洋损害赔偿诉讼的，也应该由同一法院受理并由同一审判组织进行审理。

3. 建立诉讼之间的审理顺位制度。考虑到举证责任承担、赔偿金管理等优势，建议采取海洋生态环境损害赔偿诉讼优先原则，即就同一海洋生态环境损害事实，既提起海洋生态环境损害赔偿诉讼，又提起海洋环境民事公益诉讼的，考虑到海洋监督管理部门在完成相关举证责任、前期生态环境修复工作以及赔偿金的管理等方面都具有较之社会组织甚至检察机关的特殊优势，因此建议先审理海洋生态环境赔偿诉讼，待该诉讼案件审理完毕后，再对海洋环境民事公益诉讼进行审理。如果海洋环境民事公益诉讼已经在审理的过程中，又针对同一损害事实提起了海洋生态环境损害赔偿诉讼，那么先中止对海洋环境民事公益诉讼的审理。

4. 确立诉讼请求全覆盖原则。如果海洋生态损害赔偿诉讼的诉求没有完全包含中止审理的海洋环境民事公益诉讼的诉求，如对海洋生态环境造成的重大风险问题，那么在对海洋生态环境损害赔偿诉讼审理完毕后，法院应对未被涵盖的诉求依法作出裁判。海洋生态环境损害赔偿诉讼案件的裁判生效后，如果社会组织或检察机关就同一损害行为有证据证明尚有未发现的损害，而提起公益诉讼的,法院应予受理;同理,如果海洋环境民事公益诉讼案件的裁判生效后,海洋监管机构就同一损害行为有证据证明尚有未发现的损害,而提起海洋生态环境损害赔偿诉讼的,法院应予受理。

五、结语

在司法实践中,社会组织的海洋环境民事公益诉讼原告主体资格之所以一再被予以否定,根源在于将海洋环境民事公益诉讼与海洋生态环境损害赔偿诉讼予以混淆使用。然而,从理论层面进行分析,两者在诉求目的和适用范围上均具有明显的不同,进而体现为诉讼制度功能定位上的差异性与互补性。如果实务界依然将这种差异性视为一致性,那么诉讼制度之间的互补性将无法实现,从而影响诉讼制度对解决海洋环境问题的效果。因此,有必要从立法层面对海洋环境民事公益诉讼和海洋生态环境损害赔偿诉讼的地位与功能予以明确,并建立二者的衔接机制,从而打造多维度的海洋环境民事诉讼体系,对海洋生态环境进行全方位的维护。

《环境资源法论丛》
第 13 卷,第 131~150 页

论环境犯罪被害预防机制之完善
——以致害因素为视角

冯瀚元*

摘　要　随着生态文明和环境法治建设的深入推进,环境犯罪被害问题越发呈现其重要性和现实性,但却长期为理论和实践所忽视。以犯罪预防为中心的刑事政策不能充分保障环境犯罪被害人的合法权益,应当从被害人的视角建立并完善环境犯罪被害预防体系。环境犯罪被害预防机制是作为本体论来源的致害因素和作为认识论根据的被害现象的统一,致害因素是诱发环境犯罪被害现象的根本原因,环境犯罪被害现象是致害因素在客观外部世界的现象化,二者共同构成了环境犯罪被害预防机制的主客观环节,并决定了其形成国家—社会—被害人"三位一体"的有机体系,最终实现预防环境犯罪被害发生的目标。

关键词　环境犯罪　致害因素　被害现象　预防

环境犯罪是近年刑法研究的热点之一,但针对环境犯罪被害人的专门研究却较为鲜见,立法和司法实践也没有给予环境犯罪被害人应有的关注。以犯罪预防为中心的环境刑事法治体系不能充分满足建设生态文明和保障人权的需求,应关注对环境犯罪被害人的致害因素、被害现象的研究及环境犯罪被

* 冯瀚元,中国政法大学民商经济法学院硕士研究生。

害预防机制的完善。

致害因素是指源于被害人一方且对被害发生具有原因力的要素。[1] 从本体论的视角考察,致害因素是诱发被害的本质原因,一切被害现象都可以归结为作为本体的致害因素在外部世界的现象化。然而,致害因素仅仅意味着导致被害发生的潜在性,这种潜在性一旦达到了现实化的环节,便强迫其原本融为一体的主客两面发生分离,重新结合在繁杂的被害现象中。作为原因力的致害因素绝不能仅仅停留在盲目的现象化环节,而是要在目的理性的指引下实现实践上的飞跃,潜在性不能满足于无目的的、偶然的限制,必然在概念上达到被害预防这一更为普遍的环节。但仅就被害预防而言,致害因素又单纯地表现为专属于被害人自身的主观特殊性,这一片面的环节尚不能符合逻辑地发展到被害预防阶段。辩证的逻辑只有建立在对客观现象的认识基础之上才具有实践意义,而作为致害因素客观化环节的被害现象恰恰为被害预防提供了这一认识论的前提。因此,被害预防是致害因素与被害现象在概念及经验上的统一,被害预防机制之建构与完善必须建基于二者有机统一的基础之上。环境犯罪被害预防亦遵循这一基本的原理,即从作为本体的致害因素出发,对导致环境犯罪被害发生的诸因素进行细致分析,并以此为前提,对主客观环境犯罪被害现象加以认识,最终以致害因素和被害现象的有机统一为基础,构建国家、社会、个人“三位一体”的环境犯罪被害预防机制。

一、本体论基础:环境犯罪被害人致害因素之内涵

依照致害因素自身的组成结构,可以将其区分为纯粹致害因素和混合致害因素。[2] 纯粹致害因素是指不涉及被害人人格、行为、主观心理等内部状态的纯客观性被害诱因,常见于环境群体事件中的无过错被害人。除具有纯粹致害因素的情形,任何犯罪被害人的致害因素都同时具有内在和外在、主观和客观两个部分,构成混合致害因素。混合致害因素是指犯罪被害人内在和

---

〔1〕 本文采取“致害因素”而非“被害性”概念主要基于如下考虑:其一,相较于“被害性”而言,“致害因素”更易于理解,且与学界对犯罪人一方采取的通行概念“致罪因素”相呼应;其二,“被害性”有广义、狭义之分,为了避免概念上可能出现的混乱,本文不采用“被害性”概念;其三,“被害性”侧重研究被害人自身的属性,具有静态性,“致害因素”强调被害人所具有的属性对于被害发生的作用,具有动态性。本文强调通过分析源自环境犯罪被害人自身的导致被害发生的因素进而对环境犯罪被害预防机制进行完善这一动态过程,因此“致害因素”这一概念更为贴切。

〔2〕 这种分类法仅仅依照致害因素自身的组成结构而没有借助任何外部要素,因此是对致害因素的本体论分析。

外在、主观和客观等方面的导致被害的各种因素的综合,包括被害人人格、行为和心理状态。[3]

(一)纯粹致害因素:诱发被害的“风险磁场”

纯粹致害因素构成环境犯罪被害发生的必要条件和基础,具有极其重要的地位。从性质上分析,纯粹致害因素具有外部性、客观性和偶然性,三者相互联系、相互作用,具有内在的一致性。从类型上分析,环境犯罪被害人纯粹致害因素包括被害人身体素质、地理位置以及特定情形下的生态系统。

1. 纯粹致害因素的性质

就致害因素的形成而言,纯粹致害因素具有外部性,即外在于被害人且非由被害人自身形成。只有当被害发生时,纯粹致害因素才与具体的被害人相结合。在此之前,纯粹致害因素只是游离于被害人周围的“被害风险磁场”,构成被害人易感性的重要组成部分。

概念上,外部性与客观性是“一体两面”的关系。与外部性相同,纯粹致害因素的客观性仅就被害发生而言。从关系论的视角考察,不存在纯粹客观的事物,一切存在都必然附着了主体的反馈。若采用静态分析法以被害发生为节点将致害因素分割,那么在被害尚未发生时,纯粹致害因素就仅表现为一种可能导致被害发生的客观潜在性,而主体与纯粹致害因素之间的交互对于被害发生而言则是无意义的。

由外部性和客观性可以必然地推导出纯粹致害因素具有发生学意义上的偶然性。[4] 这种偶然性表现为致害因素与被害人在内容、方式、时间等方面的偶然结合。如前所述,客观性意味着潜在性,这种潜在性完全仰赖偶然的被害后果,由此导致必然性的缺乏。当被害发生时,原本看似与被害毫无关联的那些外部的、客观的要素便瞬间结合了,潜在性也发展为了现实性。前述主体与要素的偶然结合就是纯粹致害因素偶然性的表现,而结合的偶然性则以纯

---

〔3〕 单独地考察发现,人格性致害因素和心理性致害因素属于主观致害因素,而行为性致害因素属于客观致害因素。然而,由于三者之间密切的联系,以至于在实然上根本不能分离,因此三者共同构成了混合致害因素,即在行为性致害因素中必然包含了人格和心理的主观方面,反之亦然。

〔4〕 在人文科学中,发生学是指主要以逻辑推断研究事物产生和发展的学问。本文是从逻辑而非经验的角度研究对环境犯罪被害问题加以研究,通过本体论的分析,被害现象的产生及被害预防机制的构建被赋予了概念上的确定性,并由此形成了相对完整的逻辑发展链条。因此,被害现象是在发生学意义上由致害因素合逻辑发展而来。

粹致害因素的外部性和客观性为前提。[5]

2. 环境犯罪被害人纯粹致害因素的类型

根据犯罪类型的不同,纯粹致害因素表现出明显的特异性,如暴力犯罪、性犯罪中的性别,诈骗犯罪中的年龄,盗窃犯罪中的被害人居住环境等。纯粹致害因素将潜在的环境犯罪被害人置于高度易感状态或提高既有环境犯罪被害后果加重的风险,为环境污染行为提供了犯罪的"温床"。具体而言,这些因素主要包括:

(1)身体素质。作为环境犯罪被害人纯粹致害因素的身体素质主要表现为被害人对特定类型污染物的敏感性,敏感程度较高的人群具有环境犯罪被害易感性,同样条件下发生环境犯罪被害后果的可能性较高。《中国公民生态环境与健康素养》指出,不同人群对环境危害因素的敏感性存在差异。一般而言,老人、孕妇、儿童等身体素质较弱人群对污染更为敏感。以血铅中毒为例,该病症大多发生在儿童群体,且血铅对儿童的影响明显大于成年人。其中,对胎儿的危害最大,会导致不可逆的大脑功能损害,导致认知功能明显下降。

(2)地理位置。根据被害调查的结果,环境犯罪被害主要集中于农村、乡镇等人口密度和城市化程度相对较低的地区。[6] 首先,形成这一现象的主要原因是污染企业大多以工业区、产业园的形式设置在远离人群的区域以减少污染物对人群的影响。其次,一些在地处人口相对密集地区的污染者为躲避环境执法,往往会采用隐蔽的方式将污染物运输至偏僻地区倾倒,也会导致地理位置成为环境犯罪被害的纯粹致害因素。[7] 最后,诸如废气、废水等污染物具有一定的流动性,即环境污染具有空间上的延展性。[8] 因此,在污染物流经的范围内也可能形成纯粹致害因素。易言之,环境犯罪被害的地理位置

---

[5] 认为偶然性是指纯粹致害因素偶然地促成了被害发生或纯粹致害因素的诸要素本身具有偶然性的观点只是浮于问题的表面。本质上,是致害因素与被害人结合的偶然性决定了被害发生的偶然性。

[6] 本文通过随机抽样调查了786篇污染环境罪裁判文书,明确涉及被害人的28篇。其中,发生在市、区的仅3起,污染者均为远离市、区中心地带的大型化工企业,所处地段多为城乡接合部。

[7] 此类环境犯罪现象在实务中较为常见,其中影响较大的,如安徽省芜湖市镜湖区检察院诉李某等人跨省倾倒固体废物刑事附带民事公益诉讼案,入选2018年由最高人民检察院发布的检察公益诉讼十大典型案例。该案中,被告人从江苏、浙江等9家企业收集工业污泥共计2500余吨,先后两次将污泥运至安徽铜陵长江边并将污泥直接倾倒于铜陵市江滨村江滩边,造成长江生态环境严重污染。

[8] 例如,危险废气运输过程中发生泄漏事故,造成沿途1000余人中毒,其中60余人住院治疗。参见(2018)湘1229刑初16号刑事判决书。

并不是固定的,而是随着污染物的类型及其流动而变化。

(3)特定情形下的生态系统。环境污染往往具有累积性,以重金属废液为主的污染物在一定时间条件下通过生态系统的传递和富集作用,逐渐达到足以危害人体健康的程度,最终导致被害后果的发生。[9] 在此类情形中,生态系统事实上起到了极为关键的中介作用,扮演了犯罪行为及其结果的"传话筒"和"放大器"。通过阻止污染物在生态系统中的传递和富集,切断环境犯罪—被害发展的链条,可以有效防止被害后果的发生。

(二)混合致害因素:以人格为基础的主客观致害因素分析框架

如前所述,混合致害因素是主客观因素的有机结合,因此具有主客观统一性和内外部一致性。附属于人格的规定是人的本质属性,其中,作为本质规定的自由构成了概念上人之为人的基础,因此这些规定必然要走向现实,即实现人性本身。相反,阻止它成为现实的那些力量则是偶然的、特异的。因此,混合致害因素具有发生学上的必然性。混合致害因素可以细分为人格性致害因素、行为性致害因素和心理性致害因素,三者相互联系、对立统一。心理性致害因素是行为性致害因素的内在根据,后者是前者的外在表现。被害人看似偶然的行为、心理,实则为自身状态的必然产物。因此,人格性致害因素是行为性和心理性致害因素的本源。

1. 人格性致害因素

人格,是以人性禀赋的潜质为基础,通过人的认识、情感、意志和行为等各种活动造就并体现在这些活动中的具有一致性和稳定性的总体个性特征和完整精神面貌。[10] 被害人学研究表明,被害人的特定人格特征往往是被害发生的重要诱因。譬如,粗心大意、做事马虎往往是盗窃罪被害人的人格特征,暴躁易怒、过度敏感往往是暴力犯罪被害人的人格特征,言语轻佻、性情散漫往往是性犯罪被害人的人格特征等。环境犯罪被害人以利己、内向为基础人格特征,由此衍生出贪利、自私、短视、怯懦等直接人格特征。[11] 这些特征往往是个人禀赋、自然环境、社会结构等因素长期复杂作用的结果,并且会不自觉地外化为被害人的心理状态和外部行为。

---

[9] 较为典型的,如20世纪五六十年代在日本发生的水俣病事件。自20世纪20年代周围工厂开始排放含汞废液以来,直到1956年才在当地出现第一起病例。

[10] 参见江畅:《人的自我实现——人性、人格与人生》,载《求索》2019年第4期。

[11] 基础人格特征本身没有善恶之分,仅仅是对自然状态下人性的无价值描述。直接人格特征决定了行为和一定的心理状态,而行为和心理显然应当接受社会的价值评价。由此,直接人格特征同样包含了一定的价值评价。

2. 行为性致害因素

行为性致害因素是指对被害发生具有促进作用的被害人行为，既包括积极作为，也包括消极不作为。在环境犯罪被害中，积极作为的情形主要表现为被害人积极参与环境犯罪活动，如为非法生产者提供生产场所、生产设备或资金等。随被害人参与程度的递增，对被害人的可谴责程度也随之递增，当被害人参与达到一定程度时，被害人向犯罪人发生身份上的转化，成为环境共同犯罪人。

利己是积极作为型行为性致害因素的人格基础。长期以来，人们没有认识到环境对人类生存和发展的重要意义，于是人类本性中固有的利己成分把追求经济利益作为唯一目标，环境仅仅是实现经济利益的手段。这种利己成分具体表现为贪利、自私和短视。贪图个人经济利益是被害人选择忽视甚至刻意无视污染行为对自身健康及周边环境的危害而积极参与到污染行为的直接动机。对私人经济利益的贪求牺牲了群体的公共利益，由此体现出被害人的自私人格。“生态系统过程具有时间范围和结果滞后性。这与人类趋于短期和即时的惠益，而忽视长远利益的本性之间存在着固有的矛盾。”〔12〕历史的经验证明，以牺牲环境为代价所换取的经济利益只是暂时的，原本为满足私人利益而采取的污染行为取消了最初获得的一切经济利益，最终异化为被害后果。贪利和自私蒙蔽了人的双眼，使被害人产生短视的性格特征，不能正确衡量经济价值与生态价值的关系，进而对长远利益作出非理性评价。

消极不作为的情形主要表现为面对潜在或现实的环境犯罪被害坐以待毙，进而导致被害后果的发生和扩大。从现象上看，消极不作为表现为被害人之间缺乏合作，而这种合作意识的缺乏表征了被害人内向的基础人格特征，包括自私、懦弱的直接人格特征。懦弱人格主要表现为基于犯罪—被害双方经济实力、社会地位、信息能力等方面的不对称而不敢采取阻止污染行为。大型环境犯罪案件的犯罪人往往是具有一定经济实力的企业，且由于环境污染案件本身存在证明难度大、因果关系复杂等特点，仅凭被害人一己之力难以有效阻止被害的发生，尤其是在被害人群体缺乏一致行动的情况下，预防环境犯罪被害更是举步维艰。由此，部分环境犯罪被害人便选择放弃采取行动，纵容污染行为的发生，最终导致被害结果的发生或加剧。

---

〔12〕　蔡守秋：《基于生态文明的法理学》，中国法制出版社2014年版，第368页。

3. 心理性致害因素

心理性致害因素是指被害人自身所具有的容易导致被害的心理，主要包括被害人对自身被害角色的容忍或接受，对自身潜在被害状态的疏忽或麻木，而这种麻木状态往往是由长期重复被害引起的。[13] 在环境犯罪中，被害人的放任心态普遍存在。[14]

环境犯罪被害的隐蔽性、累积性和时空延展性导致环境犯罪被害通常具有长期性、重复性，因此较之传统犯罪而言，被害人更容易形成对被害后果麻木、容忍的心理状态。环境犯罪被害往往涉及不特定多数人，在群体意识缺乏的社群环境中，被害人往往寄希望于他人能够采取措施而自己却怠于行动，这种自私人格最终导致整个被害群体对环境犯罪行为的放任，容易促成群体性被害事件，对社会造成的负面影响远大于单个被害事件。

环境犯罪被害人心理上的麻木、放任状态由利己和内向这两大人格要素共同决定。一方面，被害人只在乎眼前的个人利益，对公共事务漠不关心，长此以往，在心理上形成了对污染问题的习惯性忽视，最终导致被害发生；另一方面，虽然有一些被害人意识到污染问题的严重性，但由于缺乏团结意识、缺乏社会责任感、性格懦弱等原因，对污染问题的持续恶化充耳不闻甚至搬离污染地区，这种对环境污染行为放任乃至纵容的心理状态无疑间接鼓舞了污染者的罪行，导致环境犯罪被害后果的扩大。

二、认识论展开：环境犯罪被害人致害因素之现象化

致害因素之现象化是指属于被害人自身的导致被害发生的要素在外部客观世界的显现，表现为一系列主客观被害现象。一切知识都从经验开始，但却不因此都从经验发源。[15] 对特定事物或现象的认识必定从感性可以直观领悟的外部对象开始，而这种外部对象的本体则必须通过知性范畴加以整理、分析，最终运用理性加以把握。只有以作为本体的致害因素为基点，考察其现实化的过程，才能从表象中解放出来，进而真正认识被害现象。

就认识论而言，被害现象是被害预防建立的起点，为被害预防策略提供现象上的基础。环境犯罪致害因素现象化的研究应以环境犯罪被害人过错、犯

---

〔13〕 参见许章润主编：《犯罪学》（第4版），法律出版社2016年版，第103页。

〔14〕 参见张应立、殷东伟：《环境犯罪被害及其过错研究》，载《贵州警官职业学院学报》2014年第5期。

〔15〕 参见［德］康德：《纯粹理性批判》，邓晓芒译，杨祖陶校，人民出版社2017年版，第1页。

罪—被害转化关系和被害事件特征为重点,分析致害因素与环境犯罪被害现象之间的关系,为环境犯罪被害预防奠定坚实的基础。

(一)致害因素的主观现象化:环境犯罪被害人过错

依据是否存在过错及其程度,可以将被害人分为完全无过错、小于犯罪人过错、等于犯罪人过错、大于犯罪人过错、完全有过错五种类型。[16] 作为致害因素现象化的第一个环节,被害人过错尚未在概念和现实上取得独立的规定性。然而,这并不足以混淆被害人过错作为主观被害现象的性质。首先,被害人过错由致害因素发展而来,始终处于认识论限制之内,因此在表象的环节止步不前,不能揭示被害现象的本质;其次,被害人过错仅仅在现象的实然层面影响被害的发生,其作为被害现象主观层面之存在不能在同一事物内部建立起外在的关系,只有作为本体的致害因素被赋予了建构此种关系的能力。就此而言,把被害人过错作为被害研究基础的观点不仅在概念上是错误的,更是极其危险的,这种观点至少意味着把被害人置于被害发生的直接原因的地位而使其无法摆脱必然被谴责的命运的高度可能性。

致害因素的类型决定被害人过错的有无,而过错的程度则主要由混合致害因素,即被害人的人格、心理和行为共同决定。由于纯粹致害因素是完全外部的、客观的,因此其在主观层面的现象化必定是非主观的,即无过错。在规范的意义上,过错意味着没有尽到对被害后果最低限度的审慎注意义务,而在纯粹致害因素的情形下,即便是最低限度的义务也无法被实现,身体素质、地理位置、生态系统即便在实然上有注意之可能,也不应在规范上产生注意之义务,否则便是法向不法的屈服。其他四种过错类型的被害人同时具有纯粹致害因素和混合致害因素。同时,混合致害因素程度的提高(尤其表现为行为程度的提高)意味着过错程度的提高,即对被害后果的发生产生明显的促成作用。[17] 当过错达到一定程度时,被害人与犯罪人发生身份上的转化,成为环境共同犯罪人。

---

[16] 与此相类似的分类方式的依据是被害人责任。除此之外,也有学者依据是否可以对被害人进行谴责,即被害人是否具有可责性及其程度进行划分。参见[美]安德鲁·卡曼:《犯罪被害人学导论》(第6版),李伟等译,北京大学出版社2010年版,第129页;张建荣:《论犯罪被害人的致害因素》,载《学术交流》1999年第4期。事实上,责任和可责性都是基于被害人过错衍生而来的次生概念,过错是责任的前提,责任是可责性的基础。因此,以被害人过错作为分类依据是较为妥当的。

[17] 例如,被害人在得到污染者私下赔偿后便不再继续追究,促使污染者变本加厉,最终导致被害后果加重。参见山东省临沭县人民法院(2018)鲁1329刑初254号刑事判决书。

(二)致害因素的客观现象化:环境犯罪—被害转化关系

“有效被害预防的前提是科学、正确的犯罪关系理论。”[18] 被害人学研究表明,实践中大量存在被害人与犯罪人角色转化的情形,包括正向转化与逆向转化。前者是指被害人向犯罪人转化,后者是指犯罪人向被害人转化。[19]

1. 逆向转化

环境犯罪被害人的逆向转化与纯粹致害因素无关,仅仅意味着混合致害因素的发展。因此,发生逆向转化的被害人必然具有一定程度的过错。一般而言,逆向转化并非出于被害人的主观意愿,而是由被害人意志之外的因素造成的。然而,过错并非针对已然被害后果而言,而是在规范意义上针对后果之发生是否负有审慎注意之义务以及是否履行了这一义务。发生逆向转化的被害人原本就是污染行为的实施者,基于责任主义原则,只要具备规范上的可能性,对因非法原因行为所导致的危险就必然负有消除义务。

逆向转化在环境犯罪被害中较为常见。在一些案件中,犯罪人甚至被害最早、最重。[20] 产生这一现象的主要原因是环境犯罪被害后果与污染行为之间存在时空上的离析性,由此导致了两种可能的情形:第一,受现有科学认识水平的限制,行为人在从事污染活动时缺乏对被害后果的预见可能性,甚至可能在排污行为符合相关环境标准的情形下被害。根据谨慎原则和风险预防原则,在面对科学不确定性,环境污染者负有最低限度的审慎注意义务,若产生污染事故,依然可以肯定污染者最低限度的过错。第二,行为人意识到污染的可能性,但出于侥幸心理或自愿选择牺牲健康以换取经济利益,最终导致被害后果的发生。就此可见,除尽到审慎注意义务的意外,发生逆向转化的环境犯罪被害人一般都具有过错,并且在本质上由其所特有的混合致害因素所决定,即人格上的利己、行为上的积极作为和心理上的疏忽侥幸等。

2. 正向转化

环境犯罪被害人的正向转化现象同样大量存在。以司法实践中较为多发的拆解废旧电瓶造成含铅废液污染的案件为例。在此类案件中,仅凭犯罪人一己之力难以获得足够的废旧电瓶,便雇佣周边村民帮助其回收旧电瓶。这些村民因提供废旧电瓶获得报酬,但其生活环境却被废旧电瓶中的含铅废液

---

〔18〕 白建军:《关系犯罪学》(第2版),中国人民大学出版社2014年版,第478页。

〔19〕 参见郭建安主编:《犯罪被害人学》,北京大学出版社1997年版,第183~184页。

〔20〕 例如,制表厂工人不遵守生产规定,私自将工业废料倒入水渠,导致污染物遇水产生有毒气体,致其昏厥。参见广东省深圳市宝安区人民法院(2017)粤0306刑初2000号刑事判决书。

污染,导致自身遭受严重损害。[21] 此种情形下,如果被害人明知犯罪人拆解废旧电瓶会导致污染环境的后果并且依然向其提供废旧电瓶,可能构成污染环境罪的帮助犯,从而从被害人转化为犯罪人。

与逆向转化相同,正向转化的环境犯罪被害人一般具有过错,且由利己人格及衍生出的贪利、自私、短视人格主导。被害人往往对于污染行为可能对自己造成损害缺乏正确判断,出于暂时的经济利益而参与到环境犯罪当中,导致正向转化的发生。

(三)纯粹致害因素与犯罪行为之结合:环境犯罪被害现象诸特征

客观被害现象由纯粹致害因素决定,这种决定仅就被害发生的意义上而言。若静态地在现象的层面上分析客观被害现象,则纯粹致害因素仅仅提供了被害现象的外在形式,而被害现象的具体内容则由犯罪行为赋予。环境犯罪所特有的时空延展性、累积性导致了环境犯罪被害范围的涉众性、被害形式的间接性和被害后果的时空延展性;而被害人身体素质、地理位置和生态系统则以不同的比重决定了客观被害现象的形成。其中,被害人身体素质属于接受性致害因素,即被动地与其他致害因素及犯罪行为相结合,构成被害发生的前提。

1. 环境犯罪被害范围具有涉众性。衡量被害范围主要包括被害人时空分布和被害人数量两项指标。根据这一标准,可以区分出个体型被害人与涉众型被害人。个体型被害人的被害影响范围较小,一般是特定的个人或少数人,主要表现为人身财产等涉及私人利益的犯罪;涉众型被害人的被害影响范围较大,一般是不特定的多数人,主要出现在危害公共安全和扰乱社会秩序等涉及公共利益的犯罪当中。环境犯罪被害人具有不特定性和多数性,属于典型的涉众型被害人。从致害因素的层面考察,地理位置和生态系统从空间和时间的维度共同决定了环境犯罪被害的涉众性。从空间上看,污染物往往依托生态系统在一定地理范围内进行传播,在该地理区域内生活的不特定多数人都处于被害风险当中。被污染的环境难以在短时间内彻底恢复,诸如重金属元素等污染物会在生态系统的特定环节不断累积,最终造成处于被污染生态系统一环的不特定多数人被害。

2. 环境犯罪被害形式具有间接性。被害人遭受犯罪行为侵害的方式主要有两种:一是犯罪行为直接指向具体有形的被害人,此时被害人就是犯罪对

---

[21] 参见山西省太原市万柏林区人民法院(2018)晋0109刑初481号刑事判决书。

象；二是通过作用于外界物质实体或侵害抽象权益间接地造成被害，此时犯罪对象与被害人呈分离状态。[22] 环境犯罪被害形式具有间接性，这一性质主要由作为纯粹致害因素的生态系统决定。环境犯罪行为直接作用于水体、大气、土壤等环境要素，其直接犯罪对象是自然环境。当污染结果没有对被害人的人身、财产、精神造成损害时，仅仅是对公民环境权抽象的、观念上的侵害。只有在通过生态系统的传递和富集作用后，环境犯罪行为才能对被害人造成实际损害。

3. 环境犯罪被害后果具有时空延展性。被害调查结果显示，环境犯罪被害后果具有累积性和潜在性。[23] 这种累积性和潜在性以作为纯粹致害因素的生态系统为基础，是人类行为对生态系统的负面“利用”。累积性和潜在性在被害后果上表现为时空延展性，即环境犯罪行为与被害后果的出现之间存在时间和空间上的离析。值得注意的是，并非所有环境犯罪被害后果都具有时空延展性。例如，气体污染案件中的被害后果往往具有即时性。这是因为，与固体和液体污染物相比，气体污染物传播速度较快，一旦扩散则难以快速有效防范，且部分气体污染物所引起的反应症状较为强烈，多为急性中毒。[24]

三、本体论与认识论之统一：“三位一体”的环境犯罪被害预防机制

被害预防是主观层面的致害因素和客观层面的被害现象之统一，是通过对致害因素的本体论分析和对被害现象的认识论分析所达到的逻辑发展的最终环节。环境犯罪被害的特殊之处在于纯粹致害因素起基础性作用。事实上，仅凭借被害人的力量不足以消除纯粹致害因素，在应然层面同样不应将此义务负担于被害人之上。因此，被害预防的第一层次应根据国家责任原理由国家完成。然而，国家手段往往具有滞后性、强制性等负面影响。相较而言，社会能够形成良好的沟通对话机制，具有反应迅速、手段灵活、参与度高等国家手段不具有的特征。因此，社会应当作为国家的补充发挥作用，构成环境犯罪被害预防的第二个环节。混合致害因素的本质是被害人特殊人格及其外

---

〔22〕 参见许章润主编：《犯罪学》（第4版），法律出版社2016年版，第102页。

〔23〕 在对28篇涉及被害人的环境犯罪判决书的调查中，即时性被害共计8起，占比28.57%（即时性被害的标准为自污染行为实施到被害后果发生的时间间隔少于3日）。

〔24〕 例如，犯罪人非法从事冰铜、冰镍冶炼，在冶炼过程中因违规操作导致含砷污染物通过大气迁移传输，在周边村镇积累富集，致使该区域49名村民中毒，造成公私财产损失80余万元。参见湖北省黄石市下陆区人民法院（2014）鄂下陆刑初字第00134号刑事判决书。

化,被害预防的关键在于被害人自身而非外部强制力。同时,只有在国家预防和社会预防发挥效用时,被害人预防才有意义。就此而言,被害人预防仅仅是辅助手段。因此,被害人预防构成环境犯罪被害预防的最后一个环节。环境犯罪被害预防的三个环节以致害因素和被害现象为逻辑前提,以消除致害因素为目的,依据实践发展的现实逻辑形成对立统一的辩证关系并在效果上互相配合、形成合力,由此形成具有前提一体、目的一体、效果一体三大特征的国家—社会—个人"三位一体"环境犯罪被害预防机制。[25]

(一)现代法治逻辑之展开:国家环境犯罪被害预防

环境犯罪被害中的纯粹致害因素难以通过直接手段加以消除,通常只能采取预防环境犯罪发生的措施,阻止环境犯罪行为与纯粹致害因素的结合,间接达到被害预防的目的。因此,国家和社会层面的环境犯罪被害预防以环境犯罪预防为核心。国家层面上,环境犯罪被害预防应当遵循法治的逻辑,从立法、司法、执法三个方面加以建构和完善。

1. 环境犯罪被害立法预防

立法层面对于犯罪被害预防的作用一般具有间接性,即根据犯罪与被害的辩证关系原理,通过预防犯罪间接地实现被害预防。具体而言,环境犯罪领域的立法应当从以下三个方面加以完善:

(1)完善相关前置法律规范。由于社会历史条件和人类理性的限制,滞后性是任何法律体系都无可避免的普遍特征,但当法律规范的滞后性达到一定程度以至于影响其实然或应然的规范目的之实现时,就应当及时以立法的方式填补法律漏洞。预防因违法犯罪行为所引起的大范围环境犯罪被害首先要完善相关的前置法律规范,在其制裁能力范围内最大限度地实现防范环境风险的规范目的,降低被害发生的可能性。

(2)重构环境刑罚法规体系。规范层面上,环境犯罪被视为妨害社会管理秩序类罪下的属罪。然而,这种立法模式具有一定的抽象性,使犯罪预防效果被削弱,由此间接地导致被害预防功能的缺失。正如有学者指出,这种抽象的立法模式使"刑罚个别化失去了栖身之地,进而为罪刑不均衡和罪刑擅断埋下了祸根。"[26]而环境犯罪类型化的不充分、不精确、不能充分反映当前环境问

---

[25] 由于环境犯罪被害预防的三个环节构成对立统一的辩证关系,因此在内容上难免有所交叉或重叠,但相同的要素在概念发展的不同环节加以讨论显然具有不同的实践内涵和特定作用。

[26] 苏永生:《环境犯罪的独立性和体系性建构》,载《中国地质大学学报(社会科学版)》2018年第5期。

题现状、不能充分满足环境治理需求，恰恰是导致犯罪预防失效的重要原因。因此，应当根据环境犯罪及被害的特征细化环境犯罪的类型，明确相应的禁止性规范，提高环境犯罪立法的精确性、科学性和适应性。

(3)重塑环境犯罪制裁方式。现有的以自由刑为核心的犯罪制裁方式不能适应环境犯罪时空延展性、不可预见性、因果复杂性等特征，在司法实践中既表现在环境犯罪案件数量的持续上升，又表现在公众对于某些环境犯罪案件审判结果的疑虑。这种制裁理念与犯罪现实的冲突导致了刑罚效果的削弱，更可能对公众的法感情产生消极影响，由此间接地影响环境犯罪被害预防的实现。同时，环境犯罪法定刑相对较轻，不能充分评价其的危害性。因此，应当更新环境犯罪制裁理念，将环境犯罪对生态环境利益的破坏纳入危害性评价中，完善现有的环境犯罪制裁措施。具体而言，可以从刑罚措施和非刑罚措施两个层面进行完善。刑罚措施的完善包括提高自由刑刑期和罚金刑数额、增加没收刑，非刑罚处罚措施的完善主要包括资格刑，分为针对违法企业的限制生产、限期停产乃至强制撤销企业资质和针对违法个人的从业限制、禁止。[27]

2. 环境犯罪被害司法预防

目前，中国已经初步建立了专门的环境司法制度。然而，当前的一系列环境司法制度仍然受限于传统刑事司法理念，不能充分地回应环境司法实践的特性，进而影响环境犯罪被害预防的效果。从犯罪人与被害人的相互关系上看，应当充分发挥司法的规制功能，通过切断被害人与犯罪人之间的相互转化达到预防被害的目的。具体而言，应当从刑事政策上适当放宽环境共同犯罪的成立标准，降低共犯的认识和意志程度，在被害人与犯罪人对于危险或结果的发生具有大致相当的过错的前提下，如果被害人对于危害后果的认识和意志程度达到了一般过失犯罪的标准，可以将被害人作为环境犯罪的共犯加以处罚。

除此之外，对于制裁尚未达到犯罪标准的环境违法行为的司法活动，应当以防止其继续实施违法行为乃至犯罪行为为目的，通过司法活动的强制力切断犯罪行为产生的渐进路径，实现非刑事领域的环境司法的被害预防功能。

---

〔27〕 我国采取行政制裁与刑事制裁平行的二元立法模式，行政制裁措施广泛涉及财产、企业资质甚至人身自由，这些规定难免与刑事制裁措施发生竞合。出于司法效率和保障人权的刑事法治理念，刑事制裁措施应当包含非刑罚处罚措施，而不是片面地对一切行为都处以刑罚。当污染行为达到犯罪标准时，应当直接在刑事诉讼程序中解决其具有公法性质的全部法律责任，而不是在刑事程序以外单独地处以行政制裁。

具体而言,应当从程序上完善民事、行政、刑事环境司法活动的衔接,加强环境民事司法和行政司法的即时性和制裁的有效性,尽可能地通过民事和行政手段阻止环境污染行为发展为环境犯罪,落实风险预防原则,防止环境犯罪被害后果的发生。

3. 环境犯罪被害执法预防

行政执法在环境犯罪的预防体系中有着重要的地位,是预防环境犯罪有效的手段。[28] 相对于刑事诉讼程序而言,行政执法具有高效性、即时性和便捷性。行政执法通过减少可能的和现存的环境污染行为,能够阻止致害因素与犯罪行为的结合,进而降低环境犯罪被害风险,实现环境犯罪被害预防目的。然而,当前环境执法存在广度不足、力度不足、深度不足等问题,亟须从被害预防的视角对环境执法相关制度进行完善。

(1)现阶段环境执法中存在问题

从环境犯罪被害预防的角度来看,当前环境执法体制主要存在以下问题:

第一,在广度上,环境犯罪被害黑数较大,而执法广度不足是黑数产生的重要原因。造成执法广度不足的原因是多方面的:从执法人员一方来讲,既包括环境执法人员数量不足,也包括环境执法部门之间权责不清,缺乏有效的协调联动机制;从犯罪人一方来讲,环境违法行为的方式越发多样化、复杂化、隐蔽化,例如私设暗管偷排偷放、伪造或篡改环境监测数据、不正常使用防治污染设施,这无疑给环境执法工作增添了困难。[29]

第二,在力度上,虽然《环境保护法》中规定了按日连续处罚、行政拘留等制裁措施,但并没有赋予环境执法人员充分的权力。环境问题所特有的时空延展性和因果关系复杂性增加了环境执法过程中调查取证的困难,一旦执法人员缺少采集、挖掘相关犯罪证据的能力和依据,便难以在事前及时预防环境犯罪的发生,进而导致被害后果的发生。有学者将环境执法队伍没有刑事案件侦查权作为生态环境犯罪类案件移送司法率低的一个重要原因,[30] 其中既有相关法律制度的问题,也有环境执法人员自身能力的问题。

第三,在深度上,当前环境执法工作缺乏对执法对象的正确认识和针对性,对于不同的执法对象采取"一刀切"式的治理措施。例如,实践中绝大多数

---

[28] 参见董邦俊、马君子:《环境犯罪预防对策之实证研究》,载《环境保护》2015年第12期。

[29] 有学者总结了当前实践中环境犯罪活动的7种主要表现形式,进而指出:较之传统犯罪,环境犯罪的作案方式更加隐蔽、犯罪链条更加复杂、跨区域作案更加突出。参见姚远:《论环境犯罪及其预防对策》,载《江苏警官学院学报》2019年第2期。

[30] 参见李红燕:《全面推进生态环境保护综合行政执法改革》,载《环境经济》2019年第18期。

的环境犯罪属于自然人犯罪,而环境执法工作却始终把重心放在大型企业的污染防治上。〔31〕个别地看,虽然企业污染的严重程度和社会关注度都远高于个体犯罪人所造成的环境污染,但整体而言后者所产生的实际危害更需要加以重视。

(2)被害预防视角下环境执法的完善

第一,建立环境违法犯罪举报奖励机制和宽恕机制。如前所述,当前环境违法行为的手段越发隐蔽,而基层环境执法人员的数量和质量在短时间内难以提升,既然从外部难以发现这些环境违法行为,就可以设法从内部将其瓦解。具体而言,对于无过错或未参与到环境违法行为当中的环境犯罪被害人,应当建立环境违法犯罪举报奖励机制,在提高公众环境保护意识的同时实现预防被害的目的。〔32〕同时,对于具有一定过错或处于正向转化过程中的环境犯罪被害人,应当建立宽恕机制,即在一定条件下减轻或免除被害人一方的法律责任。这种减轻既包括民事责任、行政责任,也包括刑事责任。"一定条件"既包括积极的成立条件,也包括消极的阻却条件。积极条件即被害人的行为必须达到应当承担法律责任的程度,如成立环境犯罪的共犯;消极条件即主动采取措施预防环境犯罪和被害的产生或发展,如向执法部门主动坦白违法行为或采取其他措施防止污染结果的发生。

第二,建立并完善环境警察制度。环境问题的特殊性在客观上决定了环境执法权力的配置不能与一般行政执法等而视之。规范层面上,环境保护法律规范普遍规定了行政拘留、承担刑事责任等超出一般行政执法权力的制裁方式;事实层面上,环境执法部门由于缺乏包括侦查权、强制权在内的必要的执法权力,对于发现和遏制环境违法行为往往力不从心,由此导致环境犯罪预防目标的落空。因此,警察权介入环境违法犯罪领域具有理论和实践上的必要性。目前,一些地方开始尝试建立环境警察队伍,其建构模式主要有环保部

〔31〕在抽样调查2014~2018年786篇环境犯罪判决书中,以自然人为犯罪主体的案件共710起,占比90.33%。其中,以黑作坊、小型加工厂等形式进行生产活动的情形居多。但因参与人数少、规模小且不具有生产资质,这些犯罪主体并不属于刑法中的单位犯。然而,受人众传媒商业性特征的影响,被媒体曝光的重大环境污染事件的犯罪主体大多是大型生产企业,由此使公众产生"环境犯罪以大企业为主"的错误印象。

〔32〕据2020年发布的《关于实施生态环境违法行为举报奖励制度的指导意见》,目前中国正在尝试建立环境违法犯罪举报奖励机制,这一机制的建立无疑将对环境犯罪被害预防起到一定的积极作用。

门主导、公安机关主导和两部门联手协助三种模式。[33] 然而,无论上述哪一种模式,都将不可避免地导致环保部门与公安机关在执法权上的结构性冲突。面对环境污染随时可能失控的巨大风险,环境执法效率与风险预防成功率呈现密切的正相关关系,而不同执法机关之间不必要的横向交流无疑不利于执法效率的提高,环境执法机构的断裂使得各行政机关"各自为政,陷入本部门的职责与规制目标,即使勤勉执法但视野狭窄"[34]。因此,应当在完善监督体制的前提下整合环境行政执法权力,更有效地应对环境风险。同时,由于警察权对环境违法犯罪治理的必要性,应当将环境违法犯罪行为规制的全过程统一纳入环境警察的权责范围内,即将环境警察权的介入时点超前化,从以往的事中乃至事后治理阶段提前到事前预防阶段,进而实现对环境犯罪被害的预防。

第三,加强环境执法工作的针对性。环境执法部门应当根据执法对象自身的差异性有针对性地采取治理措施。首先,应当重视非单位实施的环境违法犯罪行为,加强对"黑作坊""黑工厂"的查处力度。其次,应当根据促进环境与经济可持续发展的根本理念和预防污染后果的产生与扩大的根本目标,区别对待不同性质的污染企业。"对那些有守法能力但是故意违法的企业应当采用威慑型执法,而对于那些有守法的意愿但是能力不足的企业,执法机关应侧重于进行守法指导和守法援助,而非威慑式处罚。"[35]

(二)国家责任与预防效果之补充:社会环境犯罪被害预防

作为国家被害预防的补充,社会层面的环境犯罪被害预防同样通过预防环境犯罪后果的发生间接阻止致害因素的现实化。不同于国家必然负有的被害预防义务,社会组织仅仅基于国家责任的补充和实现被害预防目的的功利性考量而承担被害预防责任,因此具有自发性、公益性和非强制性。按照被害预防措施实施主体的不同,社会层面的被害预防可以分为社会组织被害预防与社区被害预防。

1.社会组织环境犯罪被害预防

环境犯罪被害预防领域的社会组织以环境公益组织为主。目前,中国尚

[33] 参见李晨光:《略论中国环境警察队伍建设的必要性及其完善》,载《山西警察学院学报》2018年第4期。
[34] 刘超:《环境风险行政规制的断裂与统合》,载《法学评论》2013年第3期。
[35] 何香柏:《我国威慑型环境执法困境的破解——基于观念和机制的分析》,载《法商研究》2016年第4期。

未建立专门的环境犯罪被害预防社会组织,环境犯罪被害预防的功能由环境公益组织间接承担,即环境公益组织所从事的环境保护行动客观上不自觉地降低了环境犯罪被害人致害因素现实化的可能性。由于被害后果的现实性和被害补救的急迫性,环境公益组织往往将焦点集中于已然被害人的援助工作,而对更为重要的潜在被害人的预防工作却予以忽视。因此,环境公益组织应当在其开展的各项公益活动中有意识地以预防环境犯罪被害为导向。例如,加强公众对于环境违法犯罪行为的认识,从心理上阻断其向犯罪人的转化或阻止其形成可被谴责的被害状态;组织志愿者巡查并举报偏远地区的个体型环境污染者,防止环境污染的恶化等。

2. 社区环境犯罪被害预防

社区环境犯罪被害预防是指立足于居民社区,通过对个人居住的社区建筑环境和人文环境的改善,预防被害。社区环境犯罪被害预防不同于一般的群体性被害预防,其实质是居委会和村委会组织管理下的特定被害预防类型。

社区被害预防的关键在于营造有效的"防卫空间"。[36] 根据不同的预期犯罪类型、被害预防目标、社区规模和周边环境等因素,"防卫空间"往往表现出特殊性和相对性。然而,正是在防卫条件的特殊性当中,普遍性也得以显现,即建设"防卫空间"的根本策略:增加犯罪的难度并减少其发生的可能性。

"防卫空间"的设置必须遵循一定的前提,即有采取预防措施的可能性和必要性。对于环境犯罪被害预防而言,突发性或偶然性的环境污染不具有预防可能性,只能通过其他措施实现被害预防;基于环境犯罪的地域性特征,环境犯罪的"防卫空间"设置的必要性在于所在社区处于现实的或潜在的环境污染当中。

在满足可能性和必要性前提的基础上,进一步考虑增加环境犯罪难度和减少环境犯罪可能性。前者可能包括的措施有:加强对社区周边地区的巡查,及时发现可能的环境污染行为;加强社区居民的环境保护意识,提高自身对环境污染行为的警惕性;加强社区居民的责任意识,及时向社区或有关部门举报环境污染行为等。后者可能包括的措施有:改善社区及周边地区的自然环境,营造良好的生存空间;积极参加包括听证会、咨询会等环境保护领域的公众参与活动,防治污染企业或单位对社区造成不利影响,根据当地情况编制环境犯罪被害预防指南和相关民间规约等。

---

〔36〕 参见王丽华:《社区被害预防初探》,载《广西社会科学》2007年第9期。

(三)"绿色人格"之塑造:被害人环境犯罪被害预防

被害人层面的被害预防之关键在于消除被害人的致害因素。难以实施犯罪的环境,往往是由居住在那里的人们的行动来营造的。[37] 混合致害因素由人格、心理、行为三个辩证统一的部分构成。相应地,被害人层面实现环境犯罪被害预防的根本在于通过影响被害人心理和行为促使被害人形成"绿色人格",[38] 即通过消除被害人的心理性和行为性致害因素,间接消除其人格性致害因素,即通过消除混合致害因素而从被害人层面上预防环境犯罪被害发生。因此,被害人层面的环境犯罪被害预防应当形成以被害心理预防和被害行为预防为基础、被害人格预防为目标的立体式被害预防机制。其中,环境犯罪被害心理预防以提高环境犯罪被害预防意识为核心,环境犯罪被害行为预防以践行绿色生活方式为根本。在二者长期的相互作用下共同塑造"绿色人格",如此被害人环境犯罪被害预防的最终目的得以实现。

1. 环境犯罪被害心理预防:提高预防意识

从环境犯罪被害人自身角度考察,其人格性致害因素形成的根本原因在于缺乏生态文明意识,不能对环境污染行为形成正确的认识,因此难以形成采取环境犯罪被害预防措施的动机和意图,从而导致麻木、纵容等心理性致害因素的形成。对此,在内部上应当通过有针对性的、持续性的、多元化的公众环境教育促使公众认识到环境污染问题的严重性及其对自身的危害,提高公众的环境犯罪被害预防意识,促使公众自觉地参与到抵制环境违法犯罪的行动当中,在面对环境污染行为时,使被害人能够作出正确的价值判断,并主动采取合理的应对措施;在外部上应当通过适当的方式刺激被害人形成预防动机,例如对积极举报环境违法行为者予以物质和精神奖励,通过立法活动鼓励公众自行开展合理合法的环境自救行为等。

2. 环境犯罪被害行为预防:践行绿色生活方式

公众环境保护意识的觉醒是实现被害人层面环境犯罪预防的必要前提,

---

[37] 参见[日]川出敏裕、金光旭:《刑事政策》,钱叶六等译,中国政法大学出版社2016年版,第280页。

[38] 从被害人自身实际出发,通过改变被害人人格来实现被害人自身的状态的变化是极为困难的。相对而言,通过外部因素改造人的行为和心理则相对容易。同时,从被害预防的效果上看,被害人行为和心理的改变对消除被害产生的影响具有直接性,而被害人人格变化所产生的效果往往需要经过相对缓慢的外化过程且需要承担较高的失败风险。因此,应当充分利用人格与心理、行为的辩证关系,尽可能地消除被害人行为性和心理性致害因素。通过心理和行为的长期作用,被害人人格最终也会发生根本性变化,最终形成有利于被害预防的"绿色人格"。

但意识毕竟只是主观任性，仍需落实到客观实践当中，即把环境保护意识落实到个人生活的方方面面，进而在全社会范围内形成绿色文化，最终从根源上消除环境犯罪被害。《中国公民生态环境与健康素养》指出，身体对于污染物的敏感性并非一成不变，长期影响敏感性的因素并非一成不变，不良生活习惯会导致敏感性增高。犯罪学中的生活方式理论认为被害风险的提升取决于被害人的生活方式，通过调整生活方式可以有效降低被害风险。〔39〕 长期以来，我国群众生活方式缺少“绿色”的成分，保护环境、节约资源往往不在日常生活行为的考虑范围之内。近年来，随着公众环境意识的逐步觉醒，情况逐渐好转，但距离形成全民绿色生活的目标还相距甚远。〔40〕 正是我国公民长期习惯于非绿色的生活方式，导致被害人对环境犯罪行为不能采取有效应对措施，面对经济利益的诱惑，往往以消极不作为的方式间接鼓励甚至积极作为的方式直接促进环境犯罪行为的发生与扩大，最终导致被害结果的发生。因此，在预防被害的直接意义上，被害人应当注意养成良好的生活习惯和绿色的生活方式，拒绝参与环境污染行为并能采取措施积极阻止环境污染行为的发生与扩大，防止行为性致害因素的形成；在预防被害的根本意义上，以生态文明意识为指导的绿色生活方式有助于在全社会范围内形成保护环境、节约资源的绿色文化，形成阻止环境犯罪被害发生的强大合力。

四、结论

环境犯罪被害预防机制的建构及完善以作为本体的环境犯罪被害人致害因素为起点。致害因素分为纯粹致害因素和混合致害因素。在环境犯罪被害中，纯粹致害因素包括被害人身体素质、地理位置和特定情形下的生态系统；混合致害因素包括人格性致害因素、行为性致害因素和心理性致害因素。其中，人格性致害因素起决定作用，包括利己和内向两种基础人格致害因素及由此衍生而来的贪利、自私、短视、怯懦等直接人格致害因素。

从被害发生学的意义上来看，致害因素是一切被害现象的根本原因，具有本体性地位。被害现象是致害因素在主客观层面上的客观化，包括被害人过错、被害人转化及被害现象诸特征，这些被害现象无一不是致害因素的表征。在主观的环节中，纯粹致害因素发展为无过错被害人，混合致害因素则决定了

〔39〕 See Ronald V. Clarkea1, *Situational Crime Prevention*, Crime and Justice, 19 Crime & Just. 91, p. 100-101(1995).

〔40〕 参见汪祥松、温卓：《新时代公民生态环境意识培养路径探析》，载《长白学刊》2020 年第 5 期。

被害人的过错程度;在客观的环节中,环境犯罪被害人的逆向转化和正向转化均有可能发生,且均作为混合致害因素的现象化。环境犯罪被害现象包括被害范围涉众性、被害形式间接性和被害后果的时空延展性,这些特征均属于客观特征,由纯粹致害因素决定。

被害预防是致害因素和被害现象的主客观统一,作为概念的致害因素经过盲目的被害现象环节而达到的逻辑终点。由此建立起的被害预防机制是理论理性、实践理性和目的理性的统一。环境犯罪被害预防机制分为三个层次:首先是国家基于被害预防义务而根据法治逻辑在立法、司法和执法三个环节上所采取的普遍性措施,具体包括立法层面上完善以环境法律规范为主的前置法规范、重塑环境刑罚法规体系、更新环境犯罪制裁措施;司法层面上适当放宽环境共同犯罪的成立标准、加强三大诉讼程序之间的衔接、充分运用民事和行政手段阻断环境污染行为及其结果的发展链条;执法层面上建立环境违法犯罪举报奖励机制和宽恕机制、建立并完善环境警察制度、加强环境执法工作的针对性。其次,社会作为国家被害预防责任的补充,应当履行一定的环境犯罪预防责任。社会层面的环境犯罪被害预防主要包括社区被害预防和社会组织被害预防。社区被害预防的重点在于建立有效的"防卫空间",减少犯罪发生的机会;环境公益组织应当在环境保护行动中关注被害预防问题,以被害预防为导向采取有针对性的环境公益行动,形成有效的社会组织被害预防。最后是被害人个人层面的被害预防关键在于消除被害人自身的致害因素,包括提高环境犯罪被害预防意识和践行绿色生活方式,最终在全社会范围内形成绿色文化,构筑起抵抗环境污染的"绿色长城",从根本上消除环境犯罪被害的发生。

随着我国生态文明建设的持续推进,环境保护的基本理念渗透到政治、法律、文化、经济等社会生活的各个层面。在此背景下,党中央和国务院又提出了构建现代化环境治理体系的宏伟蓝图,并将法治体系作为重要的组成部分。生态文明不应忽视人文关怀,宏伟蓝图更应注重法治细节。一个国家和民族的文明程度取决于其对待弱者的态度,作为弱势群体的环境犯罪被害人应该在理论和实践上得到更多的关注。只有通过法治的途径切实改善环境犯罪被害人的处境,方能真正彰显人与自然、人与人、人与社会和谐共生的生态文明理念,推动我国的生态文明建设迈向更高的台阶。

《环境资源法论丛》
第13卷,第151~169页

矿产资源法律中越界开采法律责任的规范现状及完善

吕　稣[*]

摘　要　越界开采是为法律所禁止的违法行为,《矿产资源法》虽明确规定了其法律责任,但该行为却在采矿实践中屡禁不止,这与矿产资源法律对越界开采设置的法律责任缺乏合理性与威慑力有关。通过界定越界开采行为的法律内涵、梳理现行矿产资源法律中与越界开采法律责任有关的法律规范,存在行政法律责任缺乏合理性、民事法律责任缺位以及环境责任形式设置疏漏的不足。为有效完善越界开采法律责任制度,应当针对其行为后果设置性质明确、适用清晰的行政责任,厘清与衔接民事责任,此外,有必要规定以生态修复为主的专门环境法律责任和承担方式,以救济受损的生态环境利益。

关键词　矿产资源法　越界开采　法律责任　制度完善

矿产资源作为一种环境要素,是组成完整生态系统的重要自然资源,具有维持生态系统平衡的生态价值;作为一种由自然界恩赐的物或财富,为人类生存繁衍和社会发展提供物质基础,具有经济价值。与其他自然资源相比,矿产资源具有明显的消耗性及不可再生性,鉴于其稀缺性特点,规制不合理开发利用行为以实现矿产资源的可持续开发利用,是推进生态文明建设的应有之义。

---

* 吕稣,华东政法大学经济法学院博士研究生。

在实际采矿活动中,越界开采是普遍存在的、不利于社会稳定发展的重大现实问题,对以其为典型的违法采矿行为实施有效预防和管控具有必要意义,从制度层面而言,可以通过法律责任的预防、惩罚、救济功能得以实现。并且,越界开采责任条款在《矿产资源法》"法律责任"一章中具有交叉无证开采和破坏性开采等法律责任的结构特点,具有代表性研究意义,基本反映了《矿产资源法》的责任设置逻辑。在修订《矿产资源法》的法制建设热点下,合理设置越界开采法律责任有利于缓解"经济发展—矿产资源利用—生态环境保护"之间的冲突矛盾,实现矿业经济可持续发展。

一、越界开采的法律内涵界定

对于《矿产资源法》第40条规定的"超越批准的矿区范围采矿"这一行为描述,目前学界有"越界开采""越界采矿""超证开采"等多种概念表述与之对应。但是从法律文本的规范内容来看,"越界开采"为立法确认的专门概念,应当对其含义、内涵予以合理界定。

(一)越界开采的概念界定

由于《矿产资源法》第40条的既有表述仅停留在简单描述阶段,其规范性和严谨性不足,不利于对实践中的越界开采行为进行准确认定。为有针对性地设置越界开采法律责任,有必要对"越界开采"这一逻辑起点进行解析。

1."界"作为中心名词,具有行为判断的决定性意义。以现行《矿产资源法》的规定为基础,"界"是指经批准的矿区范围。结合《矿产资源开采登记管理办法》(2014年)(以下简称《开采登记管理办法》)第32条及原国土资源部《关于完善矿产资源开采审批登记管理有关事项的通知》(国土资规〔2017〕16号)规定,"经批准的矿区范围"包括"可供开采矿产资源的范围、井巷工程设施分布范围或者露天剥离范围"。但是参照《开采登记管理办法》第4条规定,自然资源主管部门依据采矿权申请人提交的经批准的地质勘查储量报告只能划定可供开采矿产资源的范围,而无法事先确定井巷工程设施分布范围或者露天剥离范围。〔1〕此外,根据《矿产资源法实施细则》(1994年)(以下简称《实施细则》)第11条第3项对符合条件的矿山企业的要求可知,"矿区范围"与"开采范围"是两个不同的概念。参照《实施细则》第30条的规定,矿区范围包括开采范围、建设采矿所需的生产和生活设施分布范围以及根据生产建设的

〔1〕参见樊春辉:《矿业权审批登记中几个问题的讨论》,载《中国矿业》2011年第8期。

需要依法取得土地使用权的建设用地范围，结合前述矿区范围的定义，“可供开采矿产资源的范围”即开采范围，对应以特定的矿产资源为中心内容的资源性矿区，而“井巷工程设施分布范围或者露天剥离范围”对应的是以将一定区域内的特定矿产开采成矿产品为主要活动的生产性矿区，其边界范围可能随着开采进度和需要而有所改变。〔2〕因此，矿区范围中的开采范围是自然资源主管部门在颁发采矿许可证前可以确定、审查并批准的，“界”应当更确切地理解为“批准的开采范围”，是特定矿产资源静态物权归属的区域，而并非从事动态矿业活动的整体“矿区范围”，空间界限应严格遵循采矿许可证的规定。〔3〕

2.“越”在字面上可理解为“超出某个范围”。但是在越界开采这一具体行为中，“越”这一动作是来自“界”内开采活动的连续和延伸，并非在界外任意区域故意进入他人矿区范围、盗采矿产品的跳跃性开采行为。〔4〕因此，就开采范围角度而言，“越”是界内合法开采行为的违法转化。

3.“越界开采”是“越界”并“开采”两个行为的有机结合，即为了“开采”矿产资源而“越界”的行为，二者缺一不可。由于采矿过程中涉及开设出入口、从他人土地上剥离、通风、爆破震动以及“为巷道安全将地下巷道及其工程迂回或延伸到他人矿区”等附属行为，涉及大量相邻关系和相邻权内容，〔5〕加之时间上的持续性以及系列开采行为的动态性，而不可避免地存在“必要越界”情形。因此，需要严格限制越界开采的内涵外延，如果井巷工程设施或者露天剥离范围超越了采矿许可证规定的范围，但这种越界只是为了开采其采矿权范围内的矿产资源，则不构成越界开采。

（二）越界开采行为的基本内涵

承上所言，越界开采是指采矿权人超越（自然资源主管部门批准的）采矿许可证所规定的开采范围而进行采矿的行为。为更全面地把握越界开采行为的内涵，区别于其他相似违法开采行为类型，同时为越界开采法律责任的设置奠定坚实基础，现主要从应受谴责的越界开采行为主体及其主观方面加以展开：

1. 越界开采的行为主体为采矿权人

对越界开采主体的进一步说明主要用于区别判断无证开采行为，避免二

---

〔2〕参见康纪田：《依开发功能界定矿区体系》，载《中国矿业》2012年第11期。

〔3〕参见康纪田：《依开发功能界定矿区体系》，载《中国矿业》2012年第11期。

〔4〕参见李小平：《越界采矿研究》，载《安徽地质》2004年第3期。

〔5〕参见汪洋：《公共役权在我国土地空间开发中的运用：理论与实践》，载《江汉论坛》2019年第2期。

者在理论上和实践中出现认定和适用的混淆。首先,越界开采这一行为延伸到了其所获采矿许可证中规定的开采范围以外的区域,对于这部分越界区域,越界开采主体并没有经过审核批准获得开采许可。而根据《矿产资源法》第39条规定,无证开采主要是指"未取得采矿许可证擅自采矿"的行为,从这一表述出发,越界开采可以理解为广义的"无证"采矿。[6] 其次,二者是行为性质和行为后果均有所差异的违法采矿行为,根本区别在于开采主体是否持有合法有效的采矿许可证。越界开采主体为采矿权人,至少已经取得采矿许可证,且在越界开采行为发生之时,行为人持有合法有效的采矿许可证。结合《开采登记管理办法》第5条规定的颁发许可证的法定条件,越界开采主体至少具有达标的规模、较为成熟的技术等资质条件。然而,无证开采的主体是非采矿权人,即其明知自己没有合法有效的采矿许可证仍然擅自开采国家所有的矿产资源,对生态环境、生产安全、行政管理秩序的危害程度更高。

2. 越界开采行为人一般具有主观过错

矿产资源开发利用方案是申请人申请办理采矿许可证的必备材料,矿区范围作为矿产资源开发利用方案中"矿产资源概况"的组成部分,是自然资源主管部门的审查重点之一。而且,根据《矿产资源法》第18条以及《开采登记管理办法》第8条规定,矿区范围所在地的县级政府应当对依法划定的矿区范围予以公告。因此,采矿权人在越界开采时明知或至少应当知道其越界开采的区域不属于采矿许可证规定的开采范围。然而,采矿权人作为市场主体为了追求经济利益最大化却仍然扩大规模越界开采,具有主观过错,应当结合其客观违法行为以及因此而造成的损害结果承担法律责任。

二、审视越界开采行为人的现行法律责任规范不足

法律责任设置的合理性对法律的强制力和执行力具有很大影响,越界开采法律责任制度以《矿产资源法》第40条[7]越界开采行为的责任为中心,以矿产资源法律体系中相关条款为主要组成内容。对行为人的现行法律责任规范现状及存在的问题进行梳理和检讨,有利于充分遏制越界开采行为、保护相关权益。

---

〔6〕 本文用"无证采矿"的表述代表包括越界开采在内的广义上的无证情形,用"无证开采"表示狭义的、在《矿产资源法》第39条规定的与越界开采相区分的情形。

〔7〕 该条规定:"超越批准的矿区范围采矿的,责令退回本矿区范围内开采、赔偿损失,没收越界开采的矿产品和违法所得,可以并处罚款;拒不退回本矿区范围内开采,造成矿产资源破坏的,吊销采矿许可证,依照刑法有关规定对直接责任人员追究刑事责任。"

（一）针对越界开采规定的行政行为缺乏合理性

就行政相对人的角度而言，由有权行政主体作出的责令性行政行为和行政处罚等行政行为是对其权利义务有所影响的、应当由其承担的行政法律责任，在现行规范中面临着责任性质不明确和责任设置不尽合理的困境。

1. 责令赔偿损失的具体适用和法律属性均不明晰

"赔偿损失"是传统意义上的民事责任，由于"责令赔偿损失"的责任形式与之完全相同，一般认为这种情形属于行为人违反了民事义务而被科以行政强制措施，因而转变为行政法上的义务。这种特殊性引起了学界对于此种责任类型和法律属性的广泛讨论，且尚未达成基本共识。

理论界关于责令赔偿损失法律性质主要有行政裁决说、〔8〕带有行政色彩的民事责任说、〔9〕行政命令说〔10〕和责令改正说〔11〕等不同观点。这种理论困境结合目前法律层面对"责令赔偿损失"相关规定的缺位，共同导致两个结果。第一，赔偿对象不明确。在上述前两种观点中，越界开采行为人的赔偿对象是其他采矿权人，可以解释为是执法者责令矿山企业等私主体向被侵犯财产权的私主体赔偿经济损失；在行政命令说中，生态环境损害的赔偿对象目前仍然是学界和立法层面争议犹存且亟待完善的部分，实践中存在市地级以上政府或政府指定的具体职能部门、机构等不同做法；而责令改正说的观点又可以将这一责任形式解释为将国有财产损失赔偿给矿产资源的所有权人——国家。如果具体到越界区域已设定采矿权的情形下，行为人既要赔偿国家损失又要赔偿其他采矿权人的私人利益损失，一旦发生争议，行为人需要通过不同的途径分别寻求救济，加之每个行为的性质背后又存在法理或裁判中的争议，很难保证相对人的合法权益能得到有效的保障和实现。第二，由于赔偿范围及数额的计算缺乏明确法律依据，实际执法中主要由行政主体掌握裁量权，所以在责任机制和监督机制尚不健全的背景下，行政权力的滥用极易对行政相对人的合法权益造成侵害，引起争议后，只能继续上述赔偿对象和纠纷解决途径不

〔8〕 参见胡建淼、吴恩玉：《行政主体责令承担民事责任的法律属性》，载《中国法学》2009年第1期；黄锫：《行政执法中责令改正的法理特质与行为结构》，载《浙江学刊》2019年第2期。

〔9〕 参见廖欣：《我国矿产资源保护立法理念与制度创新研究》，湖南大学2017年博士学位论文；康纪田：《透视矿业权的虚无性》，载《海峡法学》2015年第2期；康纪田：《反思与重构越界开采的法律责任》，载《国土资源科技管理》2013年第1期。

〔10〕 参见罗丽：《我国环境公益诉讼制度的建构问题与解决对策》，载《中国法学》2017年第3期。

〔11〕 参见胡建淼、吴恩玉：《行政主体责令承担民事责任的法律属性》，载《中国法学》2009年第1期。

清的恶性循环。

2. 针对越界开采行为设定的财产罚不尽合理

在学理上,没收违法所得和罚款均属于“财产罚”的范畴,通过使违法者在经济上受到损失达到惩戒和教育目的。在越界开采法律责任规范中,“没收越界开采的矿产品和违法所得”是指有权行政机关将越界开采行为人出售违法开采的矿产品获得的收入以及尚未出售的矿产品和用于越界开采行为的工具等财物收归国有的一种行政行为,[12]罚款是行政主体要求行政相对人在一定期限内向国家缴纳一定数额金钱的处罚方式。

(1)“没收违法所得”虽然是《行政处罚法》规定的行政处罚种类之一,但学界对于其是否属于行政处罚一直存在不同的观点。认为不属于行政处罚的学者大多认为追缴或剥夺非法收益并不具有惩戒功能,无法达到行政处罚的目的。[13] 相反,主张没收违法所得属于行政处罚的学者认为,“所得”只要处于违法者的实际控制和支配之下,这种财产利益不论合法与否,被没收时都会对当事人造成心理和精神上的强制和惩戒,这实际上对“制裁”进行了扩大解释。[14]

(2)从越界开采责任条款“可以并处罚款”的表达中可以看出,针对越界开采行为的财产罚是以没收违法所得为主、以罚款为补充的结构进行设置的,二者之间的关系还有待考察。理论上而言,适用罚款的违法行为一般较为严重,需要有权行政机关根据越界开采行为危害社会公共利益或破坏管理秩序的程度进行科处与否的判断,当越界开采行为危害到国家对矿产资源进行以可持续发展为目标的管理秩序,并侵害到社会公共利益时,行政主体可以以罚款方式追究行为人的法律责任。[15] 没收违法所得以“任何人都不得从自己的错误行为中获利”为法理依据,以追缴、剥夺越界开采这一违法行为所获利益为目的,以其并处罚款的设置本意在于,既要使行为人无法通过违法行为获益,还要剥夺违法行为人的合法财产,使其受到额外的制裁,从而达到压制和预防越

[12] 参见陈占杰:《越界开采损失赔偿该赔给谁?》,载《中国矿业报》2013年1月10日,A04版;胡锦光主编:《行政法与行政诉讼法》(第3版),中国人民大学出版社2014年版,第112页。

[13] 参见应松年主编:《行政法学新论》,中国方正出版社2004年版,第261~262页;章剑生:《现代行政法基本理论》(第2版),法律出版社2014年版,第361页;王青斌:《行政法中的没收违法所得》,载《法学评论》2019年第6期。

[14] 参见晏山嵘:《行政处罚实务与判例释解》,法律出版社2016年版,第100页。

[15] 参见周珂、厚文:《滥伐林木行为承担法律责任的现状及其缺陷分析》,载《现代法学》2004年第5期。

界开采行为的目的。然而，由于“违法所得”难以认定且难以与合法财产区别开来，两种财产罚的具体形式在“剥夺财产”的功能定位和客观效果的实现上具有一定程度的重合，造成二者功能定位模糊不清。

(3)没收违法所得的性质争议及其与罚款之间功能定位的混淆将为数额认定和组合适用带来挑战。执法实践中，行政主体结合《实施细则》第42条的相关规定针对越界开采行为本身的罚款数额通常在违法所得的10%~20%之间，甚至更低。[16] 一方面，当行为人承担的违法成本低于其已获得的经济利益或明显低于守法成本时，此种措施无法有效制约越界开采等违法采矿行为；另一方面，违法所得缺乏统一的认定标准、证据收集困难，导致其在实践中的认定成为执法难点，因法律依据不足而做法各异，且执法成本较高，以违法所得为罚款数额认定基础将为财产罚适用带来双重难题。因此，现行财产罚设置既为行政主体提供了相对宽松自由的裁量空间，容易造成对行政相对人权益的侵犯，还不利于行政执法效率原则的实现。[17]

3. 吊销采矿许可证的合理性有待审视

吊销许可证为资格罚，是对采矿许可证资格以及采矿权人开采行为的限制或者剥夺。《矿产资源法》越界开采责任条款中规定的“吊销采矿许可证”这一处罚形式在其理论和适用上具有明显不足。

(1)吊销采矿许可证的适用条件并不明确。矿产资源的不可再生性决定了其一经破坏则无法恢复，由其承载的多重价值随之俱损，从多方面损害了社会公共利益。按照文义解释路径，“造成矿产资源破坏”究竟是拒不退回界内开采的必然结果，即满足拒不退回的行为条件即可适用吊销采矿许可证，还是将该结果与行为人的拒不退回行为以“并且”的关系作为构成适用吊销采矿许可证的共同要件，具有理解上的歧义。《矿产资源法》第40条规定：“超越批准的矿区范围采矿的，责令退回本矿区范围内开采……；拒不退回本矿区范围内开采，造成矿产资源破坏的，吊销采矿许可证……”如果从句子结构角度进行分析，分号后与“超越批准的矿区范围采矿”结构相并列的语句是“拒不退回本矿区范围内开采，造成矿产资源破坏”，相当于提高了吊销许可证这一处罚形式的适用门槛。这是因为，越界开采具有开发无序性、缺乏规划性以及以经济

[16] 例如，在“文山市山通石业有限公司、文山市自然资源局资源行政管理案”中，市自然资源局作出文国土资决字2018第6号《国土资源行政处罚决定书》，对一审原告作出责令退回本矿区范围内开采，没收违法所得人民币824,350元，罚款2万元，共计人民币844,350元的行政处罚。参见云南省文山壮族苗族自治州中级人民法院(2019)云26行终89号行政判决书。

[17] 参见王青斌：《行政法中的没收违法所得》，载《法学评论》2019年第6期。

利益驱动等特点,矿产资源破坏常常作为该行为的伴随结果出现,实践中也多将越界开采等非法采矿行为作为矿产资源破坏的常见表现形式。[18] 因此,理论和实践对于吊销采矿许可证的适用形成了一定程度的分歧。

(2)不论采矿权人是否还具有采矿资质,吊销采矿许可证这种被迫连同财产性权利一起收缴的方式,"相当于吊销司机的驾驶证连同其机动车也没收"[19],如此惩戒力度要求对于这一责任形式的合理性应当谨慎衡量:第一,越界开采的违法性针对的是超出采矿权人获得采矿许可的开采范围部分,而吊销采矿许可证是对其已获行政许可的范围内合法资质的剥夺,既包括对其开采范围内未完成开采的矿产资源及本可获得利益的没收,也包括对采矿权人已经投入资本的收缴等。所以,一旦采矿许可证被吊销,即是对相对人的准入资格和对矿产资源进行开采并受益的财产性权利的同时剥夺,被处罚者将"净身"退出市场。[20] 如此,不仅会造成相对人财产的巨大损失,也不利于有效、有序开发利用矿产资源的市场成长与矿业领域的绿色健康发展,还会导致行政主体对于适用此类行政处罚的过度谨慎,使越界开采行为得不到有效的惩处。第二,吊销采矿许可证带来的不利后果与《实施细则》第6条将采矿权人定义为"取得采矿许可证的单位或者个人"的规定中不加区分采矿权和采矿许可证的思路相一致。然而,"权"和"证"实质上分别代表了采矿权和行政权这两种性质并不完全相同且分属不同领域的基本范畴,前者兼具民事财产性权利的私权内容,形成的法律关系包括对矿产资源进行支配、利用和收益的私法问题;而后者则完全属于公权力范畴,法律关系"伴随矿产资源的开发利用而产生的市场准入、生产安全、市场秩序、环境污染与生态破坏等问题"[21] 而形成。因此,以行业管理法为最初定位的现行矿产资源立法将对行政权的倚重贯穿其发展的整个过程,如此"权证合一"的模式集中体现了"公权吞并私权、行政兼理民事"的制度逻辑,从立法思路上混淆了民事权利和行政权力的界限。

(二)民事法律责任设置缺位

1. 越界开采作为一种具有重大安全隐患的行为是长期以来引发矿难的主

---

〔18〕 参见王晓京、王昌昌:《矿产资源破坏行政附带民事公益诉讼实务探析——以湖北省黄石市两起非法采矿公益诉讼案为视角》,载《湖北师范大学学报(哲学社会科学版)》2019年第6期。

〔19〕 康纪田:《中国现代矿业制度研究——基于〈矿产资源法〉修改的框架性建议》,载《时代法学》2014年第1期。

〔20〕 参见康纪田:《透视矿业权的虚无性》,载《海峡法学》2015年第2期。

〔21〕 张璐:《〈矿产资源法〉修改中的"权证分开"问题研究》,载《甘肃政法学院学报》2010年第6期。

要因素，对矿工及矿区附近居民的生命财产安全造成重大威胁。而《矿产资源法》几乎并未对开采涉及的民事法律关系中当事人的合法权利予以确定，针对越界开采等违法开采的相关法律责任规定中也只有行政责任和刑事责任的形式和内容，停止侵害、排除妨碍、消除危险、赔偿损失等众多承担民事侵权责任的方式并未得到明确规定、衔接等任何体现。

2. 越界开采主体——采矿权人应当在依法取得的采矿许可证规定的范围内行使权利却超出权利范围边界，其行为具有违法性。并且，在越界区域已经设定采矿权的情形下，行为人会对矿产资源之上设定的多重权利造成侵害，同时侵犯矿产资源的国家所有权和采矿权。前者为公权属性，反映在法律责任中表现为现行越界开采以行政法律责任为主的责任设定现状；后者（采矿权）是一种公权与私权相互交叉的协同型权利，[22] 当其财产权部分受到侵犯时，应当借以民事责任进行救济。然而，《矿产资源法》中“法律责任”一章呈现出的以行政法律责任为绝对主导地位而民事法律责任缺位的特征，反映了矿产资源法律以保护矿产资源国家所有权不受侵犯为主要制度逻辑和行为规制思路。尤其是规定于第 39 条、第 40 条中的“责令赔偿损失”，这种责任形式通过行政处罚阻断了被侵权人的民事救济途径，更为清晰地体现出行政责任对民事责任的吸收，以至于采矿权被依附于国家所有权，难以得到充分、独立的保护。[23]

3. 越界开采是未经国家许可的开采活动，常表现为以违背自然规律的掠夺方式使矿产资源脱离其自然赋存状态，矿产资源赋存的隐蔽性、潜在性特点决定了开采行为必然会改变生态环境的原始状态，破坏生态系统的平衡。尽管开发利用行为伴随着环境风险，但是越界开采这一违法行为不仅更易引起矿产、土地等资源破坏，还会以生态环境损害为媒介间接造成他人人身、财产损害。

具体而言，根据《开采登记管理办法》第 5 条规定，采矿权申请人在申请办理采矿许可证时，应当将矿区范围图、矿产资源开发利用方案、矿产资源开采的环境影响评价报告等相关资料提交给登记管理机关进行审批，以便行政机关掌握风险所在并及时规制或控制风险。《矿山地质环境保护规定》（2019 年）第 12 条、第 13 条进一步明确，在自然资源主管部门颁发采矿许可证前，采

〔22〕 参见金海统：《资源权论》，法律出版社 2010 年版，第 135~146 页。
〔23〕 参见刘超：《矿产资源开发中土地损毁法律治理模式探究》，载《暨南学报（哲学社会科学版）》2018 年第 8 期。

矿权申请人必须编制包括矿区基本情况、矿山地质环境影响和土地损毁评估、环境治理与土地复垦可行性分析及工作部署等详细内容在列的、符合要求的矿山地质环境保护与复垦方案,否则有批准权的自然资源主管部门将不受理该采矿权申请。第 14 条还强调采矿权人如有扩大开采规模、变更矿区范围等情况,应当重新编制方案并报批准。法律基于开采行为的伴随风险而对采矿权行使作出了必要限制,越界开采主体当然受到法律规范的约束。然而,行为人对超出其权利范围内的矿产资源进行的采矿活动则因未提交开发利用方案、环境影响评价报告等必需资料而无法受到法律的确认与保护,越界开采主体的身份因此由采矿权人向非采矿权人转化。此时,开采主体给生态环境带来的改变缺乏对环境容量、生态平衡的预判和评估,被开采的矿山因此而难以得到相应的环境治理与土地复垦,生物、化学、物理等属性在发生不可逆的变化后,会破坏以特定区域内矿产资源为中心的生态系统的自身生长、循环规律,表现为环境效能降低、生态系统服务功能退化,进而导致生态环境利益受到损害。基于生态系统的动态性、环境问题的流动性,还可能会进一步造成他人人身、财产甚至精神损害。例如,在开采过程中,爆破技术、化学溶剂等均为必需手段,有毒有害物质会向水、大气、土壤等环境要素中排放,经过物质循环、环境要素流动等迁移转化后,生活在矿区及其周围的居民可能由于呼吸了被污染的空气、饮用了被污染的水源而造成健康权等人身权利受损,由于违法开采导致的土地毁损、地质灾害以及水土流失等还会直接威胁人身安全。此外,土壤污染引起的土壤结构恶化会抑制农作物生长,他人财产权会因农作物价值贬损而受到侵害。尤其在非法采矿情形下,缺乏必要的监管和预防或及时解决环境问题发生的有效方案,因而受到损害的私益更需要明确的民事法律救济依据。

(三)越界开采的环境责任形式存在设置疏漏

承上文所述,越界开采等非法采矿行为比起矿产资源的合理开发行为更容易造成生态环境损害,且这种损害具有潜伏性、长期性以及致害机理的复杂性等特点。尽管生态环境基于系统内部物质输移、能量流动等规律而具有一定的自净能力,对短时间内的少量污染物质排放或结构破坏可以进行自我恢复,但是越界开采行为既作用于其规定范围内的矿产资源,又对批准范围之外没有经过严格论证、审批程序的矿产资源进行了不正当开采,当生态环境遭受的不利影响积累到一定程度,达到生态系统承载能力或纳污能力上限时,就会威胁到矿区内的生态安全、侵害生态环境利益。[24]

在开采矿产资源形成的法律关系中，直接客体和首先遭受损害结果的直接受体是矿产资源，其次是辅助性客体——作为矿产资源赋存载体的土地资源，最后是开采过程中由于手段行为影响到的大气、水等环境要素。换言之，特定矿区内生态系统的组成、结构或功能失衡主要是由对矿产资源的不当开发利用行为因未遵循生态规律，超出了环境容载力而引起的，这是破坏生态行为的典型表现。[25] 越界开采因此造成的生态环境损害在侵害利益与损害后果方面具有明显个性和责任承担上的特殊性，“应该采取切实可行的措施对受到损害的生态系统的功能和结构进行修复”[26]。然而，实践中对因越界开采造成的生态环境自身损害难以依据其现行法律责任制度得到有效解决，而只能通过救济传统人身财产损害的责任方式，使受损生态环境和受损环境公共利益间接得到程度有限的救济。

具体而言，越界开采这一非法采矿行为造成的后果不仅表现为矿产资源的破坏，还表现为矿区或周边区域的森林、水体、草原、耕地、生物物种等其他生态要素的不同程度受损。最高人民法院、最高人民检察院《关于办理非法采矿、破坏性采矿刑事案件适用法律若干问题的解释》第 3 条第 4 项规定，应当将实施非法采矿行为并“造成生态环境严重损害”的情形认定为《刑法》非法采矿罪第 1 款规定的“情节严重”，来说明非法采矿行为造成生态环境损害的社会危害性之大。由于破坏生态行为直接侵害的是环境公共利益，与以个人利益为本位、以人身权和财产权为保护核心、以独立权利主体为基础的民法典及其侵权责任编的价值取向并不完全契合，提出损害救济诉求的主体和权利主张范围达不到清晰具体的要求，权利和损害之间无法完整地形成严格的对应关系，导致当下既无法通过矿产资源法律寻求救济，也难以直接从《民法典》侵权责任编切入予以解决。[27]

此外，就法律责任规范逻辑结构角度而言，根据《矿产资源法》第 32 条对采矿权人设定的义务，即采矿权人应当对因采矿受到破坏的耕地、草原、林地“因地制宜地采取复垦利用、植树种草或者其他利用措施”，以及《实施细则》第

---

〔24〕 参见王树义等：《环境法基本理论研究》，科学出版社 2012 年版，第 108 页。

〔25〕 参见梅宏：《“生态损害”的法学界定》，载徐祥民主编：《中国环境资源法学评论》（2007 年卷），人民出版社 2008 年版，第 125 页。

〔26〕 李挚萍：《环境修复法律制度探析》，载《法学评论》2013 年第 2 期。

〔27〕 参见张璐：《自然资源损害侵权救济局限与拓展》，载《华东理工大学学报（社会科学版）》2015 年第 2 期。

31条第4项规定,采矿权人应当"遵守国家有关劳动安全水土保持、土地复垦和环境保护的法律、法规",与这类行为模式相对应,"法律责任"一章中应当规定相应责任形式对违法采矿行为造成的生态环境损害结果予以回应。就越界开采行为人自身的违法行为而言,因其在不享有采矿权的区域进行了开采活动而对其越界矿区内的矿产资源及矿产资源所处的生态系统造成了不可逆的破坏,所以应当负有进行修理、整治的第一性义务,当开采主体未履行此义务时即转化为第二性义务,越界行为人应当因此而承担修复或赔偿责任。

三、《矿产资源法》中越界开采法律责任的完善建议

针对前文分析论证的越界开采行为内涵、行为后果及其法律责任在现行规范中存在的不足,完善与之相适应的法律责任,应将越界开采法律责任制度的完整性与内部协调性考虑在内,避免强势责任类型吸收或替代其他性质的责任,促进私法责任与公法责任功能上的互补,以期协同达到惩罚越界开采主体、预防越界开采行为、救济受损权益的责任设定目的。

(一)设置合理的行政相对人责任

1.明确责令赔偿损失的性质和类型

在处以"责令赔偿损失"的行为中,主要有两点需要明确解释和完善之处。第一,责令赔偿损失是由行政主体责令相对人赔偿国家损失的责令改正行为。由于具有专门知识的行政主体在查处越界开采这一违法行为时已较为清楚地掌握了行为的性质、情节、后果及其造成的损失,由查处机关责令赔偿损失符合高效、简便的行政原则以及对时间、费用成本低廉的考虑。[28] 具体而言,在越界开采国家空白区的矿产资源情形下,行为人的赔偿范围包括矿产资源补偿费、采矿权有偿取得的费用、越界采出的矿产品价值以及按照科学合理的开采方法应该采出但因矿床破坏已难以采出的矿产资源折算的价值等。[29] 第二,基于法律制度供给和运行成本的考虑,在民事责任应当或可以发挥作用的

〔28〕参见胡建淼、吴恩玉:《行政主体责令承担民事责任的法律属性》,载《中国法学》2009年第1期。

〔29〕参见《矿产资源法》第5条"国家实行探矿权、采矿权有偿取得的制度;但是,国家对探矿权、采矿权有偿取得的费用,可以根据不同情况规定予以减缴、免缴。具体办法和实施步骤由国务院规定。开采矿产资源,必须按照国家有关规定缴纳资源税和资源补偿费";原国土资源部关于印发《非法采矿、破坏性采矿造成矿产资源破坏价值鉴定程序的规定》的通知(国土资发〔2005〕175号)第6条;郎庆磊:《非法采矿如何责令其赔偿损失?》,载《中国自然资源报》2018年7月7日,第7版。

领域内,行政法律责任最好退出。[30] 对越界开采给其他采矿权人造成的财产损失,直接通过具有填补损害功能的民事责任对被侵犯的采矿权进行救济,取消"责令性外衣"这一行政强制性修饰,将私权利纠纷交给平等民事主体,让其自由选择是否主张权利以及如何主张权利,具体内容将在下文民事责任的衔接与完善部分一并讨论。同时,如此解释还能保证《矿产资源法》第 40 条与第 39 条无证开采法律责任中规定的"责令赔偿损失"相融贯,避免将无证开采的赔偿对象理解为国家而将越界开采的赔偿对象解释为其他民事主体,导致同一法律文件下相同责任形式对应不同责任性质,从而发生规范冲突。

2. 构建以罚款为主的财产罚制度

当行政主体对相对人处以没收违法所得无法满足"过罚相当"原则时,罚款作为额外的经济制裁方式以财产罚的形式进行惩戒、威慑功能的补充,主要从两方面进行体现和完善。第一,矿业是典型的高收入、高利润行业领域,当罚款数额在以收益最大化为目标的矿山企业所得利润的范围之内时,则难以达到预期惩罚与预防(包括一般预防和特殊预防)效果。当前《实施细则》针对越界开采行为的违法性以 30% 的违法所得为上限设定了罚款的幅度,明显低于以 50% 违法所得为上限的无证开采和以 50% 矿产资源损失价值为上限的破坏性开采,如此设置会给行为人预估违法成本及选择性违法的机会。由于越界开采与破坏性开采、无证开采的行为结果有较大程度的交织,建议适用相对统一的罚款幅度上限以实现威慑效果。行政主体可根据行为性质及后果的危害程度在罚款区间内作进一步裁量,促使矿山企业约束其自身开采行为,同时通过举证责任倒置规则保护矿山企业的合法权益不受行政主体的侵犯。[31] 第二,罚款数额的确立标准应由违法所得向行为人破坏的矿产资源价值进行转换。一方面,在没有违法所得的情形下,按照现行罚款数额以违法所得为判断依据的规定,破坏和盗采矿产资源的违法行为将得不到与其行为危害程度相匹配的经济制裁。另一方面,如前文所及,违法所得的自身认定本就存在一定的困难和争议,不适合作为处罚力度较大的罚款的认定基准。而行为人破坏的矿产资源价值既是认定行为危害程度的重要依据,也有原国土资源部(现自然资源部)印发的关于矿产资源破坏价值鉴定程序的规范性文件予以规定和参考,建议罚款数额以此为依据进行设置,从而提高可操作性和科学性。

---

〔30〕 竺效:《滥伐林木行为之行政法律责任评析》,载《浙江工商大学学报》2005 年第 2 期。

〔31〕 例如,矿山企业如果认为罚款数额过高而有争议,则可以举证证明其行为后果的损害程度。参见冯博:《没收违法所得与罚款在反垄断执法中的组合适用》,载《法商研究》2018 年第 3 期。

3.明确吊销采矿许可证的适用

吊销采矿许可证这一责任形式的合理适用前提是清晰界定越界开采行为与矿产资源破坏结果以及“权”与“证”之间的关系。第一,对现行矿产资源立法下吊销采矿许可证的适用前提,应当将“拒不退回本矿区范围内开采,造成矿产资源破坏”解释为拒不退回界内开采“或”该不作为行为造成矿产资源破坏结果的析取关系。首先,拒不退回界内开采表明了越界开采行为人故意为之的主观过错以及主观恶性之大,应当在越界开采的基础处罚之上加大惩戒力度,督促其尽快纠正违法行为,遏制损害结果的进一步扩大。其次,矿产资源破坏的损害结果虽然经常伴随越界开采行为出现,但并非均表现为矿产资源的即时破坏。矿产资源作为生态要素之一,其与系统内部组成部分相互作用后逐渐扩大的损害范围结合有限的专业技术,共同导致目前难以对破坏结果和程度进行精准预估。因此,按照上述解释可以尽量避免对越界开采行为的监管漏洞。

第二,厘清权证关系的重点在于明确“权证分离”,使采矿权不再依附于采矿许可,从而适度区分、剥离财产权利和行政许可行为。具体到越界开采的法律责任制度设计中,如果采矿权人的违法行为及其损害结果满足了吊销采矿许可证的法定条件,即使其准入资质被剥夺,也并不因此损及其先前依法取得的采矿权,应当允许行为人继续持有财产权利部分,并可以通过采矿权的转让环节实现其财产利益,从而推动民事流转规则和行政监管规则的逐步分离。〔32〕因此建议在“吊销采矿许可证”后增加“允许采矿权人在规定期限内转让其有关民事权益”的规定,以避免浪费不可再生的矿产资源,促进矿业权转让市场的蓬勃发展以及矿产资源的合理利用。〔33〕

(二)厘清与衔接越界开采民事法律责任

越界开采行为会直接或间接侵害到他人人身、财产权益。根据《行政处罚法》第7条、《民法典》第187条规定,行政责任不仅不能免除行为人承担民事责任,而且后者还具有一定的优先性,因此应当合理界分各有功能优势的民事责任和行政责任。为了与《民法典》侵权责任编进行有效衔接,形成统一的责

〔32〕参见江必新:《矿业权法律关系调整中的国家干预和私人自治——兼论法律行为效力理论之重构》,载《法学评论》2018年第1期;张璐:《〈矿产资源法〉修改中的“权证分开”问题研究》,载《甘肃政法学院学报》2010年第6期;李海婷:《矿业权登记与矿产资源勘查开采行政许可的关系重构》,载《中国矿业》2016年第10期。

〔33〕参见李显冬、杨城:《关于〈矿产资源法〉修改的若干问题》,载《中国国土资源经济》2013年第4期。

任体系,《矿产资源法》应在“法律责任”一章中明确规定民事责任,而不应任由行政机关主动介入民事纠纷。

1. 其他采矿权人的私法救济方式

最高人民法院《关于审理矿业权纠纷案件适用法律若干问题的解释》(2020年)第20条规定“因他人越界勘查开采矿产资源,矿业权人请求侵权人承担停止侵害、排除妨碍、返还财产、赔偿损失等侵权责任的,人民法院应予支持……”明确了侵权人承担责任的方式。其中,停止侵害、排除妨碍属于防御型侵权责任承担方式,适用于越界开采行为尚未给被侵权人的财产权益造成损害、但已构成侵害或妨碍的情形,旨在防患于未然。[34] 而恢复原状作为较为典型的侵权损害赔偿请求权的具体实现方式并未在上述规定中得以体现。这是因为越界开采直接侵害的客体是他人的采矿权,而采矿权的客体是不可再生的矿产资源,“恢复原状”已不具有实际可能,只能以金钱弥补等方式对受害人进行赔偿。[35]

由于越界开采行为本质上是一种无证采矿行为,因此,建议在《矿产资源法》“法律责任”一章中专门设定一则救济采矿权人合法权益的责任条款,规定“单位和个人进入他人依法设立的采矿权范围内采矿的,采矿权人有权要求其停止侵害、排除妨碍;给采矿权人造成损害的,依照民法典的相关规定承担赔偿损失等民事责任”。其中,“进入他人依法设立的采矿权范围内”既包括非采矿权人从界外任意区域故意进入他人矿区范围内开采的情形,也包括采矿权人界内合法开采的违法转化情形。[36]

2. 以生态环境损害为中介的私权益受损的救济方式

环境侵权致害机理的极端复杂性和专业技术性为充分、有效地救济私权利带来了挑战,这是由于作为侵害媒介的生态环境系统内部因素之间错综复杂,既有空间上的延展性,也有时间上的流动性,侵害结果显现出间接性、不确定性、隐蔽性以及受损利益复合性等特点,侵害行为与损害结果之间因时空分离而难以判断关联性,为责任认定带来了困难,也为传统民事侵权责任机制的适用造成了障碍。因此,对以越界开采为典型的这类以生态破坏型侵权行为为主要表现的违法开采行为造成的他人人身、财产等私权益损害,将这类责任定性为“行为责任”更有利于充分救济被侵权人受损的权益。在行为责任下,

---

[34] 参见程啸:《侵权责任法教程》(第2版),中国人民大学出版社2014年版,第323页。

[35] 参见杨立新:《侵权责任法》(第2版),法律出版社2012年版,第140~141页。

[36] 参见薄晓波:《生态破坏侵权责任研究》,知识产权出版社2013年版,第245~247页。

行为是否具有应受谴责性成为责任认定的核心,对越界开采行为人而言,因其行为违反了矿产资源法律规范且对采矿权人行使采矿权造成必要限制与约束,可以其实施了不符合标准、未履行义务的违法行为而要求其承担生态破坏型侵权责任。[37]

建议以《矿产资源法》"矿产资源开采"一章中第32条"开采矿产资源给他人生产、生活造成损失的"规定为基础,从原章节中分离出来,在"法律责任"一章中明确规定适用过错推定原则,要求"开采矿产资源给他人人身财产权益造成损害的,依照民法典承担侵权责任;违法开采矿产资源而使他人民事权益有损害之虞的,应当依法承担民事责任。行为人应当就其行为与损害之间不存在因果关系承担举证责任。"

(三)设置以生态修复为主要形式的环境责任

越界开采作为一种环境侵权行为,其"人—环境—人"的致害路径会同时导致"对生态环境的损害"和"对人的损害"。虽然对人的影响是缓慢的、渐进的,但在不断累积后爆发的损害结果不仅难以恢复、危害性大,还可能因与行为时间相隔久远,造成隔代人的生存风险,而这种不利后果最终会由人类承担。如果只追究行为人私法上的损害赔偿责任将难以对行为损害的生态整体利益、环境公共利益予以有效的、充分的救济。因此,欲全面救济上述两种损害,应当通过专门的环境法律责任予以实现。[38]

1. 规定专门环境责任承担形式具有必要性

首先,当生态环境损害作为一种单独的损害结果出现时,有机整体性和复杂多元的客观规律结合人类日益复杂化的行为,将导致无限因果的辨识难题以及生态损害责任主体的认定挑战。[39] 同时,基于现阶段科学技术和人类认识的有限性,生态损害后果的范围与程度无法分割确认和量化,如果遵循"结果责任""客观责任"的传统认定规则,生态环境损害会因缺乏明确具体的个人性损害而无法得到以私法精神为本质属性的民事侵权责任的救济,[40] 导致越

[37] 参见刘超:《环境侵权行为违法性的证成与判定》,载《法学评论》2015年第5期;刘超:《环境侵权责任的行为责任性质之论证及其规范意义》,载《中国地质大学学报(社会科学版)》2012年第6期。

[38] 参见吕忠梅主编:《环境法学概要》,法律出版社2016年版,第196页。

[39] 参见邓海峰:《环境法与自然资源法关系新探》,载《清华法学》2018年第5期。

[40] 参见刘超:《环境侵权行为违法性的证成与判定》,载《法学评论》2015年第5期;刘超:《环境污名损害的侵权法证成与类型构造——以域外经验为借鉴》,载《政治与法律》2015年第11期。

界开采主体的违法成本相应减少,无法与其行为危害程度相匹配。其次,普通侵权要求有实际损害才有完全赔偿,而生态环境损害更多地体现为一种隐患和风险。以人体健康为例,当某种不利物质或要素经过长时间的作用在人体内富集到一定程度时,能否转化为一种"疾病"是多种内外因素综合作用的结果,如果按照传统逻辑,这时会发展成疾病的"可能"既无法得到救济,还会待损害已成事实时造成损害规模扩大、救济成本剧增的不利后果。[41] 最后,传统损害救济以金钱赔偿和恢复原状为主要救济方式,但是在生态环境损害中,前者"治标不治本",赔偿了环境资源损失的经济价值却无法填补其生态价值,不能使之提供生态系统服务的功能和状态得以复原、继续为人类提供必要的生存发展环境。而恢复原状在民法中的救济对象——"物"又与欲救济的生态环境服务功能有着根本区别,均无法借鉴适用。因此,为了有针对性地救济突破传统界限的生态环境损害,应当在法律责任承担方面"让民法的归民法,环境法的归环境法"。[42]

2. 环境法律责任的承担方式

环境法律责任的承担是由行为人实施的破坏自然资源、危害生态环境的越界开采行为所引起的,针对于此,要以各种可能实现或有利于实现救济生态环境损害的方式追究越界开采行为人的环境法律责任。在环境侵权行为导致私益与公益同时受损时,《民法典》第 1234 条、第 1235 条作为衔接条款规定了生态环境损害赔偿责任和生态环境修复责任,为越界开采行为人对生态环境自身损害的责任承担提供了基本依据。[43]

在环境侵权的二元结果中,生态环境损害相对于人身财产损害而言属于源头损害,具有不可逆性、潜伏性和未来危害的不可知性的特点。只有生态环境得以修复,对因生态环境损害造成的他人损害进行救济才有意义。根据《民法典》第 1235 条和《生态环境损害赔偿制度改革方案》规定,生态环境损害赔偿责任以支付各种费用为主,其中,支付生态环境修复费用及生态环境修复期间服务功能的损失的实质目的均在于修复受损的生态环境,反映出该制度以生态环境状态和功能的恢复为最终目标。最高人民法院《关于审理生态环境损害赔偿案件的若干规定(试行)》(2020 年)(以下简称《若干规定》)第 11 条

---

[41] 参见吕忠梅、窦海阳:《以"生态恢复论"重构环境侵权救济体系》,载《中国社会科学》2020 年第 2 期。

[42] 参见刘超:《论"绿色原则"在民法典侵权责任编的制度展开》,载《法律科学(西北政法大学学报)》2018 年第 6 期。

[43] 参见刘超:《〈民法典〉侵权责任编的绿色制度创新》,载《法学杂志》2020 年第 10 期。

规定了6种具体责任承担方式,生态环境修复在其中位于首要位置,体现了我国在目前政策与法律语境下将生态修复作为救济生态环境损害的优先适用方式的制度价值选择。《若干规定》第12条第1款进一步明确将修复责任作为救济首选途径及其与赔偿责任之间的优先顺位关系。按此逻辑,狭义上的赔偿责任应在生态环境遭受的破坏确定无法修复或者修复代价太大时适用,按照《环境损害鉴定评估推荐办法(第Ⅱ版)》的规定对生态环境功能的永久性损害计算损失数额。

在越界开采的法律责任中,生态修复的对象是受损矿区生态系统的结构和服务功能,最终目的在于使生态环境的多重价值得以延存,实现矿业经济的可持续发展。[44] 根据《环境保护法》第30条、第32条规定,开发利用矿产资源等自然资源应当针对生态系统内环境要素的保护建立相应的生态修复制度。生态修复的对象是一个完整的、动态的、由多种要素有机组成的生态环境,其目的在于通过采取专门的技术措施恢复该系统的生态服务功能,回到平衡状态,达到基线标准。越界开采主体对于其越界区域如未依法履行法定修复义务,则应当承担生态修复责任,即"因其采矿行为违反法律规定且导致矿区环境污染或生态系统破坏而依法承受的,必须自行或委托他人运用人工手段,严格遵循生态规律,对受损或退化的矿区生态系统进行修理、整治,使其回复原有的结构、功能及生态系统的内外关系。"[45]

因此,建议以《矿产资源法》第32条规定的采矿权人行为模式为基础,针对不履行生态修复义务的开采主体在"法律责任"一章中规定其法律后果。同时在具体责任设定中,区分采矿权人和无证开采主体的责任构成要件和责任强度,在救济手段上以行政责任为先、为主,在责任人未修复或未达到修复目标时,衔接生态环境损害赔偿诉讼。

四、结语

越界开采是采矿权人以追逐经济利益为主要目的,超越其采矿许可证规定的开采范围进行采矿的行为,是一种合法行为的违法转化。行为主体对于其越界区域的开采行为并未得到国家专门机关的批准,意味着申请许可所需

---

〔44〕 参见吕忠梅、窦海阳:《修复生态环境责任的实证解析》,载《法学研究》2017年第3期;陈红梅:《生态修复的法律界定及目标》,载《暨南学报(哲学社会科学版)》2019年第8期。

〔45〕 宁清同:《论采矿权人生态修复的法律责任》,载《贵州省党校学报》2019年第2期;陈红梅:《生态修复的法律界定及目标》,载《暨南学报(哲学社会科学版)》2019年第8期。

的开发利用方案、环境影响评价报告等资料不具备、不齐全，是一种无序开发的恣意行为，其采矿权人的身份也向无证开采者发生了转变，故其越界开采行为破坏了属于国家所有的矿产资源及矿产资源所处的生态环境，违反了行政管理秩序，损害了社会公共利益，因此对行为人规定以承担行政法律责任为主的责任类型具有合理性，但应当进一步加强责任形式、责任强度设置的科学性。在越界区域已设定采矿权的情形下，行为人不仅侵犯了公权性质的矿产资源国家所有权，还侵犯了受物权法明确保护的采矿权，应当承担民事责任；此外，越界开采是一种环境侵害行为，在其开采过程中一旦造成了生态环境损害进而侵害他人人身财产等私权利，对此部分也应当适用过错推定原则由其承担民事责任。不仅如此，越界开采损害的生态环境利益不一定能及时得到补偿或赔偿。生态环境自身损害必须得到填补方能救济环境公共利益，避免贻害后代。因此，越界开采主体还要承担以生态修复为主的环境法律责任。针对越界开采的行为性质和损害后果，上述责任应当在《矿产资源法》的责任设置中得以体现，对能够通过解释适用的民事责任，可以以衔接条款的形式实现救济功能；对尚未在法律中明确规定的环境责任，应当尽快建立生态修复责任制度，协调并平衡开采矿产资源与保护生态环境之间的利益冲突。

域外环境法理论

《环境资源法论丛》
第13卷,第173~198页

动物法律权利理论:简单和基本的权利*

[德]萨斯基亚·斯塔基** 著 马 亮*** 谢 咏**** 译

摘 要 随着动物法律权利的兴起,将动物权利系统化、理论化地纳入法律权利是有必要的。本文探讨了三个与动物法律权利性质和基础有关的概念性、理论性和规范性问题:动物是否、能否、应否享有法律权利?这将证明动物成为权利主体在理论上是可能的。除此之外,"动物福利权"是从现有的动物福利法中衍生出来的,尽管目前这些法律权利是不完善和弱小的。另外,本文引入了"简单和基本的动物权利"一词,以区分动物在实证法中所享有的弱小法律权利与在未来法律中应当享有的强大法律权利。

关键词 动物法律权利简单和基本的动物权利 权利理论 动物福利法

一、引言:引入动物法律权利理论的必要性

动物法律权利的出现,需要相关法律理论的支持,即动物法律权利理论。

---

* 原文载2020年《牛津法律研究杂志》(*Oxford Journal of Legal Studies*),已经获得作者授权。本文是作者博士后研究项目"动物权利法律理论三部曲"的第一部分,该项目由瑞士国家科学基金会资助。特此感谢William Edmundson、Raffael Fasel、Chris Green、Christoph Krenn、Visa Kurki、Will Kymlicka、Nico Mu ller、Anne Peters、Kristen Stilt、MH Tse、Steven White、Derek Williams以及《牛津法律研究杂志》的匿名审稿人对本文初稿提出的宝贵意见。考虑到本文的翻译性质,译文保留了原文脚注的基本内容及形式。

** 原文作者萨斯基亚·斯塔基(Saskia Stucki)博士系马克斯·普朗克比较公法和国际法研究所(海德堡)高级研究员,哈佛大学法学院动物法律与政策项目访问研究员。

*** 马亮,武汉大学环境法研究所博士研究生,荷兰马斯特里赫特大学法学院联合培养博士生。

**** 谢咏,广西师范大学法学院硕士研究生。

尽管学界存在各种各样与动物权利相关的道德和政治理论[1],但对动物法律权利性质和概念基础的研究仍然不够深入。目前,与动物权利相关的法律法规数量较少,且较为零散。[2] 大多数法律文书都是以模糊的、基本的、无差别的动物权利概念为基础,这一概念在很大程度上以动物道德权利为依据,掩盖了动物法律权利独特的性质和特征。[3] 我们需要将动物法律权利进行系统、细致地理论化,主要原因有二:其一,动物权利逐渐转向法律权利;其二,动物法律权利的兴起。

1.虽然动物权利最初被定义为道德权利,但越来越多地被当作潜在的法律权利。换言之,动物的道德权利是在一种"应为法律权利"的意义(或"宣言意义"[4])上主张的,它要求法律制度化,即动物在理想状态下应当享有的法律权利。[5] 将动物道德权利转化为法律权利的一个重要原因在于,纯粹的道德权利(独立且先于法律效力之前)不能为动物提供充分的实质性保护,而法

---

〔1〕 Seminally,Tom Regan, The Case for Animal Rights (University of California Press 1983); Sue Donaldson and Will Kymlicka, *Zoopolis: A Political Theory of Animal Rights* (OUP 2011).

〔2〕 See, notably, Matthew H Kramer, *Do Animals and Dead People Have Legal Rights?* 14 CJLJ 29 (2001); Tom L Beauchamp, *Rights Theory and Animal Rights* in Tom L Beauchamp and RG Frey (eds.), *The Oxford Handbook of Animal Ethics* (OUP 2011); William A Edmundson, *Do Animals Need Rights?* 23 Journal of Political Philosophy 345 (2015); Gary L Francione, *Animals, Property, and the Law* (first printed 1995, Temple UP 2007) 91ff; Steven M Wise, *Hardly a Revolution—The Eligibility of Nonhuman Animals for Dignity-Rights in a Liberal Democracy* 22 Vt. L. Rev. 793 (1998); Anne Peters, *Liberte, Egalite, Animalite: Human-Animal Comparisons in Law* 5 TEL 25 (2016); Thomas G Kelch, *The Role of the Rational and the Emotive in a Theory of Animal Rights*, 27 BC Envtl. Aff. L. Rev. 1 (1999).

〔3〕 法学界多以相当粗略和偶然的方式对待动物权利,因为它通常集中在与权利问题密切相关但被视为优先事项的平行辩论上。例如,关于动物福利立法缺乏系统性的文章有很多,在根深蒂固的动物福利框架内,这些缺陷强化了对动物的法律保护向权利模式转变的呼声。法律学者的另一个焦点是将动物的法律地位从财产转变为人身,并以此作为权利主体的先决条件。然而,尽管动物的法律权利可能是引发这些争论的最终目标,但令人惊讶的是,很少有人对这种设想的动物法律权利本身给予详细关注。

〔4〕 Joel Feinberg, *Social Philosophy*, 67 (Prentice-Hall 1973).

〔5〕 See e. g. Alasdair Cochrane, *Animal Rights Without Liberation: Applied Ethics and Human Obligations* (Columbia UP 2012) 14-15, 207 (他对动物精神权利的描述清楚地说明了什么是动物的法律权利); cf Joel Feinberg, *In Defence of Moral Rights*, 12 OJLS 149 (1992) (将这种间接引用法律权利的方式描述为"'应该有一个法律的'道德权利理论").

律严格的保护和执行机制有助于动物权利的保护。[6] 考虑到动物权利的（潜在）法律化，我们应当重新研究并重构动物权利，而不是简单地将动物道德权利纳入法律领域。[7]

2. 动物法律权利开始出现在现行法律中，将其进行理论化的需求更加紧迫。近年来，许多国家的法院开始着手探索创造动物权利的司法途径，主要是通过动物福利立法中对权利的解释以及对宪法（人权）的动态解释等方式实现。值得注意的是，印度最高法院从《防止虐待动物法》中衍生出一系列动物权利，并根据《宪法》进行解释，将这些法定权利提升为基本权利。[8] 此外，阿根廷法院[9]和哥伦比亚法院[10]将人身保护方面的基本权利和基本自由权扩大到了饲养动物行为。[11] 这些（迄今为止孤立的）对动物权利的司法承认行为可以理解为动物法律权利的早期表现。在这一背景下，迫切需要动物法律权利理论来解释和指导目前尚处于萌芽状态的动物法律权利的发展。

本文旨在建立一个系统化、细致化的动物法律权利理论。在现有理论的基础上，重新审视了以往采取零散、粗略的方式研究的相关主题，并将其整合为动物法律权利的总体框架。针对"动物权利"这一术语在使用中的模糊性、

---

[6] 正如法夫尔所言："在个人道德或伦理不能充分保护动物免受人类虐待时，法律制度应当予以介入。"See David Favre, *Integrating Animal Interests into Our Legal System*, 10 Animal Law Review 87,88(2004).

[7] 即使道德权利和法律权利紧密相连[see HLA Hart, *Are There Any Natural Rights*? 64 Philosophical Review 175,177(1955)]，之所以需要某种截然不同（或至少经过修改和完善）的理论，是因为动物法律权利主要由法律制度构成，与道德动物权利不同，其存在和范围必须根据所适用的法律规则来确定。正如怀斯所言："哲学家讨论精神权利；法官决定法律权利。" See Steven M Wise, *Drawing the Line: Science and the Case for Animal Rights* 34(Perseus 2002).

[8] Supreme Court of India 7 May 2014, civil appeal no 5387 of 2014[27][56][62ff]; see further Kerala High Court 6 June 2000, AIR 2000 KER 340（表达了"法律权利不应只属于人类"的意见，[13]）; Delhi High Court 15 May 2015, CRL MC no 2051/2015[3][5]（承认鸟类"在空中飞行的基本权利"）.

[9] Tercer Juzgado de Garant as de Mendoza 3 November 2016, Expte Nro P-72. 254/15; this landmark decision was preceded by an *obiter dictum* in Camara Federal de Casacio n Penal Buenos Aires, 18 December 2014, SAIJ NV9953[2]（表达了动物是权利主体并应被视为法律主体的观点）.

[10] Corte Suprema de Justicia 26 July 2017, AHC4806-2017(MP: Luis Armando Tolosa Villabona). 此裁决在 2017 年 8 月 16 日的 Corte Suprema de Justicia, STL12651-2017 中被否定（MP: Fernando Castillo Cadena）。2020 年 1 月，哥伦比亚宪法法院裁定不向涉案动物授予人身保护令。

[11] 非人权组织向黑猩猩和大象发出的人身保护令尚未被美国法院承认。See *Tommy v. Lavery* NY App Div 4 December 2014, Case No. 518336.

不一致性和不可区分性等众所周知的问题,揭示动物法律权利不同层面的含义,使论证更加清晰。[12] 为此,文章分析确定了三组相关问题:其一,动物法律权利的性质和概念基础问题,笼统地说,动物是否可以享有法律权利;其二,与现行动物福利法有关的理论问题,即该法是否赋予了动物法律权利以及赋予了怎样的权利;其三,关于动物未来为什么以及在理想状态下应当享有什么样的法律权利这一规范性问题。本文将通过三个简单而关键的问题来回应动物能否、是否、应否享有法律权利?

本文第二部分主要讨论了动物享有法律权利在理论上的可能性,以及动物法律权利的形式结构和规范依据。如第三部分所述,不成文的动物权利可以从现有的动物福利法中衍生出来,尽管这种"动物福利权"目前是不完善和弱小的法定权利。为了区分动物在实证法中所享有的弱小法律权利与在未来法律中应当享有的强大法律权利,本文引入了"简单动物权利"和"基本动物权利"这两个新名词。第四部分主要探讨了根据未来法律动物享有强大基本权利的系列原因。

二、动物能否享有法律权利?

我们首先要解决动物是否享有法律权利这一概念性问题,而无论事实上动物是否享有法律权利。动物是潜在的权利主体——法律权利可以赋予"概念上不合理"[13] 的生物——必须根据权利的一般性质来确定,这种权利的性质通常是权利的结构(或形式)和理由(或最终目的)。[14] 从一般权利理论的视角审视动物权利的概念,有助于确定动物法律权利的形式和依据,阐明动物法律权利的概念基础。本部分"(一)"集中讨论了基本权利概念上的两种特殊形式:权利和自由,并研究了它们与动物权利的结构相容性。"(二)"讨论了相

---

〔12〕 See e. g. Will Kymlicka and Sue Donaldson, *Rights in Lori Gruen*(ed.), Critical Terms for Animal Studies(University of Chicago Press)320(2018);在没有进一步说明的情况下使用"动物权利"这一笼统术语时,"权利"的含义通常不明确。例如,该术语既可以指动物精神上的权利或法律权利,也可以泛指两者。从广义上讲,"动物权利"有时是指对动物任何形式的保护,而从狭义上讲,它通常是为特别重要和不可侵犯的类似于人权的动物权利而保留的。此外,有人认为"动物权利"是法律中已经存在的权利,而另一些人则在"宣言意义上"使用相同的术语来指代潜在的理想权利。

〔13〕 Joel Feinberg, *Human Duties and Animal Rights in Clare Palmer*(ed.), *Animal Rights*(Routledge) 409(2008); Kramer, *Do Animals and Dead People Have Legal Rights*? (n 2)29.

〔14〕 See generally Alon Harel, *Theories of Rights*, in Martin P Golding and William A Edmundson (eds.), Philosophy of Law and Legal Theory(Blackwell 2005), s191ff.

关权利的两种主要的相互冲突的理论,即意志论和利益论,和它们是否以及基于何种理由能够承认动物潜在的权利主体地位。

(一)动物法律权利的结构

权利的形式结构通常是根据霍菲尔德的权利分析理论来阐述的。[15] 著名的霍菲尔德指出,"权利"这一术语往往用来涵盖"任何种类的法律利益",并区分了四种不同类型的基本权利概念:主张(严格的权利)、自由、权力和豁免。[16] 下文将在一阶权利[17](主张和自由)的基础上说明动物法律权利在结构上的可能性,以及此类法律关系的内容。[18]

1. 动物请求权

严格意义上的权利是"享有对某物或某人提出请求的权利",与客体对权

---

〔15〕 See Wesley Newcomb Hohfeld, *Some Fundamental Legal Conceptions as Applied in Judicial Reasoning*, 23 Yale LJ 16(1913); Wesley Newcomb Hohfeld, *Fundamental Legal Conceptions as Applied in Judicial Reasoning*, 26 Yale LJ 710(1917).

〔16〕 See Hohfeld, *Fundamental Legal Conceptions*(n 15)717;霍菲尔德所述的这些基本权利仅仅是"原子"单位,许多共同权利是由其组合而成的复杂聚集体、簇或"分子权利";Leif Wenar, *The Nature of Rights*, 33 Philosophy & Public Affairs 223, 225, 234(2005).

〔17〕 一阶权利(主张和自由)直接关系到权利主体的实质性行为而非规范行为,而权力和豁免权则是涉及其他法律关系的二阶权利("元权利");为了便于分析,优先考虑与动物行为有关的一阶权利,这并不是说二阶权利对动物一阶权利的伴随和支持并不重要。正如许多复杂的(如基本)权利包含豁免权一样,不受另一方(缺陷)改变豁免权人权利的法律权力限制,动物的权利主张和自由也可以得到豁免权的支持,这些豁免权保护这些一阶权利不被改变,甚至变得无效。例如,经常被提及的动物基本权利之一,the "right not to be property" [Gary L Francione, *Introduction to Animal Rights*: *Your Child or the Dog*? (first printed 2000, Temple UP 2007) 93ff],可以解释为一种豁免权,它将剥夺目前与动物财产地位相关的合法处置权,从而使人类"所有者"无法决定动物的权利。作为被动权利,豁免权很容易被归纳为动物权利,因为它们是通过权利主体确定的,换言之,受动物的豁免权侵害的人在法律上不能这样做[see generally Matthew H Kramer, *Rights Without Trimmings*, in Matthew H Kramer, NE Simmonds and Hillel Steiner, *A Debate Over Rights*: *Philosophical Enquiries* (OUP 1998) 22]。相比之下,权力指的是一个人对某一特定法律关系的控制权,它意味着一个人改变他人法律地位的规范能力[see Hohfeld, *Some Fundamental Legal Conceptions*(n 15)55]。初步看来,权力似乎不适合动物。与被动的二阶权利(豁免)不同,权力是必须行使而不仅是享有的积极权利,与一阶积极权利(自由)不同的是,权力涉及法律行为的行使,而不是事实行动,因此需要法律而非仅仅是实际或代理行为。尽管如此,也有人认为,动物与儿童不同,可拥有通过人类代理人行使的法律权力(如强制执行权)(eg powers of enforcement) that are exercisable through human proxies [cf Visa AJ Kurki, *Legal Competence and Legal Power* in Mark McBride(ed.), *New Essays on the Nature of Rights*(Hart Publishing 2017)46].

〔18〕 See also Wise, *Hardly a Revolutio*(n 2)799ff; Francione, *Animals, Property, and the Law*(n 2)96–7; Kelch, *The Role of the Rational*(n 2)6ff.

利主体为或不为某种行为的义务相对应。[19] 这类权利的形式是动物享有对某事物的主张,如承担相关义务的人或国家应当避免或应当采取某些行为。这种动物法律权利可以是不干涉的消极权利(与消极义务有关),也可以是提供帮助或服务的积极权利(与积极义务有关)。[20] 请求权适用于动物,因为其是涉及他人(义务承担者)行为的被动权利,只是由权利主体享有而非行使。[21] 请求权赋予动物一种纯粹的被动地位,明确规定了他人对动物负有的义务,不需要动物自身采取任何行动。

2. 动物自由

自由是涉及权利主体自身行为的积极权利。为或不为某种行为的自由,是指一个人对另一个人为或不为某种行为的自由,与另一人息息相关。[22] 从表面上看,自由赋予动物权利。自由意味着动物可以自由地决定是否采取某些行为,即没有特定义务去做某些事情。反对者认为动物通常无力承担法律责任。[23] 鉴于动物不可避免地处于"无义务"和"自由"的恒定状态,[24] 自由对动物而言似乎显得毫无意义,因为动物本身就存在于无义务的天然自由条件下。这种"天然自由"是一种赤裸裸的、完全不受他人干扰和保护的自由。[25] 虽然动物可能享有"天然自由",如在没有(没有能力有)不四处走动义务的前提下,任何人不得干涉动物的行动自由,如将它们捕获并关在笼子里。

将动物的"天然自由"转化为自由权利的价值在于,将不受保护的、赤裸裸的自由转变为受保护的既得自由,使其免受侵害。实际上,只有将"天然自由"纳入请求权和相关义务的"保护范围"内,才能将其视为法律权利,在这一保护

---

〔19〕 See Joel Feinberg, *The Rights of Animals and Unborn Generations*, in Joel Feinberg, Rights, Justice, and the Bounds of Liberty: Essays in Social Philosophy 159(Princeton UP 1980); Hohfeld, *Some Fundamental Legal Conceptions*(n 15)55.

〔20〕 到目前为止,动物权利理论主要集中在消极权利上。See critically Donaldson and Kymlicka(n 1)5ff,49ff.

〔21〕 Cf Wenar, *The Nature of Rights*(n 16)233.

〔22〕 See Hohfeld, *Some Fundamental Legal Conceptions*(n 15)55; Kramer, *Rights Without Trimmings*(n 17)10.

〔23〕 See eg Feinberg, *The Rights of Animals and Unborn Generation*s'(n 19)162; but see Kramer, *Do Animals and Dead People Have Legal Rights*?(n 2)41-2(主张让动物承担法律责任并非不可能,尽管这"残酷甚至愚蠢").

〔24〕 "自由"是对"义务"的否定,因此可能被定义为"无义务"。

〔25〕 关于赤裸裸的自由和既得自由之间的区别,参见 HLA Hart, *Legal Rights*, in HLA Hart, Essays on Bentham: Studies in Jurisprudence and Political Theory172(OUP 1982)。

范围内,自由可以得到有效行使。[26] 这一"保护义务"包括一般义务(并非源于自由本身,而是源于其他请求权,如生命权和人身完整权)、不得采用"粗暴的干预方式"(如人身攻击或杀害,这排除了大多数干涉行为)等。[27] 自由还可以通过严格的旨在保护特定自由的请求权和相关义务得以加强,如国家有(消极)义务不建立跨越野生动植物栖息地的高速公路,或有(积极)义务为此类高速公路建立野生生物走廊,促进生活在这些零散栖息地中动物的安全和行动自由。

3. 动物权利和义务:相关性和互惠性

关于动物权利义务关系的一些论述似乎是有道理的。一些学者认为动物不能享有法律权利,主要是基于享有权利与承担义务的能力密不可分这一观点。[28] 如果动物不能承担任何意义上的法律义务,就不能对其他动物享有法律(请求)权利,因为其无法承担相应的法律义务。这是否剥夺了动物的法律权利,如对抗合法的人类或国家的权利?

虽然义务是(一阶)权利的主要组成部分,主张权利必然意味着他人承担法律义务,自由则说明权利主体不负有法律义务[29],从逻辑上讲,两者都不必然意味着权利主体自己承担义务。克莱默指出:除非某人在极不寻常的情况下享有权利,否则其享有的法律权利并不意味着要承担相应的法律义务,而是要由其他人承担。[30]

这强调了权利义务在概念和公理上的相关性(每项权利必然包含相应的义务)与权利义务互惠性(享有权利的能力取决于承担义务的能力)之间的重要区别。相关性是指在同一个法律关系中,不同主体权利义务之间的联系;互惠性则是指在独立的、逻辑上不相关的法律关系中,不同主体权利义务之间的规范性联系。

正如克莱默所言,权利主体享有权利的能力在某种程度上取决于其(在逻辑上不相关的)承担义务的能力。霍菲尔德指出:这是"直接错误的"。[31] 一

---

〔26〕 Hart, *Legal Rights*(n 25) 171, 173.

〔27〕 Hart, *Legal Rights*(n 25) 171.

〔28〕 See e. g. Richard L Cupp, *Children, Chimps, and Rights: Arguments from "Marginal" Cases* 45 Ariz St LJ 1 (2013); see also Christine M Korsgaard, *Fellow Creatures: Our Obligations to the Other Animals* 116ff.

〔29〕 See David Lyons, *Rights, Claimants, and Beneficiarie*, 6 American Philosophical Quarterly 173, 173-4(1969).

〔30〕 See Kramer, *Do Animals and Dead People Have Legal Rights*? (n 2) 42.

〔31〕 See Kramer, *Do Animals and Dead People Have Legal Rights*? (n 2) 42.

些规范性观点(特别是以社会契约理论为基础)主张权利主体应限定于那些在结构上是权利主体且能够相互作用的实体。换言之,它们是义务的承担者。[32] 我们应当拒绝适用这种狭隘的契约式权利框架,因为它忽略了当前的法律现实。[33] 针对法律上完全不具有行为能力的人(如婴儿和精神上无行为能力人),现代法律制度切断了享有权利和承担义务之间的联系。[34] 正如韦纳尔所言:"潜在权利主体的类别已经扩大到包括无义务实体。"[35] 仅仅从动物不属于义务主体这一事实来推断它们不属于权利主体,无论是在概念上还是在法律上都是不恰当的。[36]

(二)动物享有法律权利的依据

尽管霍菲尔德的分析框架有助于动物法律权利的形成,但凯尔奇指出:潜在动物权利的规范性依据仍然是不可知的。[37] 在这方面,两种主要的权利理论对权利的最终目的以及享有权利的主体作出了截然不同的解释。[38] 尽管动物权利的概念与意志论并不一致,但利益论可以为其提供理论依据。

1. 意志论

根据意志论,权利的最终目的是促进和保护个人某些方面的自主性和自我实现。法律权利本质上是一种"受法律尊重的选择",而权利主体拥有"小规模控制权",其权利主要是通过赋予他人义务的自由裁量的"法定控制权"的方式行使。[39] 因此,潜在权利主体仅包括那些具有代理能力和法律地位的实

---

[32] In this vein, *Tommy v. Lavery NY* App Div 4 December 2014, Case No 518336, p 4, 6; but see critically New York Court of Appeals, *Tommy v. Lavery* and *Kiko v. Presti* decision of 8 May 2018, motion no 2018-268, concurring opinion Judge Fahey.

[33] 例如,哥伦比亚最高法院违反了这一权利框架,认为动物是权利主体而不是责任主体。Corte Suprema de Justicia 26 July 2017, AHC4806-2017(MP: Luis Armando Tolosa Villabona), 14ff; for a refutation of the contractarian reciprocity argument, see also Brief for Philosophers as Amici Curiae Supporting Petitioner-Appellant, *Nonhuman Rights Project v. Lavery* 2018 NY Slip Op 03309(2018)(Nos 162358/15 and 150149/16), 14ff.

[34] See Peters(n 2)45-6; David Bilchitz, *Moving Beyond Arbitrariness: The Legal Personhood and Dignity of Non-Human Animals* 25 SAJHR 38, 42-3(2009); Feinberg, *The Rights of Animals and Unborn Generations*(n 19)163; but see *Tommy v. Lavery* NY App Div 4 December 2014, Case No 518336, 5.

[35] Leif Wenar, *The Nature of Claim Rights*123 Ethics 202, 207(2013).

[36] See Kramer, *Do Animals and Dead People Have Legal Rights?* (n 2)43.

[37] See Kelch, *The Role of the Rational*(n 2)9.

[38] For an overview, see generally Matthew H Kramer, NE Simmonds and Hillel Steiner, *A Debate Over Rights: Philosophical Enquiries*(OUP 1998).

[39] Hart, *Legal Rights*(n 25)183, 188-9.

体，排除了动物的权利主体资格，因为它们缺乏意志论中权利所必需的代理种类和程度。[40]

根据意志论，动物不是潜在的权利主体，这并不意味着动物完全不能享有法律权利。意志论基于其权利主体[41]的类别及合理解释权利类型的包容性不足而受到批判，对权利概念的定义过于狭窄，无法为所有权利提供理论基础。[42] 那些通常被视为动物权利的权利，往往是超过意志论解释力的权利，即不可剥夺的[43]、被动的[44]、保护动物（部分历史和社会因素）脆弱性的基本公法[45]权利。[46] 这些权利应当在利益论的基础上加以解释。

2. 利益论

动物权利理论通常将动物权利置于动物利益的基础上，通常适用权利利益论。[47] 根据利益论，权利的最终目的是保护和增进权利主体某些方面的福利与利益。[48] 法律权利本质上是"受法律保护的利益"，具有特殊的重要

---

[40] See Kramer, *Do Animals and Dead People Have Legal Rights?* (n 2) 30; Hart, *Legal Rights* (n 25) 185.

[41] 意志论认为，它在概念上不能作为权利主体，权利主体既不包括非人类，也不包括婴儿以及精神上无行为能力的人。As noted by Hart, *Are There Any Natural Rights?* (n 7) 181, the will conception of rights "should incline us not to extend to animals and babies... the notion of a right"; see also Kramer, *Rights Without Trimmings* (n 17) 69.

[42] 正如范·达菲尔所言，无论是意志论还是利益论，都不可能是一个"全面的权利理论"，都只是试图抓住不同类型权利的本质。See Siegfried van Duffel, *The Nature of Rights Debate Rests on a Mistake* 93 Pacific Philosophical Quarterly 104, 105, 117 et passim (2012).

[43] 根据意志论，不可剥夺的权利在概念上不是"权利"，因为它们排除了权利主体放弃相关义务的权利。See DN MacCormick, *Rights in Legislation* in PMS Hacker and J Raz (eds), *Law, Morality, and Society: Essays in Honour of HLA Hart* (OUP 1977) 198f; Kramer, *Rights Without Trimmings* (n 17) 73.

[44] 意志论主要以直接促进个人自主和选择的积极权利（自由和权利）为模式，对于不涉及权利主体个人自主和选择权的被动权利（主张和豁免）方面则不那么具有决定性。cf Harel (n 14) 194-5.

[45] Hart, *Legal Rights* (n 25) 190. 其承认意志论不能对宪法保障的基本权利作出充分分析；相比之下，动物法律权利被理解为主要针对国家的公法权利，国家负有相关的尊重和保护义务。

[46] 意志论将权利保护的目的限定在人性的一个狭窄方面，即积极参与和自我决定的一面，而忽略了被动、脆弱和有需要的一面。自主无疑是值得规范保护的重要因素，但不是唯一的。See Jeremy Waldron, *Introduction* in Jeremy Waldron (ed.), *Theories of Rights* (OUP 1984) 11; MacCormick, *Rights in Legislation* (n 43) 197, 208.

[47] See Kelch, *The Role of the Rational* (n 2) 10ff; for an interest-based approach to animal rights, see eg Feinberg, *The Rights of Animals and Unborn Generations* (n 19); Cochrane (n 5) 19ff.

[48] See Kramer, *Do Animals and Dead People Have Legal Rights?* (n 2) 29; MacCormick, *Rights in Legislation* (n 43) 192.

性。[49] 利益论强调福利而不是服务,对动物权利的条件要求较低。对权利主体,利益论除了要求权利主体具备享有利益的能力外,并无其他条件限制。[50] 根据"利益"的基本定义,利益的范围涵盖了所有动物、植物,甚至是一些无生命的物体,"享有利益"这一相当温和、潜在过度包容的概念标准通常由附加的、更加限定的"具有道德地位"的道德标准作为补充。[51] 根据这一限定,利益相关者和那些享有工具性福利、内在的或"终极价值"的个体都能享有权利。[52]

根据利益论,动物要成为潜在的权利主体,必须满足两个条件:其一,动物必须有利益;其二,保护动物应当出于动物自身的利益,因为动物的福利本质上具有内在价值。目前,动物是否能够在享有权利的意义上享有利益,以及是否具有内在价值或终极价值意义上的道德地位还有待研究。例如,有些人反对动物享有利益是基于对利益的理解这一观点,因为享有利益的前提是拥有复杂的认知能力(如具有信念和语言)。[53] 大多数利益论者都倾向于从"为某人着想"的基础上理解利益,这意味着利益主体可以"变得更好或更坏",并且能够从一些保护行为中受益。[54] 一般而言,兴趣能力与感知能力(有意识和主观上痛苦、烦恼和快乐的感受)相关。[55] 大多数利益论家都能接受(有意识的)动物作为潜在的权利主体,即作为享有法律权利的生物。[56]

---

〔49〕 J Raz, *Legal Rights*(1984) 4 OJLS 1, 12; Waldron, *Introduction*(n 46) 12, 14.

〔50〕 See William A Edmundson, *An Introduction to Rights*(2nd edn, CUP 2012) 97; Joseph Raz, *The Morality of Freedom*(Clarendon Press 1986) 176; Feinberg, *The Rights of Animals and Unborn Generations*(n 19) 167.

〔51〕 See Kramer, *Do Animals and Dead People Have Legal Rights*? (n 2) 33ff, 39.

〔52〕 Raz, The Morality of Freedom(n 50) 166, 177ff; see also Neil MacCormick, *Children' s Rights: A Test- Case for Theories of Right* in Neil MacCormick, *Legal Right and Social Democracy: Essays in Legal and Political Philosophy*(OUP 1982) 159-60.

〔53〕 See RG Frey, *Interests and Rights: The Case Against Animals*(OUP 1980) 78ff; HJ McCloskey, *Rights* (1965) 15 The Philosophical Quarterly 115, 126; but see Tom Regan, *McCloskey on Why Animals Cannot Have Rights*(1976) 26 The Philosophical Quarterly 251.

〔54〕 Harel(n 14) 195; Kramer, *Do Animals and Dead People Have Legal Rights*? (n 2) 33.

〔55〕 See e. g. Feinberg, *The Rights of Animals and Unborn Generations*(n 19) 166; Kramer, *Do Animals and Dead People Have Legal Rights*? (n 2) 39-40; Visa AJ Kurki, *Why Things Can Hold Rights: Reconceptualizing the Legal Person* in Visa AJ Kurki and Tomasz Pietrzykowski (eds.), *Legal Personhood: Animals, Artificial Intelligence and the Unborn*(Springer 2017) 79-80.

〔56〕 See e. g. Wenar, *The Nature of Claim Rights*(n 35) 207, 227; Kramer, *Do Animals and Dead People Have Legal Rights*? (n 2) 54; Feinberg, *The Rights of Animals and Unborn Generations*(n 19) 166.

出于法律目的,现代动物福利法坚定地保持(某些)动物内在利益价值的立场。现代动物福利立法除了承认其所保护的动物外,无法解释动物在道德和法律上的相关价值利益,特别是在福利、生命和身心完整方面。[57] 此外,它还取决于对这些动物(潜在或明确)的承认,即具有内在价值意义上的道德地位。现代的、不以人类为中心的、以道德为基础的动物保护法基本原理是保护动物作为动物而非工具的自身利益。[58] 有些法律甚至明确规定了动物的"尊严"和"内在价值"。[59]

现有的动物福利法已经将动物视为具有某些法律利益和内在价值的权利主体,权利利益论者认为动物具备了享有权利的充分必要条件。因此出现了这样一个问题:这些法律不仅在概念上承认潜在动物权利,还可能产生实质性的动物法律权利。

三、动物享有(简单的)法律权利吗?

尽管动物在概念上可以享有法律权利,但学界的主要观点认为,就实体法而言,动物至少在法律上没有任何被承认的、可请求的权利。[60] 在英美法系

---

〔57〕 See also Kurki, *Why Things Can Hold Rights*(n 55)80.

〔58〕 See Thomas G Kelch, *A Short History of(Mostly) Western Animal Law: Part II*, 19 Animal Law Review 347, 348ff(2013); Bilchitz, *Moving Beyond Arbitrariness*(n 34)44ff;根据这一目的,南非宪法法院(2016年12月8日,CCT 1/16[57])指出,"保护动物福利的基本原理已经从仅仅维护人类的道德地位转变为赋予动物作为个体的内在价值"(作为重点);德国根深蒂固的"ethischer Tierschutz"一词表达了动物福利法的这种非人类中心的伦理主旨。See Margot Michel, *Law and Animals: An Introduction to Current European Animal Protection Legislation*' in Anne Peters, Saskia Stucki and Livia Boscardin (eds), *Animal Law: Reform or Revolution*? (Schulthess 2015)91-2.

〔59〕 1999 Federal Constitution(Bundesverfassung)(CH), Article 120(2) and 2005 Animal Welfare Act (Tierschutzgesetz)(CH), Article 1 and 3(a); 2010 Animal Welfare Act(Tierschutzgesetz)(LI), Article 1; 2018 Animal Welfare Act (Loi sur la protection des animaux)(LU), Article 1; 1977 Experiments on Animals Act(Wet op de dierproeven)(NL), Article 1a; European Parliament and Council Directive 2010/63/EU of 22 September 2010 on the protection of animals used for scientific purposes[2010] OJ L276/33, Recital 12.

〔60〕 See eg Steven M Wise, *Legal Rights for Nonhuman Animals: The Case for Chimpanzees and Bonobos*(1996) 2 Animal Law Review 179, 179; Richard A Epstein, *Animals as Objects, or Subjects, of Rights* in Cass R Sunstein and Martha C Nussbaum (eds.), *Animal Rights: Current Debates and New Directions* (OUP 2005) 144ff; Francione, *Animals, Property, and the Law*(n 2) 91ff; Kelch, *The Role of the Rational*(n 2) 18; Court of Appeal of Alberta, *Reece v. Edmonton* (City), 2011 ABCA 238[6]; *Herrmann v. Germany* App no 9300/07(ECtHR, 26 June 2012), separate opinion of Judge Pinto de Albuquerque, 38; *Noah v Attorney General* HCJ 9232/01[2002-2003] IsrLR 215, 225, 232, 253.

中,人们倾向于以一种相当模糊的方式谈论“动物权利”,就好像它们已经存在于现行动物福利立法中。事实上,动物福利法很少赋予动物法律权利这一基本主张,因此关于现有动物权利的说法难以得到证实。下文将讨论动物的现有法律保护是否可以归类为法律权利?如果可以,将其归为何种权利?本部分“(一)”认为从动物福利法中衍生出来的潜在动物权利(以下称为“动物福利权”)〔61〕,可以作为与明确的动物福利义务相关的内容,鉴于这种不成文的动物权利在实践中几乎得不到法律承认,目前为止,这一解读仍停留在理论中。“(二)”指出,从动物福利法中衍生出来的权利是不完善和弱小的权利,不能为动物提供与法律权利相关的强有力的规范性保护,通常被当作制度化的动物道德权利。“(三)”引入了“简单动物权利”和“基本动物权利”两个概念,以区分并解释当前这种不完善的、弱小的动物权利与潜在的、理想的、强大的动物权利之间质的差异。

(一)从动物福利法中衍生出来的“动物福利权”

1.相关性的简单论证

现有的动物福利法没有赋予动物权利特定的术语,也没有将任何明确的动物权利制定为法律。但它确实将保护动物的法律义务强加给人们,这些义务要求人们采取有利于动物福利的行为。一些学者认为,相关(请求)权赋予了动物作为此类义务的受益者地位。〔62〕这种观点与利益论分析的逻辑结论是一致的。〔63〕权利的本质是受法律保护的、具有内在价值的个人利益,主张权利是“承担法律义务的规范性保护地位”。〔64〕根据现有的动物福利法,动物

〔61〕这类现行动物法律权利被称为“动物福利权”,表明其源于现行动物福利法。

〔62〕See eg Cass R Sunstein, *Standing for Animals (with Notes on Animal Rights)* 47 UCLA Law Review 1333 (2000) (claiming that current animal welfare law creates “a robust set of animal rights” or even “an incipient bill of rights for animals”. ibid 1334, 1336); Bilchitz, *Moving Beyond Arbitrariness* (n 34) 43ff, 48-9 (concluding that “the existing statutory framework can already be seen to confer certain legal rights upon animals”: 50 fn 61); Jerrold Tannenbaum, *Animals and the Law: Property, Cruelty, Rights*, 62 Social Research 539, 581 (1995); Beauchamp (n 2) 207; Wise, *Hardly a Revolution* (n 2) 910ff; this view was endorsed by the Supreme Court of India 7 May 2014, civil appeal no 5387 of 2014 [27] (指出《防止虐待动物法》中“人类需要对动物负责的义务,这是一种强制性义务,因此需赋予动物相应的权利”)。

〔63〕See eg Joel Feinberg, *Human Duties and Animal Rights* in Feinberg, *Rights, Justice, and the Bounds of Liberty* (n 19) 193-4 *et passim*; Kramer, *Do Animals and Dead People Have Legal Rights?* (n 2) 54; Wenar, *The Nature of Claim Rights* (n 35) 218, 220; Visa AJ Kurki, *A Theory of Legal Personhood* (OUP 2019) 62-5.

〔64〕Matthew H Kramer, *Legal and Moral Obligation* in Martin P Golding and William A Edmundson (eds.), *The Blackwell Guide to the Philosophy of Law and Legal Theory*, 188 (Blackwell 2005).

的某些价值是受到法律保护的利益,主要通过对他人强加义务的方式来保护。从现有动物福利义务到“动物福利权”的推论似乎依赖于某种程度上过于简单化的相关性概念,其思路是“有义务就有权利”。〔65〕对动物福利法规中的受益义务可以为动物创造相应法律权利的观点,可以提出两种反对意见。

第一,并不是每一种义务都对应相应的权利。〔66〕虽然某些义务不太具体,只有与某人(而不是仅针对某人)相关的指导性义务才是(主张)权利的因素。与此密切相关的是,并不是每一个从他人履行义务中获益的人都享有相关的权利。根据统一的权利义务界定标准,受益义务只在预期受益人中产生权利,即那些受益于旨在保护其利益的义务人。〔67〕动物福利义务不是与动物相关的间接义务,如所有者对其动物的利益、情感或人类道德品质的保护,而是对受保护动物本身的直接义务。〔68〕此外,现代动物福利法的主要目的是保护动物的自身利益。从一定程度上说,动物是动物福利义务的直接主要受益者。〔69〕

第二,有人可能会反对这样一种观点,即对动物权利的分析源于受益义务,这种分析基于一种权利概念,这种概念带有冗余的烙印。借鉴哈特的话:这似乎将权利仅仅看作是“义务的代替性表述”,因此“不过是义务的冗余翻译……转化为权利的术语”。〔70〕麦考密克指出:对请求权的解释主要基于将权利视为逻辑上优先义务的“反射”。即当法律规定了一项旨在让个人受益的义务时,它们就存在。〔71〕

解决这一冗余问题的方式是扭转权利和义务的逻辑顺序。权利并非简单

---

〔65〕 例如,桑斯坦认为关联性是双向的:“不仅仅是权利产生义务,义务也有助于权利的产生。”Cass R. Sunstein, *Rights and Their Critics*, 70 Notre Dame L. Rev. 727,746(1995).

〔66〕 See also Kelch, *The Role of the Rational*(n 2)8-9.

〔67〕 See Lyons(n 29)176; Waldron, *Introduction*(n 46)10; critically Kramer, *Rights Without Trimmings*(n 17)85ff; Visa AJKurki, *Rights, Harming and Wronging: A Restatement of the Interest Theory*, 38 OJLS 430,436ff(2018).

〔68〕 See eg Beauchamp(n 2)207; Feinberg, *The Rights of Animals and Unborn Generations*(n 19)161-2,166; Bilchitz, *Moving Beyond Arbitrariness*(n 34)45-6;在这一点上,德国高等法院认为,根据刑法关于必要性的正当理由(“rechertigender Notstand”),可以授权私人代表动物捍卫其受法律保护利益,即使这会损害动物所有者的利益。OLG Naumburg, Judgment of 22 February 2018, case no 2 Rv 157/17, recital Ⅱ; on why animals need directed rather than indirect duties, see Edmundson, *Do Animals Need Rights?* (n 2)350ff.

〔69〕 See also Francione, *Animals, Property, and the Law*(n 2)100.

〔70〕 Hart, *Legal Rights*(n 25)181-2,190.

〔71〕 MacCormick, *Rights in Legislation*(n 43)199.

地由受益义务创造(虽然权利在逻辑上后于受益义务的产生)的,正好相反,这种义务是由(逻辑上先于受益义务的)权利衍生出来的。例如,拉兹指出:"权利是他人的义务之本",因此优先于义务。[72] 如果权利不仅被理解为相关性权利,还合理地优先于义务,那么将受益的动物福利义务确定为(逻辑上是后置的)动物权利则缺乏理论基础。为了适用权利是义务的基础这一观点,需要对上述论点进行重新研究和完善。

2. 相关性的限定论证

一个精辟、反向、来自相关性的论证必须证明,动物权利不仅是动物福利义务的反射,还是这种义务的依据。换言之,积极的动物福利义务应理解为:这些义务的产生是作为某种法律制定的反映,或是"潜在"背景下动物权利的体现。

我们需要进一步明确权利优先于义务这一概念。从表面上看,权利以某种方式先于义务的观念与霍菲尔德的相关性理论相悖,该理论认为权利义务之间存在相互牵连的关系,一方不能独立于另一方而存在。[73] 从这一角度看,权利义务之间具有因果关系,因为构成这些权利的义务与这些权利之间的因果关系是相互依存的。格沃思对权利义务之间的关系提供了一个似是而非的解释。他用一个类比的方式说明了"在证明目的或最终因果关系的顺序上,请求权优先于义务并不违背它们之间的相互关联性":

在因果关系顺序中,父母先于子女,父母的(过去或现在)存在可以从子女的存在中推导过来;反之亦然。因此,父母对子女的因果优先权与这两个群体之间既有因果关系,又有概念上的关联。这与权利和义务相类似,只是它们之间的顺序是最终的而不是有效的因果关系,是为了证明而非实现目的。[74]

通过仔细检查,这一点可以得到进一步明确。以(生物学上的)[75]父母和他们的孩子为例:实际上"父母"的内容——一个男性和一个女性(在某个时刻一起生育)——独立存在于可能出现的"孩子"之前,这时父母只在与"孩子"结合时才变成"父母"。"父母"和"孩子"的概念是相互融合的,严格意义上说,他们不是"父母",只有在"孩子"出现后才被称为"父母",先前的内容是

---

[72] Raz, *The Morality of Freedom* (n 50) 167, 170f; see also Alan Gewirth, *Introduction* in Alan Gewirth, Human Rights: Essays on Justification and Applications (University of Chicago Press 1982) 14.

[73] See Kramer, *Rights Without Trimmings* (n 17) 40.

[74] Gewirth (n 72) 14.

[75] 为了论证观点,本文仅指亲生父母。

"孩子"的前因。

将其适用于权利义务问题时,意味着它实际上是"权利"的内容,并独立存在于"义务"之前,且(合理地)对"义务"的产生具有因果关系,而"义务"又是"权利"的组成部分。"权利"及其内容与利益之间的区别在于,权利是保护既存利益的义务,而利益是权利的相关义务。因此,作为义务基础的不是权利,而是受保护的利益。这与拉兹对权利的定义相一致,根据该定义,"享有权利"是权利主体有权(她的利益)"要求其他人承担义务"。[76] 现代动物福利法的制定证明:动物福利的某些方面(它们的利益)在时间和合理性上都具有因果关系,而且是对他人附加义务的充分理由。换言之,动物利益是动物福利义务的基础,也是动物权利的概念。

现有的动物福利法可以理解为包含不成文的"动物福利权",作为将明确的动物福利义务强加给他人的潜在联结。赋予权利的法律规则,其基本特征是:以保护个人利益为目的,无论它们是否被明确规定。[77] 为了使一项权利成为实质性(而非潜在或假定的)法律权利,至少应在法律上得到承认(即使不能主张或不能执行),[78] 这是由适用的法律规则决定的。在没有明确规定的情况下,法律规范是否赋予动物不成文的权利就成了法律解释的问题。尽管学者可以证明,这种权利在法律的合理解释范围内,但一项实质有效的法律权利很难仅因为一些学者的讨论而存在。为此,某些公共权力机构(尤其是法院)对它的承认是有帮助的。虽然动物现有的法律保护可能规定了构成权利的全部要素,但需要法院通过权威性的法律解释将这些潜在权利转化为实质性权利。目前为止,除了少数例外,法院还没有这样做,因此,不成文的动物权利在实践中(尚未)得到法律承认,目前仍只是一种可能的理论。[79]

(二)当下"动物福利权"的不足

除了法律承认问题外,还有许多实质性问题对从动物福利法中衍生出来的权利是否属于真正的权利产生怀疑。目前的"动物福利权"是一种异常脆弱

---

[76] Raz, *The Morality of Freedom*(n 50) 166, 180-1.

[77] See MacCormick, *Rights in Legislation*(n 43) 191-2; Raz, *Legal Rights*(n 49) 13-14.

[78] 一些学者认为,法律权利仅在其拥有强制执行性时才存在。See eg Ronald Dworkin, *Justice for Hedgehogs* (Harvard UP 2011) 405-6(指出法律权利是权利主体有权在直接可用的裁判程序中按要求强制执行的权利).

[79] 在法律上承认动物权利的重大实质性障碍在于,几乎在任何法律秩序中,动物都是法律客体而非法人。主流观点认为法人资格和享有权利是密不可分的,因此许多法学家都没有将现有的动物法律保护称为"权利"。See critically Kurki, Why Things Can Hold Rights' (n 55) 71, 85-6.

的权利,无法提供与法律权利同等的强有力的规范性保护。[80] 将现有的动物法律保护归类为“权利”与根深蒂固的观点相冲突,因为它们保护的是特别重要的利益,因此法律权利具有特殊的规范效力。[81] 这种标准是用权利的潜在含义表现出来的,如“王牌”[82]、“防护带”[83]、“防护盾”、“禁止侵入”的标志[84]或者“盔甲”。[85] 权利赋予个人及其重要利益强有力的法律保护,以防止个人或集体利益发生冲突,指出“不能为功利主义牺牲的利益”和“所促进或保护优于社会一般利益的利益”。[86] 目前的“动物福利权”提供了一种非典型的弱小的法律保护模式,主要有两个原因:一是它们保护了次要利益;二是它们容易被否定。

为了说明这一点,可以从动物福利法中衍生出来的权利,即第一类“动物福利权”方面着手。鉴于这些权利与现有动物福利义务有关,因此这些权利的实质内容必须反映各自法律规范中的内容。首先,这种归纳方法会产生一个“动物福利权”子集,该子集的实质性范围较小,主要保护特定的次要利益。例如,(相对)被宰杀的权利,[87] 以及一项涉及“未经麻醉不得造成严重伤害”[88]或可以采用快速作用的方法杀死小鸡的(绝对)权利,如均质化或气化,且不得相互叠置。[89] 如果将这些权利置于宽松的制度环境中,此时基本利益

[80] See generally Francione, *Animals, Property, and the Law*(n 2)91ff.

[81] On this, see Kai Moller, Proportionality and Rights Inflation in Grant Huscroft, Bradley W Miller and Gre goire Webber, *Proportionality and the Rule of Law: Rights, Justification, Reasoning* 166 (CUP 2014); Harel(n 14)197ff; Waldron, *Introduction*(n 46)14ff.

[82] Ronald Dworkin, *Rights as Trumps*' in Waldron, Theories of Rights(n 46)153.

[83] Bernard E Rollin, *The Legal and Moral Bases of Animal Rights* in HB Miller and WH Willliams (eds.), *Ethics and Animals*(Humana Press)106(1983).

[84] See Tom Regan, *The Day May Come: Legal Rights for Animals*, 10 Animal Law Review 11, 15-16 (2004).

[85] Frederick Schauer, *A Comment on the Structure of Rights*, 27 Ga L Rev 415, 429 *et passim*(1993).

[86] Jeremy Waldron, *Rights in Conflict* in Jeremy Waldron, *Liberal Rights: Collected Papers* 1981-1991 (CUP 1993)209, 215-16(emphasis added); see also Frederick Schauer, *Rights, Constitutions and the Perils of Panglossianism*, 38 OJLS 635, 637(2018).

[87] Correlative to Council Regulation (EC) 1099/2009 of 24 September 2009 on the protection of animals at the time of killing[2009]OJ L303/1, Article 4 and Annex I.

[88] Correlative to European Parliament and Council Directive 2010/63/EU of 22 September 2010 on the protection of animals used for scientific purposes[2010]OJ L276/33, Article 14(1)(2).

[89] Correlative to 2008 Animal Welfare Ordinance(Tierschutzverordnung)(CH), Article 178a(3).

将得不到很好的保护,权利的脆弱性和附属性将变得更加明显。[90] 虽然这些权利可以保护某些次要的、衍生的利益(如以被无痛苦的方式损害的利益),但它们同时以损害更主要的利益(如不应被损害的利益)为前提。与最初法律允许的大量痛苦和杀戮并存,将动物切实得到的剩余法律保护表述为“权利”,一定程度上会对我们产生误导。[91]

第二类“动物福利权”可以从一般动物福利条款中衍生出来,其范围更广,保护的是更为基本的主要利益,如幸福、生命权[92]、尊严[93]的权利免遭不必要的损害[94]或免受酷刑和残忍对待。[95] 虽然这类权利的客体具有更基本的性质,但其实质性保障在很大程度上因侵权标准的降低而削弱。[96] 换言之,这些权利缺乏规范性力量,表现在它们具有高度可侵犯性(对被否定的抵抗力较低)。大多数权利(无论是人类还是动物权利)都是相对的表面权利,可以在相互冲突的利益之间取得平衡,只有在没有正当理由的情况下,特别是在必要性和相对性方面,才构成侵权。[97] 认真对待权利需要一定的保障措施,确保权利只为与所涉利益相称的重要因素牺牲。正如瓦尔德隆所言,权利被视为

---

[90] 以色列高等法院在强迫饲养鹅的案件中强调了动物福利法的宽容性。针对“有问题的”监管语言方面,法院指出,法律的目的是“防止鹅受苦”。显然,这些法律法规并不能防止,而是尽量减少所造成的痛苦。*Noah v Attorney General* (n 60) 234–5. See also Shai Lavi, 'Humane Killing and the Ethics of the Secular: Regulating the Death Penalty, Euthanasia, and Animal Slaughter, 4 UC Irvine Law Review 297, 321(2014)(指出“解决疼痛和苦难的方式存在差异”,与不人道的行为并存,这些行为迄今为止没有受到挑战,且常被认为是理所当然的)。

[91] As MacCormick, *Children's Rights*(n 52) 159,指出:试想“火鸡有权得到良好喂养,以便在圣诞节餐桌上长胖”这种奇怪的逻辑,并不是在贬低现有动物福利保护措施的重要性。尽管与适当的法定权利相比,这些权利是弱小且不完善的,但这并不意味着它们是微不足道的。See, on this point, Regina Binder, *Animal Welfare Regulation: Shortcomings, Requirements, Perspectives* in Anne Peters, Saskia Stucki and Livia Boscardin (eds.), *Animal Law: Reform or Revolution?* (Schulthess 2015) 83.

[92] eg correlative to 1972 Animal Welfare Act(Tierschutzgesetz)(DE), § 1 and 17(1).

[93] eg correlative to 2005 Animal Welfare Act(Tierschutzgesetz)(CH), Article 1 and 26(1)(a).

[94] eg derived from Animal Welfare Act 2006(UK), s 4.

[95] See eg Supreme Court of India 7 May 2014, civil appeal no 5387 of 2014[62](源于动物福利法,特别是生命权、享有食物和住所的权利、享有尊严的权利、享受公平待遇以及反对酷刑的权利); similarly, Court of Appeal of Alberta, *Reece v Edmonton*(City), 2011 ABCA 238, dissenting opinion Justice Fraser[43].

[96] 例如,如果有充分正当的理由肯定了使用动物的任何工具性利益,那么免于不必要疼痛和苦难的表面权利将变得无效。

[97] See Edmundson, *Do Animals Need Rights?* (n 2) 346; Harel(n 14) 198; Laurence H Tribe, *Ten Lessons Our Constitutional Experience Can Teach Us About the Puzzle of Animal Rights: The Work of Steven M Wise*, 7 Animal Law Review 1, 2(2001).

用功利主义进行衡量的一种限制,即"重要的个人利益最终可能会与本质上不那么重要的因素相交融"。[98] 这恰恰是动物表面上受保护利益的情况,无论这些权利有多重要,都可能适用于功利主义,进而被相对不那么重要甚至微不足道的人类利益所牺牲,尤其是人类的饮食和时尚偏好、经济利益、娱乐或其他可以想象的人类利益。[99]

当下动物所具有的任何"动物福利权"要么是次要的实质性、特殊性权利,要么是基本的表面权利,后者具有高度可侵犯性且"面临着消失"。[100] 问题是,这些特征能否使动物现有的法律保护非权利或弱小但仍然存在的权利。答案取决于特殊标准的力量、质量、影响在概念上是权利的组成部分还是典型特征。第一种观点认为,将某种规范力量作为标准,用以确定什么是权利,并取消那些结构上类似于权利但不符合法律保护标准的资格。[101] 第二种观点认为,将权利的规范力量作为一个变量,在从弱到强的范围内定义不同类型权利。[102] 为了说明在此标准上区分强有力的权利、弱小权利和非权利的复杂性,让我们回到与(生物学)"父母"的类比上。"父母"的概念本质上可以定义为"孩子的生物创造者"。通常情况下,养育者的特殊角色与"父母"的概念相关。就目前而言,仅仅满足最小概念标准(成为生物创造者)、没有概念上基本功能的人(不予照顾),仍然是"父母"吗?如果是,在多大程度上是?他们是完整恰当的"父母",还是不完美、坏的"父母"?也许当前的动物权利是"权利",其意义类似于一个缺席的、疏忽大意、漠不关心的亲生父母,它不承担为人父母的角色和责任,仍然是"父母"。现行的动物法律主要保护符合权利最低限度的概念标准,但却没有发挥权利特有的规范功能。这些权利是一种典型的弱小和不完善的权利。

(三)简单动物权利和基本动物权利的区别

如果人们认为动物现有的法律保护构成法律权利,换言之,尽管动物权利缺乏明确的法律规定以及司法承认,但动物福利法仍赋予动物法律权利,那么

---

[98] Waldron, *Rights in Conflict*(n 86)209-11.

[99] See Francione, *Animals, Property, and the Law*(n 2)17ff, 109.

[100] Francione, *Animals, Property, and the Law*(n 2)114.

[101] 绍尔认为,某种规范力量似乎是权利概念的组成部分,一项权利只有在其所保护的利益不受任何低层次因素侵害时才存在,如果该利益不受权利保护,这些低层次因素就可以对该权益进行限制。See Schauer, *A Comment on the Structure of Rights*(n 85)430 *et passim*.

[102] 从这个角度来看,桑斯坦认为动物福利法"保护某种形式的动物权利,在权利或福利的概念中,不需要或多或少地保护相关利益"。See Sunstein, *Standing for Animals*(n 62)1335.

从动物福利法中衍生出来的权利,无论多么弱小,都应具有权利特征;因此,必须对这种"动物福利权"的性质和限度作出限定。必须强调的是,这类动物法律权利没有达到以下条件:其一,法律权利是对重要利益的特别有力的保护;其二,将动物权利理论家设想的不可侵犯的基本动物道德权利(遵循人权原则)制度化。[103] 因此,将动物在实证法中所享有的不完善、弱小的法律权利与其在未来法律中应当享有的理想[104]、适当、强有力的基本权利分开是有必要的。

为了说明动物两种法律权利性质上的不同,本文结合了国际公法和其他相关法律中个人权利的不同之处,[105] 使用了"基本动物权利"和"简单动物权利"两个概念。在界定标准上,可以结合两个因素来区分简单动物权利和基本动物权利:其一,实体性(受保护利益的根本性或非根本性);其二,规范力量(侵权程度)。简单动物权利可以被定义为弱小的法律权利,其实质内容具有非根本性、辅助性以及基于高度可侵犯性而缺乏规范性的效力。动物基本权利是以人权原则为基础的强大法律权利,由于其可侵犯性降低,因此具有实质性、基础性、规范性和稳健性的特征。

动物福利权是由现行动物福利法衍生而来的。第一类"动物福利权"无论是否可侵犯都属于这一类,[106] 而将第二类"动物福利权"归于此类的原因纯粹是基于其高度可侵犯性。然而,后者具有不断变化的特征,能够在发生冲突时以强有力的方式处理。尽管第二类简单动物权利目前缺乏法律权利的规范效力,但它们确实可能成为基本动物权利。下一部分将探讨为什么动物需要这种基本权利。

四、动物应享有(基本的)法律权利吗?

在现有动物福利法的基础上,动物享有不完善、弱小、简单的权利,但最后的规范性问题仍然是对未来法律的思考:动物是否应该享有强大的法律权利?本文重点讨论动物的基本权利,如生命权、身体健康权、自由和免受酷刑的权

---

[103] See e. g. Donaldson and Kymlicka(n 1)19ff.

[104] "理想权利"的含义"应该是一项积极权利,在更为理想的法律体系中也是如此。" Feinberg, *Social Philosophy*(n 4)84.

[105] 在国内公法中,基本权利或宪法权利与其他简单的公(如行政)法权利有所区别。同样,在国际法中,人权也可以与其他简单或普遍的国际个人权利区分开。See Anne Peters, *Beyond Human Rights: The Legal Status of the Individual in International Law*(CUP 2016)436ff.

[106] 的确,实际上非基本的简单动物权利很难被否定,有时甚至是绝对(不可侵犯)的权利。

利,因为这些权利与动物权利中“应当是法律权利”最为相符。鉴于权利术语的普遍性,在动物保护主义者中存在总体上支持动物权利的呼吁就不足为奇了。[107] 然而,人们通常只是简单地设想,而没有去解释法律权利使动物受益以及加强对动物保护的原因。为了支持动物应该享有强大法律权利这一观点,下文将探讨动物需要这些权利的基本原因。[108] 通过一个非详尽的研究来讨论基本动物权利相对于动物目前的法律保护(无论是动物福利法还是“动物福利权”)的潜在法律优势和政治效用。

(一)程序方面:地位和可执行性

在当今公认的“执法差距”和“进退两难”的背景下,[109] 与动物法律权利相关或期望从动物权利中获得的实质性利益之一是促进动物自身的权益,为动物的法律保护提供有效的司法执行机制。[110] 法律权利通常包括具有起诉资格的程序要素、寻求补救的权利和使动物(由法定监护人代表)能够自行提起法律诉讼并主张自己的权利。[111] 这也将“分散”执法,即它不会集中在公共当局手中(并由其自行决定),而是以动物自身的地位要求强制执行。这一可执行性还可以通过将动物权利问题提交法院进行公开审判,从而促进法律的完善。

法律地位和可执行性是对动物权利有效法律保护的程序组成部分,应当注意的是,基本动物权利(任何动物法律权利)虽然有利,但对这一目的既无必要也无足轻重。一方面,并非所有法律权利(如某些社会经济人权)都必须强制执行。仅赋予动物法律权利本身并不能从程序上保证充分的法律保护。基本动物权利必须包括某些程序性权利,如诉诸司法的权利,以便使这些权利得到有效落实。另一方面,授予动物或指定的动物保护主义者当今动物福利法

---

[107] 尽管如此,在动物保护运动中,法律权利的作用并非无可争议。关于动物权利实质性和原则性的反对意见,可参见 Kymlicka and Donaldson(n 12)325ff.

[108] See generally Edmundson, *Do Animals Need Rights*? (n 2);Peters(n 2)46ff.

[109] 迄今为止,动物的法律保护因动物及其代理人法律地位的缺乏,普遍没有得到主管机关的落实。See e. g. Sunstein, *Standing for Animals*(n 62)1334ff;Tribe(n 97)3.

[110] The link between rights and the legal-operational advantage of standing was famously highlighted by Christopher D Stone, *Should Trees Have Standing*? *Toward Legal Rights for Natural Objects*, 45 S Cal. L. Rev. 450(1972);see further Cass R Sunstein, *Can Animals Sue*? in Cass R Sunstein and Martha C Nussbaum(eds.), *Animal Rights*: *Current Debates and New Directions* (OUP 2005); Peters(n 2)47-8.

[111] See Stone(n 110)458ff;Tribe(n 97)3.

的辅助地位，有助于缩小执法差距。[112] 然而，这仅仅提供了程序便利，即能够合法主张和有效执行动物所享有的特定法律保护，但与执行保护的实质内容无关。我们要大幅改善动物现有法律保护措施的执行力，因此单一的措施并不能替代强有力的实质性动物权利。动物需要强大的实质性、可执行的权利，主要通过基本权利和程序保障的结合来实现。

（二）实质方面：加强对重要权利的法律保护

基本动物权利的功能本质上不是程序性的，而是实质性地改善和加强对重要动物利益的保护。基本动物权利将从三个层面加强对动物的法律保护：建立抽象的权利平等，扩大保护范围以包括更基本的实质性保障，以及加大侵权责任。

动物基本权利为公平竞争创造结构性先决条件，在这种环境中，人和动物的利益都能得到同等的保障，因此可以在平等条件下发生冲突。一般情况下，法律承认的权利是不平等的，权利所给予的利益高于无条件的竞争利益。[113] 目前，平衡人与动物间冲突的过程倾向于将人的利益凌驾于动物利益之上。人类的利益通常由强大的、基本的权利（如经济、宗教或财产权）支撑，而动物权利，如果受到法律保护，就会无条件地被纳入功利主义，仅仅受到动物福利法的简单保护，在冲突状态下迅速牺牲，无法与支撑人类利益的各种强权相提并论。[114] 为了实现抽象的权利平等，动物的权利必须获得与人类权利相匹配的强有力法律保护。基本动物权利应当纠正这种结构上的失衡，为权利平等创造条件，而不是一味偏袒人权。

动物基本权利既有实质性基础，又有规范性力量，主要是从两个方面加强对动物的法律保护。从实质性层面而言，动物的基本权利以动物的根本利益为基础。与简单动物权利相比，基本动物权利规定了对次要利益的实质性保障，扩大了利益的保护范围，涵盖了更广泛的基本利益和首要利益。目前损害动物基本利益的行为未被禁止，往往是因为这些利益最初未受到法律保

---

〔112〕 See e. g. Constitutional Court of South Africa 8 December 2016, CCT 1/16（明确了全国防止虐待动物协会理事会享有在私人侵犯虐待动物罪时提起诉讼的权利）.

〔113〕 See Frederick Schauer, *Proportionality and the Question of Weight* in Grant Huscroft, Bradley W Miller and Gre goire Webber（eds.）, *Proportionality and the Rule of Law: Rights, Justification, Reasoning*（CUP 2014）177-8.

〔114〕 See generally Saskia Stucki, *Grundrechte fur Tiere*（Nomos 2016）151ff.

护,[115]久而久之便引发一种合理性要求,即平衡这些动物的基本利益。因为即使动物基本权利得到了保护,人与动物之间的利益冲突仍然不可避免,尽管这是更高层面的抽象的权利冲突。因此需要引入某种平衡机制。[116]

从合理性层面而言,动物基本权利需要一种特殊的、更为严格的侵权责任。[117] 实质上,具有高度可侵犯性的简单动物权利的特征之一在于,其合理侵权的门槛极低,且经常为次等甚至琐碎的人类利益牺牲。相比之下,动物基本权利的规范性力量取决于它们提高"最低限度充分正当理由的水平"的能力。[118] 根据基本的(人权)审判原则,模拟这些更为严格的正当理由,首先就限制了与基本动物权利相平衡的"合法目标"的各种因素。此外,平衡过程必须进行严格的相称性分析,包括适当性、必要性和严格意义上的相称性等因素,将大量无关因素予以排除。[119] 合理侵权的门槛提高意味着动物基本权利的可侵犯性降低,增强了对动物表面权利的保护,使之不会在利益冲突和次要利益中牺牲。

总体而言,考虑到对动物权利法律保护的三个层面,动物基本权利将限制动物(满足人类利益)的可侵犯性和可处置性,使其免受目前法律尚未禁止的许多不必要的损害。

(三)后备功能:权利在非理想社会中的作用

当代人与动物之间的互动很大程度上不利于动物,因此动物需要人类社会强有力的法律保护。[120] 法律权利作为强有力(但不是无法穿透)的后盾,为动物提供了强有力的保护工具,保护个体的重要财产免受他人和整个政治团

---

[115] 例如,根据瑞士2005年颁布的《动物福利法》:生命本身并不是受法律保护的客体,因此(无痛、非任意地)杀害动物不需要任何理由。

[116] See also *Noah v. Attorney General*(n 60)253-4(指出平衡不同利益是"我们法律体系的组成部分").

[117] See generally Edmundson, *Do Animals Need Rights*? (n 2)346;Sunstein, *Rights and Their Critics* (n 65)736-7.

[118] 关于提高权利门槛的概念,参见 Schauer, *A Comment on the Structure of Rights*(n 85)430;Ronald Dworkin, *Taking Rights Seriously*(Harvard UP 1978)191-2(指出,不能以"如果没有这一权利则可以最低限度代替为由"来否定一项权利)。

[119] 目前,在任何意义上都不能说允许对绝大多数动物利益的干扰是必要或成比例的。See Francione, *Introduction to Animal Rights*(n 17)9,55.

[120] 正如特布纳所言,动物权利"建立了基本的保护机制。矛盾的是,他们将动物纳入人类社会,以抵御人类社会对动物的破坏趋势。"See Gunther Teubner, *Rights of Non-Humans*? *Electronic Agents and Animals as New Actors in Politics and Law*, 33 Journal of Law and Society 497, 521 (2006).

体的侵害。因此,人们普遍认为权利是一种重要的反霸权主义制度,但其过于个人主义、对抗性等的框架也受到了批评。[121] 在理想社会中,权利制度是否有其存在空间,这是有争议的,权利不是自然法令,而是人类在历史和社会发展中不断摸索出来的。[122] 权利往往产生于不完善的社会条件,作为"未履行社会责任的回应"[123]和对不公正行为的纠正。正如德肖维茨所说:权利源于错误。[124]

历史经验表明,在非理想的社会中,确实需要权利作为一个安全网,即"后备和安全的位置"[125],以确保个人能得到最低程度的保护,这是其他强制性小的社会或道德机制无法给予的。

正如埃德蒙森所言,这种将权利作为后备保障的观点并不能完全反映动物对权利的需求。[126] 该观点存在的前提是有一个运转良好的、在理想情况下可以取代权利的整体社会结构。大多数动物并不是一开始就与人类保持关怀、亲密、仁慈的关系,而是剥削性、工具性和有害性的关系。对绝大多数动物而言,权利仅作为它们的后备保障是远远不够的,因为动物已经处于(或接近)底层。因此,对动物而言,权利的需要更为迫切,它们的功能不仅是补充,也是对社会责任和道德责任的补偿,而目前社会责任和道德责任是缺乏的。[127] 举一个(有些夸大的)例子:从批判法学者的角度看,他们从象牙塔的办公室里进行理论研究,认为在思想上摒弃抽象的权利似乎更容易,甚至是可取的,而对于一头因象牙而被猎杀的大象来说,具体的权利将产生生与死的区别。在当前的社会条件下,动物需要一套基本权利,作为主要的"推动"而不是辅助性的

---

[121] See e. g. Mark Tushnet, *An Essay on Rights*, 62 Tex. L. Rev. 1363 (1984); Mary Ann Glendon, *Rights Talk: The Impoverishment of Political Discourse* (Free Press 1991); for a modern reformulation of the rights critique, see e. g. Robin L. West, *Tragic Rights: The Rights Critique in the Age of Obama*, 53 Wm & Mary L. Rev. 713 (2011).

[122] See generally Alan Dershowitz, *Rights from Wrongs: A Secular Theory of the Origins of Rights* (Basic Books 2004) 59ff.

[123] Sunstein, *Rights and Their Critics* (n 65) 754.

[124] Dershowitz (n 122) 9.

[125] Jeremy Waldron, *When Justice Replaces Affection: The Need for Rights*, 11 Harv JL & Pub Pol'y 625, 629 (1988).

[126] See Edmundson, *Do Animals Need Rights?* (n 2) 358.

[127] 笼统地说,作为补充或补偿性担保权利的实质性需求因社会背景的不同而不同,对于社会中的那些被剥夺权力、被剥夺权利、被边缘化、易受损害、脆弱、处于弱势地位甚至被压迫的社会群体而言则更为迫切。See generally Patricia J Williams, *Alchemical Notes: Reconstructing Ideals from Deconstructed Rights*, 22 Harvard Civil Rights-Civil Liberties Law Review 401 (1987).

后备保障。换言之,动物需要一套作为补偿性的基本保障而非补充性的后备保障的基本权利。

(四)转换功能:权利作为非理想现实与规范理想之间的“桥梁”

尽管动物需要基本权利,但我们应当认识到,即使这些权利旨在建立和维护动物利益的最低标准,且目前而言似乎雄心勃勃,但在政治上几乎不可行。哪怕是对动物基本权利的基本保护,也需要大范围改变我们对动物的处理方式,而且最终可能会排除“几乎所有现有动物产业的做法”。[128]

基于当代社会经济文化结构中人们对动物的工具性利用和伤害,以及虐待动物现象的普遍性,基本动物权利的含义与目前的社会实践相去甚远。[129] 规范性的目标与不完善的经验现实之间的鸿沟并不是动物基本权利所独有的问题;相反,基本权利的目标在某种程度上仍然是理想的和不可实现的,这是基本权利(人或动物)的本质。[130] 理想的权利表达了对理想的承诺,即使这些理想被正式承认,也不可能完全实现,但它仍会持续不断地推动社会和法律的变革,使之朝着更广泛的方向发展。[131] 比尔奇兹将基本权利理解为道德理想,这给法律制度化和社会发展带来一定的压力,并将其理解为促进迄今为止不完善的社会现实向更公正的社会过渡的“桥梁”。[132]

这为研究动物基本权利的性质和变革功能提供了一个全新视角。当下,仅仅通过对动物基本权利的承认,以及任何现实的措施,都不会立刻实现“废除剥削和将动物从奴役中解放”的最终目标。[133] 但它们确实为从非理想的现实走向更理想的社会条件创造了法律基础,在这种社会条件下,动物权利可以得到尊重。例如,一项强有力的动物生命权(至少在工业化社会中)会禁止大多数形式的捕杀食用动物的行为,这与根深蒂固的饮食习俗相冲突。尽管目前社会上食用动物的饮食习惯会使立即禁止肉类生产和消费变得不现实,但

---

[128] Donaldson and Kymlicka (n 1) 40, 49; see further Tom Regan, *The Case for Animal Rights* (University of California Press 2004) 330ff, 348-9; Bilchitz, *Moving Beyond Arbitrariness* (n 34) 69.

[129] See Bilchitz, *Moving Beyond Arbitrariness* (n 34) 69.

[130] 关于人权诉求方面,参见 Philip Harvey, *Aspirational Law*, 52 Buff L. Rev. 701 (2004)。

[131] Philip Harvey, *Aspirational Law*, 52 Buff L. Rev. 717-18 (2004); Raz, *Legal Rights* (n 49) 14-15, 19; *Rights Are to Law What Conscious Commitments are to the Psyche*, Williams (n 127) 424.

[132] See David Bilchitz, *Fundamental Rights as Bridging Concepts: Straddling the Boundary Between Ideal Justice and an Imperfect Reality*, 40 Hum Rts Q. 119, 121ff (2018).

[133] Donaldson and Kymlicka (n 1) 49; see also Gary L Francione, *Rain Without Thunder: The Ideology of the Animal Rights Movement* (Temple UP 2007) 2.

这也正是动物需要生命权(不被吃掉的权利)的原因,因为动物的基本权利有助于打破(先前)公认的社会习惯以及建立新的规范边界并将其内部化、习惯化。[134] 基本权利是动态的,随着时间的推移,基本权利会产生一系列更为严格和广泛的义务。[135] 比尔奇兹认为,“逐步实现”的既定概念(最初是在社会经济人权的背景下发展起来的)可能为逐步落实动物权利提供一个有益的法律框架。因此,每一项基本动物权利都可以被视为包括必须立即得到保障的最低限度核心、普遍禁止的倒退措施在内的逐步全面实现的义务。[136] 即使动物的基本权利目前还不能完全实现,将动物引入法律并将其作为规范性理想从而付诸实践的行为,相当于将动物置于“法律地图”[137] 上,并提供一个坚实的基础,这是一个起点,而不是终点,[138] 从中可以看到其朝着更广阔的方向发展的动态过程。

五、结论

动物权利的问题长期以来一直是一个道德问题。近年来,动物道德权利制度化的问题日益突出,实现动物的法律权利已成为动物保护主义者的重要目标。本文从引言出发,指出动物法律权利已经处于萌芽阶段,因为司法承认的动物权利开始出现在动物福利法和人权法中。随着动物法律权利的兴起,本文旨在系统地解决由此产生的概念性、理论性和规范性问题,为这一法律发展提供理论基础。动物法律权利的概念无论在法理上还是在现行法律中都有着坚实的基础。换言之,动物法律权利在理论上是可能的,而且已经从现行的动物福利法中衍生出来。“动物福利权”作为一个实证法问题,并没有为动物提供强有力的规范性保护,这种保护通常与法律权利相关,动物法律权利作为一种制度化的道德权利,许多学者也在期待这种保护。这种差异导致两种动物法律权利在概念上的区别:简单动物权利和基本动物权利。

虽然“动物权利”这一术语经常被笼统地指法律可能给予动物的广泛保

---

[134] Cf Kymlicka and Donaldson(n 12)331-2.

[135] 关于权利的动态性及其所产生的动力,参见 Raz, *The Morality of Freedom*(n 50)171;Waldron, *Rights in Conflict*(n 86)212,214。

[136] See David Bilchitz, *Does Transformative Constitutionalism Require the Recognition of Animal Rights*? 25 Southern African Public Law 267,291(2010).

[137] Bilchitz, *Moving Beyond Arbitrariness*,(n 34)71.

[138] Cf Harvey(n 130)723(指出人权将永远是“正在进行的工作,而不是已经完成的项目”); similarly, Kymlicka and Donaldson(n 12)333.

护,但对简单动物权利和基本动物权利进行区分则有助于掌握现有动物福利法中的“动物法律权利”,它们是弱小的法定权利,也是在未来法律中动物应该享有的强大的基本法律权利。这一区分有助于进一步遏制动物权利术语的琐碎化,使我们能够将弱小的权利分离出来并归纳为其他的简单动物权利,以维护动物基本权利的规范性力量。最后,随着法院从动物福利法、宪法、基本法和人权法中衍生出来的动物法律权利,在新出现的判例法中可以得出首批简单和基本动物权利原型。克里斯托弗·斯通指出:“在整个法律史上,每一次新的实体权利的衍生都是不可思议的。”[139]本文的研究结果表明,当下我们正在见证新一代的法律权利,即使动物权利成为简单和基本的权利。

---

[139] Stone(n 110)453.

《环境资源法论丛》
第 13 卷,第 199~229 页

通过刑法还是行政法保护环境*

——以西欧为例

[荷]迈克尔·福尔** 卡塔琳娜·斯瓦蒂科娃*** 著 杨 帆**** 译

摘 要 本文以西欧四个国家及地区的环境刑事与行政执法范围为研究背景,在 2009 年中期之前,比利时佛兰德斯地区和英国的环境法实施主要依靠刑罚手段。2009 年中期之后,这两个地区引入了早已在荷兰和德国得到广泛运用的行政处罚机制。在国家环境行政机关预算有限的前提下,使用单一执法手段(仅运用刑法)还是以多种(刑法和行政法结合)执法手段相结合的策略更能够充分提升法律实施的效果,成为摆在人们面前的问题。事实上,由于行政执法的程序要求没有刑事程序那么严格和正式,所以行政处罚被视为一

* 我们感谢 2009 年 3 月在海德堡举办的"超越犯罪经济学"研讨会的参加者,特别是约翰·李斯特(John List)和丹·范·索斯特(Daan van Soest)。我们同样感谢欧洲法律经济学协会会议(2009 年 9 月)的参加者。特别感谢桑德拉·卢梭(Sandra Rousseau)和卡罗尔·比莉特(Carole Billiet),以及约翰·克利克(John Klick),文森特·布斯肯斯(Vincent Buskens)和本文的两位匿名审稿人的点评意见。本文适用一般免责声明。考虑到本文的翻译性质,译文保留了原文脚注的基本内容和形式,文中表格空白处数据为无法获得,因原文如此。本文原文为英文,题目为 *Criminal or Administrative Law to Protect the Environment? Evidence from Western Europe* [Journal of Environmental Law 24:2,253-286(2012)],翻译为中文并在中国发表已获得原作者授权,特此向原作者和审校人表示感谢。本文是国家社科基金重大项目"污染环境犯罪多元治理机制研究"(项目编号:19ZDA161)的阶段性研究成果。

** 迈克尔·福尔,荷兰马斯特里赫特大学法学院教授。

*** 卡塔琳娜·斯瓦蒂科娃,就职于 ECORYS 企业。

**** 杨帆,天津大学法学院博士研究生。本文经中国政法大学民商经济法学院吕梦醒博士审校。

种成本较低的替代执法手段。与单纯运用刑罚手段的执法策略相比,综合运用行政和刑事手段在制裁环境违法行为方面更具有成本效率。行政和刑事两种执法工具的互补会对环境违法行为产生附加威慑力。此观点将通过实证数据加以论证。

关键词 行政处罚 行政罚款 刑事处罚 执法

一、引言

近年来,法经济学学者一直关注为何一定动用刑法来制裁特定危害行为。[1] 相关文献从经济学的视角确立了刑罚适用必要性的标准。依据这些标准,只有在特定情形下才可以动用刑法来制裁违法行为,这主要考虑到刑罚无论对社会(具体指高昂的执行成本)还是犯罪者(指法律和非法律制裁的严厉性)而言都是一种成本高昂的执法手段。因此,可以肯定的是,刑罚手段通常只用于打击和制裁严重的违法行为。这些观点也同样适用于环境法领域。[2]

尽管法经济学学者认为刑法在环境保护领域中应当扮演一种相对谦抑的角色,但在实践中(特别是近年来)不难发现一些欧洲国家,如比利时的佛兰德斯地区和英国,至少从法律文本来看,对刑法的依赖程度是相当高的。然而,法经济学学者也指出,实际上在很多案件中,由于缺少后续的刑罚制裁,刑法未能得到充分有效的实施,这导致了刑法的威慑力不足。[3] 虽然刑法的实施机制存在缺陷,但欧盟仍然倾向于将其作为首要的环境执法工具。在经过一系列不成功的尝试之后,欧盟于2008年11月19日颁布了《通过刑法保护环境指令》(2008/99/EC)。[4] 该指令要求各成员国通过刑法来保障欧盟环境指令的实施,协调和强化刑法在环境保护中的作用。刑罚的类型和幅度可由成员国自由裁量,但需要满足一个前提,即国内法规定的刑罚必须是有效的、有

---

[1] See Roger Bowles, Michael G. Faure and Nuno Garoupa, *The Scope of Criminal Law and Criminal Sanctions: An Economic View and Policy Implications*, 35 Journal of Law and Society 389; Anthony Ogus, *Enforcing Regulation: Do We Need the Criminal Law?* in Hans Sjogren and Goran Skogh (eds), New Perspectives on Economic Crime (Edward Elgar 2004) 42 (2008).

[2] See Anthony Ogus and Carolyn Abbot, *Sanctions for Pollution: Do We Have the Right Regime?* 14 Journal of Environmental Law 283 (2002).

[3] See Anthony Ogus and Carolyn Abbot, *Sanctions for Pollution: Do We Have the Right Regime?* 14 Journal of Environmental Law 283 (2002).

[4] 欧洲议会和欧盟理事会2008年11月19日颁布《通过刑法保护环境指令》(2008/99/EC)(刑法指令)[2008] OJ L328/28。

劝诫性和合比例的。[5] 这与欧洲一些国家形成鲜明的对比,在这些国家,行政罚款在制裁违法行为方面发挥越来越重要的作用。这就提出了一个有趣的问题:(像欧盟指令那样)过多地依赖刑法是否是有效且合乎比例的。

因此,本文研究了佛兰德斯地区、荷兰、德国以及英格兰和威尔士环境执法情况,特别从行政执法与刑事执法的差异的视角来看。本文将研究刑事处罚在惩治环境违法方面的效果,并进一步探讨对那些未达到刑事起诉标准的环境违法行为是否需要利用其他工具确保环境法的实施,如行政罚款。本文选择的四个研究对象主要基于以下几方面的考量:佛兰德斯地区和英国的环境法实施直到2009年中期很大程度上都依赖于刑事处罚,而德国和荷兰则将(并继续使用)行政处罚作为环境法实施的主要工具。由于每个地区法律体系的差异,笔者通过研究四个国家及地区而非两个以期获得更多发现。由于笔者只获取了英格兰和威尔士的数据,因此本文所提到的英国并不涉及苏格兰的相关情况。2008~2009年,佛兰德斯地区和英国将行政罚款引入了本国的环境执法体系中。本文所说的行政执法,是指环境部门本身有权实施行政处罚(德国)或者可以通过行政命令对违法行为进行处罚(荷兰)。后者可被视为是一种准行政罚款,尽管其主要目的是制止危害行为。直到现在,佛兰德斯地区和英国的环保部门都没有处以行政罚款的权力(仅有少数例外)。[6]

行政处罚和刑事处罚的主要区别在于,与复杂的刑事诉讼程序相比,行政罚款更易于执行和实施(因此执法成本较低)。[7] 因此,本文将探讨在执法预算有限的前提下,环保部门应选择单一(仅运用刑法)还是多样(刑法和行政法结合)的执行手段,以达到有效促进环境法律实施的目标。刑事执法对程序的要求比行政执法更加严格和正式,而环保部门自身拥有实施行政处罚的权力(公诉人无须介入),这些事实都表明行政处罚,包括行政罚款,是一种低成本的执法工具。因此本文的研究建立在一个理论假设之上,即与单纯利用刑法手段制裁环境违法行为的策略相比,将包括行政罚款在内的行政执法作为刑

---

[5] 欧盟及其成员国对此仍有深入的讨论。有关详细内容请参见 Michael G. Faure, *Effective, Proportional and Dissuasive Penalties in the Implementation of the Environmental Crime and Ship Source Pollution Directives: Questions and Challenge*, 19 European Energy and Environmental Law Review 256(2010)。

[6] 本文重点关注行政罚款,因为这些罚款类似于刑事罚金,二者都属于财产罚。但是,我们也有一些关于其他(非货币)行政处罚(如通知)的数据。我们亦讨论这些问题,以便将行政处罚作为整体加以研究。

[7] See Michael G. Faure, Anthony Ogus and Niels Philipsen, *Curbing Consumer Financial Losses: The Economics of Regulatory Enforcement*, 31 Law & Policy 161(2009).

事执法的补充手段是一种具有成本效益的环境执法策略。

行政执法和刑事执法互为补充会对环境违法行为产生附加威慑力,现有的实证数据将阐明我们的观点。由于数据来源的多元性和有限性,笔者无法对四个国家及地区的环境执法实践进行一个全面的比较分析。尽管如此,基于已有数据对环境法的实施现状进行实证分析依然具有重要意义。从公共政策研究的角度,及时分析并得出指示性结论是十分重要的,即使该结论是建立在精确性较低的数据基础之上,因为政策制定在获得完整的数据的同时也就意味着其可能会丧失时效性。事实表明,与环境违法行为的数量相比,公诉人撤诉的刑事案件平均数量是相当高的。因此,行政处罚或许能够以相对较低的成本处理一些被撤诉的环境违法案件。

本文的结构安排如下:首先,简要概述环境执法的理论框架,主要探讨行政执法和刑事执法这两种机制的选择(第二部分);其次,介绍两种不同执法机制在四个国家或地区的实施现状(第三部分),并基于现状进行批判性的比较分析(第四部分);最后,笔者基于本文的研究提出一些有关执法理论和欧盟环境执法政策的发现。

二、理论框架

(一)最优执法:促进环境合规

法律实施的经济学研究可追溯到贝克尔的一篇具有深远影响的论文。在这篇论文中,贝克尔运用成本—收益模型,提出了以下假设:当违法行为的预期成本高于预期收益时,违法行为将被阻却。[8] 传统上,贝克尔假说主要适用于刑事司法程序创设的激励机制。就本文而言,笔者认为,"贝克尔模型"亦可适用于行政处罚制度创设的激励机制。违法的预期成本是指违法者被抓获时可能面临的预期处罚成本(ES)。ES由被调查和受处罚的概率(p)乘以实际处罚(S)的幅度来确定。[9]

根据这一威慑假说,大量关于犯罪经济学和法律实施的文献表明,潜在的违法行为人会对刑事司法程序创设的激励机制作出回应,因此犯罪率取决于

---

〔8〕"贝克尔模型"仍然常被当作对犯罪政策经济分析的起点,但也有其他方法[例如John Braithwaite, *Crime, Shame and Reintegration* (CUP 1989)],认为不遵守法律可能不是因为故意而是出于无知。我们将在第四部分讨论这些解释的重要性。

〔9〕See Gary S Becker, *Crime and Punishment: An Economic Approach*, 76 Journal of Political Economy 169(1968).

行为人对犯罪的风险和收益分析。[10] 从经济学的视角来看，政策制定的目标是以最低的成本促进合规。假设潜在的犯罪人是效用最大化的理性人，他们根据收益分析决定是否实施犯罪。只要守法的收益大于成本，他们就会选择遵守法律。因此，如果被逮捕和面临严厉刑罚的可能性足够高，污染者就会遵守环境法规。尽管从处罚作出的数量来看，当前环境执法的力度仍然相当低，[11] 然而实践中许多企业还是会自觉遵守法律。这种现象被称为“哈灵顿悖论”。[12] 许多违法行为也会在法庭外解决，或者违法行为人与执法机关通过达成协议，约定自觉守法从而不会遭受处罚。[13] 此外，在一些情况下，违法行为的发生是出于违法者无知，故而不对其施加处罚。在这种情况下，教育被证明是比处罚更加有效的执法手段。[14] 然而，制定适当的执法政策仍然是非常有必要的。

决策者需要考量不同环境执法工具的效率和(或)效益。不同的法律工具，如刑事或行政处罚，执法成本不同，对潜在违法者行为的影响也不尽相同。因此，当决策者动用这些执法工具时，需要作出若干权衡，这个问题将在下一部分进一步展开。

(二)行政法与刑法：概述

法经济学学者对运用刑法和行政法的利弊，以及二者在环境法实施过程

---

[10] See Nuno Garoupa, *The Theory of Optimal Law Enforcement*, 11 Journal of Economic Surveys 267 (1997).

[11] Ogus and Abbot (n 2); Carole M Billiet and Sandra Rousseau, Zachte rechtshandhaving in het bestuurlijke handhavingsspoor: de inspectiebeslissing en het voortraject van bestuurlijke sancties. Een rechtseconomische analyse (Soft law enforcement in the administrative enforcement track: the inspection decision and the preliminary process of administrative sanctions. A law and economics analysis) 1 Tijdschrift voor Milieurecht (Journal of Environmental Law) 2; Michael G Faure and Katarina Svatikova, *Enforcement of Environmental Law in the Flemish Region* (2010), 19 European Energy and Environmental Law Review 60(2005).

[12] Winston Harrington, *Enforcement Leverage when Penalties are Restricted* 37 Journal of Public Economics 29 (1988); Anthony Heyes and Neil Rickman, *Regulatory Dealing - Revisiting the Harrington Paradox* 72 Journal of Public Economics 361 (1999); Robert Innes and Abdoul G Sam, *Voluntary Pollution Reductions and the Enforcement of Environmental Law: An Empirical Study of the 33/50 Program*, 51 Journal of Law and Economics 271 (2008).

[13] See OECD, *Ensuring Environmental Compliance: Trends and Good Practices* (OECD Publishing 2009).

[14] Bowles, Faure and Garoupa (n 1).

中的适用进行了深入的研究。[15] 基于文献研究,刑法在以下情况下会成为环境执法的首选:当违法行为的社会危害性较大或犯罪人能从中获取巨大收益,被查处的可能性低,刑法会增加犯罪人的耻辱感和(或)起到教育作用(表达功能)。在这些情况下,行政法的威慑效果就略显不足。此外,行政执法可能会引发规制俘获(监管者与被监管者勾结)和错误成本过高(因为行政法证明标准比刑法要低得多)等问题。最重要的是,行政处罚因处罚力度太低而无法对行为人产生足够的威慑力。

另外,也有文献指出,由于刑事司法程序的成本高昂,在某些情况下行政处罚可能会成为更优选择。例如,当违法行为的社会危害性较低时(行为人因资产不足而无力清偿的可能性较低),当事前预防(通过行政许可和环境监测)比事后威慑(通过处罚)更有效时,或者违法行为是由于信息不充分导致的并可以通过向违法者提供足够的信息予以解决时。[16] 由于行政法对证明标准的要求较低,这意味着更多的违法行为可能会受到处罚(执行率更高),事前处罚的概率也会相应提高。如此而言,根据上述分析,本文的研究问题在于,环境法应当通过行政法还是刑法实施?

(三)通过刑法实施环境法?

目前仅有为数不多的实证研究考察了哪一种执法工具可以更有效地实现环境保护的目标。总体而言,这些研究得出了一个相同的结论:从刑事起诉案件与环境违法行为的数量来看,通过刑法制裁环境违法行为仍占少数。[17] 主要原因可能是刑事司法制度的行政成本高(证明标准高),法院工作超负荷,法官优先处理"真正的犯罪"以及缺乏评估环境损害的专业知识。根据"贝克尔模型",违法行为被发现的概率相当低,加之处罚力度低,从事破坏环境活动会获得较高的收益,从而导致刑法的威慑力大大降低。因此,只有当潜在违法者属于风险厌恶型,他对可能面临的处罚的主观判断过高,所以他会明显高估自己被定罪的概率,同时这一类行为人也非常重视犯罪记录给其带来的负面影响(污点、名誉损失等)时,才会遵守法律。[18] 所有这些因素都会增加违法者可能面临的预期处罚成本。

---

〔15〕 See Anthony Ogus and Carolyn Abbot, *Sanctions for Pollution: Do We Have the Right Regime*? 14 Journal of Environmental Law 283(2002). Ogus(n 1); Ogus and Abbot(n 2).

〔16〕 Ogus(n 1).

〔17〕 Ogus and Abbot(n 2); Billiet and Rousseau(n 11); Faure and Svatikova(n 11).

〔18〕 Ogus and Abbot(n 2).

有学者提议将行政处罚作为刑事执法的替代手段运用到执法过程中。笔者支持这一观点的理由如下：考虑到刑事执法的高昂成本，只有刑事执法机制、没有或只存在有限行政执法机制的法律制度的执法效果会大打折扣。这里预设的一个前提是：由于刑事诉讼的成本高昂，公诉人会将稀缺资源分配给"最重要"的案件，导致绝大多数理应受到处罚的环境违法行为最终不会被起诉。而通过行政处罚手段，违法行为被处罚的可能性会增加，从而提高执法的威慑力。

如果没有其他惩罚机制（如行政处罚或罚款），〔19〕"贝克尔模型"下的理性污染者面临的是预期较低的（正规）处罚，这可能导致威慑不足。与刑事处罚相比，行政罚款的实施成本低，这是因为行政程序在资金、时间和办案人员方面的要求不那么严格和正式。此外，行政处罚可以由环保部门自己实施，而无须将案件移交公诉机关。因此，如果在大量案件中都能实现执法收益高于执法成本（污染成本高于行政处罚的成本），那么行政法在环境执法中的作用就不容忽视。

此外，暂扣或吊销许可证具有使违法者丧失行为资格或预防性功能，可以发挥显著的威慑力。〔20〕因此，除了既有的环境刑法机制，允许环保部门通过行政处罚等手段推动环境法的实施，可以以较低的成本实现减少环境损害的目的。由环保部门负责没有达到刑事起诉标准的轻微违法行为，可以减少被驳回刑事案件的数量，提高（事前）整体执法水平。下文将分析四种法律制度下环境执法的实施现状，其中两个国家及地区的环境执法依靠单一的（刑法）机制，另外两个国家及地区则采用了刑法和行政法相结合的执法机制。基于本文对四个国家及地区的研究，笔者也会总结改善环境执法、促进环境守法的启示与建议。

三、四种法律制度下的环境执法现状

本部分讨论四种不同法律制度下的环境执法工具和策略，英国和佛兰德斯地区（当时）主要依靠刑法，德国和荷兰同时运用行政法和刑法处罚方式。本部分将简要地概括四种法律制度，并阐述一些基于有效实证数据的典型事实。

---

〔19〕 一般地，行政处罚的目的是制止危害行为和修复损害。恢复性制裁如停止通知和命令，暂扣或吊销许可证不同于惩罚性制裁，如行政罚款。

〔20〕 Ogus and Abbot（n 2）.

(一)佛兰德斯地区

比利时将环境法执法权下放至地方,而本文主要关注的是佛兰德斯地区[21]。佛兰德斯地区最重要的环境法是1985年出台的《环境许可法》[22]和1981年颁布的《废弃物防治法》(1994年4月20日修正)。佛兰德斯环境部的环境监察局拥有环境执法的最重要管辖权。2009年之前,佛兰德斯地区的环境法主要依靠刑法来实施。行政罚款仅适用于特定违法行为(与粪肥相关)。自2009年5月起,《环境执行法》(2008年)生效,并赋予地方环保部门对违法行为进行行政处罚的职权。一些原本被视为犯罪的行为现已被归类为行政违法行为,不需要再接受刑事处罚。在这种情况下,行政处罚就具有排他性,即违法行为人只需要接受行政处罚即可。对那些仍需要移交公诉机关的犯罪行为,地方环保部门可处以行政罚款,但仅限于公诉人决定不起诉的情况下。除行政罚款外,另一种与没收违法所得类似的非刑事处罚也可用于制裁违法行为。

对于所有犯罪而言,一旦违法行为被发现,环境监察局就有义务向公诉人发出违法通知书。同时,环境监察局也会给犯罪人发出警告。公诉人在收到违法通知书后,可以要求环境监察局提供更多信息,并根据实际情况作出以下决定:正式撤销案件,向违法行为人提供一个"诉辩交易"(让犯罪人支付一定数额的罚金以终止刑事诉讼程序),或继续刑事诉讼程序。如果罪名成立,犯罪人可能被判处罚金或监禁。理论上,所有罪行都可能被判处监禁。

目前可获取并可以提供一些"硬数据"的来源是环境监察局的年度执法报告。[23] 环境监察局收集了从1993~2008年连续16年佛兰德斯地区5个省级行政区域的环境执法数据。本文使用的数据样本包括几个与执法相关的变量,所有数据都可以在上文提到的年度执法报告中找到。本研究涉及的数据包括:环境执法检查活动的次数、违法行为的数量、被调查企业的数量等。此外,还有大量的报告对1993~2004年各省公诉机关如何处理违法案件的情况

---

〔21〕 See Sabien Lust, *Administrative Law in Belgium'*, in Rene Seerden and FAM Stroink (eds.), Administrative Law of the European Union, its Member States and the United States: A Comparative Analysis (2nd edn., Intersentia) 5-60 (2007).

〔22〕 Michael G. Faure and Gunter Heine, Environmental Criminal Law in the European Union. Documentation of the Main Provisions with Introductions (Max Planck Institute for Foreign and International Criminal Law 2000); K Deketelaere, *Public Environmental Law in Belgium in General and in the Flemish Region in Particular* in Rene Seerden, MA Heldeweg and KR Deketelaere (eds.), Public Environmental Law in the European Union and the United States: A Comparative Analysis (Kluwer Law International) 33 (2002).

〔23〕 佛兰德斯地区环境监察局环境执法报告(1993~2008年)。

进行统计，包括刑事撤诉案件数量、“诉辩交易”的案件数量、宣告无罪以及定罪案件的数量。（如表1和表2所示）

表1　1993～2008年佛兰德斯地区的检查活动和概率计算情况

年份	环境执法检查的次数/次	被调查企业的数量/家	违法行为数量/个	违法通知书数量/份	被调查企业的比例①/%	调查率②/%	起诉率③/%	定罪率④/%	逮捕和起诉率⑤/%
1993			1910	449			15	13	
1994			1517	938			16	14	
1995	15,007		1301	1665		60	19	18	
1996	12,751		1233	2217		51	21	20	
1997	12,469		1166	2760		50	22	17	
1998	12,061		1099	356		48	14	13	
1999	11,595		785	419		46	7	6	
2000	10,584	4380	794	359	18	42	7	6	1
2001	11,351	4505	805	386	18	45	5	4	1
2002	12,060	5280	741	423	21	48	6	5	1
2003	11,605	4612	751	326	18	46	3	2	1
2004	12,156	5082	608	288	20	49	9	4	2
2005	11,150	4721	497		19	45			
2006	12,518	5481	516		22	50			
2007	12,017	4422	587		18	48			
2008	12,430	4599	605		20	50			
平均值	12,125.3	4786.9	932.2	882.17	20	50	10	10	1
1998～2008平均值	11,775.18	4786.89	708.00	365.29	20	47	7	6	1

注：1. 数据源于佛兰德斯地区环境监察局，概率是笔者的计算。

2. 对于“被调查企业的比例”以及“调查率”两列来说，属于环境监察局调查权限的企业总数约为25,000家。

①被调查企业的比例＝被调查企业占总企业数量的比例；

②调查率＝企业被调查到的概率；

③起诉率＝起诉案件占发出违法通知书案件的比例；

④定罪率＝被定罪案件占发出违法通知书案件的比例；

⑤逮捕和起诉率＝企业被逮捕的概率×被起诉的概率。

表2　1993~2004年佛兰德斯地区对违法行为采取的后续行动基本情况
[占某一年度违法通知书(NOV)总数的百分比]

年份	撤诉/件	占比/%	“诉辩交易”/件	占比/%	宣告无罪/件	占比/%	定罪/件	占比/%	违法通知书总量/份
1993	265	59	115	26	11	2.45	58	12.92	449
1994	589	63	201	21	13	1.39	135	14.39	938
1995	1007	60	336	20	19	1.14	303	18.20	1665
1996	1255	57	486	22	40	1.80	436	19.67	2217
1997	1505	54	659	24	120	4.35	476	17.25	2760
1998	162	45	144	40	4	1.12	46	12.92	356
1999	263	63	126	30	3	0.72	27	6.44	419
2000	241	67	94	26	3	0.84	21	5.85	359
2001	284	73	84	22	1	0.26	17	4.40	386
2002	282	67	117	28	3	0.71	21	4.96	423
2003	225	69	90	28	5	1.53	6	1.84	326
2004	179	62	83	29	14	4.86	12	4.17	288
平均值	521.42	62	211.25	26	19.67	1.76	129.83	10.25	882.17
1998~2004平均值	233.71	64	105.43	29	4.71	1.43	21.43	5.8	365.29

资源来源:佛兰德斯地区环境监察局。

注:该表列出了撤诉、“诉辩交易”、宣告无罪和定罪案件数量的绝对值,括号中列出了所占总违法数量的比例。比例是笔者的计算结果,起诉数量为宣告无罪和定罪案件的数量之和。

尽管上述数据在完整性、统计口径一致性等方面存在明显的缺陷,但我们仍可以从中发现一些重要事实。首先,关于环境监察局的事前执法检查活动。环境监察局平均每年进行12,125.29次执法活动,平均每年有4786.89家企业被调查。由此可见,执法活动次数是被调查企业数量的两倍多,因此可以推断部分企业被调查的次数至少超过一次。这可能与环境监察局采取的“靶向”执法策略有关,也就是说,那些更有可能成为违法者的企业将面临更频繁的环境执法检查。[24] 此外,为了确定违法行为是否属实,环境监察局有时需要进行多次执法检查活动。在12,125.29次环境执法活动中,有932.19个违法行为被查处,约占所有执法活动总数的8%(在本文中称为"被发现违法的比率")。[25] 从表1可以看出,被查处的违法案件数量大幅度下降(从1993年的1910件降至2008年的605件),但执法次数和被调查企业的数目则相对稳定。如果由此作出目前的执法措施是有效的推断则未免过于牵强,原因有二:(1)我们不知道那些未被发现的"隐藏"违法案件的数量;(2)各省在1998年之前对违法案件数量的统计存在差异,这可能会导致被查处违法案件的数量扩大(例如,一些省份将违法行为及其"后续"违法视为一个违法行为,而有些省份则会将这些违法行为分别统计)。一旦违法行为被发现,环境监察局就有义务发出违法通知书。在整个佛兰德斯地区,公诉机关每年平均需要处理882份违法通知书。[26] 为了纠正1998年之前对违法行为分类不统一的问题,笔者计算了1998~2008年的数据平均值。如此,虽然环境执法活动的次数减少了,但数据的一致性得以加强。现有数据表明,每年平均有708起违法案件被查处,约占环境执法活动总数的6%,而公诉机关平均每年处理的违法通知书只有365份。[27] 需要指出的是,除了环保机关,公诉人收到的违法通知书也可以来自警方和其他行政机构,但是本文中所使用的数据仅统计了从环境监察局发出的违法通知书。

更有趣的发现是违法行为被发现和被起诉的概率。[28] 正如本文第二部分所述,一个"理性"的企业在作出是否守法的决定时,会衡量守法的成本和收益。被逮捕和起诉的概率(p)是决定ES水平(ES=p×S)的两个因素之一。根据收集到的数据,笔者计算了一家企业被调查的概率,即被调查的企业与企业总数的比率。大约有25,000家企业在环境监察局的调查范围之内,[29] 从表1

[24] See Sandra Rousseau, *Timing of Environmental Inspections: Survival of the Compliant*, 32 Journal of Regulatory Economics 17(2007).

[25] 需要注意的是,自1998年以来对违法案件的统计才趋于统一,因此1998年之前的几年数据可能高估了违法案件的平均数量。换言之,调查发现的违法案件比例不到8%。

[26] 表中所列的违法通知书数量与检察机关在当时年份处理的违法通知书数量相符。不过有一些违法通知书不一定是当年发出,而有可能在上一年发出。

[27] 如果忽略1998年以前的数据,这一数字还不到之前统计的一半,这可能是由于1998年前和之后报告的差异,或者因为这些年检察官办公室的报告越来越少。

[28] 这里需要注意的是检测的概率只与被发现的违法行为有关,因此它是被发现违法行为的条件概率。笔者无法给出未发现的违法行为的数量,这意味着被检测到的概率系统地低于报告的情况。

[29] 环境监察局,佛兰德斯地区,个人访谈。

可以看出,佛兰德斯地区每年平均有4786.89家企业被调查,由此可知,一家企业平均被调查的概率为19%,这个概率是相对较低的。[30]

此外,根据起诉案件的数量和公诉机关处理的违法通知书的数量,可以计算出一家企业被起诉的概率。根据数据统计,起诉率平均为12%。1998年到2008年,起诉率仅为7%。这表明即使一家企业被发现存在违法行为,并且收到违法通知书,但仍有约90%的概率不会被起诉至法院。因此,如果要了解企业是否因违法行为而实际受到处罚的真实概率,不仅要计算企业被调查执法的概率(如果发生违法行为,则很有可能被发现),也要考虑一旦违法行为查处而被起诉的概率。事实上,并非所有的违法行为都会被发现,也并非所有被发现的违法行为会被起诉。因此,因违法行为而被逮捕和起诉的概率可定义为一家企业被调查概率和被起诉概率的乘积。这个概率平均小于1%,(基于此数据)这意味着在100家违法企业中只有1家会被调查和起诉。被定罪的概率也非常重要,因为并非所有的起诉最终都会被定罪,根据本文的数据,被定罪的概率与被起诉的概率大致相同。这表明,一旦案件被起诉,那违法者被定罪的概率就会非常高。因此,公诉人似乎会根据胜诉的概率来选择起诉的案件。

接下来,笔者分析了违法行为被环境监察局发现之后的执法活动。除了向公诉人发出违法通知书外,环境监察局还可以使用一些相对柔和的执法手段,比如向行为人提出建议或警告,实施行政处罚和行政措施,对违反粪肥相关规定的行为处以行政罚款。一旦违法通知书移交给公诉人,公诉人可以撤销案件、进行“诉辩交易”或提起公诉。表2显示了这些选择的绝对数量和相对数量。[31]

若只考虑1998~2004年的数据,如前所述,自1998年实行跨省统一的执法机制以来,环境监察局平均每年发出365份违法通知书(1998~2004年)。其中,平均每年有63.71%的刑事案件被撤销起诉,29%的案件进行“诉辩交

〔30〕 计算被调查的概率而忽略被调查的企业数目(调查次数与企业总数的比率)将大大高估这一参数。根据笔者的计算,这将导致概率为50%,这意味着每两家企业中就会有一家被调查,这是不正确的。

〔31〕 绝对数字只有在1998年违法案件报告制度统一后才具有可比性,而且似乎有三个离群值,即1995年到1997年。因此,这些数值也按相对值(括号中)报告,即占某一年度发布的官方报告总数的百分比。假设在某一年度撤诉和定罪比率不受每个省对违法行为分类差异的影响,数据会更加具有可比性。平均值也只计算1998年至2004年,以便提供更可靠的估计。此外,关于后续行动的数据可能带有偏倚,因为数据是以检察官办公室的自愿提供为基础的。此报告在各办公室之间存在差异。

易”,5.80%的案件被定罪,还有1.43%的案件被宣告无罪。综上计算,违法通知书被起诉的概率约为7%,这导致刑法机制无法为遵守环境法规提供充分的事前激励。

关于罚金金额,虽然环境监察局没有发布相关数据,但在文献中可以发现一些粗略的估算数据。比利特(Billiet)和卢梭(Rousseau)的研究发现,1990~2000年,根特地区的一审案件和上诉案件判处的刑事罚金平均为5000欧元。[32] 在(与公诉人达成和解的)交易情况下,违法行为人平均支付金额仅为260欧元。[33] 近年来,罚金的平均数额有所增加。[34] 从2003/2004~2007年,根特市刑事诉讼和布鲁塞尔的行政诉讼中,[35]法院判处的法人一审判决的刑事罚金平均为14,569欧元,上诉案件为10,733欧元。自然人一审判决的刑事罚金平均为3787欧元,上诉案件为7061欧元。关于刑期,大多数刑期(约90%)不会超过6个月。问题在于通常刑期较短的监禁不会实际执行,因此违法行为人最终没有受到任何刑事处罚。在行政执法方面,法人首次行政罚款的金额平均为4477欧元(自然人为672欧元),复议或上诉案件法人面临的行政罚款平均为11,276欧元(自然人为1121欧元)。从这些数据中可以得知,尽管违法行为被发现和被处罚的概率相当低,罚款的平均金额与行为人可能从违法行为中得到的收益相比仍然是非常低的。然而遗憾的是,笔者并未获取有关刑期的实证数据。

(二)英格兰和威尔士

《环境许可(英格兰和威尔士)条例》(2010年)[36]是英格兰和威尔士的重要环境立法之一,该条例简化了废弃物和污染防治的许可规定。在英格兰和威尔士,环境局(Environmental Agency,EA)拥有环境执法的权力。在20世纪80年代的英国,环保部门主要采用“非正式”合规策略,如说服和口头警告,从

---

[32] See Carole M Billiet and Sandra Rousseau, De hoogte van strafrechtelijke boetes. Een rechtseco-nomische analyse van de milieurechtspraak(1990-2000) van het Hof van Beroep te Gent(The size of criminal fines. A law and economics analysis of the environmental criminal justice(1990-2000) of the Court of Appeal in Gent) (2003) 2 Tijdschrift voor Milieurecht 120.

[33] Billiet and Rousseau(n 11).

[34] See Carole M Billiet and others, *Milieucriminaliteit: feiten omtrent bestraffing* (Environmental crime: facts about punishment), 3 Panopticon 69 (2009); Carole M Billiet and others, *Milieucriminaliteit in handen van strafrechters en beboetingsambtenaren: feiten uit Vlaanderen en Brussel*, 36 Milieu & Recht 342(2009).

[35] 与佛兰德斯地区不同,布鲁塞尔地区2009年以前就有行政罚款,这可以作为刑事手段与行政手段的比较。

[36] Environmental Permitting(England and Wales) Regulations 2010, SI 2010/675(EPR 2010).

而达到环境合规的目的。[37] 直到 2008 年年末,环境法的效力通过更加“正式”的刑法得以强化,环境局可以向刑事法院提起诉讼,刑事处罚的种类包括对违法行为处以罚金和监禁,以及发出正式警告。[38] 在英格兰和威尔士,环境局扮演了公诉人的角色,这显然不同于其他一些法律制度下,公诉机关与行政机构是各自独立的体系。[39] 此外,执法部门可以运用行政手段,如暂扣或吊销环境许可证,下达行政措施或限制生产、责令改正的行政命令。[40] 然而,在英国,通过行政处罚落实环境执法面临着一些限制。

这种情况随着 2008 年 10 月 1 日生效的《执法和处罚监管法案》(2008 年)[41] 有所改变。该法案赋予包括环境局在内的行政机关实施民事(行政)处罚的权力。《环境民事处罚令》(2010 年)[42] 和《环境民事处罚(杂项修订)条例》(2010 年)[43] 对行政处罚进行了相关规定。环境局的《执法和起诉政策》(2008 年)[44] 被《执法和处罚声明》(2011 年)[45] 和《执法和处罚指南》(2011 年)[46] 取代。除了其他行政权力外,环境局有权实施两种类型的行政罚款:固定金额罚款(FMP)和可变金额罚款(VMP)。在这两种情况下,如果对罚款决定提起上诉,就必须适用刑事证明标准(“排除合理怀疑”)。因此,行政罚款在程序上相对容易实施(至少在没有上诉的情况下),但如引言中所述,并不是因为其证明标准较低。英格兰和威尔士的固定金额罚款类似于佛兰德斯地区的专有行政罚款,适用于对情节轻微的违法行为处以较低金额的罚款,比如监测失灵。可变金额罚款类似于佛兰德斯地区的可替代行政罚款,适用于中等或严重违法行为。[47] 然而,二者主要的相同之处在于,这些行政处罚手段的主要目的不在于取代刑事处罚(如佛兰德斯地区),而是为了填补当刑事诉讼与公众利益发生冲突时存在的执法空白。造成这种情况的原因可能是在英格兰

---

〔37〕 See Carolyn Abbot, *Enforcing Pollution Control Regulation: Strengthening Sanctions and Improving Deterrence* (Hart Publishing 2009).

〔38〕 Environment Agency, *Enforcement and Prosecution Policy*(2008), s 8(EA EPP 2008).

〔39〕 在苏格兰和北爱尔兰,相关环境机构不能自行起诉,必须向公诉人提出起诉。

〔40〕 EPR 2010(n 36); EA EPP 2008(n 38) s 7.

〔41〕 Regulatory Enforcement and Sanctions Act 2008(Commencement No 2) Order 2009, SI 2009/550.

〔42〕 Environmental Civil Sanctions(England) Order 2010, SI 2010/1157.

〔43〕 Environmental Sanctions(Misc. Amendments)(England) Regulations 2010, SI 2010/1151.

〔44〕 EA EPP 2008(n 38).

〔45〕 Environment Agency, *Enforcement and Sanctions Statement*(2011).

〔46〕 Environment Agency, *Enforcement and Sanctions Guidance*(2011).

〔47〕 犯罪就是违反法律,这里的刑事犯罪与行政违法的含义是一样的。

和威尔士,环境局同时也扮演着公诉人的角色,而不仅是严格意义上的行政机构。这也是为何可变金额罚款的处罚决定由环境局作出,而不是像佛兰德斯地区那样需要由公诉人首先作出是否起诉的决定。因此,行政罚款机制在英格兰和威尔士的引入,使监管机构(这里指环境局)的执法工作更加具有灵活性和比例性(适中处罚)。[48] 与佛兰德斯地区一样,罚款的目的在于剥夺行为人从违法行为中获取的经济利益。环境、食品和农村事务部(DEFRA)向监管机构提供如何实施这些行政处罚的指导。[49]

因处罚带来的污点和声誉损害成为企业关心的问题。环境局会在其发布的"聚焦报告"中披露哪些企业在环境保护方面表现良好,哪些企业因环境违法行为被起诉。[50]

英格兰和威尔士公布的环境执法数据在一定程度上存在数据缺失和统计口径不一致的问题。虽然环境局在其年度报告中披露了一些数据,但是环境局的官方网站只能查询到近年的报告。[51] 尽管如此,我们仍可以从环境局发布的"聚焦报告"中获取近5年环境执法的部分数据。[52] 这些由环境局发布的"聚焦报告"通过披露企业的环境表现(好或坏),由此形成一种所谓的"点名批评"(公开谴责)效应。此外,还可以从上议院的书面答复,[53] 环境资料局[54] 与环境、食品和农村事务部[55] 的相关报告中获取部分执法统计数据。

2000~2007年的数据可从多种来源获得(如表3和表4所示)。数据统计显示平均每年有约27,925起污染事件发生(包括第1~4类的污染事件),[56] 其中包括1216起严重污染事件(第1类和第2类)。贝尔(Bell)和麦吉利夫雷(McGillivray)的研究表明,每年约有2.5万起以上的污染事件发生(包括第1~

---

[48] 例如,有文献表明,监管机构认为地方法官没有充分了解违法行为的严重性,如果一家受人尊敬的企业犯了一个必须承担严重后果的错误,刑事处罚并不总是适当的。实行替代性处罚的目的是使该处罚更具灵活性和比例性。

[49] DEFRA, *Civil Sanctions For Environmental Offences: Guidance to Regulators in England on How the Civil Sanctions Should be Applied, and Draft Guidance for Wales*(2010).

[50] Environment Agency, *Spotlight Reports*(2004-2008).

[51] Environment Agency, *Annual Report and Accounts*(2007-2008).

[52] EA(n 50).

[53] HL Deb 6 February 2008, Vol 698, Col WA193.

[54] ENDS, *Agency to Target 'Big, Bad and Nasty'* Crime, 364 ENDS Report 14-15(May 2005).

[55] DEFRA, *Effectiveness of Enforcement of Environmental Legislation*(2006); DEFRA, *Trends in Environmental Sentencing in England and Wales*(2003).

[56] 第1类(持久广泛的影响);第2类(重大影响);第3类(影响极小);第4类(没有影响)。

4类的污染事件),导致起诉率不足5%。〔57〕笔者的研究也得出了相近的结果:起诉率约为3%。然而,正如环境局在其《执法和起诉政策》中所指出的,环境局提起公诉需要满足以下标准:证据充分并对公共利益造成损害。从表4可以看出,第1类和第2类的污染类型起诉率相对较高(随着时间推移大致呈上升趋势)。

表3　2003~2007年英格兰和威尔士的环境执法情况

年份	污染事件①/件	类型1②/件	类型2③/件	起诉④/件	定罪⑤/件	警告⑥/件	通知⑦/件	平均罚款金额⑧/英镑	未被罚款的企业数量⑨/个	监禁⑩/件
2000				733		353	389	8532		
2001	33,723	147	1707	786		334	434	约4600		
2002	约30,000	111	1357	820		406	371	9243		
2003	约30,000	111	1139	693		338	396	9070	215	
2004	25,196	131	1068	740		345	563	8524	233	12
2005		约140	约860	887	876	335	446	8600	约317	4
2006		92	818	744	723			11,800	255	10
2007	20,708	79	748	724	702			10,508	284	6
平均值	27,925	116	1100	766	767	352	433	8860	261	8

①污染事件是所有经证实的污染事件的总数,即第1~4类事件(来源:DEFRA 2006)。

②第1类污染事件的数量(第1类指具有持久广泛影响的事件)。

③第2类污染事件的数量(影响重大的事件)(来源:环境局官网的《聚焦报告》),第3类事件的影响极小,第4类没有影响,大多数是第3类事件。

④~⑦是每种执行手段的数量(来源:ENDS报告和议会议事录)。警告和通知的数量只有2005年1月到10月31日的数据(来源:DEFRA 2006),这里的通知指行政措施。

⑧对每个企业的平均罚款:英镑(来源:《聚焦报告》和DEFRA 2006报告)。

⑨未被处以罚款的企业数量(来源:《聚焦报告》和环境局官网)。

⑩被判处监禁的所有被告人数量(来源:《聚焦报告》和环境局官网)。此数字不包括其他类型的判决,如社区令或缓刑。

---

〔57〕 Stuart Bell and Donald McGillivray, *Environmental Law*(6th edn, OUP 2005).

表 4 英格兰和威尔士:起诉率、警告书下达率和通知书下达率情况统计

年份	起诉率(所有事件)/%	第 1+2 类事件的起诉率/%	警告书下达率(所有事件)/%	通知书下达率(所有事件)/%
2000				
2001	2	42	1.0	1.3
2002	3	56	1.4	1.2
2003	2	55	1.1	1.3
2004	3	62	1.4	2.2
2005		89		
2006		82		
2007	3	88		
平均值	3	63	1.3	1.6

注:笔者基于现有数据的计算。

从表 4 得知,严重污染事件(第 1 类和第 2 类)的起诉率平均为 63%。这意味着环境局在执法过程中往往是有目标对象的。[58] 只有 1.3%的污染事件被给予警告,1.6%的污染事件的违法行为人被下达通知书。值得注意的是,与环境局相比,地方环境执法当局在实际中更为普遍地使用了下达通知书的方式,[59] 因此笔者计算得出的下达通知书的比率可能会低一些。笔者并未获取暂扣或吊销许可证数量的相关数据,但仍可以推测出这个数字会非常低。[60] 环境局采取所有形式的正式行动的比例也非常低,这反过来证明了不起诉率会非常高。造成这种情况的原因可能与环境损害的扩散性和长期性有关,导致难以识别造成环境损害的具体行为人。[61] 这给环境局为提起诉讼收集充分的证据带来了难题。类似的问题也发生在其他法域,但这个问题可以通过引入行政罚款机制在一定程度上得以缓和。

关于刑事罚金和刑期的幅度,平均每家企业面临的罚金为 8860 英镑。与

---

〔58〕 Heyes and Rickman(n 12).

〔59〕 DEFRA,*Review of Enforcement in Environmental Regulation*:*Report of Conclusions*(2006).

〔60〕 Ogus and Abbot(n 2)表明,1996 年至 2001 年 2 月,只有 6 个废物管理许可证被吊销,环境局将这一方式作为最后手段。

〔61〕 The ENDS Report(n 54)说明了在 2004 年仅 61%的主要案件中造成环境损害的具体行为人能够被识别。

违法行为可能获得成千上万英镑的利益相比,这个罚金数额显然是非常低的。[62] 造成这种现象的原因可能与法官缺乏评估环境损害的专业知识有关,导致其大大低估了威慑违法行为所需的处罚力度。[63] 这种情况可能会随着新规定的出台而有所改变。根据新的相关规定,没收财产所得可以作为行政罚款的一种方式用以制裁违法行为。根据笔者获取的有关刑期的有限数据,平均每年仅有8人因环境违法行为被判处监禁。与污染事件的数量和起诉案件的数量相比,这一数字显然是非常少的。造成这种现象的原因是多方面的,包括:监禁刑的成本高昂;需要严格的程序保障;不能对法人(企业)处以监禁刑以及很难确定企业内部需要承担相应刑事责任的高层管理人员。遗憾的是,笔者并未获取有关刑期的数据。

(三)荷兰

在荷兰,环境法通过行政法和刑法相结合的方式实施。[64]《环境管理法案》(1993年)[65]是荷兰在环境保护方面的主要法律依据。为了提高环境许可制度的透明度,该法案对一些先前存在的环境法律、法规进行了整合。[66] 其中,《环境管理法案》第18章涉及执法的相关规定。整体而言,行政执法主要由《行政法通则》(1994年)加以明确,而《荷兰刑法典》(1881年)和《经济犯罪法案》(1997年)对刑事执法进行了规定。

因此,在荷兰,执法部门可以利用多种处罚手段:《行政法通则》提供了实施行政处罚的可能性,更确切地说,行政机关可以作出行政处罚或责令改正的行政命令。然而在荷兰,行政罚款不适用于对环境违法行为的制裁。在荷兰《刑法典》中,最常见的处罚种类为罚金和监禁(没收违法所得也在越来越多的情况下得到适用)。《经济犯罪法案》也为制裁违法行为提供了其他处罚工具,如裁判文书公布或关停企业。因此,荷兰的环境执法不可避免地呈现多元化的特征。本文中,笔者仅从运作效率的角度来讨论行政处罚(主要是罚款)和刑事处罚之间的区别。此外,本文还涉及一些同样重要的问题,如刑法具有的

---

〔62〕 关于刑期的例子,可以查阅环境局"聚焦报告"(n 50) and DEFRA 2006(n 59).

〔63〕 See R Navarro and D Stott, *A Brief Comment: Sanctions for Pollution*, 14 Journal of Environmental Law 283 (2002); Michael Watson, *The Use of Criminal and Civil Penalties to Protect the Environment: A Comparative Study*, 15 European Environmental Law Review 111(2006).

〔64〕 民法同样扮演重要的角色,但不在本文研究的范围之内。

〔65〕 See Rene Seerden and MA Heldeweg, *Public Environmental Law in the Netherlands* in Seerden and others(n 22) 382.

〔66〕 Faure and Heine(n 22).

声誉惩罚功能会因过度运用而被削弱。此外,许多企业并非有意违反相关规定,这种情况下,企业应当接受处罚,但不一定是刑事处罚。

实践中,荷兰环境刑法大都通过《经济犯罪法案》来实施。原则上,违反《经济犯罪法案》的环境犯罪行为具有抽象危险犯的特征。这意味着行为人只要违反《经济犯罪法案》第 1 条规定的行政义务,就要承担刑事责任,即不需要实际发生污染物排放和环境污染,只要对环境产生了抽象危险(如在没有许可证的情况下经营工厂),就满足了刑事责任的构成要件。《经济犯罪法案》第 2 条对于第 1 条规定的行为属于"犯罪"还是"违法"进行了界定。在此基础上,《经济犯罪法案》第 6~8 条对相应的处罚或措施的类型进行了规定。

另外,荷兰《刑法典》中第 173a 条和第 173b 条与环境污染直接相关,这两条是对"具体危险犯"的规定。当行为人故意(或过失)向水、土壤或空气的环境介质中排放污染物时,应承担相应的刑事责任。这种非法排污行为被认为对环境造成了具体危险。但是,只有当这种排污行为对公众健康或人身生命安全构成威胁时,才能适用刑事处罚,因为刑法仍秉承保护人的利益的宗旨而非环境本身的利益。〔67〕 由于大多数排污活动是依据相应的法律法规进行的合法行为,行为的违法性标准成为一个关键问题。〔68〕 因此这两个条文没有在实践中得到广泛的适用。

上述三种"执法"手段的区别在于可适用的处罚种类。《行政法通则》提供了使用多种处罚手段的可能性。第一种可能性是具有相应职责的行政机关发布行政处罚命令,〔69〕迫使违法者遵守法律。行政处罚的基本逻辑在于:如果违法者未依据行政命令停止违法行为,就要支付一定金额的罚款。〔70〕 这里的行政命令不应该与行政罚款(荷兰语为 bestuurlijke boete)混淆。行政罚款的主要目的不是终止违法行为,而在于惩罚违法者。迄今为止,荷兰环境法仍然不能使用行政罚款制裁违法行为(但社会保障法中包括行政罚款),但与佛兰德斯地区、英格兰和威尔士一样,荷兰也已经形成了引入行政罚款制度的提案。〔71〕 第二种可能性是行政机关采取行政强制措施,责令行为人纠正违法行

〔67〕 See GA Biezeveld, *Rol van het Strafrecht bij de Bescherming van het Milieu*, 3 ELSA Leiden Magazine 19(2009).

〔68〕 Faure and Heine(n 22).

〔69〕 在荷兰语中称为"dwangsom"。相关条文见《行政法通则》(*Algemene Wet Bestuursrecht*)第 5:32 条。

〔70〕 Seerden and Heldeweg(n 65)382.

〔71〕 Seerden and Stroink(n 21).

为,这可能会导致企业的关闭。[72] 根据相关研究报告,绝大部分(80%)案件并未采取正式的措施(实施威慑性处罚),而是通过采取一些措施(如行政处罚令)迫使违法企业守法。[73] 对于严重违法行为,行政处罚与刑事诉讼程序是同时进行的,当然公诉人也可通过“诉辩交易”的方式达成和解。[74]

与荷兰《刑法典》相比,《经济犯罪法案》提供了更多的处罚种类,包括环境犯罪的恢复性赔偿、公布环境违法判决或者关停企业(仅适用于《经济犯罪法案》第7条和第8条)。处罚的幅度则取决于该行为属于犯罪行为还是违法行为,以及犯罪主体是法人还是自然人。《经济犯罪法案》规定,监禁可以与罚金并处。荷兰《刑法典》规定的所有行为都可构成犯罪,现有的刑罚种类主要包括罚金和监禁。根据荷兰的法律规定,没收违法所得也是一种处罚方式,从而进一步增加了金钱罚的幅度。

在荷兰,《经济犯罪法案》与《行政法通则》的法律位阶相同、并行实施。因此,“刑法作为司法救济的最终手段”在荷兰并不成立。[75] 一旦发现违法行为,刑事执法机关和行政执法机关会共同协商分配任务。一般来说,违法行为可以分为三类。[76] 第一类是没有刑法规定的相关情节的环境违法行为(也可以称为简单案件或轻微违法),由行政机关通过行政警告、行政措施或行政罚款等方式予以处理。第二类为与刑事执法有关的环境违法行为,并且属于优先执法情况,这一类违法行为则需要行政机关和(或)公诉人采取行动。在这种情况下,《经济犯罪法案》第6~8条规定的刑事处罚同样可以适用。第三类是严重违法行为,主要通过刑事司法程序进行制裁,并可辅之以行政处罚,如吊销或暂扣许可证、关停企业。

对荷兰环境执法现状进行实证研究所面临的一个关键问题在于,在很长的一段时间内,相关部门并未对违法行为的数量和法律后果(行政、刑事)进行系统记录,也缺少关于具体实施处罚的相关数据。其中一个可获取的数据来源是荷兰环境部发布的环境监察报告,但是荷兰环境监察署发布的年度报告中仅提供了部分时间段的数据。目前可获取只有1999~2007年这8年间的数据(不含2001年)。详细的数据包括企业和机动车辆被执法检查

[72] Seerden and Heldeweg(n 65)382;Seerden and Stroink(n 21).

[73] OECD(n 13).

[74] OECD(n 13).

[75] Biezeveld(n 67)19.

[76] 佛兰德斯地区环境监察局环境执法报告(1993~2008年)。

的次数以及被查处违法行为数量、采取行政措施和刑事措施的数量等。(如表 5 所示)

表 5　荷兰:环境监察署的环境执法情况

年份	被执法检查企业的数量/家	被检查机动车辆的数量/辆	违法行为数量/件	依据行政法的措施①		刑事执行(违法通知书数量)/份	违法行为被发现的比例②/%	行政措施比例③/%	违法通知书下达比例④/%
				警告/件	行政措施/件				
1999	3583		632	144		323	17.6	22.8	51.1
2000	3509		1214	277		463	34.6	22.8	38.1
2002	3541	3097	1119	406	402	223	16.9	72.2	19.9
2003	3329	1723	1095	483	239	330	21.7	65.9	30.1
2004	2678	3855	1193	249	194	209	18.3	37.1	17.5
2005	42,321	8730	1025	133		144	2.0	13	14.0
2006	2459	2242	2040	906		203	43.4	44.4	10.0
2007	6178	2082	2286	921		155	27.7	40.3	6.8
平均值			1325.5			256.25	22.8	39.8	23.5
平均(2005 年除外)			1368.43			272.29	25.74	43.64	24.79

资料来源:环境监察署。

①从 2005 年起,不再将行政措施划分类别。

②被发现违法行为的比率指会导致违法行为被发现的检查活动(企业和机动车辆)的百分比。

③行政措施变量指通过行政执法发现的违法行为的百分比(警告+行政措施)。

④下达违法通知书的比例指下达违法通知书并移送给检察官的违法行为的比例(刑事执行)。

由表 5 可知,违法行为被查处的概率平均为 22.8%。在被查处的违法行为中,采取行政手段的比例平均为 39.8%,而下达违法通知书进入刑事司法程序的比例仅为 23.5%。然而,我们应该谨慎对待基于表 5 数据分析得出的任何结论,因为目前可获取的数据仅反映了从 1999~2007 年这 8 年的情况(不包括 2001 年),并且不同年份的结果差异较大。此外,2005 年的数据似乎有些异常,因为这一年进行环境执法检查活动的次数高达 42,321 次,是其他年份的 10 倍以上。但我们仍可以基于上述分析得出如下结论:在荷兰的环境执法中,行政手段的使用频率远远高于刑事手段(需要注意的是,公诉人收到违法通知书后,其中仅有一小部分违法行为最终进入刑事诉讼程序)。

(四)德国

德国立法者为环境执法提供了多种法律工具,[77]这些法律工具在行政法(行政处罚)、《违反秩序法》和刑法中都有规定。[78] 第一种法律工具是德国的行政机关有权运用多种行政手段迫使违法者遵守行政规定,如许可条件。[79] 第二种法律工具是运用所谓的《违反秩序法》,[80]这是一种允许行政机关实施行政罚款的处罚制度。根据《违反秩序法》第30条的规定,这种行政罚款亦可适用于法人。[81] 这些行政措施或罚款是由行政机关做出的,因此不受公诉人的干涉。第三种法律工具是运用刑法手段,刑事犯罪在1980年已纳入《德国刑法典》。[82] 该法典对因水污染、土壤污染和空气污染构成犯罪的行为进行了规定。[83] 因此德国的环境犯罪主要通过《德国刑法典》的这些条款实施。对情节轻微的违法行为(通常未发生排污行为,仅涉及行政规定的规范),则适用《违反秩序法》,对行为人处以行政罚款。

20世纪80年代到90年代前后,来自马克斯·普朗克外国与国际刑法研究所的刑事律师和犯罪学家参与了一项"通过刑法保护环境"的项目。古特·海因(Gunter Heine)和沃尔克·梅因伯格(Volker Meinberg)的研究提供了1975~1986年环境法执行情况的相关数据。[84] 让人惊讶的是,这些学者的研究表明,1985年有超过40%的刑事案件未被起诉。[85] 梅因伯格1988年发表

---

[77] Faure and Heine(n 22).

[78] 行政处罚的目的或是修复所造成的损害,或是防止今后进一步损害。他们通常对行为人施加具体行为,其主要目标是恢复或预防。另外,《违反秩序法》具有惩罚性,对行为人处以罚款,以阻止违法行为。

[79] Seerden and Stroink(n 21).

[80] Administrative Offences Act(*Ordnungswidrigkeitengesetz*)1987,BGBl. I S. 602.

[81] Code of Criminal Procedure the German Court of Criminal Procedure(*Strafprozessordnung*)1987, BGBl. I S 1074,ber,S 1.319. 这一点很重要,因为德国刑法不适用于法人。但行政罚款不被视为刑事处罚,因此对法人适用。

[82] German Criminal Code(*Strafgesetzbuch*)1872.

[83] See M Rodi,*Public Environmental Law in Germany* in Seerden and others(n 21)242-243.

[84] See Gunter Heine and Volker Meinberg, Empfehlen sich Anderungen im strafrechtlichen Umweltschutz,insbesondere mit demVerwaltungsrecht? (Are changes in environmental criminal law necessary,especially in its relation to administrative law?)(Beck 1988).

[85] 必须谨慎地解释这个结论:德语Einstellung(驳回)并不一定意味着没有采取任何措施;在某些情况下,驳回案件是以犯罪人支付大量的罚金为条件。

了一项详细的研究成果，海因和梅因伯格的研究建立在这一基础之上。[86]

德国《刑事诉讼法》[87]规定，对所有违法行为提起公诉是原则，不起诉是例外。[88] 因此，刑事诉讼法对不起诉的具体规则和适用条件进行了详细的规定。根据梅因伯格 1988 年的研究，47.5%的案件因缺少起诉理由（出于政策原因）而未提起诉讼（德国《刑事诉讼法》第 170 Ⅱ 条），[89]因情节轻微不起诉的案件占 14.6%（德国《刑事诉讼法》第 153 Ⅰ 条），附条件不起诉的案件占 13.1%（德国《刑事诉讼法》第 153a Ⅰ 条）。整体而言，约 75%的案件最终以不起诉结案。[90] 关于法院的裁决，梅因伯格的这些发现值得注意：仅有少数环境案件最终进入了刑事法院的审理程序，其中仍有 50%以上的案件依据德国《刑事诉讼法》第 153 Ⅱ 条（经公诉人批准后驳回）或第 153a Ⅱ 条（有条件驳回）被法院驳回（比例各占 16.4%、37.2%）。这意味着这些案件没有必要受到刑事处罚，因此被排除在正式的刑事处罚程序之外，[91]但是这并不意味着违法者不需要为自己的行为承担相应的法律后果。

梅因伯格还研究了行政罚款的实施问题。他注意到通过行政罚款处理的案件大多是轻微或次要的违法行为，而严重环境污染案件（对环境造成具体危险）通过《违反秩序法》进行处罚则是例外情形。[92] 梅因伯格还指出，行政处罚程序主要限于与犯罪人约谈的情形，因此成本极低。[93] 他发现，环境违法案件的行政处罚程序大多数都以作出行政罚款决定告终，但是这类罚款的数额一般都低于刑法罚金的数额。[94]

沃尔夫拉姆·勒特（Wolfram Lutterer）和汉斯·霍奇（Hans J. Hoch）进行了一些非常有趣的实证研究，并以此建立了一个具有代表性的德国环境违法的

---

[86] See Volker Meinberg, Empirische Erkenntnisse zum Vollzug des Umweltstrafrechts (Empirical observations on the enforcement of environmental law) (1988) 100 Zeitschrift fur die gesamte Strafrechtwissenschaft 112.

[87] Code of Criminal Procedure the German Court of Criminal Procedure (*Strafprozessordnung*) 1987, BGBl. I S. 1074, ber, S. 1. 319.

[88] 德国《刑事诉讼法》第 152 条第 2 款。

[89] Meinberg (n 86) 139–143.

[90] 再次提到，75%的不起诉率意味着很少的案件被提交法院，但不是没有采取任何措施。可以通过让犯罪人承担特定义务从而有条件地撤诉。

[91] Meinberg (n 86) 147. 如上所述，如果适用德国《刑事诉讼法》第 153 a 条，撤诉条件是犯罪人履行向国家支付一笔罚金的具体义务。

[92] Meinberg (n 86) 153.

[93] Meinberg (n 86) 153.

[94] Meinberg (n 86) 153.

数据库。[95] 两位学者具体分析了通过刑法和行政法制裁环境违法行为的机制。这项研究于1997年发表,比海因和梅因伯格的早期研究晚了近10年。他们具体分析了公诉机关对1014起环境犯罪案件所作出的处理决定,对环境犯罪进行了具体分析(如表6所示)。

表6　德国:公诉机关、法院和行政机关作的决定类型及占比情况

<table>
<tr><th>公诉机关作决定类型</th><th>占比/%</th><th>法院作决定类型</th><th>占比/%</th><th>行政机关作决定类型</th><th>占比/%</th></tr>
<tr><td>证据不足不起诉(企业)</td><td>24.9</td><td rowspan="2">无罪判决</td><td rowspan="2">6.6</td><td rowspan="2">驳回(德国《刑事诉讼法》第46条)</td><td rowspan="2">24.0</td></tr>
<tr><td>证据不足不起诉(自然人)</td><td>23.2</td></tr>
<tr><td>情节轻微不起诉(德国《刑事诉讼法》第153 I条)</td><td>14.7</td><td>情节轻微不起诉(德国《刑事诉讼法》第153 I条)</td><td>16.1</td><td>驳回(德国《刑事诉讼法》第47条)</td><td>9.0</td></tr>
<tr><td>附条件不起诉(德国《刑事诉讼法》第153a I条)</td><td>13.2</td><td>附条件不起诉(德国《刑事诉讼法》第153a I条)</td><td>37.2</td><td>警告</td><td>8</td></tr>
<tr><td>实施罚款</td><td>16.1</td><td>定罪</td><td>20.1</td><td>实施罚款</td><td>53.0</td></tr>
<tr><td>起诉</td><td>7.9</td><td>其他</td><td>9.9</td><td>其他</td><td>6</td></tr>
</table>

资料来源:勒特和霍奇的报告。

注:根据德国《刑事诉讼法》第46条驳回是指案件存在一些不确定性的情况,根据第47条驳回是行政机关认为没有必要实施处罚的情况。

值得注意的是,在公诉机关针对环境案件所作的决定中,近60%的案件被驳回,只有7.9%的案件真正进入了刑事诉讼程序。勒特和霍奇还分析了依据《违反秩序法》所作出的程序决定的数据,其中仅有8%的案件最终以行政机关作出警告结案。此外,根据德国的《违反秩序法》,警告可以与罚款并用,其中53%的案件最终以行政机关作出罚款决定结案,这与公诉机关仅有16.1%的环境刑事案件判处罚金形成了鲜明的对比。

当进一步将《违反秩序法》和刑法进行对比时,勒特和霍奇认为在违反《违

[95] See Wolfram Lutterer and Hans J Hoch, *Rechtliche Steuerung im Umweltbereich* (Legal governance in environmental policy) (Max Planck Institute for Foreign and International Criminal Law 1997).

反秩序法》的案件中,行政机关会对57%的案件中的违法行为采取明显的反应(可以等同处罚),而在环境刑事案件中(这里指公诉机关)这个比例仅为48.9%。因此,勒特和霍奇认为依据《违反秩序法》作出处罚决定的可能性高于刑事诉讼程序。[96] 但是,行政罚款的平均数额要低于刑事罚金的金额。显而易见,在这两种情况下,执法机关很少作出明显高于法定金额的处罚决定。因此,勒特和霍奇得出如下结论:在违反《违反秩序法》的案件中,行政机关作出处罚决定的概率更高,但对刑事违法行为采取的刑事处罚的手段则更为严厉。[97]

接下来的数据来自阿尔默(Almer)和格施尔(Goeschl)的研究。[98] 他们的数据库包括德国16个州从1995~2005年的环境执法数据,共计152个调查研究(一些州的报告不完整)。他们的研究表明,一旦发现潜在的违法行为(有许多违法行为未被发现和记录下来),只有59%的案件能确定违法行为人而被正式立案。而在这59%能够确定违法行为人的案件中,仅有26.3%的人受到审判。因此,违法行为人被逮捕和起诉的概率非常低(最高为15.5%)。[99] 然而,正如笔者前文所言,即使行为人没有被起诉,这并不意味着他们不需要承担法律后果。关于处罚的种类,仅有3.5%的犯罪人被判处监禁,6.4%的犯罪人被判处高额罚金,这些都会被写入正式的犯罪记录之中,剩余90.1%的犯罪人被判处较轻的刑事处罚。

四、批判比较分析与启示

本文第二部分提出的理论依据充分说明,与单一的环境刑法机制相比,行政执法手段是一种减少驳回环境刑事案件数量的有效方法。对于那些应当受到处罚但不必动用刑法的违法行为,行政法可以发挥重要的作用。因此,在预算有限的情况下,刑事处罚和行政处罚这两种手段可以互为补充。

在本文第三部分中,笔者分析了德国和荷兰的环境执法机制,这两个国家

---

[96] See Wolfram Lutterer and Hans J Hoch, Rechtliche Steuerung im Umweltbereich (Legal governance in environmental policy) (Max Planck Institute for Foreign and International Criminal Law 1997).

[97] See Wolfram Lutterer and Hans J Hoch, Rechtliche Steuerung im Umweltbereich (Legal governance in environmental policy) (Max Planck Institute for Foreign and International Criminal Law 1997).

[98] See Christian Almer and Timo Goeschl, *Environmental Crime and Punishment: Empirical Evidence from the German Penal Code*, 86 Land Economics 707 (2010).

[99] 犯罪人被逮捕和起诉的概率等于犯罪人被识别的概率与被审判(起诉)概率的乘积。此外,我们不知道未被发现的违法行为的数量,这进一步降低了逮捕的概率。

的共同点在于同时依靠刑事执法和行政执法两种手段，而在英国和比利时佛兰德斯地区，环境法的实施则主要(不是仅仅)依靠刑法。

根据现有的数据，本文无法直接对四个国家及地区环境执法机制的有效性进行比较分析。这不仅是因为数据的不兼容性，也因为四种法律制度在行政和刑事体系上各有差异。因此，本文使用的实证数据并非决定性依据，而是用来支持上文做出的理论分析。笔者认为通过对四种法律制度的环境执法机制进行比较分析，可以为本文的理论假设提供一些初步的论据，这个假设为：行政处罚，特别是罚款的形式，可以成为环境执法工具的有益补充。

(一)简要比较

通过对这四种法律制度的介绍，我们可以明显看出，在2008年之前，至少在法律文本上，不同国家及地区在环境执法的制度安排上存在显著差异。如表7所示，为几个执法变量的比较分析。

表7　不同国家及地区执法数据的比较情况

国家或地区	违法案件数量或被发现的数量/件	违法行为被发现的比率/%	刑事执法				行政执法
			违法通知书下达率/%	起诉率/%	撤诉率/%	诉辩交易率/%	行政措施/%
佛兰德斯地区(1998~2008年)	708	6	92	7	64	29	
英国(2000~2007年)	27,925①			3			1.6
荷兰(1999~2007年)	1325.5	22.80	23.50	7.90			39.80
德国(20世纪80年代，1995~2005年)				26.3	60~75		>60②

①严重案件1216件。

②包含罚款或警告。

佛兰德斯地区的环境法主要通过刑法实施。虽然环境监察局有权对所有违法行为下达违法通知书(这是其法定义务)，但平均仅有7%左右的案件最终进入刑事诉讼程序。在英格兰和威尔士，环境刑事案件的起诉率更低，平均仅占所有污染案件的3%。这表明绝大多数环境违法行为最终没有被起诉，同时也表明英格兰和威尔士的公诉机关对于是否提起诉讼拥有广泛的自由裁量权。相关数据也显示平均有63%的严重违法行为会被起诉。这表明有一些违法行为应当受到处罚,但未满足刑事起诉的要求。佛兰德斯地区在刑事司法体系内部发展了一种替代执法手段,即所谓的"诉辩交易",数据表明大约有26%到29%的违法通知书最终以这种方式结案。[100] 整体来看,未被起诉的违法行为占比很高,且缺乏替代性的处罚机制(佛兰德斯地区的建议和警告、"诉辩交易"模式除外),此外同违法行为的收益相比,刑事处罚的水平仍然相当低。然而,英格兰和威尔士以及佛兰德斯地区引入行政罚款机制的事实表明,单一的刑法机制会给执法工作带来许多问题。

另外,荷兰则采用一种混合的环境执法策略:在荷兰,行政机关无法通过行政罚款的方式制裁违法行为,而其他执法手段(如行政处罚令)的使用频率却非常高,因此违法者仍需要为自己的行为支付一大笔罚款。尽管行政命令的目的不在于威慑,而是为了确保行为人能够守法,但从经济学的角度来看,这些行政命令与行政罚款均具有极为相似的威慑功能。根据荷兰环境部的估计,平均约40%的违法行为由行政措施进行制裁(其中一半左右是以警告的形式),平均23.5%的违法行为则以下达违法通知书的方式进行处理。德国甚至发展出一种新的正式制度来处理行政违法行为,即《违反秩序法》,该法赋予执法机关进行行政处罚的权力。根据前文表6可知,超过60%的违法行为被处以警告(8%)和行政罚款(53%)。虽然笔者无法正确评估在德国和荷兰这两个国家,未进入刑事诉讼程序的案件将会如何进行处理,但违法者仍然面临一个不可回避的事实:除了刑事处罚,(在被处罚的可能性足够高且实际行政处罚水平足够高的条件下)行政处罚也会提高行为人的预期处罚成本从而提高行政处罚的事前威慑力。

(二)处罚的概率足够高?

如上文所述,在四个被研究的国家及地区中,公诉机关仅对一部分违法通知书涉及的环境违法行为提起了刑事起诉,因为公诉人倾向于把有限的资源集中于更严重的案件上,即所谓的"靶向策略"(如在英格兰和威尔士,严重污染案件被起诉的概率为63%)。造成这种情况的一个重要原因是刑事诉讼严格的证据要求和高昂的诉讼成本。行政程序则不需要如此严格的要求,即使法律有特殊要求(如英国关于上诉案件的新规定),行政处罚程序中也无须将案件移交给公诉机关,从而使行政处罚在效率和成本上更具有优势(忽略上诉

---

[100] 荷兰也存在诉辩交易手段,但笔者未能获取相关数据。

的可能性)。这可能意味着违法者受到行政处罚的可能性远远超过刑事处罚,这种情况出现在荷兰和德国。

然而,行为人被处罚的概率取决于违法行为被发现的概率。这也因国家或地区而异,如在佛兰德斯地区,企业违法行为被查处的概率为19%。因此环境执法的问题不仅在于如何处理已被发现的环境违法行为,更重要的是如何减少那些未被发现的"隐藏"违法行为的数量。

另一个重要问题在于,能否将大量未进入刑事诉讼程序的案件当作"从未发生"的案件。首先,公诉人可能会与环保机关达成监管交易,[101]引导行为人合规。在这种情况下,公诉机关撤销案件可被视为一种谈判与劝说策略,但需要注意的是,公诉人撤销案件的一个重要前提在于行为人有自觉守法的证据。然而,即使这种温和的方式可以促进行为人的事后合规,但事前预期的(法律)处罚成本仍维持在较低水平。佛兰德斯地区(和荷兰)运用了一种行政罚款的替代手段,即公诉人提出进行"诉辩交易"的建议(约占违法通知书的26%~29%)。这是一种具有成本效率的执法替代手段,从而可以避免公诉人被迫选择成本高昂的刑事诉讼程序。但是,根据相关文献的数据估计,诉辩交易的平均金额仅为300欧元,这导致它的威慑效果极低。因此,将行政罚款作为环境执法的替代机制更具有合理性。

(三)实际和预期处罚成本的含义

贝克尔提出,预期处罚成本由被调查和被处罚的概率与实际处罚的幅度相乘确定($ES=p\times S$)。上文对被调查和被处罚的概率的讨论表明,行政处罚可以增加被处罚的概率,因为行政程序似乎更简易,因而成本较低,而且环保部门有权自行实施行政处罚。贝克尔公式中的另一个变量,即实际处罚水平。基于本文对四个国家及地区的实证分析,不难发现刑事罚金的平均金额是偏低的,特别是与违法行为造成的损害和私人收益相比。在佛兰德斯地区,对法院判决罚金的金额进行研究表明罚金金额介于5000~6165欧元,[102]如果这些是刑事程序的全部处罚成本,再乘以被调查和被处罚的概率1%,将导致预期处罚成本在50~61欧元浮动。[103] 英格兰和威尔士的数据对预期处罚成本的

---

[101] See Paul Fenn and Cento Veljanovski, *A Positive Economic Theory of Regulatory Enforcement*, 98 The Economic Journal 1055(1988).

[102] Billiet and Rousseau(n 34); Sandra Rousseau, *Empirical Analysis of Sanctions for Environmental Offenses*, 3 International Review of Environmental and Resource Economics 161(2009).

[103] 如下文所述,在刑事起诉中还可能涉及其他成本,可能会增加犯罪人(主观上)对处罚的预期。此外,犯罪人与公诉人进行诉辩交易的概率也可能会增加。

估值也较低。笔者在上文指出,在英格兰和威尔士,违法者被起诉的平均概率在3%~5%。法院对企业判处的罚金金额平均为8860英镑,但很少判处监禁刑。(见表3)在德国,行政罚款机制可以在一定程度上减轻法院负担,而且如前所述,在某些情况下行政处罚的严厉程度甚至超过刑事处罚,因为法院并不总是能够正确地鉴定和评估环境损害。

因此,在环境执法预算有限的情况下,鉴于刑事司法体系和行政执法体系的互补性,在二者之间合理分配资源是有效的执法策略。显然,刑法通过判处监禁使行为人丧失行为能力,而这种处罚手段不适用于行政法。但是,行政机关可以通过暂扣或吊销许可证,使法人丧失行为能力,因而具有强大威慑作用,但实践中这种处罚手段很少被使用(如在英格兰和威尔士)。此外,行政处罚手段在污名化和声誉损害方面的作用也有所欠缺。遗憾的是,笔者不能根据现有数据进一步探讨因潜在刑事定罪而产生的非法律处罚效应。刑事诉讼和刑罚可能会使企业蒙上“污名”,从而造成声誉损失,这将促使企业合规。[104]环保部门也可以公布企业名单及其环境表现,包括是否受到起诉。此外,即使刑法确实具有制造污名或促进社会规范建立的附加优势,如果它在实践中很少应用,就无法产生这些效应。企业可能缺少有关实际处罚的相关信息,这在有关佛兰德斯地区的早期研究中得到证实:如果企业一开始就面临金钱处罚的可能性,那企业很有可能继续实施违法行为。[105] 因此,不需要支付罚款的企业会高估预期处罚的成本。所以,对违法者处以过低的罚款会产生负面效果:它会使企业认为预期处罚成本很低,从而降低企业合规的意愿。

五、结论

总而言之,行政处罚能够处理许多环境违法行为,这些行为无须进入到成本高昂的刑事司法程序中,但仍有必要以相对较低的成本进行制裁。因此对许多环境违法行为而言,基于行政执法成本低于刑事司法程序成本的前提,这两种执法手段可以相互替代。然而,由于缺少有关执法成本的实证数据,笔者的讨论仅仅建立在行政执法程序与刑事程序之间的差异性上。特别是对于轻微违法行为,行政罚款可能更为有效。如果没有行政罚款机制,则会导致这样

〔104〕 See J. Van Erp, *Reputational Sanctions in Private and Public Regulation*, 1 Erasmus Law Review 145(2008).

〔105〕 Billiet and Rousseau(n 11); Sandra Rousseau, *The Impact of Sanctions and Inspections on Firms, Environmental Compliance Decisions*(Katholieke Universiteit Leuven, Centrum voor Economische Studie, Energy, Transport and Environment) 19(2007).

一种局面:由于公诉人拥有较大的裁量权,执法机构很可能将刑事执法的重点放在最重要的案件上,其他案件则会被忽略(如英格兰和威尔士)。如果存在行政执法这种替代机制,这种机制就可以用来处理那些较为严重的案件。在本文考察的四个国家及地区中,其中两个国家及地区的环境法实施以行政执法为主,而另两个国家及地区以刑事执法为主。虽然不同国家及地区的数据不具有可比性,但根据笔者的研究发现和英格兰、威尔士以及佛兰德斯地区近期的法律发展,似乎均证实了这一假设,这与当前欧盟强制要求动用刑法实施环保指令的大趋势相悖。

本文的研究发现基本上也验证了早期文献中的一个观点:虽然刑事司法程序适用于处理那些最严重的案件(因此必须保留),但其威慑价值因较低的侦查、起诉和定罪概率而大大受限。如果实施行政罚款的概率较高,那预期处罚成本也会相应提高。因此,学者呼吁应将刑法和行政罚款结合起来。

然而,我们必须谨慎地进行结论归纳:一个更为均衡地运用刑法(行政执法机制用于处理轻微违法或较为严重的违法行为)的执法机制比单一依赖刑法的执法机制更为有效。本文获取的数据无法对不同执法机制的整体效用以及对环境质量产生的效果进行实证分析,也无法对企业的环境合规情况进行考察。此外,经济学文献也同样指出,行政执法机制也存在固有缺陷,即执法机构可能与被监管的企业形成勾结关系,导致执法机构无法严格执法。[106] 因此,当行政执法程序用于制裁环境犯罪时,需要建立核实行政决策正确性的配套机制(如独立的法官或公诉人)。

有趣的是,我们也应当注意到在实践中行政法和刑法之间的界限并不总是非常明确的。一些运用刑法的国家也会征收具有行政性质的罚款,但罚款决定是由公诉人作出的,因此可以作为法院体系的一种低成本的替代手段。运用这种方法的一个典型例子是佛兰德斯地区和荷兰法律体系中的诉辩交易模型,实际上它们具有鲜明的行政属性,但并非由行政机关实施,而是由公诉人进行。毫无疑问,下一步对诉辩交易和行政罚款两种手段各自的优势进行比较分析的研究是非常有必要的。

英格兰和威尔士以及佛兰德斯地区的环境执法机制都发生了重要的变化,这些区域的环境执法正从刑事执法向行政处罚过渡。本文提供的数据仅反映了2009年之前这些变化尚未生效的情形。考察这些变化产生的影响,特

〔106〕 如果该机构本身能够提出起诉,这种风险也可能与刑事处罚并行存在。

别是这些影响是否会提高行政处罚手段的使用，将是一个值得进一步研究的问题。

本文的一个引人注目的研究发现是，被考察的四个国家及地区都没有掌握本国违法行为数目、(诉辩交易、行政处罚、刑事处罚或其他手段的)后果以及最终处罚手段的可靠数据。从近年来发表的报告来看，相关信息披露越来越少似乎是一个发展趋势。即使在这些国家及地区，可获取的数据也局限于特定范围和特定时期，这导致不同国家之间的数据缺少可比性。因此，笔者认为建立一个关于环境调查、违法、执法措施和处罚的统一数据收集系统是非常必要的。

民法绿色原则研究

《环境资源法论丛》
第13卷,第233~242页

绿色原则在民事审判中的司法适用图景
——基于215份民事裁判文书的实证分析

李　征*

摘　要　通过对适用绿色原则的民事裁判文书进行类型化分析,可以发现司法实践中绿色原则的适用方式主要为:无关引用、认定合同解除、认定合同无效、认定侵权责任减免事由、作为违约责任依据、减轻当事人诉累以及认定承担民事责任的方式。其中存在的问题主要有:"资源"和"生态环境"概念不明、适用标准模糊、方式不当、法律强制力不足以及适用有限等。针对上述问题,应在《民法典》适用过程中落实绿色原则,从规范绿色原则的适用、对绿色原则适用标准进行具体化考量以及加强绿色原则说理论证等三方面着手,推动绿色原则在民事审判中的合理适用。

关键词　绿色原则　自然资源　生态保护　类型化分析

绿色原则属于民法的原则之一,但是如何在民事审判中适用该原则,尚无具体的法律规定,也没有相关的指导性案例。怎样才能在司法实践中适当、合乎情理地适用绿色原则,既考验法官裁判的艺术,也需要法官充分发挥审判的智慧。下文通过对搜集的案例进行实证分析,以发现司法实践中存在的问题,并寻找其原因,进而提出具体解决的办法,以期为司法实践贡献微薄的力量。

---

* 李征,河南省平顶山市中级人民法院环境资源审判庭法官助理。

一、现实图景:绿色原则司法适用之宏观样态

笔者以绿色原则、节约资源、保护生态环境为关键词在中国裁判文书网上进行检索,搜集截至2020年9月1日的裁判文书。经筛选,共得到215件案例,将其作为本文的实证分析对象。

通过对涉及绿色原则判决的分析,以绿色原则的适用方式为标准进行统计,具体数据如表1所示。

表1　绿色条款适用方式数据统计

法律效果	适用方式						
	无关引用	认定合同解除	认定合同无效	认定侵权责任减免事由	违约责任依据	减轻当事人诉累	认定承担民事责任的方式
数量/件	46	18	12	24	13	81	21
占比/%	21.4	8.4	5.6	11.2	6	37.7	9.7

(一)无关引用

此类判决书中,绿色原则往往作为说理论证中的添附部分,在判决书中不对其进行具体阐述,也不说明案件如何适用绿色原则,即使删除绿色原则的相关内容,也不会影响判决的完整性。例如,通辽市科尔沁旅行社有限责任公司与大连半岛假日国际旅行社有限公司服务合同纠纷案,[1]法院依据相关法律判决科尔沁旅行社支付欠款即可,不必赘引绿色原则。[2]

(二)认定合同解除

此类案件,一般为政策性原因导致合同基础丧失,致使合同无法履行,造成资源浪费或者环境破坏的后果。例如,大悟县新城镇金岭村村民委员会与尹某钢渔业承包合同纠纷案[3],双方签订水库承包合同后,因美丽乡村建设致使合同无法履行,此时因情势变更致使合同基础丧失。法院依据原《民法总则》第9条及2009年最高人民法院《关于适用〈中华人民共和国合同法〉若干

[1] 参见内蒙古自治区通辽市科尔沁区人民法院(2018)内0502民初8741号民事判决书。

[2] 参见贺剑:《绿色原则与法经济学》,载《中国法学》2019年第2期。

[3] 参见湖北省大悟县人民法院(2017)鄂0922民初994号民事判决书。

问题的解释(二)》(已失效)第 26 条[4]的规定判决解除了合同。

(三)认定合同无效

样本中此类案件主要是双方签订合同后,因合同涉及的主要内容损害国家、集体利益或者违反法律规定,不符合绿色原则而无效。此类案件法院主要依据原《合同法》第 52 条[5]认定合同无效,绿色原则发挥辅助性作用。例如,刘某与刘某峰土地承包经营权转包合同纠纷案,[6]合同内容涉及的土地主要用于种植水稻,因不符合土地的草原性质,有破坏环境之嫌,损害了国家利益,被认定为无效合同。

(四)认定侵权责任减免事由

此类案件中,绿色原则一般作为侵权责任减免事由。当双方的纠纷涉及资源与生态环境时,如果侵权行为符合绿色原则的规定,在没有具体侵权责任规定的情况下,可以酌情减轻侵权人的侵权责任。例如,魏某成与遂宁县关峡苗族乡花园阁村第 18 村民小组所有权确认纠纷案,[7]协议中双方互换山场,原告擅自在互换的山场中植树造林,虽然该行为客观上符合绿色原则,但被告知晓后未予以制止,因此法院判决诉争青苗补偿款由原、被告按 40%及 60%分别享有。

(五)作为违约责任依据

此类案件以绿色原则为依据,认定合同签订一方在履行过程中违反该原则,并承担违约责任。例如,赵某宝与高某强租赁合同纠纷案,[8]被告将酒店出租给原告经营,但出租人未按照环保要求提供酒店设施,致使原告因此受损。法院以违反绿色原则为由认定被告违约,并据此判决。

(六)减轻当事人诉累

绿色原则所保护的对象不仅是自然资源或者自然环境,也应当包括广义

---

[4] 最高人民法院《关于适用〈中华人民共和国合同法〉若干问题的解释(二)》第 26 条规定:合同成立以后客观情况发生了当事人在订立合同时无法预见的、非不可抗力造成的不属于商业风险的重大变化,继续履行合同对于一方当事人明显不公平或不能实现合同目的,当事人请求人民法院变更或者解除合同的,人民法院应当根据公平原则,并结合案件的实际情况确定是否变更或者解除。

[5] 该条规定:"有下列情形之一的,合同无效:(一)一方以欺诈、胁迫的手段订立合同,损害国家利益;(二)恶意串通,损害国家、集体或者第三人利益;(三)以合法形式掩盖非法目的;(四)损害社会公共利益;(五)违反法律、行政法规的强制性规定。"

[6] 参见吉林省前郭尔罗斯蒙古族自治县人民法院(2018)吉 0721 民初 5483 号民事判决书。

[7] 参见湖南省绥宁县人民法院(2017)湘 0527 民初 969 号民事判决书。

[8] 参见内蒙古自治区额尔古纳市人民法院(2018)内 0784 民初 325 号民事判决书。

上的资源,即社会资源。申言之,绿色原则所提倡的节约、环保的理念亦应该用于全社会总体资源。例如,宜昌地雅房地产开发有限公司与王某进债务转移合同纠纷案,[9]被告收购股权后,因股权转让引起债务承担而产生纠纷。被告提出考虑到难以实现债权,将该70万元与应负担债务进行抵销。判决债务抵销有利于减轻当事人诉累,减少因诉讼造成的资源浪费,符合绿色原则。

(七)认定承担民事责任的方式

原《民法总则》第179条[10]规定了承担民事责任的方式,原《侵权责任法》第15条[11]规定了承担侵权责任的方式,在具体的案例中,法院同样从节约资源、保护生态环境的角度,判决当事人履行民事责任。例如,陈某明与柞水县曹坪镇人民政府恢复原状纠纷一案,[12]被告租赁土地后没有及时清理垃圾致使土地不能耕种,法院即判决被告恢复原状,修复被损害的生态环境。

二、诊断图景:绿色原则司法适用之问题透析

将绿色原则入法是立法上的一大进步,具有极强的理论和实践意义,但是从纸面的法律落到实处,难免出现异化情况。绿色原则的适用,同样面临此种问题。

(一)"资源"和"生态环境"概念不明

从上述分析的案例来看,绿色原则中"资源"的概念仍不明确,表现为以下几个方面:其一,自然资源种类丰富,分布广泛,如果将资源理解为自然资源,那么自然资源尚无明确的界定;其二,资源是否仅指狭义上的自然资源,广义上的资源是否属于绿色原则所涵盖的内容,如人力资源、社会资源等。如果按照广义的理解,那么减轻当事人的诉累也是属于节约资源的一种表现形式。[13] 另外,我们还需要明确,有时候恢复原状并非最好的选择,节约资源还

---

[9] 参见湖北省宜昌市西陵区人民法院(2017)鄂0502民初1378号民事判决书。

[10] 该条规定:"承担民事责任的方式主要有:(一)停止侵害;(二)排除妨碍;(三)消除危险;(四)返还财产;(五)恢复原状;(六)修理、重作、更换;(七)继续履行;(八)赔偿损失;(九)支付违约金;(十)消除影响、恢复名誉;(十一)赔礼道歉。法律规定惩罚性赔偿的,依照其规定。本条规定的承担民事责任的方式,可以单独适用,也可以合并适用。"

[11] 该条规定:"承担侵权责任的方式主要有:(一)停止侵害;(二)排除妨碍;(三)消除危险;(四)返还财产;(五)恢复原状;(六)赔偿损失;(七)赔礼道歉;(八)消除影响、恢复名誉。以上承担侵权责任的方式,可以单独适用,也可以合并适用。"

[12] 参见陕西省柞水县人民法院(2018)陕1026民初303号民事判决书。

[13] 参见刘庆国:《重复诉讼的识别与规制——以〈民事诉讼法司法解释〉第247条为视角》,载《山东法官培训学院学报》2018年第2期。

需要从多方面、多角度去衡量。例如,原告邯郸市邯山区马庄乡北街社区居委会与被告邯郸市复兴区四通管道安装队建设工程合同纠纷案,[14]安装的管道基本符合当事人的要求并已投入使用,如仅为了保护原告的权利而拆除,实质上损害了公共利益,不符合绿色原则的本意。绿色原则其实是要求在限制当事人权利和维护公共利益之间寻求一个平衡点。

此外,对"生态环境"的理解也不相同。是将"生态"与"环境"分开理解,即保护生态和保护环境并存,还是"生态"是用来缩小"环境"的范围的,即保护生态环境。比如,我们生活的环境如果按第一种方式进行理解,则可以用绿色原则来规范,但用第二种方式来理解,则不属于绿色原则规范的范围。

虽然对原则概念的不同理解在学术界较为常见,如对于公序良俗的理解,就存在一般利益说和公共利益说两种看法。因此,如何理解"资源"和"生态环境"的概念,还需要以绿色环保作为核心观点,并从体系解释的角度出发,考虑个案的差异,才能真正将绿色原则融入其中,而不是泛泛而谈,实则根本无须引用。

(二)适用标准模糊

适用标准模糊主要存在以下两方面的原因:

第一,对"资源"及"生态环境"的理解未做统一,法院对绿色原则的理解参差不齐,因此适用标准不统一,甚至出现适用错误的现象,无法发挥绿色原则的真正价值,降低司法公信力。[15]

第二,未把握好绿色原则和具体规则之间的关系。作为民法的原则之一,绿色原则只有在结合具体案件时才能适用,绿色原则不仅可以增强案件的说服力,更重要的是作为裁判的依据,而非锦上添花。如无关引用中所列举的案例,绿色原则的功能单一,只是作为论证部分的"甜点",依靠我国现有的相关法律规范即可作出正确的裁判。

上述两方面原因,造成绿色原则适用标准模糊不清。此外,还有一些法院未出现适用绿色原则的判决,可能是因为此地涉及环境、资源类案件确实不多,也有可能是因为法官对绿色原则适用审慎,不敢轻易涉及。无论是哪种情况,都不利于发挥绿色原则的作用。

---

〔14〕 参见河北省邯郸市邯山区人民法院(2017)冀0402民初324号民事判决书。

〔15〕 参见樊勇:《私人自治的绿色边界——〈民法总则〉第9条的理解与落实》,载《华东政法大学学报》2019年第2期。

(三)适用方式不当

首先,绿色原则在发挥宣示性作用时,仅仅是无关宏旨似的套用,没有发挥实质性的作用。没有坚持在适用法律原则时所应恪守的前提和依据。无关引用这种方式是绿色原则在实际案例中适用较多的一种方式,然而从法理的角度分析,这种适用方式对于绿色原则来说没有必要。

其次,绿色原则的责任承担方式应具有弹性,不能忽视个案的差异,进而一概适用或不适用。具体而言,应分情况看待。例如,恢复原状型的适用方式,绿色原则出台后,法院会从是否具有履行可能性、价值衡量、资源和生态环境等角度综合判断当事人恢复原状的诉请。一般情况下,原告的诉请合法合理,且具有恢复可能性时,法院应当判决被告恢复原状。但是对虽具有恢复履行可能性但实属没有必要恢复原状的,应驳回恢复原状的诉请。如刘某1、刘某廷与被告刘某2、刘某江,第三人刘某芬恢复原状纠纷案〔16〕,案涉房屋被认定为危房,虽然理论上具有恢复的可能性,但是没有恢复的价值,且从社会利益或公共利益的角度出发,将有限的资源利用到恢复危房上,实属浪费社会资源。

最后,绿色原则适用一般化、普遍化。这类问题多数集中在没有穷尽法律规则,直接援引绿色原则断案。例如,郝某某与潘某某财产损害赔偿纠纷案〔17〕,原告去世丈夫的墓地位于被告潘某某儿子耕种管理的土地上,坟墓于1961年建立。2015年10月1日,原告方为该坟墓修建长约20米的围墙,2017年4月被告将该围墙拆除。法院认为原告未经许可,擅自搭建范围过大的坟墓围墙,与绿色原则相悖。此时直接适用绿色原则驳回原告的诉请,说理显得过于单薄,且法律依据不充分。若仅凭借绿色原则就进行裁判,这无疑是对绿色原则价值的极大破坏。

(四)法律强制力不足

绿色原则能否在实践中体现价值,发挥重要功能,其本身具备的惩戒效果十分重要。刑法在我国部门法中惩戒力度最强,违反刑法的行为,会受到法律的否定评价,多数直接是对人身自由的限制,故刑法在人们的生活中起到的规范性作用最强。绿色原则属于民法的原则之一,是私法领域,必不可能有刑法那般强制力,但在私法领域,不同原则之间所具有的法律强制力也不相同。例如,诚实信用原则,虽然同绿色原则一样属于民法的原则之一,且未规定相关

〔16〕　参见北京市延庆区人民法院(2018)京0119民初5651号民事判决书。
〔17〕　参见山东省栖霞市人民法院(2017)鲁0686民初1873号民事判决书。

的法律后果,但是经过漫长的发展,已经与其他法律规则形成了一套完整"要件—后果"法律规范,成为民法中的"帝王条款"。与之相比较而言,绿色原则的适用时间不长,范围狭窄,案例也难言丰富,甚至多数案例还存在争议,故绿色原则所具备的法律强制力就不足。另外,绿色原则对当事人的限制不多,在实践中更多类似于补充说明或者价值观的指导,多为论证说明时使用,发挥的更多是旗帜性的功效,由此限制了绿色原则功能的发挥。

(五)适用范围有限

结合案例,绿色原则的适用多集中于合同纠纷,如买卖、租赁合同等,较少适用于物权领域以及侵权纠纷,总体而言,绿色原则适用的范围有限。首先,在物权领域适用不够充分,一是在物权领域的相关案例相对较少,二是多集中于相邻权纠纷及恢复原状纠纷,案由较为单一。其次,在合同领域,虽然案例较多,但经过前文分析可知,合同领域也未完全诠释绿色原则的价值。最后,民法涉及领域较多,绿色原则在民事立法、司法、执法等方面都具有其独特的价值,仅从司法上分析,绿色原则的适用具有相当大的局限性。

此外,绿色原则制定的初衷似乎发生了偏移。绿色原则刚出台时,多数人认为此原则主要解决环境、资源方面的问题,但出人意料的是,搜集到的案例中涉及环境问题的较少,仅仅是一些小型环境污染等问题,对一些大型环境问题,绿色原则尚未给出回应。主要原因在于:一方面,由于原则出台时间较短,大型环境问题普遍案情复杂、证据较多,并且审理时间长;另一方面,部分法官对绿色原则的适用仍存观望态度。

三、未来图景:绿色原则的司法适用之完善

绿色原则能否发挥其价值,需要多方面的努力,既需要从顶层设计入手,在民事立法中继续强化落实绿色原则的规定,也需要发挥司法能动性,在案件的审理中注重绿色原则的落实。

(一)规范绿色原则的适用

从司法层面来规范绿色原则的适用,包括是否适用、何种条件下适用以及怎样适用。绿色原则与其他民法原则相比,不足之处在于没有明确的法律后果,而这恰巧是民法典的核心问题。[18] 解决该问题最直接的途径是在《民法典》中细化相关的法律条文,对违反原则的法律后果进行明确的规定。但要注

〔18〕 参见李永军主编:《中华人民共和国民法总则精释与适用》,中国民主法制出版社 2017 年版,第 23 页。

意的是,绿色条文不可能也不应当涉及所有的领域和范围,主要还是需要结合绿色原则本身进行适用。

绿色原则作为我国民法的原则之一,应严格约束其适用。首先,穷尽法律规则,方可适用法律原则。〔19〕这是所有原则必须遵守的共同准则之一,绿色原则亦不能例外。根据该准则,只有规则运行出现阻塞、不畅甚至不公的情况时,才可以适用绿色原则。比如,传统停车位安装充电桩的问题中,法律尚无关于充电桩的相关规定,此时可以依据绿色原则作出裁判。绿色原则毕竟是民法的原则之一,不宜越过法律规范而直接适用到具体的个案之中。

其次,在适用具体法律规则的场合,除非造成极端个案的情况,否则绿色原则不能抛开法律规范而直接适用。我们必须充分认识到绿色原则在司法裁判中所展示的利益衡量和价值判断,而上述的判断不能离开个案而进行孤立的探讨,必须结合案情以及日常生活经验去判断。在有相关法律规则时,需要直接适用该具体规则。但法律条文通常是日常生活经验的总结与归纳,具有滞后性,〔20〕在无具体规则规范相关法律行为时,绿色原则须经过多方的利益衡量与价值判断后方可适用。

最后,避免绿色原则适用一般化、普遍化。原则的适用需要在判决书中进行充分的说理论证,在对原则解释、事实概括的前提下说明裁判结果的合理性,因此应强调论证的必要性。在司法裁判中,适用绿色原则要受到严格的制约,不能任由法官随意引用绿色原则,进而导致原则条款一般化、普遍化,影响绿色原则法律价值的实现。

此外,还应当在司法实践过程中强化绿色原则的执行力度,不仅发挥其作为法律原则的指导性作用,更应充分发挥绿色原则的其他功能。在具体的法律适用中加强绿色原则的执行、落实力度,结合个案情况进行量化、细化,强化绿色原则的法律强制力,确保将“节约资源”“保护生态环境”的理念落实到司法实践中。

(二)绿色原则适用标准具体化考量

若要使绿色原则在司法实践中得到有效运用,则需要完善该原则在司法实践中的适用标准。具体而言,需要有关部门对其内容进行具体化考量。考量时应覆盖全国各地的实际情况,同时考虑我国现阶段的经济发展、各地发展水平的差异等方面,同时允许规定在原则的范围内进行地方化的改造,以适应

---

〔19〕 参见李鑫:《论法律原则的适用条件》,载《法律方法》2013年第1期。

〔20〕 参见郭少飞:《论习惯在民事裁判中的运用》,载《法律方法》2020年第1期。

不同情况。通过案例类型化分析可以对绿色原则适用情况进行整理,分析适用的标准,从而实现判断标准的具体化、客观化,使法官在适用时能够客观、公正。具体化考量的方法,笔者认为可以从如下考虑:

首先,将涉及绿色原则的案例进行收集归类,并确定其适用范围。绿色原则作为民法的基本原则之一,主要适用于民商事活动及领域,考量绿色原则适用的具体标准,应搜集、整理由全国各地法院适用绿色原则进行裁判的案例。同时,为最大范围地收集案例及相关的诉讼材料,可以与主审法官对案情适用绿色原则裁判的考量进行探讨。

其次,根据裁判意见进行分析、归类,整理出绿色原则适用标准的规范依据。不同的案件类型有不同的标准,涉及绿色原则的案例可以依据不同的区分标准制定不同的适用标准,如以适用的方式、适用的领域、适用的功能等标准区分。本文是以绿色原则发挥功能的方式进行的分类,从划分出的类型来看,绿色原则的适用并不全面,少数领域的适用还较为集中、案例丰富。但是其他较少适用的领域,却难以进行更加深入的分析。法院应当从实用的角度出发,结合现有裁判意见,在未来可预期的范围内,就绿色原则的适用出台规范标准,以便法院在裁判中有客观的依据。

再次,应广泛征求意见。制定的标准在总结实践的情况下,是否符合民法学界的要求?这就需要广泛征求法学专家、学者的意见,充分吸纳。因此,应将绿色原则适用标准向社会公布,尤其听取、汇总从事实务的法官及相关领域学术专家的意见,根据汇总的意见进行整合,完善适用标准。律师是当事人在诉讼案件中的代理人,是民事诉讼的参与主体,律师的建议可以有效直击审判中的痛点,提出切实可行的完善意见,因此律师的观点有不可忽视的实践价值,[21]故同样应征求律师的意见。另外,还应当广泛征求人大代表、人民群众的意见,真正做到从多个主体、多个角度、理论和实践两个层面完善适用标准,指导实践。

最后,确定适用绿色原则裁判的指导意见,并适时公布。通过上述实践总结、理论探讨、意见征求等途径,将绿色原则的适用标准具体化、客观化,并上升为指导意见,公布适用。此外,还应当根据实际裁判的情况发布适用绿色原则的指导案例。通过上述方式进行归纳并对绿色原则适用的体系进行具体化,确保其适用过程的顺利进行,并能不断反馈信息,适时进行修正。

---

〔21〕 参见白洁、殷季峰:《当事人主义与职权主义结合的诉讼模式——试评我国的民事审判方式改革》,载《新疆大学学报(哲学社会科学版)》2003 年第 3 期。

(三)加强绿色原则说理论证

说明裁判理由是裁判的应有之义,具有独立的程序意义和实体价值。绿色原则的模糊性、抽象性以及所涉及的价值判断的主观性,均决定了在判决的说理部分对其适用应进行充分的论证。

整个阐述的过程,需要在深刻理解绿色原则内涵及其外延的前提下,通过逻辑分析透彻,并落实到判决中。此外,还要同时对可行性方法提出建议,这对法官在实务经验及学术理论上提出了较高的要求,也需要从实践中寻求智慧,发掘更多的相关案例以发挥指导性作用,尤其在将绿色原则用于填补法律漏洞时。〔22〕

例如,刘某诉上海市静安区怡景苑业主大会、上海市静安区怡景苑业主委员会业主撤销权纠纷案,法官在论证中能清晰、准确地界定绿色原则的适用标准,并以绿色原则为出发点,从小区公共利益、其他居民利益等多方面评价充电桩这类新兴事物,为安装充电装置的合理性及合法性提供支撑。〔23〕绿色原则至今没有明确的行为模式和法律结果,对其适用必须以充分的说理论证为基础,以此来呈现绿色原则的适用过程,这一方面可以限制法官的自由心证,避免价值判断的恣意,另一方面也可以通过说理论证,强化当事人的陈述与辩论,不断明确绿色原则适用的可行性及必要性,赋予审判结果公平与正义,增强判决的可接受程度。

加强绿色原则在判决中的说理论证,才能真正发挥绿色原则的法律价值。虽然没有一个绝对的标准来规范、衡量绿色原则说理论证的过程,但可以通过这种范式来对法官进行轮廓式的指引,由法官在适用绿色原则时进行利益衡量和价值选择。此时,法官根据案情所做出的说理论证具有说服力和正当性,能够被当事人接受,并充分展示绿色原则的价值。

四、结语

如何让我们的《民法典》成为21世纪真正的绿色民法典,还有很漫长的道路需要走,还有很多的问题需要解决,绿色原则带给我们的思考还远远没有停止。笔者希望通过对涉及绿色原则判例的梳理、分析进而得出的建议,能对司法实践中绿色原则的适用有所裨益。也希望有关绿色原则的讨论越来越多,从节约资源、保护环境的角度出发,为我国经济社会可持续发展、生态化建设做出贡献。

---

〔22〕参见李秀芬:《法律漏洞的特征与填补路径》,载《华东政法大学学报》2019年第6期。

〔23〕参见上海市静安区人民法院(2018)沪0106民初3616号民事判决书。

《环境资源法论丛》
第13卷，第243~254页

论《民法典》中的生态环境损害责任条款

程飞鸿*

摘　要　《民法典》囊括生态环境损害责任条款的原因可以从目的和体系两方面切入。在目的上，生态环境损害责任条款旨在救济生态环境显著受损时的整体环境权。在体系上，该条款应被视作"环境污染和生态破坏责任"章节的特殊条款，以及对绿色原则的功能性补足。生态环境损害责任条款作为连接生态文明建设和《民法典》的重要节点，其适用过程值得省思。首先，该条款扩张了赔偿权利主体，预示生态环境损害赔偿诉讼与环境公益诉讼的合一趋势。其次，该条款规定了生态环境能够被修复时的修复方式，其中难题在于侵权人能否承担相关的生态修复费用。而当生态环境无法完全修复或无法修复时，应参照其他法律，适用替代修复。最后，虽然生态环境损害责任条款明确规定了赔偿范围，但司法实践的认定过于宽松，导致赔偿金数额居高不下，兼顾环境保护与社会民生已经成为紧要议题。

关键词　民法典　生态环境损害责任条款　环境权　绿色原则　法律适用

一、问题的提出

生态环境损害责任条款位于《民法典》"环境污染和生态破坏责任"章节的

---

* 程飞鸿，复旦大学法学院博士研究生。

第1234条和第1235条。与《民法典》其他部分的体例类似,该章节第1条,即《民法典》第1229条,也是一般性条款,其规定:"因污染环境、破坏生态造成他人损害的,侵权人应当承担侵权责任。"这一条款虽发端于原《侵权责任法》第65条,但不同的是,其中不仅增设了"破坏生态"这一行为要件,还将结果要件由"造成损害"变成"造成他人损害"。原《侵权责任法》的措辞表明,生态环境损害责任是一种独特的损害责任,是私益损害责任的一种,可以为侵权责任法所调整。《民法典》并未沿用侵权责任法之规定,立法者的意图是将生态环境损害责任从私益损害责任中区分开来,独立为一种公益损害责任。

导致立法嬗变的原因,盖因立法者已经认识到"对生态环境本身的损害"和"对民事主体的人身、财产损害"之间的巨大差异,并接受了学界有关"应当对破坏生态环境造成的社会公共利益、国家利益损害责任和造成民事主体人身、财产损害责任进行分别规定"的建议。[1] 问题在于,《民法典》中存在以保护公益为主的生态环境损害责任条款是否恰当?这一立法安排又是否会扰乱"环境污染和生态破坏"章节的逻辑,并继而影响相关条款的适用?本文将从上述问题出发,以目的论和体系论为切入视角,试图对前述问题作出解释。在此基础上,反思实践中生态环境损害责任条款可能存在的适用问题,以求教于同仁。

二、从目的出发:生态环境损害责任条款的存在基础

(一)对民法中环境权的救济

虽然《民法典》未曾言及侵权责任编的立法目的,但原《侵权责任法》第1条对此作了规定:"为保护民事主体的合法权益,明确侵权责任,预防并制裁侵权行为,促进社会和谐稳定,制定本法。"这一立法目的对解决生态环境损害问题有巨大的影响。

环境法学界的主流观点认为,生态环境损害的权源属于环境权。早期的学说对环境权未做公益和私益之细分,学者们只是粗浅地认为环境权和财产权、人身权等具备同等法律地位,均可为侵权责任法所救济。[2] 但随着环境法理论的发展,反思和质疑环境权"粗放式"类型化的声音甚嚣尘上。在这种浪潮裹挟下,我国环境法学者修正了环境权理论,并逐步吸收国外环境权的研究成果,将环境权分为公法上的权利和私法上的权利。环境权的公法研究侧

---

〔1〕 参见全国人民代表大会宪法和法律委员会关于《民法典侵权责任编(草案)》修改情况的汇报。
〔2〕 参见陈泉生:《环境侵害及其救济》,载《中国社会科学》1992年第4期。

重于环境权入宪,此处略去不表。私法研究致力于私法制度的变革和发展,其中很重要的一方面即环境权在民法体系中应当如何表达。

一种代表性观点将民法中的环境权类型化为环境人格权、环境公共地役权和环境获益权。[3] 首先,环境人格权是以环境资源为媒介、以环境资源的生态价值和美学价值为基础的身心健康权,包括阳光权、清洁空气权、清洁水权、环境安宁权、眺望权和自然景观权等。[4] 人格权编虽未明确创设环境人格权,但《民法典》第990条第2款为环境人格权保留了规范接口。环境安宁权、眺望权等现代环境权益属于"人格利益"的语义射程,因此环境人格权可以被涵盖到一般人格权当中。[5] 其次,环境公共地役权是对环境资源的一种积极利用行为,包括进入森林、草原、河流、湖泊、海洋、公园等场所的权利。需要指出的是,环境公共地役权并不以需役地的存在为前提,属于属人地役权,从而区别于属地地役权。最后,环境获益权与一般的地役权不同,它表现为进入某个场所并且取走某些物品的权利。《民法典》用益物权编第324条、第326条和第327条等条款皆体现了环境获益权。

环境权在民法中的展开为生态环境损害责任条款提供了权利基础。但值得追问的是,生态环境损害究竟侵害了民法中的哪一种或几种环境权?

我国的生态环境损害概念继受自法国法,认为生态环境损害是环境本身遭受的损害。《生态环境损害赔偿制度改革方案》就将生态环境损害限定为"因污染环境、破坏生态造成大气、地表水、地下水、土壤、森林等环境要素和植物、动物、微生物等生物要素的不利改变,以及上述要素构成的生态系统功能退化"。由此看来,生态环境损害似是仅仅侵害了环境获益权。但《民法典》第1235条规定,生态环境损害赔偿范围包括"生态环境受到损害至修复完成期间服务功能丧失导致的费用"。所谓生态系统服务功能是指人类从生态系统中获得的效益,包括供给功能、调节功能、文化功能以及支持功能等。因此,从第1235条及其他技术规范的内容看,主张生态环境损害仅仅侵害了环境获益权的结论有失偏颇。环境人格权和环境公共地役权亦可被吸收到被生态环境损害侵害的环境权的范畴当中。

---

[3] 参见吴卫星:《环境权的中国生成及其在民法典中的展开》,载《中国地质大学学报(社会科学版)》2018年第6期。

[4] 参见吕忠梅:《沟通与协调之途——论公民环境权的民法保护》,中国人民大学出版社2005年版,第243~245页。

[5] 参见黄锡生:《民法典时代环境权的解释路径——兼论绿色原则的民法功能》,载《现代法学》2020年第4期。

(二)"质"和"量":解析生态环境损害责任条款中的环境权

单纯认为生态环境损害责任条款的目的是救济民法中环境权,并不周延。因为"环境污染和生态破坏责任"章节中的其他条款也可视作对公民环境权的救济,生态环境损害责任条款与本章其他条款的区别在哪?两类条款所欲救济的环境权又有何不同?这些问题都有待进一步解答。

回答前述问题的关键,在于从"质"和"量"两个维度解析生态环境损害。所谓"质"是指生态环境损害并非对单一环境要素的损害,而是对作为整体的生态环境系统的不利改变。这一视角衍生出另一重含义,即环境污染或生态破坏行为侵害的是整个社会共享的环境公益。[6] 而"量"的判断立足于对"基线"的确定。生态系统具有一定的容纳能力和自我修复能力,如果环境污染或生态破坏行为没有超过生态系统的容纳或自我修复阈值,则不需要人为干预即可自行恢复。所以对环境的不利改变甚微,或者损害无法以现有的科技认知水平进行评估,则不能认定为生态环境损害。在司法实践中,没有造成生态环境显著受损的,人民法院一般不会作出承担修复责任的判决。[7]

由"质"和"量"的认识视角,我们可以得出以下两个结论:

第一,生态环境损害责任条款救济的是整体环境权,而非个人环境权。有学者不赞同这种将环境权分割的观点,认为"如同遮阳伞是其下乘凉的人们的共同利益,这种共同利益并不是每个人从遮阳伞上扯一块伞布"。[8] 该观点看似强调了环境权的整体性和社会性,但却忽略了环境权特有的另一种属性——人身附随性。环境权依托权利人存在,是为权利人享受良好环境而设立的权利。环境权既不能转让,也不能继承。权利人只要进入一定区域,就自然获得有关环境权,离开该区域,有关环境权便相对消灭。权利人死亡的,环境权绝对消灭。这一属性说明环境权不仅可以整合为整个社会之公益,更是依附于具体个人和一定区域之上的权利。[9] 因而,环境权可以被分割成逐个个体的环境权。生态环境责任条款关注整体的生态环境损害的不利改变,自然是对整体环境权的救济。

那么,环境侵权条款(《民法典》第1229~1233条)救济的就是个人环境权吗?文义解释可做此理解,但按立法解释则会得出相反意见。由原《侵权责任

〔6〕 参见吕忠梅、窦海阳:《修复生态环境责任的实证解析》,载《法学研究》2017年第3期。
〔7〕 参见江苏省无锡市滨湖区人民法院(2012)锡滨环民初字第0002号民事判决书。
〔8〕 徐祥民:《环境权论——人权发展历史分期的视角》,载《中国社会科学》2004年第4期。
〔9〕 参见杨朝霞:《论环境权的性质》,载《中国法学》2020年第2期。

法》第65条向《民法典》第1229条的演进，显示了立法者意欲区分生态环境损害责任和私益损害责任的意图。不仅如此，如果环境侵权条款采用"救济个人环境权"的主张，对司法实践亦会形成不少困扰。个人环境权因个人的主观感受而各异，例如，某小区顶楼的居民觉得楼下假山是一道景观，但楼下的居民可能觉得这是影响视野或光照的障碍物，要求予以拆除。因此在司法实践中，人民法院一般只是将生态环境损害和个人私益损害进行区分。[10] 所以，应当认为《民法典》中的环境侵权条款救济的是在环境污染和生态破坏下受损的个人私益。

第二，适用生态环境责任条款的条件并非当损害发生时，而是当生态环境显著受损时。一般的环境民事侵权遵循"有损害就有救济"的原则，被侵权人的个人私益受到侵害即可请求损害赔偿。但生态环境损害必须达到生态环境显著受损的标准。例如，某渔业养殖户养殖的数十条鱼因环境污染致死，此时该养殖户的私益即受到侵害，可以请求侵权损害赔偿。但由于污染量低于标准，或者虽然超过标准但可以被生态系统容纳或自净，国家规定的机关或者法律规定的组织并不能依法提起生态环境损害赔偿。[11]

（三）小结

生态环境损害责任条款维护的是整体环境权，可以将其与公共利益画等号。在《民法典》的立法过程中，一些学者提出："生态环境本身不是一项民事权益，生态环境并不为某个特定的民事主体所单独享有。直接保护生态环境，与侵权责任法的部门法性质难以兼容。"[12] 这一观点承继自公私法分野。但随着民法和环境法理论的演进，两种学科已经达成了一种共识，即民法需要维护公共利益，而环境治理也亟待克服单一公法或私法救济的缺陷。

对民法体系而言，维护公共利益是与权利自由行使并列的基本原则。原因在于：其一，维护公共利益是权利社会化的历史回应。传统社会奉行意思自治，权利的行使只要不侵犯他人权利即可。但在权利社会化与权利相对化的思潮出现后，权利不仅具有私人属性，还兼具公共性质。其二，维护公共利益是共同体关系的要求。现代社会的科技进步促使人与人之间的交往日益密切，并由于共同文化、伦理和价值观而形成共同体。因为共同体关系的广泛存在，民事权利不宜仅通过传统民法上简单的相对性关系或者绝对性之物权关

[10] 参见福建省南平市中级人民法院（2015）南民初字第38号民事判决书。

[11] 参见贵州省遵义市中级人民法院（2019）黔03民终6159号民事判决书。

[12] 张新宝：《侵权责任编起草的主要问题探讨》，载《中国法律评论》2019年第1期。

系加以阐释。〔13〕

而在生态环境损害赔偿中,单纯的公法或私法救济都有较大的局限。如果仅仅依赖公法救济,地方政府部门之间的利益合谋、环境行政措施的合法性受质疑等问题会扑面而来。反观私法救济,则过于强调当事人的意思自治,容易让环境公共利益旁落。由此可见,私法救济也难言周全。

因此,从目的上来说,《民法典》设置生态环境损害责任条款并无不当,是适应生态文明建设和民法体系发展潮流的应有之义。

三、以体系切入:生态环境损害责任条款的存在价值

虽然《民法典》在目的上确有设置生态环境损害责任条款之必要,但如何从整个《民法典》的体系中理解生态环境损害责任条款?生态环境责任条款是否会与《民法典》存在结构性的矛盾?这些问题关乎法律的正确适用,本部分将对上述问题予以重点讨论。

(一)定位:作为特殊条款的生态环境损害责任条款

在编撰体例的定位上,应当认为生态损害责任条款是"环境污染和生态破坏责任"章节的特殊条款。原因有二:

第一,明确公法与私法的界限所需。虽然前文已言及公私法之间确有协动的必要,但如此并不意味着两者可以随意交互,甚至无界限之分。公私法的协动应当是有主次顺序的,进而相互配合。两者间的差异不仅体现在被调整主体平等与否,更在于其实质。"关于公法私法的特殊性,或以公法关系为权力服从的关系,为国家站于权力者的地位去对付服从者的关系,而主张公法关系在这点和对等者相互间的私法关系不同性质;或以公法关系为以公益为主张目的的关系,而主要其在此点与以私益为主要目的的私法关系目的各异。"〔14〕可见,公法与私法本身就是两种不同的事物,它们从调整对象、规范构成、调控技术,甚至在法律效力等方面都差异甚著。因此,保持两者的界限十分必要。

"环境污染和生态破坏责任"章节尤是如此。环境侵权责任条款维护个人私益,属于私法范畴;生态环境损害责任条款维护公共利益,属于公法范畴,公私法的界限本应明晰。问题在于,我国以环境民事公益诉讼和生态环境损害赔偿诉讼为核心发展出了一套以私法为主导的生态损害救济体系。该体系虽

---

〔13〕 参见丁南:《中国民法典与社会本位》,载《政法论丛》2020年第4期。

〔14〕 [日]美浓部达吉:《公法与私法》,黄冯明译,中国政法大学出版社2003年版,第105页。

然对环境保护和法治发展具有重要意义，但是通过以解决私益纠纷为基础建立的侵权法来救济指向公益损失的生态损害，在损害本身的可赔偿性、损害评估、救济方式以及求偿主体的确定等方面都存在重大障碍。这也是理论界和实务界多有微词的原因所在。将生态环境损害责任条款视作"环境污染和生态破坏责任"章节的特殊条款，虽不能解决前述所有问题，但至少明确环境责任应当做公私法的区分，从而为后续的重构或者改良定下基调。

第二，避免《民法典》的体系混乱。这一原因与明确公私法的界限系一脉相承。在《民法典》的立法过程中，是否设置生态环境损害责任条款一直争议较大。将生态环境损害责任条款视作"环境污染和生态破坏责任"的特殊条款，是双方都可接受的折中方案。这一方式尽可能地保持了民法体系的有序性，将维护公共利益的目的限缩在两个特别条款中，可减少因将生态环境损害责任纳入《民法典》的调整范围所导致的公法、私法体系混乱的负面影响。

（二）意义：对《民法典》绿色原则的功能性补足

将生态环境损害责任条款视作"环境污染与生态破坏责任"章节的特殊条款，是纯粹的立法技术视角。在立法功能的实现上，生态环境损害责任条款需要与《民法典》的核心内容保持一致。这是维持《民法典》体系的必然要求。

作为《民法典》中的基本原则之一，绿色原则体现了民法精神的核心内容，在物权编、合同编以及侵权责任编等部分的条款中都有所体现。不同的是，只有侵权责任编中的绿色条款存在授权性规则，而物权编、合同编等部分的绿色条款均是义务性规则，多采用"不得"或者"应当"等处理词汇。例如，所有权编第 294 条规定："不动产权利人不得违反国家规定弃置固体废物，排放大气污染物、水污染物、土壤污染物、噪声、光辐射、电磁辐射等有害物质。"凡此种种，不一而足。

但是，单纯依赖义务性规则并不足以完成对绿色原则本质的表达。有学者认为，仅依赖义务性规则来表达法律规则会造成规则的不确定性、无效性和静止性等问题。〔15〕不过在现代社会，凭借技术性文本和权威性官员的答疑释难以及环境司法机关的定分止争，绿色原则是否会出现不确定或无效的现象值得商榷。真正的"阿喀琉斯之踵"在于绿色原则的静止。哈特即主张，"在这样的社会中，无论是取消旧规则或引进新规则，将不存在任何为适应变动中之环境而刻意变更规则的方法"，一种极端的情形是，在特定个案中由规则所产

---

〔15〕 参见喻中：《哈特的"授权规则"及其本体意义——兼评中国学者对"授权规则"的误读》，载《北京行政学院学报》2004 年第 4 期。

生的义务,亦不能通过任何个人的刻意选择而加以变动或修正。每个人将只拥有固定的义务或责任去做或不做某事。〔16〕例如,如果未来的房屋采用一种对噪声和电磁辐射有强烈阻隔效果的材料为建筑主材料,不动产权利人已无不得排放噪声和电磁辐射之必要。可无论不动产权利人还是其相对人,均不能通过个人选择而变动规则。因为每个人都只有接受规则的义务,而无更改规则的权利。如果社会关系没有发生变更,立法者自然就没有更改规则之动力和必要。实践的变动与规则的相对停滞,显然是绿色原则在表达过程中所不可承受的。

不仅如此,绿色原则并非民法所固有和最持久稳定的价值内核,而是源自民法之外,是民法"证明自己相对地反映了时代的无止境要求"的产物。〔17〕这种异质性使绿色原则与其他一些民法基本原则并非完美适配。有学者即认为,绿色原则与公序良俗原则相重复,只有一种道德指引作用,缺乏法律适用价值和实际意义。〔18〕绿色原则需要和民法的其他基本原则有充足的可调适空间,以求达到内部的和谐,但义务性规则并没有这种功能。

因此,为了补足绿色原则的功能,有必要增设授权性规则。授权性规则的作用是赋予人们一定的权利去构筑或变更、终止其他法律地位或法律关系,为人们的自主行为和良性互动提供行为模式。〔19〕生态环境损害责任条款作为授权性规则即是典型。以《民法典》第1235条为例,国家规定的机关或者法律规定的组织有权提起五类损失和费用。在司法实践中,生态环境损害赔偿金通常对污染企业是一笔巨款,此时赔偿权利主体(尤其是国家规定的机关)可以酌情对部分款项不予索赔,以保证企业能够良性发展。虽然最终的赔偿数额仍是由人民法院裁判决定,但授权性规则至少提供给权利主体自主选择的权利,而不是简单粗暴地行使索赔权。当权利主体可以相对自主地贯彻绿色原则时,绿色原则的变动和调适有了契机。

四、对实践回应:生态环境损害责任条款的适用省思

从目的论和体系论的视角,我们得以厘清《民法典》囊括生态环境损害责任条款的原因,但在这个问题上我们仍可以走得更远。法律的生命力在于实

---

〔16〕[英]哈特:《法律的概念》(第3版),许家馨、李冠宜译,法律出版社2018年版,第93页。

〔17〕参见[德]拉德布鲁赫:《法学导论》,米健、朱林译,中国大百科全书出版社1997年版,第71页。

〔18〕参见尹田:《民法基本原则与调整对象立法研究》,载《法学家》2016年第5期。

〔19〕参见张文显主编:《法理学》(第5版),北京大学出版社2018年版,第117页。

施,生态环境损害责任条款作为连接生态文明建设和《民法典》的重要节点,其在适用过程中出现的任何问题都会同时影响两者。所以,省思生态环境损害责任条款的适用,不仅关乎生态环境的保护,还是衡量《民法典》成效和贡献的重要依据。

(一)省思其一:生态环境损害责任条款主体变动的原因

生态环境损害责任条款将赔偿权利主体限定为国家规定的机关或者法律规定的组织,这一规定与最高人民法院《关于审理生态环境损害赔偿案件的若干规定(试行)》(以下简称《若干规定》)并不相同。问题在于:其一,本就肩负环境监管职责的地方政府和环保部门提起生态环境损害赔偿诉讼,既是"运动员"又是"裁判员",存在懈怠行使行政权、损害行政权与司法权之间权力平衡的嫌疑;其二,地方政府和行政机关极易达成利益合谋,看似面临诉与不诉的两难困境,实则跌入消极起诉的陷阱。[20] 地方政府和环保部门提起生态环境损害赔偿诉讼既没有十足的正当性,又缺乏强烈的意愿,这些因素直接导致案件数量的低迷。[21] 因此,提高案件的数量成为生态环境损害责任条款变动赔偿权利主体的显见原因。虽然生态环境损害责任条款并未指明所谓国家规定的机关或者法律规定的组织究竟为何,但从体系解释的角度,应当认为"国家规定的机关"不仅包括行政机关,还包括检察机关,而"法律规定的组织"是指符合法定条件的社会组织。

赔偿权利主体得以变动的基础,是环境公益诉讼和生态环境损害赔偿诉讼之间本就不甚明晰的界限。其表现为以下几个方面:第一,救济利益混淆难辨。有学者试图用国益诉讼和公益诉讼区分生态环境损害赔偿诉讼和环境公益诉讼。[22] 理论上,这种做法确实可行。若为国家利益受损,政府自然是受偿对象;若为社会公共利益受损,不特定多数人难以直接受偿,因此由检察机关或符合法定要求的社会组织代为提起诉讼。然而,这种理想的类型化在实践中阻力很大。因为侵害生态环境的行为往往会同时侵犯国家利益和环境公

〔20〕 参见张梓太、程飞鸿:《我们需要什么样的生态环境问责制度?——兼议生态环境损害赔偿中地方政府的两难困境》,载《河北法学》2020 年第 4 期。

〔21〕 截至 2019 年 5 月,各级法院共受理省级、市地级人民政府提起的生态环境损害赔偿案件 30 件。参见孙莹:《最高法发新规首次将"修复生态环境"作为生态环境损害赔偿责任方式》,载央广网,http://china.cnr.cn/gdgg/20190606/t20190606_524640820.shtml,2020 年 9 月 5 日访问。

〔22〕 参见吕忠梅 2018 年 3 月 24 日在"2018 年度中国环境资源法治高端论坛会议"所作的题为"生态损害赔偿诉讼中的问题与对策"的发言。

共利益,两种利益很难完全剥离。第二,诉讼目的如出一辙。从诉讼目的来说,环境公益诉讼针对已经损害社会公共利益或者具有损害社会公共利益重大风险的污染环境、破坏生态的行为展开,而生态环境损害赔偿诉讼针对的是导致环境公益实际发生重大损害的污染环境和生态破坏行为。两者都侧重于对生态环境的恢复和赔偿,其区别仅是对风险的侧重不同。第三,责任方式大同小异。两者的差异,在于环境公益诉讼的责任方式包括恢复原状,而生态环境损害赔偿以修复生态环境代之。但是,对生态环境的修复不是单纯恢复环境要素的原有状态,而是旨在恢复生态系统功能。这就超出了恢复原状的意蕴。因此,将恢复原状从侵权责任法套用至环境案件中并不妥当,法院在实践中也很少采用恢复原状的责任方式。[23]

两种诉讼制度的高度近似使赔偿权利主体的变动得以可行,但也引发了一个更为深远的议题:生态环境损害赔偿制度是否可以被环境公益诉讼制度替代?或者说,生态环境损害赔偿制度是否确有必要?有学者就认为,“生态环境损害赔偿几乎成为环境公益诉讼的标配,环境公益诉讼几乎成为生态环境损害赔偿诉讼的同义语”[24]。在此意义上,与其说两种诉讼制度的衔接是达成环境法律体系密切协作、有机配合的要求,毋宁说也有节约司法资源,提升司法效率的意味。长远地看,生态环境损害赔偿制度和环境公益诉讼制度合二为一是利大于弊的。虽然当下的生态环境整体局势仍不乐观,两种制度并存可以最大限度地实现对生态环境的保护,但随着未来环境的好转,两个“孪生兄弟”只能造成对司法资源的浪费,并无同时存在的必要。保留适用范围更广的环境公益诉讼足以完成保护生态环境的目标。

(二)省思其二:生态环境损害修复的情形与方式

当生态环境面临损害时,存在能够被修复、无法完全修复以及无法修复等情形。法律法规通常将生态环境能够被修复视作一种独立的类型,而后两者则被归于另一类。

《民法典》第1234条针对生态环境能够被修复的情形进行了规定,即“违反国家规定造成生态环境损害,生态环境能够修复的,国家规定的机关或者法律规定的组织有权请求侵权人在合理期限内承担修复责任。侵权人在期限内未修复的,国家规定的机关或者法律规定的组织可以自行或者委托他人进行

---

[23] 参见李宁:《环境司法领域恢复原状适用的现实困境与制度重构——以中国裁判文书网216份判决书为研究对象》,载《法律适用》2020年第2期。

[24] 巩固:《环境民事公益诉讼性质定位省思》,载《法学研究》2019年第3期。

修复,所需费用由侵权人负担”。但是大量的司法实践证明,生态环境修复工作具有高度的专业性,往往由第三方专业机构进行修复,侵权人仅承担相关的生态修复费用。所以,在生态环境能够被修复时,执法机关通常面临的不是生态环境损害能否被修复好,而是侵权人能否承担相关的生态修复费用。

侵权人对生态修复费用一般持消极态度,其中的原因有二:首先,生态修复费用数额一般较高。动辄百万的生态修复费用早已成常态,甚至上亿元的生态修复费用也不足为奇。但对侵权主体而言,这笔费用实在过于高昂。其次,侵权人会承担多种类型的责任,要求其再缴纳生态修复费用,抵触情绪很大。在“重庆市人民检察院第三分院与刘某某环境纠纷一案”中,被告不仅构成污染环境罪的共犯,还需要共同承担侵权责任。实际执行过程中,被执行人刘某某等人就以其犯污染环境罪已被判处刑罚,已承担刑事责任及相关鉴定费用为由,拒绝履行民事赔偿法律义务。〔25〕

而对生态环境损害无法完全修复以及无法修复的情形,《民法典》并未予以规定,因此需结合其他法律法规综合适用。《若干规定》第 13 条规定:“受损生态环境无法修复或者无法完全修复,原告请求被告赔偿生态环境功能永久性损害造成的损失的,人民法院根据具体案情予以判决。”所以,当生态环境损害无法修复时,可以以赔偿损失来代替修复生态环境。我国学界的主流观点认为,赔偿损失是指责任人为填补他人财产损失问题,多以货币支付的形式,偶以给付替代物。在司法实践中,当生态环境损害无法修复时,大量的案件直接判处予以金钱赔偿,赔偿资金作为政府非税收入全额上缴国库,纳入预算管理。

但是,面对生态环境无法完全修复或者无法修复的情形,赔偿损失并非终点。如果仅止步于赔偿损失,生态系统的结构和总量仍处于受损状态。因此,替代性修复应运而生。替代性修复需要注意三点:其一,替代性修复需要与原受损生态环境及其生态系统服务等值或大体相当,且位于同一个生态区域。其二,替代性修复应以技术为准绳,以制定和实施生态环境替代性修复方案为基础,不可随意确定替代修复费用。其三,替代修复的方式应当明确,不可缺乏操作性。实践中的一些判决仅笼统规定替代修复方式,不问修复结果如何实现。问题在于,如果没有适当的履行方式,“空判”的可能性极大。这不仅隐含权力“寻租”的风险,更有损环境正义的实现。

---

〔25〕 参见重庆三中法院:《“利剑”出击,生态“修复费”已执行到位!》,载澎湃新闻 2020 年 5 月 26 日,https://www.thepaper.cn/newsDetail_forward_7567878。

(三)省思其三:生态环境损害赔偿的范围与认定

《民法典》第1235条用列举的方式对生态环境损害赔偿的范围作了规定,这一规定与《若干规定》第12条至第15条的规定大体上并无二致。

明确的赔偿范围并不意味着严格的法律适用。司法实践对生态环境损害赔偿的认定一般较为宽松。例如,在“安徽海德化工科技有限公司与江苏省人民政府环境污染侵权赔偿纠纷案”中,江苏省高级人民法院认为,江苏省人民政府以生态环境损害修复费用3637.90万元的50%计算生态环境服务功能的损失费用,并无不当。[26] 但实际上,确定生态服务功能损失有较为复杂的计算步骤,如此计算确实有待商榷。

相比之下,环境民事侵权损害赔偿请求的认定就非常严苛。例如,在一起引起广泛关注的“儿童血铅案”中,只有诉讼时血铅含量仍达中毒状态的个别受害者获赔数千元的医疗费以及1万元的精神抚慰金,其他受到污染侵害但未达中毒状态的儿童则未获任何赔偿。其判决书写道:“各原告所主张的后期医疗费因目前尚未实际发生,亦无鉴定机构鉴定必然产生后期医疗费,故对该项费用不予支持。各原告如今后确需后续治疗,其费用可待实际发生后另行主张权利。”[27]造成此种差异的一个重要原因是两类条款关于权益受损的界定标准不同。环境民事侵权与一般损害赔偿类似,其基本目的仍是填平损害,特殊情况下才会承担损害预防和惩罚制裁的功能。

但无论如何,对生态环境损害赔偿相对宽容的认定,使生态环境损害赔偿的金额一般都非常高。据统计,截至2020年6月30日,全国共办理生态环境损害赔偿案件945起,赔偿金额超29亿元人民币,平均每起案件的赔偿金额高达307万元。[28] 高昂的赔偿数额固然有着良好的社会反响和新闻效果,对于宣扬环保理念和政府政绩都是不可多得的素材。但对企业或个人而言又是沉重负担。在某种程度上,生态环境损害赔偿已经异化成一种罚款,而不全是对生态环境损害的救济。如何在生态环境损害赔偿制度中,兼顾生态环境保护与社会民生已经成为紧要议题。

---

〔26〕 参见江苏省高级人民法院(2018)苏民终1316号民事判决书。

〔27〕 湖南省衡阳市中级人民法院(2015)衡中法民四终字第272号民事判决书。

〔28〕 参见阮煜琳:《中国已办理生态环境损害赔偿案945件,涉及赔偿金超29亿》,载澎湃新闻2020年6月30日,https://www.thepaper.cn/newsDetail_forward_8052326。

《环境资源法论丛》
第 13 卷,第 255~265 页

恢复性司法理念在刑事附带环境民事公益诉讼中的运用

蔡　晔*

摘　要　环境问题随着社会经济的快速发展,正成为我国社会主义现代化进程中的一个重大问题而备受关注。为了最大限度地维护环境公益,恢复性司法理念逐步从刑事犯罪领域渗透到民事领域,该理念强调的是修复受损环境利益及社会关系,而刑事附带民事公益诉讼则正在努力实现恢复性司法想要实现的上述修复效果。以环境刑事附带民事民公益诉讼案件为视角对恢复性司法的价值功能与实际运用情况进行分析,进而探讨回应新时代运用该理念推进生态文明建设的基本对策,对于完善环境民事公益诉讼制度具有重要意义。

关键词　恢复性司法　环境　刑事附带民事　公益诉讼

一、对恢复性司法的理解与适用

(一)概念及特征

恢复性司法是相对于传统刑事司法而言的一种新型司法模式,同时也是一种理念。其发端于国家对行使刑罚权时受害人利益保护的缺失和犯罪者人权受侵犯而引出的反思,主要通过受害人、犯罪者和社区三方努力,促使受害人和犯罪者形成对话关系,犯罪者承担责任、修复受损关系,直至恢复原有社

* 蔡晔,东莞市人民检察院四级高级检察官。

区秩序的一种刑事和解制度。恢复性司法理念的出现,突破了传统刑事司法刑罚单一的束缚,主张形式适用多样化,关注修复社会关系及犯罪者的回归。恢复性司法具备几个比较明显的特征,即恢复性、参与性、社会性和灵活性。恢复性强调的"恢复"不仅是弥补和赔偿,更是一种对复杂社会关系的修复;参与性则强调犯罪者、受害人与第三方的共同对话,注重维护对刑事被告追责与对受害人保护的平衡;社会性则较多体现为社会的融入与行刑的社会化。在刑事案件中,通过社区矫正,由犯罪者为社区提供服务,通过他们的建设性行为重新获得社区与公众的认可。恢复性司法的一个重要内容是,案件处理打破了诉讼解决的单一模式,所以其灵活性除了体现在传统刑罚制裁犯罪外,还注重重塑方式的多元化。

当前,恢复性司法在刑事案件领域发挥了重要作用,同时很大程度上也起到了预防犯罪的功能,甚至在还没构成犯罪或者刚实施犯罪行为时,恢复性司法就开始启动程序,此种方式一般以教育感化为主要目的。有学者这样描述:"恢复性司法是善良的,它强调理解、宽恕、羞耻、仁爱。"[1]诚然,我国传统法律文化中的"综合治理、教育感化、预防犯罪的思想"也有一定影响。这样的实践基础和思想土壤为刑事附带民事公益诉讼工作奠定了恢复性司法适用的条件。

(二)公益诉讼之中:刑事概念向民事领域的转化

1. 概念和价值的延伸

早在2015年,最高人民法院《关于审理环境民事公益诉讼案件适用法律若干问题的解释》(已修订)就已明确规定了"替代性修复"。最高人民检察院也指出针对破坏生态环境的刑事案件中犯罪分子受到应有惩罚,但受损生态环境却未得到修复的问题,要积极探索把恢复性司法理念运用于生态环境司法保护实践中去。随后最高人民法院《关于审理环境公益诉讼案件的工作规范(试行)》再次强调生态修复的中心地位。可见,受损的生态资源环境得到必要修复已经成为立法推动司法实务的主流态势。但不可否认的是,刑事责任体系并没有给生态修复一个合适位置,实践中大多只发挥量刑调节作用,刑罚与环境修复处于分离状态。刑事附带民事环境公益诉讼的出现,则将该分离有效结合起来,成为责任体系的有效补充。

恢复性司法的一个最重要的特征就是"恢复性",而该恢复性正是恢复性司法在公益诉讼中的精神内核,它包括恢复普通公众的一般环境权益和正常

---

〔1〕 王平主编:《恢复性司法论坛》(2005年卷),群众出版社2005年版,卷首语第7页。

行为秩序以及被破坏的生态环境本身。因此,该理念的价值定位最终与最大程度修复受损环境紧密相关。与一般的侵权损害不同,生态系统有其内在生态规律,受损的环境要素如得不到及时有效的修复,会导致整个生态系统运行不畅。破坏环境刑事责任的作用不应仅仅局限于惩治和预防环境犯罪,更重要的目标在于最大限度地发挥补救或者恢复环境、消除环境犯罪持续性危害的功能。生态犯罪保护对象是生态环境,对生态犯罪在适用刑罚措施的同时,再辅之或者独立适用对生态环境具有恢复、补救功能的民事责任,更有利于生态犯罪立法目的的实现。

2. 责任形式的变通

针对污染破坏生态环境的行为,起诉人可以请求被告承担停止侵害、排除妨碍、消除危险、恢复原状、赔偿损失、赔礼道歉等民事责任。这是环境侵权与一般侵权的责任形式共通的地方。环境民事公益诉讼案件具有恢复性这一显著特点,因为其追求的目标是要恢复生态环境的状态和功能,这就决定了“恢复原状”在司法解释规定的六种责任承担方式中处于核心地位,但如何恢复原状在实践中确实不可能是一个固定模式。新实施的《民法典》中明确规定生态环境修复责任,这实为“恢复原状”的责任形式在审判实践中提供了比较明确的指引。

反观近年来的司法实践,关于恢复原状的变通做法,终其所有形式都紧紧抓住“修复”两字。结合行为人的履行能力,分为自行修复、委托修复、替代性修复三种方式。自行修复针对的是人身自由尚未受限制且有修复能力的行为人,如判处缓刑或者仅判处罚金的犯罪行为人,其有修复的经济实力和技术水平,通常在案件审理期间即可修复完毕或者有可以落地的修复方案,这些案件中修复情况通常效果比较明显。委托修复指如犯罪行为人在规定期限内未修复或无个人修复能力时,委托他人进行修复,以达到及时修复的目的。对于替代性修复,实务中比较多的包括主体替代、地点替代和行为替代,这些将在后文中有所提及。

二、实践中恢复性司法在环境公益诉讼案件中的运用概况

文章通过检索中国裁判文书网,以“刑事案件、一审、破坏环境资源保护罪、公益诉讼、刑附民”为关键词检索了2017~2020年相关的336篇法律文书,并以这些案例为引分析实务中恢复性司法理念运用的基本情况。

(一)破坏环境资源保护罪基本情况

为更直观地了解涉及破坏环境资源保护罪中相对突出的犯罪情况,选取

的犯罪领域中占比微量的不纳入本文分析之列,具体表现如图1所示。

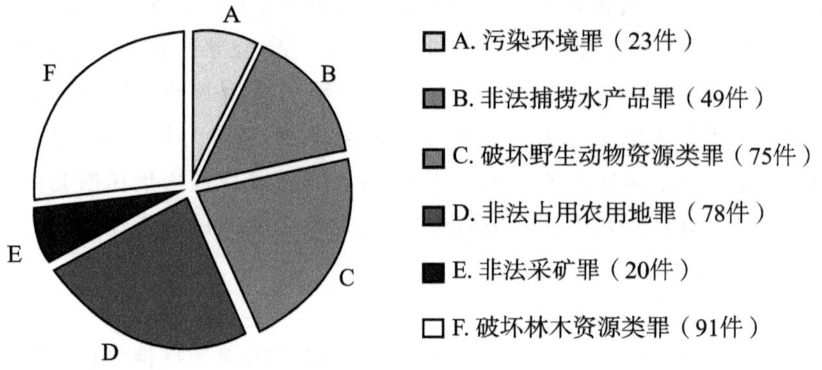

图1　破坏环境资源保护罪中各类犯罪数据

结合刑法规定的15种破坏环境资源保护罪,检索案例中刑事附带民事公益诉讼所涉领域主要集中在破坏林木资源类(占27%)、非法占用农用地类(占23%)以及破坏野生动物资源类(占22%),其次是非法捕捞水产品、污染环境和非法采矿类。案发地域分布特点与罪名也具有高度相关性,如破坏林木资源类案件大部分集中在四川、吉林等地区,污染环境类则以安徽居多。同时,案件多发领域也与犯罪本身特点有很大关系,如占比相对最高的破坏林木资源类案件中犯罪主体多为文化程度不高的群体,多数集中在农民和无业人员中,这些人基本持"靠山吃山,靠水吃水"的态度,导致随意砍伐、买卖树木的情形较多。

(二)案件审理期间履行情况

通过检索的案件发现,在案件审理期间就实现"已履行"的共9件、"已缴纳"的共77件,其中"已履行"主要表现为:赔偿损失、赔礼道歉、补种树木、放流鱼类等。(见表1)犯罪领域集中在滥伐林木、非法狩猎、非法捕捞水产品及污染环境等方面。(见表2)"已缴纳"的77件案例中,除5件涉及行政罚款外,其他责任为刑事罚金(43件,占比高达56%)和刑事附带民事案件中的民事责任(损失赔偿金或生态修复费,占比38%)。从数据看,在民事责任承担方面,已缴纳损失赔偿金或生态修复费的以破坏林木资源类案件居多,其次为非法占用农用地以及破坏野生动物资源类。污染环境罪中"已缴纳"的全部为刑事部分的罚金。

表 1　已实际履行情况

履行形式	涉及领域
赔偿损失	滥伐林木罪 非法狩猎罪 非法捕捞水产品罪 污染环境罪
赔礼道歉	
补种树木	
放流鱼类	
支付费用	

表 2　已缴纳款项情况

单位:件

罪名	罚金等	赔偿损失生态修复等	行政罚款	总计
污染环境罪	6	0	0	6
非法占用农用地罪	15	7	1	23
破坏林木资源类罪	9	11	0	20
非法捕捞水产品罪	1	1	4	6
非法猎捕、杀害珍贵、濒危野生动物罪	4	4	0	8
非法狩猎罪	5	5	0	10
非法采矿罪	3	1	0	4

(三)恢复性司法理念运用的表现形式

如表 3 所示,实务中针对不同领域的破坏环境资源行为,行为人承担的刑事责任相对比较统一,主要表现为徒刑(缓刑)和罚金等,近年来也有"禁止令"形式。民事责任则依行为领域不同呈现多元化趋势,如污染环境罪领域的公益诉讼案件,行为人承担的责任主要包括赔偿相关费用,包括生态环境损害修复费、处置费、评估鉴定费等;破坏土地资源、林木资源类的案件,责任形式多为补植复绿、赔偿损失等;影响水体生物、动物生态链的案件,承担的责任则主要表现为增殖放流和赔偿损失。从上述民事责任承担主体来看,基本上遵循"谁污染,谁治理;谁破坏,谁恢复"的基本原则,突出责任主体和责任目标。

表3　各类破坏环境资源保护犯罪的责任形式

<table>
<tr><th>犯罪类型</th><th>刑事责任</th><th>民事责任</th></tr>
<tr><td>污染环境罪</td><td rowspan="8">自由刑
罚金
没收违法所得
禁止令
社区矫正
……</td><td>赔偿相关费用(修复费、鉴定费、危险物处置费等)、赔礼道歉</td></tr>
<tr><td>非法占用农地罪</td><td>生态恢复补偿金(损失修复费)、复垦复绿、赔礼道歉</td></tr>
<tr><td>非法采矿罪</td><td>赔偿损失及相关费用(修复费、勘察费)、赔礼道歉</td></tr>
<tr><td>盗伐、滥伐林木罪</td><td>补植复绿、赔礼道歉</td></tr>
<tr><td>非法采伐、毁坏国家重点保护植物罪</td><td>补种管护(或承担代为补种管护生态修复费用)、赔偿相关费用、赔礼道歉</td></tr>
<tr><td>非法猎捕、杀害珍贵、濒危野生动物罪</td><td>赔偿损失及相关费用、赔礼道歉</td></tr>
<tr><td>非法狩猎罪</td><td>赔偿损失、生态资源修复费、赔礼道歉、投放同类动物幼苗</td></tr>
<tr><td>非法捕捞水产品罪</td><td>赔偿生态资源修复费用、赔礼道歉、投放鱼苗</td></tr>
</table>

三、问题阐释与矫正

(一)恢复性司法适用领域

有人认为恢复性司法在刑事案件中适用范围主要包括自诉案件和公诉案件中的轻微刑事案件,针对环境领域犯罪,恢复性司法的适用范围同样要根据此原则划定,并以主观恶性大小决定是否适用恢复性司法。从恢复性司法发展沿革看,早期恢复性司法一般是适用于青少年犯罪,进而延伸到初犯、轻犯。在我国则是以犯罪行为人的人身危险性和社会危害性为标准。可见,主流观点倾向于将恢复性司法理念运用于更易于修复损害和社会关系的领域。这点在检索案例中也有所反映,如336件案件中,除20件作撤诉、不予受理等程序处理外,判处缓刑的有210件,占比高达60%多,其他则多为拘役管制,还有一些案件因犯罪行为情节轻微,不处以自由刑而仅判处罚金,少数为3年以上有期徒刑。但并不能因此排除其他案件纳入恢复性司法领域中来,实践中其实也有将轻型犯罪领域之外的案件适用恢复性司法,如烟台将"部分具有法定从轻、减轻情节的重罪案件"纳入恢复性司法适用范围。甚至同样是滥伐林木罪,部分裁判中即使刑事处罚属于重罪范围,但在刑事附带民事责任方面依然适用行为人自行恢复植被,要求在第一个植树期内补植并管护保证成活率。

由此可见,为修复犯罪行为侵害的环境利益和社会关系,恢复性司法尊重参与主体的选择,判断其适用范围的价值标准应当是主体对修复的意愿和共同参与程度,而不是犯罪类型的社会危害性,将重罪案件和轻罪案件区别对待,或者仅对一般刑事案件和轻微刑事案件打开适用的大门,均有违恢复性司法理念的本质要求。

(二)恢复性司法措施的特质

恢复性司法既是一种程序,也是一种理念,在司法实践中的具化,则为恢复性司法措施。有人在讨论完善恢复性司法理念在环境犯罪治理中的适用时,特别提出对于犯罪造成的危害具有恢复补救现实可能性,在适用刑罚的同时辅以适用或单独适用补救性的行政处罚方式,包括破坏矿产资源案中的复植补种、渣土回填与人工护坡,非法捕捞水产品案中的投放鱼苗等。[2] 也有人指出在相关的行政法律中,明确规定了可对环境违法行为适用恢复性制裁措施,如森林法及其实施条例中的"责令补种盗伐树木、限期完成造林任务、限期恢复原状",草原法中的"责令停止违法行为,限期恢复植被"[3]。也有观点认为,检察机关在办理破坏生态环境刑事案件时,应依法督促涉事双方达成赔偿协议,以承担劳务、给付货币、亲友代替修复等形式恢复生态原貌。该学者主张恢复性司法的表现形式一般包括和解、协商、多方参与等方式。同时,应联合相关职能部门,通过案件复查、实地勘察、效果认证等形式跟踪和评估,确保司法权威及生态保护实效,其指出恢复性司法的适用阶段分别为审查起诉阶段、审判阶段和刑罚执行阶段。[4]

那么,问题随之出现:恢复性司法措施是一种行政处罚方式吗?刑事案件与刑事附带民事公益诉讼案件中恢复性司法理念的运用是否存在重复或冲突的情况?两者与行政处罚有何关联?实际上,单就补植复绿来讲,大部分观点意识到了多数法院进行的刑事和解与刑诉法规定的公诉案件范围存在冲突,补植复绿无法界定为新的刑罚类型或者刑罚执行方式,仅是酌定量刑情节或者附带民事赔偿行为。上述观点或者是强化了恢复性司法的行政意义,或者

---

〔2〕 参见谭铁军:《恢复性司法与环境犯罪治理》,载《中国检察官》2019年第1期。

〔3〕 殷磊、张娟:《从补种复绿到恢复性司法——我国环境犯罪刑事制裁目的及其实现路径》,载《人民司法(应用)》2018年第19期。

〔4〕 参见李文浩、吕雄伟:《浅谈如何在生态检察中正确适用恢复性司法》,载《江苏法制报》2017年12月21日。

是将其广泛纳入刑事各阶段,强调了对修复生态的重视,但没有厘清刑事、行政、民事责任中"恢复原状"的行为演化的区别。

无论恢复性司法理念在实务中如何表现,它仍然是一种司法程序,必须在法律框架内。很明显,"补种复绿""增殖放流""承担修复费"等常用的生态恢复性司法措施并非刑罚处罚措施。2015年新修订的《关于审理环境民事公益诉讼案件适用法律若干问题的解释》再次明确了恢复性这一显著特征,不仅强调了环境侵权人将受损环境修复到损害发生之前的状态和功能的修复责任,也承继了之前"准许采用替代性修复方式"的规定,并补充规定生态环境修复费用包括"修复完成后的验收费用和修复效果后评估费用等"。新实施的《民法典》也明确规定了破坏生态环境的修复责任,因此,将补种复绿等措施引入刑事法律规定或者仅纳入行政处罚的观点值得商榷。环境法的综合性决定了其责任形式的复合性,自当由环境行政责任、环境民事责任、环境刑事责任构成。[5] 这正是环境责任形式多元性的特质所在。

(三)生态修复功能与刑罚教化功能博弈

从恢复性司法理念的本源考虑,其价值功能在于修复。有人认为一些地区存在违背罪责自负原则的现象,当地司法机关要求被告人种植林木,实际上有部分是由被告人亲属甚至是雇工完成,若允许被告人亲友或他人代为履行补植复绿行为,势必导致恢复性司法的教化功能被弱化。[6] 也有人提出质疑:是否存在"以钱买刑"的问题?有这样想法的原因在于,司法实务中确实出现过在诉讼阶段被告积极缴纳修复金或者采取修复行为直接影响量刑的实际情况。[7]

恢复性司法的普遍意义在于教育、挽救和修复,不能将其人为割裂开来。公益诉讼案件中探索恢复性司法,让当事人主动采取修复生态的行为,既是对他的法律责任的追究,同时也是对环境损害的弥补和对社会的积极引导。从判例来看,刑事处罚其实与刑事附带民事公益诉讼中的民事责任并不冲突。检察机关对认罪悔罪、积极履行资源生态修复义务的嫌疑人或被告人,在审查逮捕阶段,依法可以不批捕;在审查起诉阶段,对于犯罪情节轻微的,可以依法

---

〔5〕 参见张梓太:《环境法律责任研究》,商务印书馆2004年版,第42页。

〔6〕 参见谭铁军:《恢复性司法与环境犯罪治理》,载《中国检察官》2019年第1期。

〔7〕 实务中很多法院在裁判文书中直接将修复情况作为量刑情节,如在非法捕捞刑事案件中,直接将环境损害和修复程度作为量刑的参考因素,以促使被告自愿向渔业管理部门缴纳一定的生态修复资金。对于破坏林木资源领域的犯罪行为,有法院采用了"补种复绿"林木修复模式,并以此作为法院定罪量刑的参考。

不起诉，对确需提起公诉的，可以依法提出从轻量刑的建议。可见，无论作出何种决定均需在法律规定范围内，而非超越法律。另外，惩罚犯罪的目的不是对其进行简单的刑事处罚，而是修复社会关系和受损环境公益。无论修复形式怎样，实务中诸如“根据修复方案完成修复内容”“野生动物收容救助”“原地修复与异地修复”“本体修复与替代性修复”等，都是对修复生态方式作出的探索。因此，无论是刑事处罚还是民事责任，行为人均为其行为承担了应该承担的责任，不能因为无法确定最后是否由本人实现对生态环境资源的修复和弥补而否认制度本身的功能。

四、具体制度构建设想

恢复性司法理念在环境民事公益诉讼中的运用，不仅是对环境侵权行为的负面评价，更是对修复行为支持鼓励的正面示范，完善环境公益诉讼恢复性司法制度，是与传统刑事司法模式相互呼应，构建更为严密和灵活的生态环境资源保护制度体系的必经之路。

（一）完善相关恢复性司法规范

1. 将恢复性司法措施纳入统一法律体系

域外一些国家，将恢复司法措施基本分布在刑事和行政法律规范中。例如，美国通过各类行政法律规范规定恢复受损环境的手段；波兰通过《刑法典》规定履行道歉、赔偿损失、从事特定劳动等；俄罗斯通过《联邦刑法典》责令提供劳动恢复受损环境；巴西《环境犯罪法》规定社区服务来补偿被破坏的环境。我国则在《环境保护法》《森林法》《草原法》《固体废物污染环境防治法》等法律规范中规定了恢复环境原状责任和具体行为措施。可见，我国的恢复性措施散见于各行政法律规范中，但其恢复或者修复的具体形式，如补种复绿、异地修复、增殖放流等环境民事责任形式却仍停留于实务探索，立法上缺乏明确规定。因此，为完善现有环境修复责任体系，应当通过纳入立法进行体系化整合和完善，对恢复原状或生态修复责任作出相应的明确规定，减少生态环境修复与恢复原状之间在概念认知与实现形式上的偏差。

2. 完善专业领域技术类规范

很多环境民事公益诉讼案件中，需要损害评估鉴定，而实现环境破坏程度和损害赔偿认定的标准化与规范化，对恢复性司法的运用至关重要。当前实践中运用最多的“虚拟治理成本法”大多用于污染环境案件计算环境修复费用，对其他破坏生态资源案件，很多则依赖专家咨询结果或者评估报告。犹如诉讼证据中的"鉴定意见"一样,其本身作用仅在于给某些专业领域专业事项提供司法参考,但实务中却基本完全信赖,不符合一般证据法则。司法实践中对环境损害鉴定结果发生质疑的情况也有存在,究其原因,主要在于现有立法对环境损害鉴定评估的相关规定有所欠缺,也缺乏统一认可的环境鉴定评价标准和修复标准,在诉讼中成为举证难的一个工作阻碍,因此,有必要制定统一适用的鉴定评估标准来支撑环境民事公益诉讼司法实践。

(二)建立统一的恢复性司法工作机制

1.多元衔接工作机制

检察机关开展环境民事公益诉讼工作,需要主动加强与法院沟通,完善检法工作配合机制,在案件起诉、审理、执行等方面就恢复性司法的运用及时沟通,并持续关注公益诉讼的后续效果。我国环境公益诉讼制度建设之初基本上是走"立法未设、司法先行"的路线,司法审判中探索出的各种修复模式可见一斑,对成效明显、措施科学的做法可以通过制度固定下来,为立法提供实务参考。同时,环境民事公益诉讼具有复合性,其不仅表现为公益诉讼与私益诉讼的交织,更表现为环境治理手段的多元,需要环境保护主管部门和司法机关协调配合。行政机关在专业技术、设备、执法手段和效力等方面具有优势,合作与配合显得尤为重要,如修复方式的选择需要生态行政部门的技术指导;缓刑考验期内修复责任的履行需要相关行政部门的监管等,因此与行政机关的工作衔接是恢复性司法工作机制建立的重中之重。〔8〕 建议在环境侵权行为取证、生态恢复的可行性评估、修复方案的制定与选择、代为修复和修复过程的跟进和结果的验收等方面进行细化规定。另外,恢复性司法措施的成效也离不开专业机构的参与。当前多地探索出在原有受损环境所在地无法修复或者修复成本过高而无法实现时采取异地修复、替代修复或者社区矫正履行社会服务等修复公益的措施,这些除了相关行政部门的衔接配合外,还需要专业机构参与其中对技术条件、区域环境等修复要素进行综合评估。

---

〔8〕 司法实践中的大量案件在诉讼中均与相应行政机关紧密联系,需要多部门协同配合,共同参与修复相关事宜,且形式多样。如何某非法捕捞水产品案中的农业农村局出具修复方法、屈某甫非法捕捞水产品案中通江县水产学会参与的渔业资源损失评估、姜某非法占用农用地案中汤旺县发展和改革局参与对林木损失的价格认定、罗某非法占用农用地案中农牧科技和供销合作局对被破坏的草原植被作出恢复技术方案、崔某全非法占用农用地案中草原管理站代为恢复植被、班某牙盗伐林木案中林业局进行生态修复方案的设计、周某强非法采伐国家重点保护植物案中相关职能部门代为种植管护并进行验收和后续保养等。

2. 生态环境修复监管与保障机制

环境民事公益诉讼案件还存在一个执行落地的问题。为探索践行恢复性司法理念,各级检察机关尝试联合相关部门建立生态修复工作机制,对适用案件范围、修复措施、生态修复协议内容等进行规范,但关于裁判的履行与执行尚没有既定的框架来提供监管与保障支持。例如,监督主体如何确定,由谁利用获得的环境修复赔偿金负责长期进行生态环境修复工作?在这个修复过程中,如何保证持续有效的监管从而确保受损的生态环境恢复到被破坏前的状态?由谁来考核是否达标?未达标有什么法律后果?这些直接决定了恢复性司法的基本价值是否能实现,而各地的做法不尽相同。又如,修复费用的管理问题,有的地方设立独立的环保基金账户(或为公益诉讼基金账户),有的地方则直接交由相关行政机关或上缴国库。再如,对生态环境进行修复的监督机关,有由检察机关监督的,也有由行政机关监督的,或者无人监督。对修复未达标这个问题更是缺乏后续跟进。因此,应建立资金监管与修复监管机制。资金监管方面,建议统一设立基金账户,对修复环境实施专款专用。对修复过程的监管则需要司法、行政、公众的共同参与,具体程序、职责则根据案件领域不同而予以区分细化。对生态环境修复结果,可以由法院委托具有环境损害评估等相关资质的鉴定机关进行鉴定,必要时商请负有监督管理职责的环境保护主管部门协助审查。例如,在破坏林木资源类案件中,针对无法在原地修复补种的,借鉴实务中的做法,联合当地政府、法院建立补植复绿基地,行政部门具体履行治理管护职责并对补植复绿等情况检查验收,检察机关对生态修复过程以及修复资金使用情况进行监督,实行"施害方履行修复义务、专业方治理管护、第三方监督落实",以确保环境修复责任方式的执行效果能最大限度地达到预期。

当前,民事公益诉讼中的恢复性司法实践尚处于摸索阶段,在立法、制度甚至各地实践方面均有很多有待探讨和完善的地方,需要更多的理论争鸣和实践论证方能确定最科学的制度设计。但不可否认的是,恢复性司法理念的运用对完善环境公益诉讼制度、实现对环境的充分修复甚至促进社会公众生态环境保护意识的觉醒有非常的意义。

《环境资源法论丛》
第 13 卷,第 266~276 页

惩罚性赔偿在生态环境侵权中的司法适用

——兼析《民法典》第 1232 条

王晓翔*

摘　要　《民法典》侵权责任编贯彻了总则编确立的绿色原则的要求,于第 1232 条突破性地规定了生态环境侵权惩罚性赔偿责任。生态环境侵权惩罚性赔偿的司法适用需正确厘清并理解《民法典》第 1232 条的内容。生态环境侵权惩罚性赔偿的请求权主体应扩展至国家规定的机关和法律规定的组织;适用过错归责原则,主观状态限于故意,排除过失的情形;损害后果包括人身损害、财产损害和纯生态环境损害,须达到"严重"程度;赔偿金的确定应设置一定的范围并赋予法官自由裁量权,在遵循过罚相当原则和有效遏制原则前提下,综合考量相关因素予以确定;赔偿金的归属应依侵害对象的不同分别归受害人或生态环境专项基金。

关键词　《民法典》　绿色原则　生态环境　惩罚性赔偿　司法适用

生态环境关乎人类命运共同体,该问题的解决不仅需要科学技术,同时也需要法律制度。党的十八届三中全会提出"用制度保护生态环境",十八届四中全会明确提出编纂民法典。当今社会,生态环境问题日益突出,新时代的民

* 王晓翔,上海市第一中级人民法院法官助理,复旦大学法学博士,加州大学伯克利分校访问学者。本文为 2021 年最高人民检察院检察应用理论研究课题"环境民事公益诉讼惩罚性赔偿制度研究"的研究成果。

法典必然要回应现实、反映环境问题的时代特色。经过社会各界的共同努力，我国首部以“法典”命名的法律《民法典》于2020年5月28日第十三届全国人大第三次会议表决通过，并于2021年1月1日起施行。《民法典》在侵权责任编第1232条规定生态环境侵权惩罚性赔偿，贯彻了总则编确立的具有时代精神和时代意义的绿色原则的要求，表明立法机关对生态环境问题的高度重视和持续关注。[1] 那么，该规定应如何正确理解并准确适用，以实现立法初衷？本文拟以《民法典》第1232条在司法适用中会存在的问题为中心，通过对该条的解释说明，细化并明确生态环境侵权惩罚性赔偿的具体标准。

一、问题的提出

惩罚性赔偿是指由法院作出的赔偿数额超出实际损害数额的赔偿。[2] 惩罚性赔偿在我国的确立始于1993年的《消费者权益保护法》[3]，后为《食品安全法》《侵权责任法》等法律所采用，主要用于保护不特定消费者利益。而生态环境问题所具有的潜伏性、严重性、不可逆性等特征使传统损害赔偿制度难以实现对生态环境的有效救济，实践中对生态环境侵权适用惩罚性赔偿的呼声与日俱增。[4] 值得欣喜的是，原《民法总则》第9条规定了“绿色原则”，又在第179条第2款民事责任承担方式中新增“法律规定惩罚性赔偿的，依照其规定”，将惩罚性赔偿提升为一般性规则，为生态环境侵权引入惩罚性赔偿创造了空间。《民法总则》通过后，民法典侵权责任编的编纂始终贯彻总则绿色原则的要求，《民法典侵权责任编（草案）》的三次审议稿均在生态环境侵权中规定了惩罚性赔偿责任，最终通过的《民法典》也采纳了草案的内容，首次将惩罚性赔偿制度应用于生态环境侵权责任之中，契合了我国生态文明建设的实际需要。

“法律的生命在于实施”，为有效落实惩罚性赔偿在生态环境侵权中的适用，发挥该制度应有的惩罚、补偿、威慑和预防功能，我们有必要正确厘清和完

---

[1] 《民法典》第1232条规定：“侵权人违反法律规定故意污染环境、破坏生态造成严重后果的，被侵权人有权请求相应的惩罚性赔偿。”

[2] 参见王利明：《惩罚性赔偿研究》，载《中国社会科学》2000年第4期。

[3] 1993年《消费者权益保护法》第49条首次规定惩罚性赔偿制度，2013年修正的《消费者权益保护法》第55条重述了该制度，并对其内容予以必要修改。

[4] 司法实践也有判决虽未言明惩罚性赔偿，但本身带有惩罚意味，如江苏省徐州市中级人民法院（2015）徐环公民初字第6号民事判决书，法院综合侵权人过错程度、环境污染程度、生态环境服务功能损失等因素酌定侵权人依据排放废水量的4倍计算修复费用。

善《民法典》第1232条的内容,对其存在的模糊、缺失和不规范之处,予以具化、补缺和修正。具体而言,《民法典》第1232条在司法适用中可能存在如下问题亟待解决:

1. 该条规定“被侵权人”有权请求相应的惩罚性赔偿。因生态环境侵权遭受损害的具体自然人、法人或其他非法人组织作为请求权主体提起惩罚性赔偿诉讼自无疑问,但《民法典》第1234条和第1235条所称的“国家规定的机关或者法律规定的组织”是否同样有权起诉,即在环境民事公益诉讼和生态环境损害赔偿诉讼中能否适用惩罚性赔偿?

2. 依据传统环境侵权理论,环境侵权属于特殊的侵权责任形态,适用无过错归责原则。《民法典》第1229条基本承继了《侵权责任法》第65条的规定,归责原则仍是无过错责任,而《民法典》第1232条明确规定侵权人“故意”,这是否意味着生态环境侵权已从无过错责任的一元归责体系修正为过错和无过错责任交错的二元归责体系?《民法典》第1229条和第1232条又存在怎样的关系?

3. 该条规定惩罚性赔偿的损害后果要件是“造成严重后果”,但何为“严重”,即达到何种程度方可认定严重未予明确。此外,该处的后果除了传统的人身、财产损害外,是否还包括纯生态环境损害,即损害的是生态环境本身,使其正常的服务功能减损或者丧失?这种损害又当如何评估和界定?

4. 该条规定被侵权人有权请求“相应的”惩罚性赔偿,赋予法官自由裁量权,但自由裁量并不意味着肆意裁量,法官裁量仍需合乎公正、合理的要求。那么,司法实践中法官在确定赔偿金范围时具体应考量哪些因素?

5. 惩罚性赔偿和罚款、罚金等制度均具有惩罚性质,在适用中是否存在非此即彼的情况?如何实现惩罚性赔偿和罚款、罚金等制度的衔接?

6. 法院判处的惩罚性赔偿金应由谁享有、用于何种用途?对此,《民法典》第1232条亦未规定,有待解释加以明确。

二、生态环境侵权惩罚性赔偿的请求权主体

在适用惩罚性赔偿前,首先须明确能够诉请惩罚性赔偿的主体。依据《民法典》第1232条,有权请求惩罚性赔偿的主体是“被侵权人”,因生态环境侵权遭受损害的具体受害人作为请求权主体固无异议,而国家规定的机关或者法律规定的组织能否成为此处的“被侵权人”呢?

依据传统私法理念,私法救济的私害行为,因生态环境侵权造成的纯生态

环境损害侵害的是公共利益,本不属于私法规范的内容。但基于环境时代对民法典的特殊要求,21世纪的民法典还承担着保护环境和维护生态的重要使命。[5] 有学者指出,环境侵权是统一的问题,民法和环境法并非泾渭分明,而是相辅相成,在民法中规定无具体受害人的生态环境损害并无不可。[6] 笔者对此予以认同。我们从《民法典》第1234条、第1235条国家规定的机关或者法律规定的组织有权请求生态环境修复责任和赔偿责任可见一斑。这也是履行私法的社会责任,实现"公法性质、私法操作"的具体体现。[7] 由此可见,生态环境侵权的侵害对象具有二元性,既包括具体受害人的私益,也包括国家规定的机关或者法律规定的组织所代表的公益。实际上,环境公益侵权中的"被侵权人"是所有享受生态环境服务功能的不特定人,国家规定的机关或者法律规定的组织与案件并无直接利害关系,只是作为所有不特定人的代表提起诉讼,最终维护的是公共利益。因此,因生态环境侵权遭受损害的具体受害人以及国家规定的机关或者法律规定的组织均能成为惩罚性赔偿的请求权主体,即惩罚性赔偿不仅能在环境私益侵权诉讼中适用,亦能在环境公益诉讼和生态环境损害赔偿诉讼中适用。

关于国家规定的机关或者法律规定的组织的范围,根据现行《民事诉讼法》《环境保护法》等法律的规定和最高人民法院《关于审理生态环境损害赔偿案件的若干规定(试行)》的要求,能提起环境公益诉讼和生态环境损害赔偿诉讼的主体包括符合条件的社会组织、人民检察院,以及省级、市地级人民政府及其指定的相关部门、机构,或者受国务院委托行使全民所有自然资源资产所有权的部门。

三、惩罚性赔偿在生态环境侵权中的适用条件

生态环境侵权惩罚性赔偿的具体适用应同时满足侵权责任的四个要件,即不法行为、损害后果、因果关系及主观过错。其中,不法行为和因果关系的认定与一般环境侵权责任的认定并无二致,在此不赘述,下文仅就损害后果和主观过错的认定予以阐述。

(一)损害后果的认定

关于生态环境侵权适用惩罚性赔偿的损害后果要件,《民法典侵权责任编

---

[5] 参见王利明:《〈民法总则〉的本土性与时代性》,载《交大法学》2017年第3期。

[6] 参见刘士国:《民法典"环境污染和生态破坏责任"评析》,载《东方法学》2020年第4期。

[7] 参见吕忠梅:《中国民法典的"绿色"需求及功能实现》,载《法律科学(西北政法大学学报)》2018年第6期。

(草案)》二审稿和三审稿在一审稿基础上,特别增加"造成严重后果",最终《民法典》第1232条也采纳了这种做法,凸显出立法机关对损害后果要件的特殊要求。

在侵权行为法中,损害后果(损失)的大小是体现侵权行为轻重的一个重要指标。[8] 生态环境侵权惩罚性赔偿的适用需要损害后果具有严重性,这里的损害不仅包括传统的人身、财产损害,还应包括纯生态环境损害,可体现为大规模环境侵权造成的损害。其中,财产损害的严重程度可通过具体的经济损失予以判断。人身损害的严重性或可参照《民法典》第1207条产品责任的惩罚性赔偿予以确定,即"造成他人死亡或者健康严重损害",健康严重损害的判断需依人身损害法律和司法解释的规定及个案具体情况确定。至于纯生态环境损害,为防止惩罚性赔偿的滥用,此种损害应限于生态环境功能出现难以自我修复的严重退化甚至是不可逆转的恶变,具体适用时可借助专业评估认定。[9] 如果生态环境侵权对自然的干预在自然的自我调整限度内,可通过自我调节达到原初的相对平衡状态,则不足以构成惩罚性赔偿。此外,须特别注意生态敏感地区的损害。由于生态环境的质量禀赋存在差异,不同生态区的服务功能也存在差异,不同区域的生态利益并不相同。[10] 因生态敏感区的生态利益高于一般地区,相同程度的侵害行为对生态敏感区造成的损害也更大。

(二)侵权人主观过错的认定

1.生态环境侵权的归责原则

《民法典》第1229条沿袭了原《侵权责任法》第65条的规定,明确生态环境侵权的归责原则采无过错责任原则,即只要有侵权行为、损害事实和因果关系,无论侵权人主观上是否具有过错,均应承担侵权责任。而《民法典》第1232条明确惩罚性赔偿的适用前提是侵权人具有"故意",显然其采取的是过错责任原则。

有观点认为,无过错责任的含义并非仅指无过错情况下应担责,更蕴含了有过错情况下的当然担责,生态环境侵权的应然归责原则是过错和无过错责任交错的二元归责体系,凡能查明行为人存在过错的,优先适用过错责任。[11]

---

[8] 参见朱广新:《惩罚性赔偿制度的演进与适用》,载《中国社会科学》2014年第3期。

[9] 参见孔东菊:《论环境侵权惩罚性赔偿制度的构建——以惩罚性赔偿的社会性损害填补功能为视角》,载《行政与法》2016年第2期。

[10] 参见蔡守秋、张毅:《我国生态环境损害赔偿原则及其改进》,载《中州学刊》2018年第10期。

[11] 参见胡卫:《过错优先:环境污染侵权中行为人过错的功能分析》,载《政法论丛》2019年第6期。

那么《民法典》第 1232 条规定是否意味着生态环境侵权的归责原则已从传统的过错责任一元归责体系转变为过错和无过错责任交叉的二元归责体系？笔者认为，将《民法典》第 1232 条理解为第 1229 条规定的例外较为妥当。生态环境侵权作为一种特殊的侵权责任类型，适用无过错责任原则，以减轻原告的举证责任，加大对被侵权人的救济力度。但在惩罚性赔偿情形下，一方面，惩罚性赔偿作为最严厉的民事责任，制裁的是主观上存在较大恶意，尤其是通过"理性"判断而选择以侵害生态环境的方式谋取利益最大化的行为人，体现侵权责任法对此类行为的否定评价和道德责难，理应适用过错责任；另一方面，从利益平衡角度而言，惩罚性赔偿是一种有别于传统补偿性赔偿的特殊法律救济措施，被侵权人可获得的赔偿往往高于实际损失，故其理应有义务对侵权人的故意承担举证责任。因此，行为人是否存在主观故意并不影响生态环境侵权责任的构成，只会对惩罚性赔偿的适用产生影响。

2. 惩罚性赔偿侵权人的主观状态应限于故意

一般而言，侵权人的主观状态包括故意、重大过失、一般过失、轻微过失和无过错。

当侵权人故意时，其主观恶性至为明显，适用惩罚性赔偿自不待言。当侵权人仅存在一般过失、轻微过失甚至无过错时，因其可责难程度较低甚至不具有可责难性，且此类行为在很大程度上无法完全杜绝甚至大幅减少，故对其科以惩罚性赔偿无法有效实现该制度应有的惩罚和威慑功能。

至于重大过失能否适用惩罚性赔偿，则是一个值得探讨的问题。有观点认为，重大过失是有认识的过错，是很大程度上可以预防和避免的过错，是道德可责难性较强的过错；重大过失在程度上已接近故意，而与一般过失相距较远，其法效果也应趋近于故意的法效果。〔12〕 更有论点明确指出，生态环境侵权惩罚性赔偿主观要件应扩展至重大过失。〔13〕 笔者认为，生态环境侵权惩罚性赔偿的适用应将侵权人的主观状态限于故意，排除重大过失。首先，从《民法典》第 1232 条的语义而言，其仅规定了"故意"，自然排除重大过失的适用。其次，从故意和重大过失的概念界分而言，故意是指行为人预见自己行为的结果，仍然希望或者放任结果发生，其包括两种主观状态：一是明知损害将要发

---

〔12〕 参见叶名怡：《重大过失理论的构建》，载《法学研究》2009 年第 6 期。

〔13〕 参见杨立新、李怡雯：《生态环境侵权惩罚性赔偿责任之构建——〈民法典侵权责任编（草案二审稿）〉第一千零八条的立法意义及完善》，载《河南财经政法大学学报》2019 年第 3 期。

生;二是欲求损害后果的发生。[14] 重大过失是指行为人严重违反了一般的注意义务,不具有一般人起码的谨慎和注意。[15] 二者区别在于行为人是否预见到行为的后果及对后果所持的态度。重大过失的侵权人对行为后果的发生应当预见而未能预见或已经预见但轻信能够避免而未采取措施,故意的侵权人则是已经预见并希望或者放任后果的发生,其可责难程度明显较重大过失要高,惩罚性赔偿作为最严厉的民事责任承担方式,制裁的也应是主观恶性最强的行为。再次,从立法设置惩罚性赔偿制度的目的而言,惩罚是为了威慑和预防,从而使不法行为人因可能负担的高额赔偿自动放弃实施类似行为,而因重大过失发生侵权行为的可避免性和可预防性程度较故意要低,对该类行为人科以惩罚性赔偿无法有效实现该制度应有的功能;且立法既要通过惩罚来保护生态环境,又要关注企业的生存和发展,对包括重大过失在内的过失行为施以惩罚性赔偿可能导致利益失衡。最后,从法律内部的衔接和逻辑自洽性而言,无论是《民法典》第1185条新增的知识产权惩罚性赔偿规定、第1207条产品责任惩罚性赔偿规定,还是《消费者权益保护法》第55条、《食品安全法》第148条第2款、《药品管理法》第144条第3款等特别法中的惩罚性赔偿规定,均以故意作为构成要件,[16] 足见我国法语境下的惩罚性赔偿须行为人存在主观故意。

四、惩罚性赔偿在生态环境侵权中的适用限度

(一)惩罚性赔偿金确定的基本原则

生态环境侵权惩罚性赔偿的适用应平衡各方利益,防止其滥用。根据惩罚性赔偿的目的和特点,赔偿金的确定应遵循过罚相当原则和有效遏制原则。[17]

生态环境侵权适用惩罚性赔偿的目的主要在于威慑和预防,通过科以高额赔偿金,使侵权人感受到痛苦,从而"刻骨铭心",遏制其再次实施类似违法行为并威慑潜在违法者,故其金额的确定须与威慑力相当。赔偿数额过低,则难以实现该制度应有的威慑功能。而数额如果超过必要限度,就会产生过度威慑,既过度剥夺现有行为人的合法财产,对其造成不当负担,又过度限制潜

[14] 参见王利明、周友军、高圣平:《中国侵权责任法教程》,人民法院出版社2010年版,第207页。
[15] 参见王利明、周友军、高圣平:《中国侵权责任法教程》,人民法院出版社2010年版,第221页。
[16] 这些条款或曰"故意",或曰"欺诈",或曰"明知",实则均属于故意范畴。
[17] 参见金福海:《惩罚性赔偿制度研究》,法律出版社2008年版,第238~239页。

在行为人的自由,降低社会整体效率。[18] 此外,赔偿数额过高还可能引发道德风险,使受害人规避应有的注意义务甚至不正当地促成损害后果的发生。我们从食品领域惩罚性赔偿的适用可见一斑。食品领域的"退一赔十",在净化市场环境的同时,也催生出一批"职业索赔人"。这类人的出现有利于监督商家,也有利于保护其他消费者的合法利益,但在10倍赔偿的利益诱惑下,有些人会铤而走险,恶意促成商家"违法"。例如,我国不同地方的超市曾出现职业索赔人故意将过期食品带入超市,或者将快过期的食品藏于超市,等过期再购买进而维权索赔。[19]

(二)惩罚性赔偿金的具体确定

在遵循过罚相当原则和有效遏制原则的前提下,赔偿金的确定不宜采取"一刀切"的僵化规定,如设置固定赔偿倍数,《消费者权益保护法》的3倍惩罚性赔偿和《食品安全法》的10倍惩罚性赔偿即为其例,而应赋予法官自由裁量权,如此才能充分发挥该制度应有的威慑功能以及满足个案的具体需要和各地不同经济、文化、政策等方面的现实需要。[20] 《民法典》第1232条规定侵权人承担"相应的"惩罚性赔偿的做法值得肯定。

但是,自由裁量并不意味着法官可以任意裁量,其判断仍需要合乎公正、合理的要求。在赔偿金的确定上,应为法官设置一定的考量因素。具体而言,法官应综合考虑下列因素:

1. 侵权人的主观恶性程度及应受道德谴责程度。基于过罚相当原则的要求,如果行为人存在多次故意污染环境、破坏生态的行为或经多次行政处罚仍屡教不改的,足见其主观恶性之大,其承担的赔偿责任也应更大。

2. 损害后果的严重程度。包括人身、财产损害以及纯生态环境损害,具体判断标准在损害后果认定部分已有阐述,在此不赘。

3. 侵权人承担责任的经济能力。如果赔偿数额严重超出侵权人的责任承担能力,不但在执行中不具可操作性,而且违反了惩罚的最低必要性要求,与赔偿金确定中应遵循的有效遏制原则相悖。

4. 侵权人因同一侵权行为已经承担的罚款、罚金等责任。惩罚性赔偿与

---

〔18〕 参见周骁然:《论环境民事公益诉讼中惩罚性赔偿制度的构建》,载《中南大学学报(社会科学版)》2018年第2期。

〔19〕 陈郁:《职业打假人将快过期食品藏超市 等过期买来索赔》,载新浪新闻中心,http://news.sina.com.cn/s/2015-07-01/061932050053.shtml。

〔20〕 参见白江:《我国应扩大惩罚性赔偿在侵权责任法中的适用范围》,载《清华法学》2015年第3期。

罚款、罚金都具有惩罚和威慑功能,那么在行为人承担完罚款、罚金责任后是否还需要承担惩罚性赔偿责任?惩罚性赔偿和罚款、罚金的区别主要体现在以下三方面:一是责任性质不同。惩罚性赔偿是民事责任,属私法范畴;罚款、罚金是行政责任、刑事责任,为公法规范的内容。二是金额归属不同。惩罚性赔偿作为民事责任,赔偿金一般不用上缴国库,罚款、罚金最终须上缴国库。三是功能不尽相同。尽管二者均有惩罚和威慑功能,但一方面,罚款、罚金往往限制经济赔偿的幅度,[21]使惩罚和威慑不足,而惩罚性赔偿金与威慑力相当即可;另一方面,惩罚性赔偿还具有罚款、罚金不具有的补偿和激励功能。因此,惩罚性赔偿和罚款、罚金属于不同的制度,且不存在功能上的重合,罚款、罚金的适用并不当然排除惩罚性赔偿的适用。但出于过罚相当原则和有效遏制原则的要求,如果同一违法行为同时满足惩罚性赔偿、罚款或罚金的成立要件,应注意不同措施的总体惩罚、威慑效果。[22]如果行为人承担的罚款或罚金已部分或全部实现惩罚和威慑效果,可适当降低甚至免除惩罚性赔偿责任。

5. 侵权人因侵权获利情况。依据有效遏制原则,如果侵权人因违法行为获利较大,相应的惩罚性赔偿力度也应加大,以使其得不偿失,遏制其行为。对于污染企业的获利情况,可通过其在排污期间所得利益确定,也可参照政府部门的统计数据,结合同区域类似企业的平均收益合理酌定。

此外,赔偿金数额的确定还需考虑侵权行为发生后侵权人的态度、整改情况等因素。为了防止法官自由裁量权的滥用以及增强裁判结果的公正性,法官应将上述心证过程公开,在判决书中将判处惩罚性赔偿金数额的正当性和合理性进行充分说理和论证。

再者,为增加司法的可操作性,满足适法统一的要求,除设置一定考量因素外,还可对赔偿金进行限制,设置一定的赔偿范围,如规定惩罚性赔偿金的数额不得超过实际损失的5倍。[23]赔偿金的计算以实际损害额为基数,其中纯生态环境损害数额的量化可参照《环境损害鉴定评估推荐方法(第Ⅱ版)》8.3有关生态环境损害的评估方法予以确定。

---

〔21〕 例如,2005年松花江水污染事件对加害者科以的100万元行政处罚已是法律规定的最高限。详见马腾:《我国生态环境侵权责任制度之构建》,载《法商研究》2018年第2期。

〔22〕 参见朱广新:《惩罚性赔偿制度的演进与适用》,载《中国社会科学》2014年第3期。

〔23〕 参见刘士国:《民法典"环境污染和生态破坏责任"评析》,载《东方法学》2020年第4期。

五、惩罚性赔偿金的归属及管理使用

(一)惩罚性赔偿金的归属

根据侵害对象的不同,惩罚性赔偿金的归属可分为以下两类:

1. 对因生态环境侵权造成损害的具体受害人,其作为原告诉请损害赔偿的同时,如果符合惩罚性赔偿条件的,有权要求侵权人承担惩罚性赔偿责任,所得赔偿金归其所有。这主要是因为重大生态环境侵权造成受害人的人身和财产损害往往无法由传统损害赔偿实现完全救济,惩罚性赔偿的适用可补偿无法按损害救济理论赔偿的那部分损害,体现其补偿功能。例如,生态环境侵权易引发受害人身体上的疼痛及精神上的痛苦,日本四大公害事件之一的"骨痛病事件"即为其例。骨痛病是由重金属镉污染所致,受害人往往关节疼痛、甚至全身疼痛,而这类人身伤害和精神损害往往因其不易测量而难以充分补偿。此外,将赔偿金判归受害人所有也可有效激励其积极维权,从而间接起到保护生态环境的作用。

2. 关于国家规定的机关或者法律规定的组织因纯生态环境损害提起公益诉讼或者生态环境损害赔偿诉讼胜诉后所得赔偿金的归属问题,司法实践做法不一。有的判决仅指出被告应赔偿环境污染损失和修复费用,未言明具体应赔给谁;〔24〕有的要求被告将相关费用付至政府管理下的环境公益诉讼救济专项资金账户;〔25〕有的要求将相关费用付至政府的财政专户;〔26〕有的则要求将款项付至法院的专项资金账户等。〔27〕

笔者认为,国家规定的机关或者法律规定的组织是代表公益进行的起诉,〔28〕目的在于保护环境公共利益,因而所获包括惩罚性赔偿金在内的金额也应归于公益,而非由上述诉讼主体享有。此类主体存在各自的利益诉求,如果将本属公益的赔偿金交由其管理和使用,不仅资金的使用效率低下,还易引发资金挪用、滥用风险。将所获赔偿金纳入生态环境专项基金应是最优选择,

---

〔24〕 如广东省潮州市中级人民法院(2018)粤51民初127号民事判决书、浙江省杭州市中级人民法院(2016)浙01民初1269号民事判决书、安徽省马鞍山市中级人民法院(2016)皖05民初113号民事判决书等。

〔25〕 如云南省高级人民法院(2010)昆环保民初字第1号民事判决书、云南省昆明市中级人民法院(2018)云01民初32号民事判决书、江苏省高级人民法院(2018)苏民终1316号民事判决书等。

〔26〕 如福建省高级人民法院(2019)闽民终115号民事判决书。

〔27〕 如浙江省嘉兴市中级人民法院(2015)浙嘉民初字第7号民事判决书、江西省新余市中级人民法院(2017)赣05民初23号民事判决书等。

〔28〕 在实践中,为准确反映此类诉讼主体与普通原告的区别,大量文书直接称之为"公益诉讼人"。

有利于实现专款专用。依据财政部等部门2020年3月印发的《生态环境损害赔偿金管理办法(试行)》,生态环境损害的赔偿权利人为相应行政区域内的省级、市地级人民政府,并指出环境民事公益诉讼的损害赔偿金及修复费用可参照该办法。因此,生态环境专项基金的主体应为相应行政区域内的省级、市地级人民政府,这也与目前司法裁判的多数做法相一致。

(二)惩罚性赔偿金的管理和使用

对于私益诉讼,惩罚性赔偿金归受害的原告所有,其可依自由意志对该资金进行管理和使用。

至于公益诉讼,所获赔偿金应由政府的生态环境专项基金依法统一管理和使用,并设置严格的管理使用规则,从而实现专款专用,赔偿金应主要用于生态环境的修复。[29] 此外,由于损害后果的潜伏性,生态环境侵权中往往出现部分受害人提起诉讼,而部分尚处于潜伏阶段的受害人未起诉的情形。[30] 如果后者潜伏期较长,等损害后果发生时已过诉讼时效的,则其损害无法得到救济,有违公平正义。再者,由于生态环境侵权往往存在大量受害人,如果任由受害人提起类似诉讼,也是对司法资源的极大浪费。针对上述情形,生态环境专项基金可实现对这类受害人的救济,满足条件的受害人可依申请方式获得相应补偿。

六、结语

《民法典》第1232条生态环境侵权惩罚性赔偿责任的创设贯彻了总则编绿色原则的要求,具有重大现实意义,但该条的正确适用有赖于法之解释。具体而言,第1232条的应然内容如下:其一,生态环境侵权惩罚性赔偿既能在私益诉讼中适用,又能在公益诉讼和生态环境损害赔偿诉讼中适用,请求权主体包括受害的私主体以及国家规定的机关或者法律规定的组织;其二,适用过错归责原则,主观状态限于故意;其三,损害后果包括"严重"的人身损害、财产损害和纯生态环境损害;其四,赔偿金的确定应遵循过罚相当原则和有效遏制原则,设置一定范围并赋予法官自由裁量权;其五,赔偿金的归属应依侵害对象的不同分别归受害人或者生态环境专项基金。

---

〔29〕《民法典》侵权责任编新增第1234条"修复生态环境"的责任承担方式,弥补了实践中判决修复生态环境需要借用"恢复原状"的不足,解决了环境公益诉讼缺乏实体法依据的弊端。

〔30〕参见唐红:《环境侵权诉讼中惩罚性赔偿制度之引入及其规制》,载《人民司法》2014年第21期。

学位论文选粹

《环境资源法论丛》
第13卷,第279~308页

环境保护公私协作契约的法律性质研究

魏　雨*

摘　要　围绕环境保护公私协作契约法律性质展开的理论论争主要形成了三种观点,即民事合同说、行政合同说与混合性质合同说。关于行政合同说,虽然环境保护公私协作契约的一方主体为政府,但契约主要体现的是政府与社会资本方基于意思自治的协商所达成的合意;且行政合同在我国未形成完善的法律规范体系,加之纠纷救济途径较少、行政诉讼的被告恒定等,非常不利于充分保障契约主体的合法权益。关于混合性质合同说,该类合同不属于我国法律规定的合同类型,缺乏法律依据,契约主体在解决纠纷时难以确定应选择民事途径还是行政途径,不利于契约纠纷及时、顺利解决,所以只存在理论上的可探讨性,在实践中并没有意义。民事合同说有其合理性,“双阶理论”与“科斯定理”均可为将环境保护公私协作契约定性为民事合同提供理论支撑。对实践而言,将环境保护公私协作契约定性为民事合同,有利于明确其法律适用、明晰其纠纷的解决路径、平等保护契约双方的合法权益、减轻民营企业参与环境保护公私协作的后顾之忧、促进环境保护公私协作中社会资本方的多元化,从而推动公私协作在环境保护领域的健康、稳定发展。

关键词　环境保护公私协作契约　民事合同　行政合同　混合性质的合同

* 魏雨,重庆大学法学院环境与资源保护法学专业博士研究生。本文为作者的硕士毕业论文(重庆大学法学院2019年),被评为“2020年重庆大学优秀硕士学位论文”“2020年度重庆市优秀硕士学位论文”。

环境保护公私协作是公主体通过与私主体订立环境保护公私协作契约这一形式将私主体引入到本应由公主体自行开展的环境保护项目当中,利用私主体在资本、专业知识、效率和灵活性等方面的诸多优势,与私主体形成一种分工合作、共担风险、共享收益的互补性伙伴关系,从而达到降低环境保护服务成本、提升环境保护服务品质、减少财政压力、提高环境保护绩效的目的。环境保护公私协作中最主要的两大主体是政府(公主体)和社会资本方(私主体),二者之间以环境保护为主要内容订立的协作契约作为环境保护公私协作的基础,对环境保护公私协作的顺利推进具有极为重要的保障作用。但是,环境保护公私协作契约的法律性质尚在争议之中,这就使之成为一把"双刃剑",因为没有合适的法律制度对其加以规范和约束,使其在实践中不仅无从发挥功能和价值,严重的甚至还会增加政治、社会和经济的风险。尤其是社会资本方本身就会因为顾忌一贯拥有较为强势地位的政府作为契约的一方主体而心生压力,再加上契约法律性质不明所导致的契约的签订、履行与契约纠纷的处理和权益的救济没有体系化、规范化机制等问题带来的不安全感,势必会给社会资本方参与环境保护公私协作的信心与积极性带来沉重打击,良性的竞争环境难以形成,严重阻碍环境保护公私协作的推进与发展,无论是对政府而言还是对于社会资本方来说都是非常不利的。因此,为了减少由于环境保护公私协作的法律配套设施不齐备而引发的制度性障碍,亟须明确环境保护公私协作契约的法律性质,根据契约的法律性质就可以对应找到契约的签订、履行以及违约救济等具体事项的法律依据,从而充分保障契约主体的合法权益。

一、环境保护公私协作契约的法律性质论争

(一)环境保护公私协作契约的概念与类型

1. 环境保护公私协作契约的概念

由于环境保护公私协作是公私协作模式在环境保护领域的具体实践与运用,所以,要理解环境保护公私协作契约的概念,应当从分析公私协作的概念入手。公私协作简称"PPP",是指公主体与私主体之间在社会基础设施建设、社会公共产品和服务供应等方面形成的合作伙伴关系。通常认为,公私协作来源于英国的"公共私营合作"机制。公私协作中的公主体是指各级政府,而私主体是指社会资本方。合同的内容是基于合同双方主体的自由意志形成的,法律仅仅是对合同的订立、履行等作出了框架性的规范。换言之,合同是一种由自律性的规范所形成的工具,因此特别适合运用在公私合作领域。公

私协作中公主体与私主体之间为形成相互合作关系，最终达到互利共赢的结果而签订的明确各自权利与义务、约束双方行为的协议，就是公私协作契约，简称“PPP 合同”，是公私协作的基础。根据我国财政部出台的《政府和社会资本合作模式操作指南（试行）》（已失效）第 11 条第 5 项的规定，“PPP 合同”并非单纯的一个合同，而是一个合同体系，包括项目合同、股东合同、融资合同、工程承包合同和保险合同等，其中居于核心地位的是公私协作项目合同。因此，公私协作契约具有广义与狭义之分，从广义上来说，公私协作契约不仅是一个合同，而且是一个“合同体系”，包括项目合同、股东合同、保险合同等；从狭义上来说，公私协作契约仅仅是指这一“合同体系”中最为核心的项目合同，即仅仅是指由政府和社会资本方作为契约主体，为明确合作中的权利义务而订立的合同。显而易见的是，“合同体系”中的股东合同、融资合同、保险合同等都是平等的民事主体之间订立的民事合同，所以法律性质并不存在争议，不在本文的讨论之列。而本文要讨论的只是狭义上的公私协作契约，即政府与社会资本方之间订立的公私协作项目合同。因此，在本文中，公私协作契约是指政府和社会资本方为明确在合作中各自应当享有的权利和承担的义务，就基础性设施建设或公共产品和服务供应等事项达成的合作协议。

环境保护是一项耗资巨大、周期漫长且对技术水平要求颇高的系统工程，政府受到自身人力、物力、财力与技术水平的限制，往往并不能达到很好的环境保护公共服务效果。社会资本方是在充分的市场竞争中慢慢发展起来的，正好在政府所欠缺的方面拥有比较优势。因此，政府以环境保护公私协作契约的形式将社会资本引入环境综合治理、生态修复、污水及垃圾处理等环境保护公共服务领域，有利于弥补其自身的缺陷，为环境保护公共服务提供更为充实的资金、技术支持。同时，社会资本方加入本应由政府主导的环境保护公共服务领域，不仅有利于在降低环境保护公共服务成本的同时提高环境保护公共服务的效率，还有利于刺激环境保护公共服务领域市场竞争机制的形成，从而更好地驱动环境保护公私协作主体追寻风险分散、成本降低、优势互补的合作途径。[1] 环境保护公私协作的内容主要包括环境污染的治理、生态环境的修复以及环境保护公共产品、公共服务的供给等。因此，在本文中，环境保护公私协作契约是指，政府与社会资本方之间为明确各自在环境保护合作中应当享有的权利与应当承担的义务，就环境污染治理、生态环境修复以及环境保

〔1〕 参见句华：《公共服务中的市场机制：理论、方式与技术》，北京大学出版社 2006 年版，第 43~51 页。

护公共产品、公共服务供给等事项达成的合作协议。

2. 环境保护公私协作契约的类型

在理论研究中,有学者将特许经营协议等同于公私协作契约,但是实际上特许经营协议与公私协作契约并不能完全等同,因为特许经营协议只是公私协作契约的一种类型而已。根据国家发改委《关于开展政府和社会资本合作的指导意见》(2014年)第三部分关于操作模式选择的规定,以付费方式为标准,政府和社会资本合作项目的模式可以分为三种类型,即由使用者付费型的经营性项目、由政府付费型的非经营项目、由使用者付费与政府一定补贴相结合的准经营性项目。根据该指导意见中对每一种政府与社会资本合作项目模式所下的定义,可以看出:在使用者付费型的经营性项目中,政府与社会资本方订立的契约是一种特许经营协议;在政府付费型的非经营项目中,政府与社会资本方订立的契约是一种政府购买服务的合同;在使用者付费与政府一定补贴型的准经营性项目中,政府与社会资本方订立的契约部分属于特许经营协议,部分属于政府购买服务的合同。因此,将环境保护公私协作契约与该规定中的政府和社会资本合作项目模式的分类相结合,环境保护公私协作契约主要可分为两种类型,即环境保护特许经营协议与政府购买环境保护服务的合同。

第一,环境保护特许经营协议。特许经营的定义源于国家发改委等部门联合发布的《基础设施和公用事业特许经营管理办法》(2015年)第3条的规定,特许经营的本质是一种行政主体的行为,其具体内容是:采取公平竞争的方式(如招投标等),选择出合适的社会资本方,而后授予该被选出的社会资本方一定的建设经营权;而被授权的社会资本方应当承担在特定的时间与范围内对本该由政府开展的项目进行投资、建设和运营的义务,同时享有从项目的运营中取得相应利益回报的权利。根据该特许经营的定义,环境保护特许经营协议可以理解为:政府与其采用公平竞争的方式选出的合适的社会资本方之间为明确双方享有的权利和承担的义务而订立的环境保护基础设施和公用项目的投资、建设和运营合同。

第二,政府购买环境保护服务的合同。政府购买服务的定义源于财政部等部门《政府购买服务管理办法(暂行)》(已失效)第2条的规定,政府购买服务的本质是一种行政主体的行为,行为的具体内容是:利用市场机制,选出具备条件的市场主体,把本应该自行提供的一些基础设施或者服务项目通过合同的形式转交给该被选出的市场主体承接建设,再根据合同向市场主体支付相应费用。根据该政府购买服务的定义,政府购买环境保护服务的合同可以理解为:政府与其采用市场机制选出的具备条件的社会资本方之间为明确双方享有的权利和承担的义务而订立的环境保护基础设施或者公共服务供给合同。

(二)环境保护公私协作契约法律性质论争概况

目前,还没有出现直接以环境保护公私协作契约的法律性质作为研究主题的学术论文,但是以公私协作契约("PPP合同"、特许经营协议等)的法律性质作为研究主题的文章数量较多。由于环境保护的公私协作是公私协作在环境保护领域的充分实践与具体运用,所以,诸多关于公私协作契约法律性质的研究足以为本文对环境保护公私协作契约法律性质的研究提供坚实的研究基础和有力的研究借鉴。关于公私协作契约法律性质的研究,主要形成了三种具有典型意义的观点,即民事合同说(又称私法性质说)、行政合同说(又称公法性质说)与混合性质合同说(又称公私混合性质说)。民事合同说的代表性学者主要有周兰萍、〔2〕吴中兵、〔3〕于安〔4〕等;行政合同说的代表性学者主要有李莹莹、〔5〕崔建远、〔6〕闫拥军〔7〕等;混合性质合同说的代表性学者主要有湛中乐、刘书燃、〔8〕孙南申〔9〕等。

1. 民事合同说

民事合同是平等的主体之间根据意思自治所达成的合意而签订的协议,赞同民事合同说的学者认为:环境保护公私协作强调的是合作,所以其倡导的并非一种行政主体与行政相对人之间的行政管理关系,而是一种合作、共赢、风险共担的长期伙伴关系。因此,在环境保护公私协作契约中,政府虽然是公主体,但是其身份并非代表管理与强权的行政主体,而是与社会资本方平等的民事主体。换言之,在环境保护公私协作契约中,政府与社会资本方是处于平等地位的,契约中双方的权利与义务是通过双方的协商谈判确定的,能否订立环境保护公私协作契约是出于双方的意思自治,无论是政府还是社会资本方都有权利同意或者拒绝签订契约。〔10〕环境保护公私协作契约是一种民事合

〔2〕 参见周兰萍:《PPP的法律性质何在》,载《施工企业管理》2014年第9期。

〔3〕 参见吴中兵:《PPP项目支出与政府债务问题研究》,载《宏观经济管理》2018年第7期。

〔4〕 参见于安:《我国PPP合同的几个主要问题》,载《中国法律评论》2017年第1期。

〔5〕 参见李莹莹:《PPP合同法律性质探析》,载《理论导刊》2016年第5期。

〔6〕 参见崔建远:《行政合同族的边界及其确定根据》,载《环球法律评论》2017年第4期。

〔7〕 参见闫拥军:《完善PPP立法可"定分止争"》,载《新理财(政府理财)》2018年第10期。

〔8〕 参见湛中乐、刘书燃:《PPP协议中的法律问题辨析》,载《法学》2007年第3期。

〔9〕 参见孙南申:《PPP模式投资风险的法律规制》,载《国际商务研究》2018年第3期。

〔10〕 参见邓小鹏等:《基于行政法学角度的PPP合同属性研究》,载《建筑经济》2007年第1期。

同,理由包括以下三点。

第一,就契约的目的而言,环境保护公私协作契约中私人利益占据主导地位。虽然环境保护公私协作的终极目的是维护公共环境利益,但是环境保护公私协作契约的签订是政府与社会资本方进行公平交易的结果,即政府将一定的有关环境保护的设施、服务收益权与社会资本方较为充足的资本、成熟的技术水平和积累的丰富经验进行交换——一定程度上可以视为"物物交换",并且双方按照各自对风险的控制和影响能力合理地分担风险,这很显然是一种民事行为。换言之,政府与社会资本方参与环境保护公私协作的动机都是出于考虑自身需要,目的是追求一种双赢的结果,建立的是一种平等合作的伙伴关系。所以,契约不仅涉及环境保护这一社会公共利益,更多则体现了社会资本方追求合理回报的私人利益。

第二,就契约的主体地位而言,环境保护公私协作契约中政府与社会资本方处于平等的法律地位。对社会资本方来说,尽管在环境保护公私协作项目实施前需要对一些流程性的事项进行前置性的审批,但程序性的审批内容并不会对契约内容产生实质性的影响。因为行政审批发生在契约订立之前,虽然审批的内容可能会变成契约的条款,但是社会资本方如果认为不能接受这些条款,可以选择不与政府订立契约。一旦社会资本方选择与政府订立契约,就说明其接受了这些审批要求,政府和社会资本方将根据契约中的条款来划分各自的权利义务,受到契约的平等保护和约束。虽然在环境保护公私协作中政府具有双重身份,即环境保护公私协作的监管者和环境保护公私协作契约的一方主体,但环境保护公私协作契约充分体现了双方的自由意志,是双方达成共识后的共同选择。因此,环境保护公私协作契约充分体现出了政府与社会资本方基于意思自治达成合意的含义以及地位的平等性。

第三,就契约的内容而言,环境保护公私协作契约中政府与社会资本方的权利义务基本对等。在环境保护公私协作契约中,政府与社会资本方约定了在有关环境保护基础设施的建设、环境保护公共服务的提供等事项中各自应当享有的权利与承担的义务。一方面,政府为了弥补自身在提供环境公共服务方面的高成本、低效率的缺陷引入社会资本方,向其让渡一定的权力,另一方面,得到政府让渡的一定权力的社会资本方则携带自身的资金、技术、专业的设备与充足的经验等参与到环境保护公私协作中,并且可以取得自身能够接受的合理回报与收益。因此,在环境保护公私协作契约中,政府与社会资本方均享有一定的权利、承担一定的义务,且双方的权利义务是基本对等的。

2. 行政合同说

行政合同又可以称为行政契约或者行政协议，是一种行政主体与行政相对人之间经协商一致就有关事项达成的协议，目的是实施行政管理。[11] 行政合同的双方分别是行政主体与行政相对人，其中行政主体居于强势地位，行政相对人居于弱势地位，与民事合同具有明显的区别。学界关于行政合同主要体现的是行政权力还是契约自由性的争论还没有停止，但是不可否认的是行政合同是一种公法私法化的典型代表，同时也深刻体现了契约自由原则对公法领域的逐渐渗透。赞同行政合同说的学者认为：环境保护公私协作契约中所体现的契约自由原则可以弱化行政行为的强制性，在合理范围内体现行政优先性的同时也强调契约的一些特性，比如协商性、沟通性、合意性与平等性，这可以促使政府与社会资本方的积极性与主动性得到充分发挥，将行政手段与合同手段相结合，有利于提高环境行政效率。环境保护公私协作契约是一种行政合同，理由包括以下三点。

第一，就契约的目的而言，环境保护公私协作契约中公共利益占据主导地位。环境保护公私协作的本质是政府为了实现环境保护行政管理目标，而通过互惠合作的契约手段，将具备资金、技术、经验等优势的社会资本方引入环境污染治理、生态修复以及环境保护公共产品提供的活动中，契约的形成是以政府的政策为基础的，契约的目标是促进环境保护效率的提高。所以，政府与社会资本方订立契约的目标是实现环境行政管理，在于维护环境公共利益，公益性质非常明显。因此，环境保护公私协作中的公共利益是占据主导地位的。此外，为了阻止公共部门的行政职责向“私法逃逸”，也应当把环境保护公私协作契约中政府所代表的利益确定为公共利益，因为只有这样才能够保证政府在任何情况下都对公共产品服务的提供与监督负最终责任。[12]

第二，就契约的主体地位而言，环境保护公私协作契约中政府与社会资本方的法律地位具有不平等性。环境保护公私协作契约的主体是政府与社会资本方，政府作为行政管理机构，一般是代表环境公共利益参与到环境保护公私协作契约中的。政府有权力对与环境保护公私协作契约相关的一系列活动进行监督和管理，社会资本方也应当接受政府的监管，严格按照法律的规定与契

〔11〕 参见刘莘、马怀德、杨惠基主编：《中国行政法学新理念》，中国方正出版社1997年版，第69～70页。

〔12〕 参见陈宁：《PPP模式背景下行政法的变革与重构——基于保障公共利益的视角》，载《河北经贸大学学报（综合版）》2016年第2期。

约的约定履行所应承担的义务。同时,政府也因为行政主体的特殊身份和职能在契约中享有一定的行政权力。因此,很难将契约中政府的身份视为一个与社会资本方平等的民事主体。所以,政府与社会资本方的地位在环境保护公私协作契约中是不平等的,政府作为行政主体明显居于强势地位,这符合行政合同的特征。

第三,就契约的内容而言,环境保护公私协作契约中政府与社会资本方的权利义务不完全对等。环境保护公私协作中的"公"其实就表明了环境保护公私协作不可避免地会伴随政府的多种行政行为,而且这些行政行为也体现在环境保护公私协作契约中,如环境保护特许经营权的授予、税收优惠以及价格调整等。如果社会资本方不接受这些行政行为就无法与政府订立契约,因此,政府运用行政权力单方面对社会资本方形成了一定的限制。社会资本方想要参与到环境保护公私协作项目中,就要接受政府设定的各种限制,达到政府要求的各种条件。而且,政府可能会出于维护环境公共利益的目的而为社会资本方设定各种义务,并有权在必要时提前收回项目等。所以,在契约中社会资本方受到更多的限制和约束,环境保护公私协作契约中政府与社会资本方的权利义务是不完全对等的。

3. 混合性质合同说

混合性质具体是指混合了公法性质与私法性质,即兼具民事合同和行政合同的部分属性。混合性质合同说的提出是对公法与私法固有界分的突破,因为这一观点将环境保护公私协作契约作为民事合同对社会资本方合法权益保护的有益性与环境保护公私协作契约作为行政合同对于政府在行政管理上的便利性相结合进行考虑,不再纠结于民事合同与行政合同划分。坚持混合性质合同说的学者认为,环境保护公私协作契约既不是单纯的民事合同也不是单纯的行政合同,因为契约中包含有两层关系:政府与社会资本方之间的买卖合同关系,即民事法律关系;政府与社会资本方之间的管理与被管理关系,即行政法律关系。环境保护公私协作契约是一种混合性质的合同,理由包括以下三点:

第一,行政法律关系与民事法律关系可以共存,混合性质的合同拥有存在的空间。行政法律关系与民事法律关系并不是非此即彼不可共存的,因为在环境保护公私协作契约中,政府不可避免地具有双重身份:一是行使公权力的行政主体;二是进行民商事交易的民事主体。政府是行政主体时其行为就应当受到公法的规制,政府是民事主体时其行为就应当受到私法的调整。在环境保护公私协作契约中，政府一方面保留了一定的公权力，另一方面又要受到契约的限制，承担一定的风险。[13] 因此，政府在契约中的双重身份决定了政府的行为既可以受到公法的规范也可以受到私法的调整，行政法律关系与民事法律关系在环境保护公私协作契约中是可以共存的。所以，尽管混合性质的合同并非法定的合同类型，但是仍然拥有存在的空间。

第二，民事合同说的局限性。民事合同说虽然揭示了环境保护公私协作契约所具有的私法属性，体现了对契约中平等性与合意性的重视，但是忽略了环境保护公私协作契约的目的是保护环境，这是一种公共利益。由于民事合同一般只受私法原则的约束与契约自由原则的支配，所以将环境保护公私协作契约定性为民事合同不能够充分保护公共利益。此外，环境保护公私协作契约的一方主体是政府，履行的是行政管理职能，居于强势地位，其行为应当受到行政法律规范的约束，因此环境保护公私协作契约具有行政合同的性质。所以，不能单纯地将环境保护公私协作契约定性为民事合同，这样是非常片面的。

第三，行政合同说的局限性。与民事合同说相对应，行政合同说过分强调了政府在环境保护公私协作契约中的公权力，而忽略了社会资本方所掌握的自由选择权。比如，社会资本方有权利选择参不参与环境保护公私协作项目，如果社会资本方不愿意参与项目，政府不能强迫；社会资本方还可以在不违反法律规定的情况下选择自己认为合适的方式来完成所承担的环境保护任务，政府不可以随意地要求社会资本方更改完成环境保护任务的方式。虽然不可否认的是，环境保护公私协作契约中社会资本方在一定程度上受到了政府公权力的压制，但是社会资本方在行为上的自由空间仍然要比在行政合同中的行政相对人大很多。因此，不能单纯地将环境保护公私协作契约定性为行政合同，这样是非常片面的。

（三）环境保护公私协作契约法律性质论争缘由

1. 立法上的矛盾

目前，我国出台的法律法规、规范性文件中并没有对环境保护公私协作契约的法律性质作出直接规定，但是其中有部分（见表1）关于特许经营协议法律性质、公私协作契约或特许经营协议争议解决方式的规定，可以为环境保护公私协作契约的定性提供一些参考。

---

[13] 参见邓敏贞：《公用事业公私合作合同的法律属性与规制路径——基于经济法视野的考察》，载《现代法学》2012年第3期。

表1　立法上有关契约法律性质的规定

类别	名称	颁发部门	颁发时间	具体条款	性质
法律	《行政诉讼法》	全国人大	2017年6月	第12条第11项	行政合同
	《政府和社会资本合作法(征求意见稿)》	全国人大常委会	2016年4月	第49条	民事合同
司法解释	《关于适用〈中华人民共和国行政诉讼法〉若干问题的解释》(已失效)	最高人民法院	2015年4月	第11条	行政合同
行政法规	《基础设施和公共服务领域政府和社会资本合作条例(征求意见稿)》	国务院	2017年7月	第40条	民事合同
部门规章	《基础设施和公用事业特许经营管理办法》	国家发改委等六部委	2015年4月	第49条	民事合同
	《市政公用事业特许经营管理办法》	原建设部	2015年5月	第29条	民事合同
规范性文件	《政府和社会资本合作项目政府采购管理办法》	财政部	2014年12月	第22条第2款	民事合同
	《政府和社会资本合作项目通用合同指南》	国家发改委	2014年12月	第73条第3款	民事合同

注:表格中所罗列的有关环境保护公私协作契约性质规定的法律法规、规范性文件中,除最高人民法院《关于适用〈中华人民共和国行政诉讼法〉若干问题的解释》直接将特许经营协议定性为行政合同外,其他均未直接对环境保护公私协作契约、公私协作契约的法律性质进行规定,故而表格中得出的"性质"是根据纠纷的解决方式即采取行政救济途径还是民事救济途径所推断出来的。

通过表1对与公私协作契约或特许经营协议法律性质有关的法律规章或规范性文件的梳理,可以看出,我国目前关于公私协作契约或特许经营协议法律性质的规定存在明显的矛盾。比如,根据最高人民法院《关于适用〈中华人民共和国行政诉讼法〉若干问题的解释》(已失效)第11条的规定,环境保护特许经营协议是一种行政合同,但是根据2016年《政府和社会资本合作法(征求意见稿)》第49条规定的民事诉讼或仲裁的契约争议解决方式可以推知环境保护公私协作契约是一种民事合同。虽然该法现在(截至2020年9月)仍处于征求意见阶段,但是其与2015年最高人民法院《关于适用〈中华人民共和国行政诉讼法〉若干问题的解释》(已失效)之间关于环境保护公私协作契约法律性质的矛盾规定足以引起理论界不小的争议。所以,环境保护公私协作契约到底是民事合同还是行政合同,无法得出结论,这是造成理论界对于环境保护公私协作契约法律性质争议的原因之一。

2. 司法上的冲突

司法实践中不乏对(环境保护)公私协作契约的法律性质产生争议的案例,但是由于有关公私协作契约法律性质的法律规定存在矛盾之处,直接导致司法实践中关于(环境保护)公私协作契约法律性质的认定存在冲突。本文选取部分案例如下(见表2)。

表2 司法实践中部分涉及契约法律性质的案例

年份	案件名称	法院层级	契约性质
2014	和田市人民政府与和田天瑞燃气有限公司等合同纠纷案①	最高人民法院	行政合同
2015	北京国润水清环境工程有限公司诉钦州市人民政府变更特许经营协议案②	中级人民法院	行政合同
2017	渭南民东新能源有限责任公司不服大荔县住房和城乡建设局解除行政协议决定纠纷案③	基层人民法院	行政合同
2014	北京北方电联电力工程有限责任公司与乌鲁木齐市交通运输局合同纠纷案④	最高人民法院	民事合同
2015		高级人民法院(发回重审)	民事合同
2010	阳江市海陵岛经济开发试验区管理委员会与阳江市新科实业投资有限公司合同纠纷上诉案⑤	高级人民法院	民事合同
2015	河南新陵公路建设投资有限公司与辉县市人民政府管辖纠纷案⑥	最高人民法院	民事合同

①最高人民法院(2014)民二终字第12号民事裁定书。

②参见广西壮族自治区钦州市中级人民法院(2015)钦行初字第2号行政判决书。

③参见陕西省蒲城县人民法院(2017)陕0526行初1号行政裁定书。

④参见最高人民法院(2014)民二终字第40号民事裁定书、新疆维吾尔自治区高级人民法院(2015)新民二初字第23号民事判决书。

⑤参见广东省高级人民法院(2010)粤高法民二终字第43号民事判决书。

⑥参见最高人民法院(2015)民一终字第244号民事裁定书。

通过对部分(环境保护)公私协作案件的梳理,可以判断出有的法院认为(环境保护)公私协作契约是行政合同,有的法院认为(环境保护)公私协作契约是民事合同,因此,对其法律性质的认定并没有统一的标准。特别值得注意的是,根据《行政诉讼法》第12条第11项的规定,因(环境保护)特许经营协议的相关事项发生的争议属于行政诉讼的受案范围;最高人民法院《关于适用〈中华人民共和国行政诉讼法〉若干问题的解释》也已经将(环境保护)特许经营协议定性为行政合同,但是包括最高人民法院在内的各级人民法院仍不乏将(环境保护)特许经营协议定性为民事合同的案例。所以,出于某些原因,司法实践中对将(环境保护)特许经营协议定性为行政合同的规定并未完全认可,导致司法上关于契约性质认定的冲突。因此,环境保护公私协作契约属于民事合同还是行政合同,无法得出结论,这也是造成理论界对于环境保护公私协作契约法律性质争议的原因之一。

二、环境保护公私协作契约法律性质的"破"

(一)行政合同说之"破"

根据行政合同说,环境保护公私协作契约应当被定性为行政合同,主要有如下三个原因:其一,就契约主体地位而言,环境保护公私协作契约的政府与社会资本方的地位具有不平等性,政府掌握行政权力居于强势地位;其二,就契约目的而言,环境保护公私协作契约的目的是维护环境公共利益,具有明显的公益性;其三,就契约的内容而言,环境保护公私协作契约并非基于意思自治,政府拥有行政权力,社会资本方作出了更多的妥协让步。而民事合同说正好也是从契约的主体地位、契约的目的以及契约的内容这三个方面佐证了将环境保护公私协作契约定性为民事合同的合理性,此处不再赘述。本文认为行政合同说存在不完善的地方,若将环境保护公私协作契约定性为行政合同,政府在合同中具备的强势地位会为社会资本方造成较大的压力,打击社会资本方参与环境保护公私协作的积极性,降低环境保护公私协作对社会资本方的吸引力,阻碍环境保护公私协作的发展。因此,本文并不赞同环境保护公私协作契约是一种行政合同的观点,其主要原因包括以下三点。

1.环境保护公私协作契约并不完全符合行政合同的特点。第一,环境保护公私协作契约中体现了政府与社会资本方的意思自治。虽然契约中政府保留了一些权力,但是并不能就此否定社会资本方基于意思自治而选择与政府进行合作的事实。如果社会资本方不接受契约中政府所保留的权力,可以选择拒绝交易或者放弃签约,但是既然社会资本方选择与政府开展环境保护公私协作并订立契约,就表示其已经经过了充分的思虑和准备,认为契约中的行政权力是可以接受的。基于此,可以断定,契约中政府所保留的权力是被拥有意思自治的社会资本方所接受的,并非一种政府行使行政权力的体现。第二,环境保护公私协作契约中政府与社会资本方之间是一种平等的民商事交易关系。不可否认的是，环境保护公私协作中政府的身份具有双重性，除契约主体外还是监管者，但是不能因为政府的身份之一是监管者就认定在契约中政府与社会资本方之间是一种行政管理关系。实际上，政府负有的对环境保护公私协作的监管职责并不会影响其作为民事契约的主体。环境保护公私协作契约可以简单理解为政府向社会资本方购买有关环境保护的产品或服务、社会资本方会获得合理回报的"买卖合同"，呈现的是一种平等的交易关系。所以，在环境保护公私协作契约中体现了政府与社会资本方之间的民商事交易关系。第三，政府通过环境保护公私协作而实现优化环境保护公共服务职能的目的，实际是独立于环境保护公私协作契约之外的目的。因此，环境保护公私协作契约是基于契约主体意思自治而达成的一种协议，更倾向于民商事性质，并不完全符合行政合同的特点。

2. 将环境保护公私协作契约定性为行政合同，对政府存在诸多不利之处。第一，对于政府而言，若将环境保护公私协作契约定性为行政合同，则在政府与社会资本方发生纠纷或者政府的合法权益遭到社会资本方的侵害后，因为政府是行政诉讼中恒定的被告，所以其不能提起行政诉讼。因此，政府丧失了通过司法途径解决纠纷、救济自身在环境保护公私协作契约中受到损害的合法权益的主动性、可能性。第二，将环境保护公私协作契约定性为行政合同，政府不能通过司法途径维护自身的合法权益，所以契约中一旦出现社会资本方违约等损害政府利益的情况，政府只能通过行使行政优益权来达到解决纠纷、维护权益的目的。例如，径行依据法律规定或协议约定对社会资本方实施罚款、责令停产停业等制裁措施。但是，令人担忧的是，行政优益权在我国尚是学理上的概念，缺乏明确具体的法律依据，这种情况可能会使政府陷入两种极端倾向：一则政府行使行政优益权的行为可能因为无法得到有效规范，造成滥用的后果；二则政府可能因为没有明确的行政优益权行使方式而不知道如何运用行政优益权，于是直接选择不作为。不仅如此，甚至还有可能因为政府行使行政优益权的方式不恰当而损害社会资本方或者其他主体的合法权益，从而进一步产生不必要的争议。因此，政府通过行使行政优益权的方式来解决契约纠纷、救济权益，不但不利于树立政府形象、缓和社会矛盾、维持社会安定，而且还有可能损害政府公信力，造成各种资源的浪费。这些影响显然是有悖于政府开展环境保护公私协作初衷的，对于政府来说也是非常不利的。

3. 将环境保护公私协作契约定性为行政合同，对社会资本方存在诸多不利之处。第一,对于社会资本方而言,若将环境保护公私协作契约定性为行政合同,政府既是环境保护公私协作的监管者,也是环境保护公私协作契约中的行政主体,拥有双重的强势身份,会给社会资本方形成巨大的心理压力。在这种情况下,政府也很容易利用行政权力干预环境保护公私协作契约的签订、履行等,甚至还有可能为了满足自身需要而单方面低成本地终止、解除契约,致使社会资本方的合法权益无法得到保障。第二,环境保护公私协作契约发生纠纷后,社会资本方只能采取申请行政复议或者提起行政诉讼等途径救济自身被损害的合法权益,不仅救济途径较少而且会给社会资本方带来不必要的风险。原因在于:一则行政复议并非解决契约纠纷的一个良好途径,因为在行政复议中,政府的角色类似于既是"运动员"也是"裁判员",因此很难保证可以做到公平公正地解决纠纷,对于社会资本方权利的救济是非常不利的。二则行政诉讼被称为"民告官",不为广大社会资本方所熟悉,本身就会给社会资本方造成一定的心理压力,加上管辖法院的级别较低,受到行政权力干扰的可能性大,案件很难得到公正的裁决。因此,社会资本方作为原告取得胜诉的可能性较小,极大地损害了社会资本方的合法权益。

综合以上分析,环境保护公私协作契约并不完全符合行政合同的特征,而且将环境保护公私协作契约定性为行政合同契约的主体——无论是政府还是社会资本方都存在诸多的不利之处,会对公私协作在环境保护领域的发展造成阻碍。因此,不宜将环境保护公私协作契约定性为行政合同。

(二)混合性质合同说之"破"

根据混合性质合同说,环境保护公私协作契约应当被定性为混合性质的合同,主要有如下三个原因:其一,混合性质的合同虽然并非法律规定的合同类型,但是拥有存在的空间;其二,民事合同说具有局限性,没有体现环境保护公私协作契约中的政府与社会资本方之间的行政管理关系;其三,行政合同说具有局限性,没有体现环境保护公私协作契约中政府与社会资本方的平等交易性、意思自治性。本文认为,混合性质合同说存在不完善的地方,虽然混合性质合同说既体现了公法的特点也包含私法的特点,但是公法与私法的固有界分会使二者之间存在矛盾,且混合性质合同说回避了公共利益与私人利益在运行中该如何兼容的问题,可能会使契约的主体在发生纠纷时无法寻求救济。所以,虽然理论上混合性质的合同具有可探讨性,但是将环境保护公私协作契约定性为混合性质的合同对于实践而言并没有确切的价值,甚至会产生法律无法适用、纠纷诉求无门的困境。因此,本文并不赞同环境保护公私协作契约是一种混合性质的合同的观点,其主要原因包括以下三点。

1. 从契约的法律适用上来说,将环境保护公私协作契约定性为混合性质的合同无对应的法律依据。混合性质的合同既非单纯的民事合同,亦非单纯的行政合同,其中包含民事法律关系与行政法律关系,我国目前的合同法律体系中并不包含此种类型的合同,因此并没有相关的法律法规对其加以规范,难以适用法律。当然,支持混合性质合同说的学者们认为混合性质的合同在适用法律时可以先对其中的民事法律关系与行政法律关系进行区分,再分别适用不同性质的法律进行规范。但是,这种先行区分契约中的法律关系性质再进行法律适用的方式存在诸多弊端:第一,在混合性质的合同中相互交织的民事法律关系与行政法律关系的区分本身就存在一定的难度,若区分不当,最终可能导致环境保护公私协作契约法律适用混乱甚至无法适用法律的局面,必然会损害契约主体的合法权益。第二,在适用法律之前对混合性质合同中的民事法律关系与行政法律关系进行区分的环节无疑会增加环境保护公私协作的成本,不仅加重契约主体的负担,还会导致环境保护公私协作效率的降低。这很明显既不符合政府开展环境保护公私协作的目的,也不符合社会资本方加入环境保护公私协作的目的。因此,混合性质合同法律适用的不明确性对于契约主体以及环境保护公私协作的开展都是极为不利的。

2. 从契约主体的权益保障上来说,混同性质的合同不利于保护政府与社会资本方的合法权益。第一,对政府而言,将环境保护公私协作契约定性为混同性质的合同,出现契约纠纷后政府在选择权利救济途径时容易摇摆不定、难以抉择。因为混合性质的合同没有对应的法律规范,故而无法找到具体的纠纷解决路径,政府不知到底该寻求民事诉讼或仲裁途径还是直接行使行政优益权救济被侵害的权益,直接导致契约纠纷无法及时解决,政府的合法权益难以得到及时的救济。第二,对社会资本方而言,将环境保护公私协作契约定性为混合性质的合同会为其带来巨大的法律风险,失去了明确的法律规定作为坚实后盾的社会资本方显然有被突破最后防线的危机感。同时,将环境保护公私协作契约定性为混合性质的合同无异于为政府对环境保护公私协作的任意干预提供了"挡箭牌",无形中拓宽了政府权力滥用的空间,增加了社会资本方合法权益被侵害的可能性。此外,在司法实践中,由于混合性质的合同没有明确的法律依据,社会资本方在契约发生纠纷后可能会面临维权无门的局面。即使起诉到法院,法院也可能因为无法判断契约性质而难以确定应当由民事庭还是行政庭来对案件进行审理,社会资本方被损害的合法权益无法得到救济。

3. 从实践来说,将环境保护公私协作契约定性为混合性质的合同不利于环境保护公私协作的推动和发展。在司法实践中,政府或者社会资本方在混合性质的合同发生纠纷后诉至法院,法院要对该合同纠纷案件进行审理,首先要解决的问题是对混合性质合同中的民事法律关系与行政法律关系进行识别,并判断纠纷的发生是由合同中的民事因素引起的还是行政因素引起的,才能明确纠纷的解决应当适用民事诉讼程序还是行政诉讼程序,而后才能正式开始解决纠纷。并且,如果政府因与社会资本方发生合同纠纷诉至法院,但是法院发现纠纷是由行政因素引起的,此时法院是无法解决这一由政府诉至法院的合同纠纷的。因为这属于行政诉讼的受案范围,而政府在行政诉讼中不能作为原告,其身份只能是恒定的被告。这不仅会给政府与社会资本方带来困扰,还会为司法机关以及司法工作人员带来诸多负担,阻碍了司法作用的发挥,不利于引导社会实践,还会造成司法资源的无端浪费。此外,混合性质的合同在产生纠纷后诉至法院,由于该合同的真正法律性质模棱两可,可能导致民事庭与行政庭二者之间因为没有明确的法律依据而不愿接手、相互推诿。因此,混合性质的合同在理论上具有的可讨论性并不能代表其在实践中的可操作性,将环境保护公私协作契约定性为混合性质的合同会为实践带来许多复杂的问题。

综合以上分析,将环境保护公私协作契约定性为混合性质的合同不仅会导致法律的无法适用,而且不利于对政府与社会资本方合法权益的保护,还会为环境保护公私协作的实践带来诸多不利影响。因此,不宜将环境保护公私协作契约定性为混合性质的合同。

三、环境保护公私协作契约法律性质的"立"

(一)民事合同说之"立"

不可否认,环境保护公私协作契约的目的不仅仅包括私人利益,而且还包括公共利益,但是不能因为私人利益与公共利益在契约中同时存在就将其定性为混合性质的合同,因为利益的公私属性本身不能够成为界分合同属性的绝对标准。根据法律的规定,有时在民事合同中也应当体现出对公共利益的维护,否则就会严重减损其正当性基础。虽然环境保护公私协作契约的一方主体是政府,但是政府的行政主体身份并不妨碍其作为民事合同的主体。环境保护公私协作契约中政府所保留的部分权力是被社会资本方完全接受的,社会资本方也享有获得合理收益与回报的权利,政府与社会资本方各自都有对应的权利与义务。因此,环境保护公私协作契约符合民事合同的特点。本文赞同民事合同说,除了环境保护公私协作契约符合民事合同的特点外,还有另外三个主要原因。

1. 环境保护公私协作中政府的行政管理职能与环境保护公私协作契约具有相互独立性,不会对契约的性质产生实质性影响。虽然政府的一些行政行为是环境保护公私协作得以开展、契约得以订立与履行的基础,但是实际上政府在环境保护公私协作中的行政行为与契约本身是相互独立的。政府在环境保护公私协作中的行政行为主要是一些行政审批,包括项目审批、公私协作模式的审批以及具体实施方案的审批等。从时间上看,这些行为是发生在环境保护公私协作契约订立之前的,也可称作前置性审批程序,这些审批一旦通过,且社会资本方也接受政府设置的一些条件,则政府与社会资本方便可签订环境保护公私协作契约。因此,这些审批具有程序性,仅仅与契约的成立、生效密切相关,但是对于契约的性质并不存在实质性的影响。此外,政府与社会资本方双方都有权利自由决定是否订立环境保护公私协作契约,所以,环境保护公私协作契约的订立并非政府行使行政权力的结果,而是政府与社会资本方基于意思自治而形成的合意,这一点与民事合同应当遵循的意思自治原则是相对应的。故而政府是以私主体的身份参与契约的签订,在契约中与社会资本方地位具有平等性。换言之,环境保护公私协作中的行政行为大都具有程序性,并且在契约订立之前就已经实施完毕,并未对环境保护公私协作契约的法律性质造成实质性影响,契约的订立是基于政府与社会资本方的意思自治。所以,环境保护公私协作中政府的行政管理职能与环境保护公私协作契约具有相互独立性,不会对契约所体现的私法性质构成决定性的影响。

2. 政府在环境保护公私协作中的双重身份是由公私协作项目的特点决定的,但政府身份的双重性并不能成为否定环境保护公私协作契约民事性的依据。政府作为监管者,是行政主体,为了更好地对环境保护公私协作项目以及契约进行监督和管理,公权力的行使必不可少。但是,政府对行政权力的行使在一定程度上可以视为其作为契约的一方主体全面履行自身各项契约义务的必要手段,因为这些行政权力的行使是为了更好地保障环境保护公私协作契约全面履行和实现。此外,政府行使公权力并非毫无限制和约束,一方面,应当符合法律的规定,另一方面,也应该严格依照契约的约定。比如,政府可以行使监督管理权,但是不能干预环境保护项目的正常运营;政府若要单方行使提前终止项目的权力,应该依据法律的规定和契约的约定给予社会资本方与之损失相对应的补偿。因此,无论是行政权对于实现环境保护公私协作契约全面履行的保障还是环境保护公私协作契约对于行政权力的约束与限制,都足以看出政府对行政权的行使并不会对契约的属性造成影响,不会使之具备行政属性,更不能据此否定环境保护公私协作契约的民事属性。

3. 赋予环境保护公私协作契约以民事属性符合市场交易内在规律的要求。正是因为政府自行提供环境保护产品或服务的成本太高、效率太低,加上政府在资金、技术水平以及经验上的不足,所以政府才通过与社会资本方订立环境保护公私协作契约的方式引入社会资本方参与环境保护产品或服务的供给,以期可以通过利用社会资本方所具备的优势来弥补自身的不足,从而提高环境行政效率。因此,环境保护公私协作契约一定程度上可以理解为政府向社会资本方购买环境保护相关产品与服务、社会资本方获得合理回报的“买卖合同”。社会资本方作为市场主体,参与环境保护公私协作,与政府订立环境保护公私协作契约,根本的目的在于追求经济利益,希望自己的资金、技术等投入可以获得预期的合理回报。因此,赋予环境保护公私协作契约以民事属性是一种市场交易的必然要求,只有这样才能保障市场在环境保护公私协作中充分发挥在资源配置方面的优势,从而达到使政府提高环境行政效率的目的。所以,将环境保护公私协作契约定性为民事合同体现了对市场规则的遵循,能够使环境保护公私协作更好地被市场接受和认同。反之,如果过分强调环境保护公私协作契约的行政属性或者公共利益,就会增加政府对环境保护公私协作进行行政干预的可能性,非常不利于发挥市场的作用,甚至可能会导致政府的行政权力过大而抑制社会资本方的积极性和主动性。这不仅不利于环境保护公私协作效率的提高,也将与中央大力推广运用公私协作模式的初衷相背离。

此外,从我国监管部门出台的政策性文件中亦可推测出环境保护公私协作契约的民事合同属性。比如,在国家发改委的《政府和社会资本合作项目通用合同指南》(2014年)的使用说明中编制原则的第一点明确指出“强调合同各方的平等主体地位”,其中“合同”“平等主体”的描述显然是在强调政府与社会资本方在契约中具有的平等性,而契约主体的平等性是民事合同的典型特征;在财政部、发改委、人民银行《关于在公共服务领域推广政府和社会资本合作模式的指导意见》(2015年)的总体要求中将“重诺履约”作为基本原则,并强调“政府和社会资本法律地位平等、权利义务对等”,这种描述也表明了政府与社会资本方是以平等主体的身份展开合作、订立契约并且权利义务是对等的,同样符合民事合同的特点。综合以上分析,宜将环境保护公私协作契约定性为民事合同。

(二)民事合同说的理论再论证

1. 双阶理论

双阶,顾名思义,是指将某个活动或者过程分为两个阶段。双阶理论发源于德国,最初是为了解决德国法中经济辅导行为的法律救济问题而被提出的。根据学者的观点,双阶理论是指将一个生活关系纵向拆解为不同阶段,分别适用不同性质的法规范的学说。[14] 双阶理论的具体内涵是指将一个过去被视为单一的补助关系区分为两个阶段,之后再区分两个阶段的不同行为——决定(是否)批准、(如何)发放补贴,而后确定行为属于公法性质还是私法性质。申言之,第一阶段:决定(是否)批准,是一种行政行为,具有明显的公法性质,应当适用公法进行调整。第二阶段:(如何)发放补贴,是一种贷款合同,具有明显的私法性质,应当适用私法进行规范。[15] 双阶理论明确了补助关系中补贴行为的私法解释与批准贷款决定的公法约束,突破了二者间长期存在的顾此失彼的困境。我国学者最初研究双阶理论是为了解释我国政府采购在不同阶段采用不同救济路径的合理性问题。有学者认为,我国《政府采购法》中对"采购文件、采购过程、中标、成交结果"和"政府采购合同"采用不同的救济途径,是对双阶理论进行运用的体现。[16] 具体而言,采购文件、采购过程和中标、成交结果可以分为一个阶段,而政府采购合同可以分为另一个阶段。其中,第一阶段,发布采购文件等属于政府的行政行为,明显具有公法性质,应当受到行政法律规范的调整;第二阶段,政府采购合同属于平等的民事主体之间的买卖行为,明显具有私法性质,应当受到民事法律规范的约束。环境保护公私协作与政府采购有诸多相似之处,从本质上来说,环境保护公私协作也是一种政府向社会资本方购买特定的环境保护产品和服务的行为。因此,"双阶理论"对于区分环境保护公私协作的阶段、明确环境保护公私协作契约的法律性质都是具有积极启示意义的,同时,也为环境保护公私协作契约可以被定性为民事合同提供了一个有力的分析框架。

将环境保护公私协作契约定性为民事合同,符合"双阶理论"的内涵,即将

---

〔14〕 参见严益州:《德国行政法上的双阶理论》,载《环球法律评论》2015 年第 1 期。

〔15〕 参见[德]哈特穆特·毛雷尔:《行政法学总论》,高家伟译,法律出版社 2000 年版,第 427 页。

〔16〕 参见王锴:《政府采购中双阶理论的运用》,载《云南行政学院学报》2010 年第 5 期。

环境保护公私协作分成两个阶段来分别适用不同的法律规范。根据双阶理论,可以以"环境保护公私协作契约的签订"作为分界线,将环境保护公私协作划分为两个阶段,即环境保护公私协作契约签订之前的阶段与环境保护公私协作契约签订之后的阶段。首先,第一个阶段,环境保护公私协作契约签订之前,政府在这个阶段中会行使行政权力,主要是一些行政审批,如项目审批、公私协作模式的审批以及具体实施方案的审批等,这时行政审批具有明显的公法性质,属于政府的具体行政行为,应当适用行政法律规范进行调整。当然,在第一个阶段中也不可避免地涉及部分民事行为,如政府与社会资本方之间就有关事项的洽谈协商等,应当受到民事法律规范的调整。其次,第二个阶段,环境保护公私协作契约签订之后,政府与社会资本方在这个阶段属于平等的民事主体,因为双方都有权利拒绝签订契约或者退出合作,平等地享有权利与承担义务,具有明显的私法性质,属于民事合同行为,应当适用民事法律规范进行调整。

综合以上分析,根据双阶理论,可将环境保护公私协作分为两个阶段。第一阶段是缔约前,因为在这个阶段中主要涉及政府的多种行政行为,具有明显的行政性,所以主要应受到行政法律规范的约束;第二阶段是缔约后,在这个阶段中政府与社会资本方平等地进行协商签约、履约事宜,各自在平等地享有一定权利的同时也承担一定的义务,具有明显的民事性,所以应受到民事法律规范的规制。因此,环境保护公私协作契约处于环境保护公私协作的第二个阶段,具有明显的民事性,被定性民事合同更为恰当。

2. 科斯定理

著名的"科斯定理"系统阐述了产权、交易成本与资源配置效率之间的关系,其核心要义是:在产权明晰、交易成本为零的前提下,社会资源可以实现有效率的配置,达到帕累托最优。〔17〕 科斯定理中的产权与交易成本均不是一种法律上的概念,而是一种经济学上的概念,但是有学者对二者在法律上的含义进行过合理的解释,可以为本文的使用提供借鉴。产权在法学的语境下可以理解为财产的权利,如黄少安就将"产权"明确定义为"财产的权利",包含归属、占有、支配和使用四项具体权利。〔18〕 交易成本主要可以分为四部分进行理解:一是合同有效期内因各种不可预见的变动而产生的成本;二是合同达成前的决策、达成合同以及为应对各种不可预见的变动而产生的成本;三是为了

---

〔17〕 参见程承坪:《理解科斯定理》,载《学术月刊》2009年第4期。

〔18〕 参见黄少安:《产权经济学导论》,经济科学出版社2004年版,第95页。

促进合同得到良好的履行而采用清晰的语言订立合同的各项条款所产生的成本；四是要促使各项合同条款变成现实而应当付出的法定性成本。[19] 在现实生活中，达到帕累托最优具有相当难度，甚至几乎不可能实现，因为产权明晰与交易成本为零的状态是一种非常理想的状态。首先，产权的明晰存在相当难度；其次，交易成本为零的可能性也微乎其微。但毋庸置疑的是，在产权尽可能明晰以及交易成本尽可能降低的情况下，其是可以提高社会资源配置效率的。因此，根据科斯定理的要求，想要达到提高社会资源配置效率的效果，就应当尽可能地促进产权的明晰以及交易成本的降低。

将环境保护公私协作契约定性为民事合同，符合"科斯定理"的内涵，即民事合同有助于明晰产权、降低交易成本，促进社会资源的优化配置。政府在环境保护领域引入社会资本方，就环境污染的治理、生态环境的修复以及环境公共产品、公共服务的供给等事项开展与社会资本方的协作，是因为政府在环境保护基础设施的建设等公益性资源的配置上缺乏效率，因此环境保护公私协作的开展的主要目的在于提高政府在环境保护社会公益性资源配置效率。首先，将环境保护公私协作契约定性为民事合同，有助于产权的明晰。行政合同中政府属于公主体，占据强势地位，将环境保护公私协作契约定性为行政合同，政府很有可能因为各种追求或需要利用行政权力任意变更产权，致使产权的归属处于一种不稳定的状态，影响产权的明晰。混合性质的合同并非一种法学意义上的合同分类，根本没有明确具体的法律可以规范其中政府的行为，产权的归属受到行政干预的可能性较行政合同会更大，对产权的明晰会更为不利。因此，无论将环境保护公私协作契约定性为行政合同还是混合性质的合同，都将使产权的归属极有可能处于一种变动的状态。民事合同是平等的主体间根据充分的意思自治达成的合意，也就是合同双方在环境保护关系上有关权利义务的界定，政府和社会资本方通过民事合同约定产权归属，无论是产权归属于政府还是社会资本方，政府都不可任意动用公权力左右产权的归属，降低了产权任意变动的可能性，在一定程度上可以促进产权的明晰。因此，将环境保护公私协作契约定性为民事合同较之行政合同或者混合性质的合同，更有利于产权的明晰。另外，将环境保护公私协作契约定性为民事合同，有助于降低交易成本。根据交易成本的含义，要减少交易成本就应该做到尽可能地减少合同不可预见的变动、尽可能地运用清晰的语言订立合同条款

[19] See Hart O. Moore J. ,*Property Rights and the Nature of the Firm*,Journal of Political Economy, 1990,98(6),p. 1119-1158.

以促进合同更好地履行等。在我国,行政合同尚无一套完整的法律规范体系进行约束,需要参照民事法律规范;混合性质合同的法律适用首先应该区分其中的公法元素和私法元素,分别适用行政法律规范与民事法律规范;而民事合同的法律规范体系在我国的发展时间较长,较为成熟完备。相比行政合同与混合性质的合同,民事合同具有一套完整的法律规范体系,政府与社会资本方的各种行为可以得到更好、更有效的法律约束。因此,将环境保护公私协作契约定性为民事合同,可以尽可能地依据明确的法律规定拟定清晰的契约条款以促进契约更好地履行,同时还可以减少因为政府的干预而引起的契约变动等情况,从而降低交易成本。所以,将环境保护公私协作契约定性为民事合同,更有利于降低交易成本。

综合以上分析,将环境保护公私协作契约定性为民事合同,一来有助于促进产权的明晰,二来有助于交易成本的降低,对提高政府在环境保护社会公益性资源配置上的效率具有非常积极的意义,从而更有利于达到政府开展环境保护公私协作的目的。因此,将环境保护公私协作契约定性为民事合同更为恰当。

四、环境保护公私协作契约定性为民事合同的实践价值

合同的法律性质具有非常重要的价值,因为其对于合同法律原则的遵循以及法律规则的适用、合同纠纷解决方式的选择等事项都有着实质的影响,所以,环境保护公私协作契约的定性具有非常重大的意义。前文已经对将环境保护公私协作契约定性为民事合同的原因进行了较为充分的论证,本部分主要是对将环境保护公私协作契约定性为民事合同的实践价值进行分析,证明将环境保护公私协作契约定性为民事合同对于政府、社会资本方以及环境保护公私协作的开展所具有的积极作用,从而夯实将环境保护公私协作契约定性为民事合同的基础。本部分主要讨论将环境保护公私协作契约定性为民事合同所具有的四个实践价值:其一,有利于明确环境保护公私协作契约的法律适用;其二,有利于明晰环境保护公私协作契约的纠纷解决路径;其三,有利于平等地保护环境保护公私协作契约主体的合法权益;其四,有利于促进民营企业广泛参与环境保护公私协作。

(一)明确环境保护公私协作契约的法律适用

法律适用的前提是"有法可依",即应当先具备一套完整的法律规范体系才能够明确民事活动或者行政活动每一个环节具体应该适用的法律规范,从

而达到有效规范主体的行为、维护主体合法权益的效果。相对于行政合同与混合性质的合同而言,民事合同具备完整的法律规范体系,在明确法律适用方面具有非常明显的优势。因此,将环境保护公私协作契约定性为民事合同有助于明确契约的法律适用。

1. 将环境保护公私协作契约定性为行政合同,不利于契约法律适用的明确。具体而言,在理论界和实务界,对行政合同本身的特性仍没有统一的看法,其更多的是作为学术概念而非法律概念存在。"行政合同究竟是合同理论中的意思自治工具还是旨在实现公共服务之良好运作的合作机制"〔20〕至今在理论界仍是一个争论不休的话题。更有学者犀利地指出,我国的行政合同立法存在固有的缺陷,具体来说,这些缺陷主要包括三点:其一,从行政责任要件入手规范行政执法行为维度的缺乏;其二,行政相对人免责或抗辩事由没有确定;其三,考量相对人违法状态成因的对应性平衡机制没有形成。〔21〕 由于我国并未有一套完整的行政合同法律规范,所以根据 2015 年最高人民法院《关于适用〈中华人民共和国行政诉讼法〉若干问题的解释》第 14 条的规定,行政合同的法律适用中不仅包括行政法律规范,也包括民事法律规范。具体来说,法院在审查行政机关相关行政合同行为的法律适用规则时以优先适用行政法律规范为原则,以适用不违反行政法和行政诉讼法强制性规定的民事法律规范为补充。换言之,法院在审查行政机关合同行为时适用的法律规范是行政与民事相交织在一起的,加上本来行政法律规范中鲜有专门的行政合同法律规范,因此行政合同的法律适用主要还是依靠民事法律规范,这就有极大的可能会造成行政法律规范与民事法律规范交叉适用的混乱局面。所以,将环境保护公私协作契约定性为行政合同,契约的法律适用难以明确。

2. 将环境保护公私协作契约定性为混合性质的合同,不利于契约法律适用的明确。混合性质的合同兼具公法和私法的双重性质,并不属于我国法律意义上对合同的分类,因此,这种类型的合同并没有法律规定可以加以规范,虽然具备一定的理论研究价值,但是对实践是非常不利的。如果混合性质的合同要适用法律,也只能采取先区分其中行政合同元素与民事合同元素而后再寻找对应法律规范的方式。即在区分出其中的行政元素与民事元素后,再

---

〔20〕 陈天昊:《在公共服务与市场竞争之间——法国行政合同制度的起源与流变》,载《中外法学》2015 年第 6 期。

〔21〕 参见蔡立东、刘思铭:《闲置国有建设用地使用权收回制度的司法实证研究》,载《法商研究》2014 年第 3 期。

根据"行政合同的部分适用行政法律规范、民事合同的部分适用民事法律规范"的原则进行法律适用。但是行政合同适用的行政法律规范并不完备,所以,若将环境保护公私协作契约定性为混合性质的合同,较之行政合同的法律适用会更加难以明确。

3. 将环境保护公私协作契约定性为民事合同,有利于明确契约的法律适用。我国民事合同的法律规范体系(包括《民法典》合同编、《民事诉讼法》等法律规定)发展时间较长,成熟程度较高,无论是合同的签订、履行,还是合同违约的救济和纠纷的解决,都可以找到具体的法律依据。所以,将环境保护公私协作契约定性为民事合同,无论环境保护公私协作契约的哪一个环节都有具体的法律规范可以作为依据,不会出现适用法律时民事法律规范与行政法律规范交织的局面。换言之,将环境保护公私协作契约定性为民事合同后契约的法律适用是非常明确的,有利于对政府与社会资本方的合法权益进行有效维护,对其行为进行有效规范。

(二)明晰环境保护公私协作契约纠纷的解决路径

契约纠纷的解决路径会因为契约的性质不同而有较大的差异,如在民事合同发生纠纷后,合同的双方主体都可以平等地选择调解、和解、仲裁和诉讼等途径解决纠纷;在行政合同发生纠纷后,行政相对人一方可以选择申请行政复议、提起行政诉讼等途径解决纠纷,行政主体一方可以通过采用行政处罚等强制手段解决纠纷;混合性质的合同不属于我国法律上的合同分类,纠纷解决没有合理的法律支撑。经过简单对比可以发现,民事合同纠纷的救济途径明确具体、灵活多元;行政合同纠纷的救济途径因主体的不同而不同,存在诸多限制;而混合性质的合同纠纷没有具体的救济途径。因此,将环境保护公私协作契约定性为民事合同,有利于明晰契约纠纷的解决路径。

1. 将环境保护公私协作契约定性为行政合同,不利于契约纠纷路径的明晰。对社会资本方来说,行政合同在发生纠纷后虽然可以通过申请行政复议、提起行政诉讼的途径解决,但是却有诸多的局限性。比如,社会资本方提起的行政诉讼管辖法院级别较低,一般为当地基层人民法院或中级人民法院,而被告则为县级以上政府,法院的裁判很难独立进行,受到行政权力干涉的可能性极大,所以原告胜诉的难度较大,非常不利于保障社会资本方的合法权益。就行政诉讼中原告的胜诉率而言,根据时任最高人民法院行政庭副庭长王振宇的介绍，我国行政诉讼其中一个特点就是被告的败诉率低，〔22〕即在行政诉讼中行政相对人的胜诉率低。此外，经过学者的统计可以发现，10 多年前(2004 年左右)被告败诉率占 30%左右，2014 年左右下降到 10%以下，有一些省份甚至只有 2%。〔23〕虽然这些数据的统计时间是 2014 年的，但是在一定程度上也反映了行政诉讼中原告胜诉难度较大的问题。而且根据行政诉讼法的规定，人民法院审理行政案件时仅对政府的具体行政行为进行审查，且是严格单一的合法性审查。换言之，如果契约所涉政府的具体行政行为未违法，但是政府却违反契约的约定造成社会资本方的损失，社会资本方的合法权益存在极大的无法得到救济的风险。因此，尽管我国法院设有行政审判庭，但是实际上要解决政府与社会资本方因行政合同产生的纠纷、充分保护社会资本方的合法权益是具有相当难度的。此外，在行政复议中，政府的身份既是"运动员"又是"裁判员"，也难以保障社会资本方的合法权益。因此，将环境保护公私协作契约定性为行政合同，会造成社会资本方的合法权益无法得到有效救济的局面。对政府来说，在行政诉讼中，其是恒定的被告角色，也就是说只能由社会资本方提起行政诉讼，在契约中若出现政府的合法权益被社会资本方侵害的情形，政府就丧失了司法救济的权利，无法通过行政诉讼的方式寻求救济。换句话说，在社会资本方侵害政府合法权益时，政府无法通过司法途径维护自身合法权益，只能以行政优益权为基础采用行政处罚等手段。总之，将环境保护公私协作契约定性为行政合同，社会资本方的合法权益受到政府的侵犯，通常只能采用行政复议、行政诉讼等方法进行解决；而政府的合法权益受到社会资本方的侵犯，通常只能以行政优益权为基础采用行政处罚等强制手段进行解决。不仅纠纷解决途径较少，而且并不能充分地保障政府或者社会资本方的合法权益，所以，将环境保护公私协作契约定性为行政合同不利于契约纠纷解决路径的明晰。

2. 将环境保护公私协作契约定性为混合性质的合同，不利于契约纠纷解决路径的明晰。混合性质的合同发生纠纷后，由于契约性质的暧昧不清，没有明确的法律依据，所以契约主体无法判断到底应该选择行政途径进行救济还是选择民事途径进行救济；即使契约主体选定了救济途径，司法机关也可能因为没有明确的法律规定而相互推卸责任，致使契约主体陷入"救济无门"的尴

〔22〕 参见尹少成：《PPP 协议的法律性质及其救济——以德国双阶理论为视角》，载《政法论坛》2019 年第 1 期。

〔23〕 参见杨涛：《"民告官"胜诉率何以不升反降》，载《天津政法报》2014 年 11 月 14 日，第 6 版。

尬局面,为政府提供更大的权力滥用空间,增加社会资本方的法律风险。此外,虽然混合性质的合同最终也有可能明晰救济途径,但会为了识别应当选择行政诉讼还是民事诉讼而耗费大量的成本,增加契约主体的负担;同时,政府在行政诉讼中只能作为恒定的被告,仍然只能通过行政处罚等强制手段解决纠纷。所以,将环境保护公私协作契约定性为混合性质的合同也不利于契约纠纷解决路径的明晰。

3. 将环境保护公私协作契约定性为民事合同,有利于明晰契约纠纷解决路径。根据法律的规定,民事纠纷的解决途径较多,民事主体可以自由地选择调解、和解、仲裁、民事诉讼等途径解决纠纷。民事合同纠纷是一种民事纠纷,政府与社会资本方作为平等的民事主体可以自由选择采用调解、和解、仲裁、民事诉讼等途径解决纠纷,而且民事纠纷解决途径各具优势。如果政府与社会资本方选择调解或者和解的方式解决纠纷,在减少契约主体摩擦的同时还可以最大限度地减少纠纷对环境保护公私协作项目的不利影响,因为调解或者和解是政府与社会资本方充分表达自己的观点、协商一致的产物,而且调解与和解也是立法所鼓励采取的契约纠纷化解方式。例如,通过仲裁解决纠纷,则可以享受到仲裁在解决纠纷方面具备的专业、高效、公正等优势,这也是解决环境保护公私协作契约纠纷的一个良好途径。如果采用诉讼的途径解决纠纷,由于环境保护公私协作契约的标的额往往较大,管辖法院的级别较高,所以民事诉讼受到政府行政干预的可能性相对较小,受到公平公正裁判的可能性大大提高。因此,将环境保护公私协作契约定性为民事合同,可以使政府或者社会资本方在环境保护公私协作契约中被损害的合法权益能够得到更为平等、便利、周全与高效的救济,有利于明晰契约纠纷解决路径。

(三)平等地保护环境保护公私协作契约主体的合法权益

民事合同是一种平等民事主体之间的协议,合同订立者的合法权益都会受到法律的平等保护;行政合同本质上是行政主体采取的一种行政管理手段,合同主体的地位同行政主体与行政相对人的地位是基本等同的,因此难以得到法律的平等保护;混合性质的合同没有法律依据,无法判断合同双方主体的权益是否能够得到保护。经过简单对比可以发现,民事合同可以最大限度地平等保护合同主体的合法权益,所以将环境保护公私协作契约定性为民事合同有利于平等保护契约主体的合法权益。

1. 将环境保护公私协作契约定性为行政合同,不利于平等保护契约主体的合法权益。在环境保护公私协作中,政府的身份具有双重性,其既是环境保护公私协作的监管者又是环境保护公私协作契约的一方主体。政府作为监管者时，是行政主体的身份，地位强势，如果将环境保护公私协作契约定性为行政合同，则作为契约一方主体的政府，仍然会保持地位强势性，因此政府具有了双重的强势地位。换言之，政府无论是作为环境保护公私协作监管者还是环境保护公私协作契约的参与者，均处于强势地位。政府作为行政主体在行政合同中的地位较为强势，而行政合同本身又侧重于约束社会资本方的单方行为，拥有公权力的政府与社会资本方相比显然具有权力上和资源上的优势，在环境保护工程的建设和运营过程中，政府很有可能基于各种考虑和需要单方地运用公权力对项目进行干预。而且在政府具有双重强势地位的情况下，监管者与契约主体的身份往往容易不加区分、混为一谈，极大地增加了政府利用强势地位左右环境保护公私协作契约履行的可能性，拥有巨大优势地位的政府容易为了自身利益压制处于劣势地位的社会资本方的意思表达，为行政权力的滥用打开了阀门。因此，在行政合同中，社会资本方的合法权益受到侵害的风险非常高，难以得到同政府的合法权益相对应的平等保护。

2. 将环境保护公私协作契约定性为混合性质的合同，不利于平等地保护政府与社会资本方的合法权益。在混合性质的合同中，政府的地位与在行政合同中的地位极其相似。而且在混合性质合同中，失去了明确的法律约束的政府可能会更加肆无忌惮地行使行政权力干预环境保护公私协作契约，严重打击社会资本方参与环境保护公私协作的信心，社会资本方的合法权益更加得不到保障，受到侵害的风险会比在行政合同中更高。

3. 将环境保护公私协作契约定性为民事合同，有利于平等地保护政府与社会资本方的合法权益。若将环境保护公私协作契约定性为民事合同，政府在环境保护公私协作契约中的身份就是民事主体，作为与社会资本方地位平等的参与者，可以与政府作为环境保护公私协作监管者的强势地位明确区分，即监管者是公主体，契约主体是私主体。如此一来，可以在一定程度上督促政府严守公主体与私主体的界限，作为公主体时，政府应该严格履行自身的监管职能；作为私主体时，政府应该认真履行契约约定的义务，从而降低政府以行政手段搅扰契约履行的可能性，保证环境保护公私协作公平公正的开展。整体来看，环境保护公私合作最本质的特征便是政府和社会资本方之间合作地位的平等性，同时也只有环境保护公私协作契约定性为民事合同使政府不敢随意伸出干预之手后，这种平等性才能最大限度地得到保障，才能减少社会资本方在环境保护公私协作中不必要的风险，民主与公平才可以得到更好的体现。因此,将环境保护公私协作契约定性为民事合同,对平等保护政府与社会资本方的合法权益是非常有利的。

(四)促进民营企业广泛参与环境保护公私协作

政府积极开展环境保护公私协作的初衷就是希望借助社会资本方在资金、技术经验等方面的优势来弥补自身在环境公益性资源配置上的不足,政府让渡其在一定时期内的环境保护项目收益权给社会资本方,相当于给予社会资本方的对价。但是由于环境保护公私协作项目的周期往往较长,所以对社会资本方来说,其承担的环境保护建设项目存在许多不确定性,本身就面临巨大的风险,而环境保护公私协作契约是保障社会资本方的预期利益得以实现的基础,其重要性可见一斑。目前,实践中参与环境保护公私协作的社会资本方主要是国有企业,民营企业对环境保护公私协作的参与度不高,较为谨慎,这就导致环境保护公私协作的社会资本方主体类型较为单一,不利于推动环境保护公私协作的发展。民营企业作为社会资本方参与环境保护公私协作程度较低的主要原因,在于环境保护公私协作的法律规制不完善、环境保护公私协作契约的法律性质不明以及政府直接干预经营等会增加民营企业的投资风险,这为民营企业参与环境保护公私协作带来了诸多后顾之忧,使之对于环境保护公私协作望而却步。

将环境保护公私协作契约定性为民事合同,可以解决环境保护公私协作契约法律性质不明的问题,在一定程度上有助于环境保护公私协作法律规制的完善以及抑制政府直接干预等,可以帮助提高民营企业参与环境保护公私协作的信心。第一,因为我国的民事合同拥有完备的法律规范体系,将环境保护公私协作契约定性为民事合同,可以明确契约的法律适用,使环境保护公私协作契约从签订、履行到纠纷的解决都具备充分的法律依据,使政府的行为受到严格的法律规制与契约限制。第二,如果将环境保护公私协作契约定性为行政合同,虽然民营企业在合法权益受到政府侵害后可以采取行政诉讼等途径保护自身合法权益,但是民营企业难免对于"民告官"的方式产生心理压力,非常不利于权益的保护;将环境保护公私协作契约定性为混合性质的合同后,若要解决纠纷就要对其中的公法元素和私法元素先行区分,这增加了民营企业权益救济的成本,降低了民营企业权益救济的效率。将环境保护公私协作契约定性为民事合同,在民营企业的合法权益受到政府的侵害后,可以使用多种救济途径,如仲裁、调解、和解、诉讼等,灵活多样,而且相比行政诉讼等救济途径而言会更加灵活、高效。因此,将环境保护公私协作契约定性为民事合同,可以及时解决契约纠纷,保障民营企业的合法权益得到及时救济。第三,民营企业作为社会资本方参与到环境保护公私协作项目中,与政府签订环境保护公私协作契约后,政府与社会资本方的身份是平等的民事合同主体,二者的意思自治可以得到充分的体现,同时政府在民事合同中也不能随意动用公权力对民营企业进行限制,在一定程度上促进了政府与民营企业的合法权益得到平等的保障。此外,民事合同本身就具备诸多优势,比如内容与形式更为自由、更能发挥合同主体的意思自治和合意精神等,更有利于发挥民营企业的主动性和创造性。

综合以上分析,将环境保护公私协作契约定性为民事合同,对民营企业而言有诸多益处。其不仅可以帮助民营企业及时救济受损的合法权益,还可以抑制政府对环境保护公私协作的任意干预;同时,在契约中赋予民营企业与政府平等的法律地位,在一定程度上可以为民营企业的合法权益提供较为充分的保障,解决一些民营企业参与环境保护公私协作的后顾之忧,提升民营企业参与环境保护公私协作的信心。因此,将环境保护公私协作契约定性为民事合同可以促进民营企业广泛参与环境保护公私协作,在丰富环境保护公私协作的社会资本方类型的同时也可以更好地促进环境保护领域公私协作的发展。

五、结论与展望

"新公共管理理论""合作国家理论"的兴起,对政府提出了借助其他主体优势、充分利用社会资源开展社会保护活动、维护公共利益的新要求,政府与社会资本方展开合作的公私协作应运而生。随着绿色发展与生态文明建设的推进,环境保护领域的公私协作渐渐盛行起来,公私协作是当前环保行业最大的投资主体。[24] 由于有关环境保护公私协作契约法律性质的规定自相矛盾,所以司法实践中没有统一的裁判标准,关于环境保护公私协作契约的法律性质亦是争议不断。目前有关环境保护公私协作契约法律性质的争议主要形成了三种观点,即民事合同说、行政合同说与混合性质合同说,通过本文从理论层面与实践层面的双重论证,认为应当将环境保护公私协作契约定性为民事合同。环境保护公私协作契约法律性质的不确定难免为契约主体尤其是社会资本方带来隐忧,阻碍公私协作在环境保护领域的推行与发展,而确定了环境

〔24〕 环保工程及服务行业:《财政部第三批 PPP 项目 1.17 万亿,规模及入选率均创新高》,载腾讯财经,https://finance.qq.com/a/20161017/027158.htm。

保护公私协作契约的法律性质,契约的签订、履行、违约救济以及纠纷解决自然就有了具体的法律依据,在一定程度上为契约主体解决了后顾之忧。

但是不得不承认,无论在理论上将环境保护公私协作契约定性为民事合同还是行政合同抑或是具有混合性质的合同,都无法从根本上解决问题,因为这仅仅只能作为学理上的研究,而并不能作为司法裁判的法律依据。因此尽管本文将环境保护公私协作契约定义为民事合同进行了比较完整的分析与说理,也只能为将来在立法上明确环境保护公私协作契约的法律性质提供点滴参考。可以预见的是,由于在立法上并未将其法律性质予以明确,之后在理论界与实务中对其的争议仍然还会不断发生。因此,要想从根本上解决环境保护公私协作契约法律性质的争议,还是应当从立法层面加以明确规定,直接为实践提供更具权威性的指导,促进环境保护公私协作的发展,为环境保护注入新的活力、提供新的支持。

若立法上将环境保护公私协作契约定性为行政合同,由于契约履行的过程中或多或少地会出现纠纷的情况,笔者希望可以尽可能地拓宽政府与社会资本方的行政救济途径,不要将社会资本方逼入只能通过行政复议、行政诉讼救济自身合法权益的境地,同时也应当改变政府只能通过行政优益权实现权利救济的状况,可以适当地借鉴民事合同中权益受损的救济途径,如通过调解、仲裁等比较缓和的途径解决纠纷也是合适之选。当然,若在法律上将环境保护公私协作契约定性为具有混合性质的合同也不是不可能,只是这样一来就应当为这种混合性质的合同重新设计一套签订、履行、纠纷救济的规则,可能会耗费较多的立法资源。而且笔者认为也确实没有必要创设一种新的合同类型,太过特殊反而会出现更多问题,不利于实践,甚至可能阻碍环境保护公私协作的发展。

综上所述,本文赞同环境保护公私协作契约的法律性质为民事合同,民事合同相较于行政合同与混合性质合同,有诸多优势。若能在立法上将之确定下来,对提高社会资本方参与环境保护公私协作的积极性具有相当积极的影响,对实践而言必定助益良多。此外,将环境保护公私协作契约定性为行政合同或者混合性质的合同所带来的纠纷解决与权利救济途径等问题的解决,也是非常值得进行深入研究与探索的一个方向。

征稿启事

《环境资源法论丛》由吕忠梅教授主编，法律出版社出版。自 2001 年出版第 1 卷，至今已出版 13 卷，所有文章收录于中国知网和北大法宝网。自第 11 卷起，《环境资源法论丛》由清华大学环境资源能源法研究中心主办，坚持“跟踪环境法研究热点、展现环境法发展方向”的出版思路，设置“重点专题”“基础理论”“制度研究”“案例评析”“外国法译评”“学位论文选粹”等栏目，每年出版 1 卷，长期面向学界诚征稿件。

1. 来稿以 1 万至 3 万字为宜，须为原创性学术作品，严格遵守学术规范。

2. 欢迎名家大作、新人新作，也欢迎博士硕士研究生踊跃投稿（含博士和硕士学位论文）。

3. 注释体例等格式规范请参考《环境资源法论丛》第 11～13 卷。编辑部保留在尊重作者基本观点的前提下进行文字修改和内容删减的权利。

4. 来稿请附作者简介和联系方式。稿件一经采用，即奉上样书和稿酬。

5. 投稿请以电子邮件方式发送至邮箱：hjzyflc@126.com。投稿两个月内未收到编辑部通知的，可自行处理。

《环境资源法论丛》第 14 卷，拟以“法典化时代的环境法”为重点专题，特别欢迎关于法典化规律、环境法体系化以及环境法法典化方案的稿件。第 14 卷截稿日期为 2022 年 1 月 31 日，拟于 2022 年年初出版。

《环境资源法论丛》编辑部

2021 年 5 月 1 日